DEVELOPING MICROFINANCE

FROM EXCLUSION TO INCLUSION

微型金融

从"排斥"到"包容"

曹远征　陈军　著

人民出版社

目　录

绪　论

　　"微型金融"（microfinance）是一个改写人们对传统金融业认知的新理念。传统金融业是为较富裕阶层以及由他们所持有的财产如企业、不动产和自然资源等提供优质、便捷和多样化的金融服务，并以此盈利的行业。而微型金融的宗旨是为那些缺乏良好金融选择权的人群即穷人提供金融服务。极端一点，微型金融是为那些除自身劳动能力以外一无所有的贫苦阶层提供金融服务。

　　微型金融既是一种经济理念，也是一种社会思想。作为经济理念，它通过融合市场的力量和金融合约的创新，在那些传统商业性金融活动蹒跚不前的地方扩大了金融市场的边界和规模，并实现商业性的可持续性。作为社会思想，微型金融服务于那些曾被经济增长所抛弃的人群，通过激励他们自身的努力，建立或恢复他们的信用，把他们吸纳到以市场经济为背景的经济社会生活中来。微型金融既不是一种怜悯的社会援助，也不是"嫌贫爱富"的纯商业性金融安排。因为，它不像全然基于公平的国家财政性政策扶贫忽略了效率，也不像商业金融只追求经济和效率漠视了社会正义。正如初创者和政策实践者界定和期望那样，它是穷人的"银行"。简而言之，它是一种革命性的金融理念和制度，希望通过新型的金融安排来帮助穷人摆脱贫困陷阱。

一

　　金融的本质是信用。商业金融是与陌生人做生意。在这种情况下，最可靠的信用是抵押物。区别于传统的商业金融，微型金融虽然也是商业性的，但服务的主要对象是抵押物不足甚至没有抵押物的穷人。为此，微型金融通过一系列金融创新，发现和建立有可能被市场经济抛弃人群的特殊信用，在新的风险控制技术基础上实现成本可负担的、便捷的商业性放贷，从而把穷人吸纳到现代化体系当中，并让他们能够参与市场经济活动并从中获益，逐步走出"贫困怪圈"。因此，微型金融既渗透着对社会正义的诉求，也融合着对经济效率的考虑，从而成为现代金融理论最尖端理论和问题，并呈现出实践的多样性。

　　微型金融的实践肇始于发展中国家。发展中国家通常存在着经济社会的二元性现象。从经济角度观察，一方面存在一个相对弱小但有较高劳动生产率的现代工业部门，另一方面又存在着一个相对庞大但边际劳动生产率趋于零的传统农业部门，二元并存。从社会角度观察，并存的两个部门受截然不同的经济规律支配，现代化工业部门受市场经济规律支配，以盈利为目标，而传统农业部门则受自然经济规律支配，以自给自足为目标。其行为也是二元的。典型的以工业化为基本内容的发展中国家经济现代化进程是在劳动力无限供给条件下，以市场经济体制为先决条件的。在这一前提下，较高劳动生产率的工业部门能提供较高的工资，在经济人的理性驱动下，传统农业部门的剩余劳动力会源源不断地转移到工业部门，带来劳动生产率的持续提高。因而，工业部门利润不断增长，资本形成加快，工业化得以加速，经济出现快速成长。这一过程可以解释为经济结构快速变动带来经济总量一维快速的增长,即工业化的过程。显然,在这一过程中,因劳动力是无限供给的,经济增长的速度就主要取决于资本形成的速度。正因为如此,发展中国家的金融制度安排也被纳入资本积累和工业化战略之中,并为之服务。

以上仅是一个简易的刘易斯模型。然而,现实的经济发展过程远比理论复杂得多。首先,由于社会的二元性,在经济发展的早期阶段,农民受自然经济规律支配,并不完全受到较高工资的诱惑,不必然产生剩余劳动力的转移。这时或许需要早年英国"圈地运动"那种"羊吃人"的外在强力推动,并因此可能造成农业凋敝和粮食供应困难;更为重要的是,即使在典型剩余劳动力无限供给的条件下,如果农村大量劳动力流失,在相应的农业技术条件没有改善的情况下,也会导致粮食产量锐减,即"粮食短缺点"的出现。而因粮价上涨推动的工资和成本上升,也会大大抵消产业劳动生产率的提升,伤害资本的形成,导致工业化过程的中断或延缓。

无论上述两种情形出现哪种,其结果都是因农产品和原材料供应困难而造成工业化困难,为此,农业生产条件的稳定及改善,农产品的充足提供成为发展经济的重要因素,为小农户提供资金支持的农村金融问题由此进入视野,并在某种意义成为走向现代化的关键所在。

发展中国家的初始状态是以小农为主,以自给自足为特征的自然经济。从自然经济诞生之日起,就有以自发借贷为特征的金融活动。与后来出现的有组织的正规商业性规模金融活动不同,这种自发的金融活动是零散的,不仅规模小,而且不连贯,从而没有一定之规。更为重要的是,其借贷不区分是生产性的还是生活性的,贷款偿还来源不可靠。风险的不确定性需要用高额利息来覆盖,因此常见的放贷形式会在贷款额中先扣除利息,而且是按复利计算,从而具有"高利贷"盘剥的性质。这种金融活动,成为自然经济中的一种顽症而备受诟病和指责。当发展中国家踏上工业化道路后,因资本内外双缺口所致的资本形成问题成为经济发展的核心，由此，以生产性为主、旨在加速工业化所必需的资本形成和集聚的现代正规金融活动就成了关注的焦点。一些金融形式和机构，或由民间集资，或由政府独资，更多的是政府在民间合资的商业性正规金融机构，开始涌现并快速发展，并成为发展中国家主导的金融形式。传统的与自然经济相适应的民间自发的非正规金融活动和以工业化为目标的现代正规金融组织并存于一个发展进程，也从金融的角度刻画出发展中国家经济发展的二元性。

以小农为基础的传统农业，比较利益差，收入低下，并且分散难以组织，致使现代正规的金融组织难以或不愿介入；而民间非正规金融活动的高利率则扼杀了小农经济发展的基础和积极性。因此，"粮食短缺点"出现几乎是必然的。如前所述，"粮食短缺点"的出现不仅使经济发展过程难以为继，而且也深刻揭示这种二元的金融体系不可持续，这显然不是发展中国家期望的局面。一种可行的解决办法就是政府的介入，用财政补贴的方式扶助小农。这就是金融扶贫，向农村注入大量的补贴性贷款。其逻辑是，农产品产量的提高和农业效率的提升依赖于科技进步，表现为诸如农田水利设施的建设以及农业机械、农药、化肥和良种等广泛的使用。这些都具有资本密集的特点，而资本恰恰是农村部门最稀缺的资源，如果没有利率补贴来降低资本使用的成本，小农就没有能力和积极性去使用资本，只能"靠天吃饭"。换言之，定向或非定向的利率补贴是期望通过提高小农使用资本的积极性来改善农业生产条件，通过提高或稳定农产品产量，来实现价格稳定，既保持了宏观经济的均衡，又夯实了工业化的发展基础。在这种逻辑下，政府通常利用以下三个途径来降低农村部门的资金成本。

第一，创建政府所有并主导的政策性银行，即农业发展银行。其任务是根据政府的指令，将稀缺的财政资金或捐赠资金以低于市场水平的利率输入农村或指定的农产品生产上，形成一般的优惠补贴性贷款或目标优惠性贷款。

第二，通过定向补助，鼓励商业银行，通常是强制商业银行向农村部门发放优惠贷款。一般采取两种形式，即规定利率上限和规定额度或比例，一些国家甚至规定地域或农产品品种。

第三，鼓励农村信用合作金融的发展。通过政府扶助，组织农村信用合作社。通过合作金融的渠道，将政府经常性的财政支持，和补贴利率惠及农户。

国际经验表明，上述三种农村金融的安排对农村经济，尤其农业的发展起到了积极的作用。但是，随着时间的推移，其弊端，尤其前面两种金融安排形式的缺陷便开始暴露，并日趋加重。就农业发展银行而言，其利率虽然很低，但分散的农户及其特有的风险偏好使操作成本很高，偿还率很低，几乎所有发展中国家的农业发展银行只能靠大量的财政补贴和政府不断地注入资本才能维持运转，开始显现不可持续性。与此同时，政策性银行因其治理机制雷同于政府而非商业组织，从而出现自律性、积极性较差的现象，预算也缺乏约束。这种内在的缺陷，致使人们对政策银行的覆盖能力（outreach）和对农村发展的促进作用始终存疑。于是，因财政能力的捉襟见肘，不少发展中国家相继关闭了农业发展银行，但对农村金融政策安排更多的是以强制为主。就商业银行而言，在强制并限定利率的情况下，因农村信贷较高的风险和操作成本，商业银行的自然是选择少贷或不贷。在有信贷配额的限制条件下，商业银行虽然也会向农村部门贷款，但出于利润最大化或者成本最小化的考虑，必然倾向于加大单笔信贷额，导致"垒大户"现象的出现，从而无助于普遍小农户的生产与经营。就农村合作金融组织而言，在政府不恰当的鼓励下，尤其是大量财政补贴的情况下，其合作金融的性质极易泯灭，退化为单纯依赖财政的准政府组织，陷入"失灵"的状态。

几乎所有发展中国家的政策实践都出现了这种令人沮丧的局面。政府使用了大量的政策工具和技术手段，包括银行国有化、建立政府所有的政策性银行、强迫商业银行忽略自身的利益和损失向农村放贷，都因违背商业原则而难以持续。即使政府扶植的所谓的"农村合作金融"机构，在供给远远小于需求的情况下，让政府或者政府的代理人来监督和实施分散在整个国家内难以计数的小型信贷合同，并有效地实现信贷配给也是不可能的。事实上，政府所有的金融机构在掌握借款者信息方面并不比私人放贷者拥有优势，在贷款的监督和实施上它们更可能处于劣势。正如在许多国家的实践中发生的：这种贷款易受到政治因素的影响而非基于对经济因素的考虑，这不仅导致信贷配置的无效和误置，还刺激了借款者的违约预期，当放贷者是国家所有的金融机构时，即便是规定了违约和逾期惩罚，借款者可能认为这些措施的可信度并不高；接受政府补贴和捐赠者廉价资金的国有银行，由于预算的软约束很难产生扩大金融服务的动力；更有甚者，政府的代理人会将廉价的信贷资源作为谋取私利的"寻租资本"。

正因为如此，许多新古典经济学家对补贴信贷进行了猛烈批评，认为"补贴信贷并不廉价"。穷人和低收入阶层并没有得到补贴贷款，补贴利益多被农村富裕群体所占据。与此同时，为实行补贴信贷而导致的金融抑制并没有促进，反而阻碍了农村金融中介能力的发展。因此，主流的观点，如麦金农和肖等认为，通过放松利率的浮动范围，降低准入标准以吸引民间资本进入，取消信贷配给让金融机构按市场原则配置资源等金融深化措施，将会带来农村经济增长和金融发展的良性循环局面。

无疑，注重农村金融市场和机构的能力建设自然是农村金融发展的方向。然而，单纯的"金融自由化"的药方却过于理想。新古典经济学家在抨击补贴信贷之余，期望通过"金融自由化"使假想失灵的市场充满竞争，也被经验证明不过一时的天真。休姆、莫斯利（Hulme、Mosley，1996）就曾一针见血地戳穿了这种"市场幻象"。首先，因自然经济所致，发展中国家农村金融市场并非处于平滑的竞争状态，而是分割和垄断的。这种"孤岛效应"难以通过私人部门的竞争来改善金融服务。其次，农民特有的风险偏好和信息传递的困难，以及抵押品的匮乏，极大地约束了传统商业银行的有效性。最后，外部性使欠发达地区的金融市场陷入难以发展的"锁定"状态，"拓荒组织"（pioneer institution）常常为市场的"银行化"（bankerization）承担巨大的风险和成本，一旦拓荒成功，竞争组织便开始进入，这种情况使私人损益很难"内部化"，并因此妨碍了发展农村金融的积极性。

由上，农村金融难以进行商业化金融安排的"市场失灵"和以财政补贴为特点的"政府失灵"形成了左右为难的夹缝。在夹缝中寻找出路使理论经济学家和政策实践者开始把眼光聚焦于小额信贷问题。经验表明，那些具有真正意义的合作金融机构，其小额信贷的渗透率较高，违约率较低，且利率低于传统的"高利贷"。从而，研究农村信用合作的性质和特点，构成了典型意义上的微型金融的逻辑起点，并由此掀起的20世纪七八十年代的发展中国家小额贷款运动，成为典型意义上的微型金融的历史起点。

二

农村信用合作组织之所以构成典型意义上微型金融的逻辑和历史起点，在于其独特的治理结构安排，以及因这一安排而发挥的独特作用。农村信用合作组织的产权安排是合作制。而合作制是一个有着悠久历史渊源的经济制度安排。根据国际合作社联盟100周年曼彻斯特会议总结的合作社基本特征，可将其明确为七个原则：自愿与开放原则；一人一票的民主管理原则；非营利即社员参与分配的原则；自主和不负债的原则；教育培训和信息透明原则；社际合作原则；社会性原则。这些原则表明，典型意义上的合作组织更接近于不以营利为目的的社会公益组织，由成员自主决定参与与否，无论股份多寡实行一人一票。

按上述原则组织的农村信用合作社，发端于在正规金融市场上受到差别待遇的小农户，期望避免在非正规金融活动中高利贷的伤害。它是出于交易意识并以降低交易成本为动机，通过利他（互助）换取利己（融资）的现实可能性，而形成的特殊金融组织形式。在交易动机确定的前提下，从交易成本角度观察，农村信用合作社得以维持的关键在于成员之间的"信用"。典型的商业金融活动是与陌生人做生意，其信用基础自然是陌生人的资产，资产质押成为信贷的基本交易手段。区别于商业性金融，信用合作是与熟人做生意，由于社区、血缘、宗教、习俗等原因，信息的不对称大大降低。从现实角度观察，这意味着农信社成员与农信社之间的交易成本，显著低于包含有诸如资信评估担保、抵押等外部成本的商业性金融机构，更意味着农信社开辟了新的信贷方式，拓展了信贷渠道，使金融活动向底层渗透。换言之，合作金融可以将商业金融难以控制的非正规信用变成信用，这不仅降低了交易成本，而且构成了信贷基础。这种金融深化不仅可以遏制传统非正规金融活动的空间，而且因其金融活动草根化（grass-rooting），从而具有反贫困的社会意义。

微型金融在加强和利用信息的基础上，通过借贷者的相互监督和连带责任，相对有效地解决了农村金融在无抵押和担保的情况下，由于道德风险而产生的信贷违约，并通过"筛选机制"（screening mechanism）的设计在一定程度上制约了逆向选择风险。由此，其成为信息经济学上的典型案例。然而，更需要强调的是这种信息经济学的分析只说明了微型金融成功秘诀的一半。另一半，或许更为重要的一半在于制度经济学的解释。微型金融是通过金融制度的设计来驱使经济人行为发生转变，最终使农民达到"信用毕业"的状态。因为无论农民借款人是选择"还款"还是选择"违约"，其"信用"状态都是由行为决定。而众多事实表明，以政府为出资人的农业信贷专业组织激励机制与农民行为是不相容的，因为其治理结构雷同于政府。没有人为贷出的款项负责，这就大大地软化了金融纪律；当借款人第一次违约而没有受到惩罚时，自然会带着违约的预期进行第二次信用博弈，行为的结果仍然是违约。因此，以改变农民行为选择为出发点，在信贷的全过程，即事前、事中、事后监控并评估他们的行为，用制度加以规范，同时激励他们的行为朝期望的方向发展，最终使他们的行为选择和信用观念符合市场经济的规范。这构成了微型金融成功的基础。为此，微型金融专门设计了一整套预防机制和"金融教育"（financial education）制度，以促使农民行为选择和信用观念符合市场，并向市场方向转变。

由上，我们可以就新古典经济学以"自由化"为理念的金融深化做一简要的评价：尽管许多新古典经济学家和政策制定者发现，正规产权和激励结构的缺失导致了正规金融制度无效；却忽视了非正规制度对农民行为偏好和信用观念的影响。当传统的补贴信贷既无法持续也不利于促进金融中介关系发展时，便急匆匆地宣布农村金融应当进行"范式转变"，实行金融"自由化"。按照新古典经济学的分析，"新范式"对"旧范式"的取代是通过对比来完成的。其逻辑是，利用市场关系并不能将信贷资源渗透到农民手中，所以需要政府主导，反过来，当政府的补贴信贷也无法持续时，又强调"自由化"。而真正意义上的农村合作金融的事实表明，制度是可以创新的，并且这一创新过程是演进的。忽视制度的动态创新和演进过程必然陷入"套套逻辑"

的尴尬境地。换言之，制度的变迁决不是"新范式"和"旧范式"静态比较的结果，也不是非此即彼黑白分明的截然分割。这是有一个内在因素转变的演化的过程，并在演化的中间状态呈现出一定的"灰度"，介乎于纯政府和纯市场的灰市场。农村金融的制度变化表明：有效的农村金融制度安排既要在产权和组织形式上符合激励相容机制（正规制度），又要有能够克服农村信贷的特有风险并有助于改变农民的行为偏好和信用观念的土办法（非正规制度）。这种结合两者优势，并向市场经济方向演进的制度安排就是微型金融的灵魂。

由此，对低收入和穷苦农户的信贷既不可能靠假想的"商业信用"来运行，也不可能靠政府补贴和社会捐赠来持续。这一窘态和困境已被以农村信用合作为代表的微型金融有力地改变着。这一新鲜经验鼓舞着人们，自20世纪80年代开始，微型金融日益成为农村地区发展和反贫困的重要工具。为了提高微型金融的功效及影响力，世界银行等国际组织先后提出了一系列的战略，包括"促进穷人的发展机会""赋予穷人和妇女的发展权益""增加穷人的安全"等等；这其中，提高穷人金融服务的可获得性是关键。以孟加拉国"格莱明银行"（Grameen Bank）为代表的微型金融的实践表明，向穷人提供信贷等金融服务不仅是可行的，而且还实现了较高的偿还率。除了旗舰"格莱明银行"之外，印度尼西亚人民银行乡村信贷部（BRI-UD）、墨西哥的分享银行（Banco Compartamos）、玻利维亚的"阳光银行"（Banco Sol）以及秘鲁的"微型银行"（Mibanco）等也随之成为这一领域的佼佼者。

21世纪初，微型金融在全球的成功实践，极大地振奋了人们的信心。格莱明银行的创始人穆罕默德·尤努斯甚至认为通过一代人的努力，微型金融将把贫困扔进"贫困博物馆"里。联合国也将2005年确立为"国际小额信贷年"；2006年，诺贝尔和平奖颁给了尤努斯。这些重大事件的开启，既是对微型金融过去几十年实践的最好总结，同时也将微型金融的发展推进到一个新阶段。国际发展金融机构（DFIS）、捐赠者（donors）、商业银行（commercial bank）、投资银行（financial investor）和私人投资人开始把目光聚焦到微型金融领域。随着资本的大量进入，微型金融机构和规模也在急剧扩张。据世界银行扶贫咨询小组统计，截至 2011 年，世界共有 1 万多家微型金融组织，信贷资产规模达 170 亿美元（CGAP 2012)[①]，数量和规模在过去 5 年中增长了 5—6 倍；微型金融在拉丁美洲地区、东南亚地区、北非地区、中东地区都有长足的发展，在印度和转轨后的东欧国家发展更为迅猛，以此种种，微型金融成为当代经济领域一道亮丽的风景线，而备受学术界、政策界和实务界的关注。

三

世间事物的发展都是遵从否定之否定的规律的。微型金融在世界范围内广泛发展的同时，也受到了挑战和批判。

鉴于微型金融的发展，世界银行扶贫协商小组（CGAP）、行动国际（ACCION）等重要组织认为，只有将微型金融从传统非政府组织的"社会运动"整合到正规金融体系中，才能提高对穷人金融服务的包容性（financial inclusion）[莱杰伍德、怀特（Ledgerwood、White，2006）][②]。他们认为，穷人贫穷并非个人和社会的故意选择，而是信贷资源配置中"政府失败"和"市场失灵"后非意愿的结果。正如尤努斯所言，微型金融的

---

① World Bank, "CGAP Annual Report 2012: Advemcing Financial Access for the World's Poor", 2012.

② J.Ledgerwood, V.White, "Transforming Microfinance Insitutions: Providing Full Financial Services to the Poor", Working Paper, 2006.

信贷项目将为穷人无尽的自营活动敞开大门［尤努斯（Yunus，1989）］①，通过激发穷人的企业家潜能，平滑穷人消费和提供"赋权活动"等附加服务，微型金融有望成为根除贫穷的"银色子弹"（silver bullet）。然而基于非政府组织（NGO）基础上金融服务与尚未获得金融服务的 30 亿穷人之间仍然存在一个"荒唐的缺口"。因此，通过金融整合，利用私人、商业甚至权益资本，使"微型金融"变成完全成熟的、自立的、有监管规制的金融就成为必然趋势。与此同时，由于微型金融盈利性开始显现，使其有可能成为一种新的商业模式而受到以逐利为目的的商业资本的追捧。

2006 年，联合国召开了"普惠金融体系"研讨会，认为过去的十几年，尤其是近五年见证了微型金融商业化发展的奇迹。许多非政府组织（NGO）通过"上行战略"（upscaling）开始转变为受监管的非银行金融机构或可吸储的商业银行，部分商业银行通过"下行战略"（downscaling）建立微型金融网络，对微型金融机构提供以商业银行借款、债券发行、股本参与以及私募基金等众多金融产品，极大地拓展了微型金融机构的融资渠道。

但是，必须指出的是，微型金融的商业发展在极大提高"覆盖力"（outreach）、"自身可持续性"（self-sustainability）和微营利性（profitability）的同时，质疑和反对的声音也日益高涨。早在 1997 年的实证研究中，冈萨雷斯-韦加（Gonzalez-Vega，1997）② 就发现了一些转变的微型金融机构在追逐利益的驱动下，出现向较富群体提供较大贷款的"额度爬行"（loan size creep）现象。为了获得更多的利润，一些机构开始收取较高的利率和附加费用，在拉丁美洲地区，例如墨西哥的分享银行，利率高达 60%—70%，连尤努斯也开始

---

① M.Yunus, "Grameen Bank: Organization and Operation", Working Paper, 1989.

② Gonzalez-Vega, "Microcredit and the Poorest of the Poor: Theory and Evidence from Bolivia", Working Paper, 1997.

谴责微型金融机构无异于放贷鲨鱼。越来越多的经济学家开始怀疑，为穷人服务的微型金融逐渐偏离了原定的宗旨，出现了"使命漂移"（mission-drift）倾向。波林格尔等人（Pollinger, et al., 2007）[①] 认为，商业化的结果就是微型金融机构将服务锚定市场的富裕群体而不是穷人；克里森（Christen, 2009）[②] 随后的实证发现，在拉丁美洲地区，商业化监管的微型金融机构通常提供较大的平均贷款额度，平均达 804 美元，占该地区人均 GDP 的 47.2%。未商业化的非政府组织（NGO）的微型金融信贷平均则为 322 美元，但占比甚低，仅为 23.6%。2005 年，来自"微型金融信息交换平台"和"银行家"的数字显示，一些微型金融机构，尤其是拉美地区的微型金融机构，其盈利率甚至超过世界排名前五、前十的大银行。此外，来自卡尔等人（Cull, et al., 2007）[③] 和休姆、阿伦（Hulme、Arun, 2009）[④] 的实证研究也表明，微型金融机构在盈利性和对穷人的"覆盖力"之间确实存在此消彼长的关系，如果微型金融追求自身的可持续性必然会减少对最穷群体的服务（the poorest of the poor）；来自其他不同机构学者的实证研究也发现，不少微型金融机构往往集中在城乡接合部，服务群体多是小微企业主，该现象尤以拉美地区为甚。

　　面对"使命漂移"的争议，许多微型金融机构的从业者，甚至研究者坦然处之。世界银行的经济学家莱杰伍德（Ledgerwood, 1999[⑤]，2003[⑥]）

[①]　Jordan Pollinger, et al., "The Question of Sustainability for Microfinance Institutions", *Journal of Small Business Management*, Vol.45, No.1(January 2007) , pp.23–41.

[②]　Robert Peck Christen, "Due Diligence Guidelines for the Review of Microcredit Loan Portfolios", CGAP Working Report, December 2009.

[③]　Robert Cull, et al., "Financial Performance and Outreach: a Global Analysis of Leading Microbanks", World Bank Working Report, 2007.

[④]　David Hulme, Thankom Arun, *Microfinance*, Routledge, 2009.

[⑤]　J.Ledgerwood, *Microfinance Handbook: an Institutional and Financial Perspective*, World Bank, 1999.

[⑥]　Joanna Ledgerwood, "Regulation and Supervivision of Microfinance", CGAP Working Paper, May 2003.

认为，"商业化是指微型金融从主要依靠捐赠和补贴的组织转变成完全成熟和可持续的机构，并成为正规金融体系的一部分""更大、更专业的商业机构通过规模经济和范围经济能以更低的价格服务更多的顾客"。考虑到不断增长的金融服务需求，达切娃（Dacheva，2008）[①] 认为，NGO 模式也许并不是理想的金融服务提供者；以拉丁美洲地区为例，目前微型金融服务顾客总数达 900 万，信贷总资产 97 亿美元，其中有 90 亿美元来自商业融资和储蓄。而亚洲微型金融旗舰印度尼西亚 BRI-UD 的首席顾问玛格丽特·鲁宾逊（Marguerite Robinson）认为，"商业化"模式是继微型金融组织诞生之后的又一次"革命"。

如果说"使命漂移"的争议还不是现行微型金融的致命弱点，那么另一种质疑几乎把微型金融置于尴尬的境地。贝特曼等人认为，过去几十年来，没有实质性证据表明微型金融对穷人的生活和发展有积极帮助；微型金融机构往往使穷人过度负债，陷入新的贫困陷阱。近几年，原来热衷微型金融的声音开始消退，取而代之的是开始评估微型金融对农村地区和穷人造成的伤害，并谴责政策实践者、援助机构和发展伙伴们匆匆地跳上微型金融列车的草率行径［博谢、默多克（Buchet、Morduch，2011）][②]。来自全球伙伴（WMGlobal Partner's 2003）[③] 对第二次世界大战后克罗地亚的一份评估报告认为，微型金融服务并没有对本地可持续性发展提供实质性的帮助，几乎没有人把信贷用于农业活动，反而用于维系生计，因为额度太小、期限太

---

① P.Dacheva, "Commercialization in Microfinance: a Study of Profitability, Outreach and Success Factors within the Latin American Context", Working Paper, 2008.

② Jonathan Bauchet, Jonathan Morduch, "Is Micro too Small? Microcredit vs. SME Finance", NYU Wagner Research Paper No.2011−15.

③ WMGlobal Partner's 2003, "Microfinance Programme Impact Assessment 2003", United Nations Capital Development Fund, Final Report, February 2004.

短以至于无法进行较长期限的农业生产和建设。科恩等人（Korth，et al.，2012）① 等人通过系统的方法对微型金融在南撒哈拉的影响进行了评估，在15 年的跨度中，微型金融对穷人的财务指标影响非常有限，在有关营养、教育、医疗等非财富指标上则有正效应。尽管微型金融已经取得了"明显"的成功并非常流行，但至今仍没有明确的证据证实其完成使命。阿吉翁、默多克（Aghion、Morduch，2005）②，默多克等人（Morduch，et al.，2010）③ 认为，相对于那些微型金融机构所宣称的"成功事件"和提供的报告而言，有关微型金融影响的性质和幅度的严格定量分析仍然是稀少和尚未定论的。为此，2011 年英国政府国际发展署（DFID）委托以杜文·戴克为首的独立微型金融研究专家组开展了著名的"杜文·戴克研究"，用更为复杂、严格的计量经济学办法和更为科学的统计设计对过去几十年的实证研究进行再分析、再评估。研究发现，商业性微型金融对穷人的福利改善影响在统计上是不显著的，过去的福利评估要么在方法上出现缺点，要么是采集的数据并不充分，研究认为，当今人们对微型金融的热情是建立在沙滩上的。

更为糟糕的情况来自尼加拉瓜、摩洛哥、印度等发生了微型金融偿还危机的国家。阿鲁纳恰拉姆（Arunachalam，2011）④、马德（Mader，

① M.Korth, et al., "Microfinance: Development Intervention or Just Another Bank?", *Journal of Agrarian Change*, Vol.12, No.4(October 2012) .

② Armendáriz de Aghion, Jonathan Morduch, *The Economics of Microfinance*, Cambridge: the MIT Press, 2005.

③ Jonathan Morduch, et al., *Portfolios of the Poor: How the World's Poor Live on ＄2 a Day*, Princeton University Press, 2010.

④ Ramesh S.Arunachalam, *The Journey of Indian Micro-Finance: Lessons for the Future*, Chennai Aapti Publications, 2011.

2013)[1]、贝特曼（Bateman, 2010[2], 2012[3], 2013[4]）等人认为，商业性的微型金融组织对穷人的伤害远大于其提供的便利和帮助。首先，商业化竞争的组织创造了大量的债务泡沫，使穷人过度负债，陷入以借还借的"庞氏游戏"；其次，收取较高的利率使人难以承受，并采取胁迫手段偿还债务，甚至导致自杀现象；最后，这些商业化机构提供的"不负责"的信贷服务往往忽略穷人的真实需求，使穷人完全成为商业化微型金融机构的附属物。

鉴于商业化的逐利趋势和微型金融危机造成的伤害，贝特曼甚至宣布微型金融是新自由主义（政府）逃脱责任的阴谋和烟雾弹，"一旦穷人认为通过微型金融就能把自己和家庭的命运掌握在自己手中，政府就更容易逃脱继续对他们承担责任"［贝特曼、张夏准（Bateman、Chang, 2013）][5]。马库斯·泰勒[6]也认为，随着几十年堂而皇之地宣扬微型金融（对穷人）的转变潜能，与其说微型组织的快速扩张是绩效驱动，不如说是在广泛的新自由主义政策框架下进行意识形态宣传发挥作用的结果，从而用以维系和继续促进全球化战略。巴斯提森等人（Bastiaensen, et al., 2013）[7]也指出，微型金融再也不能沉

---

① Philip Mader, "Rise and Fall of Microfinance in India: The Andhra Pradesh Crisis in Perspective", *Strategic Change: Briefing in Entrepreneurial Finance*, Vol.22, No.1-2(February 2013), pp.47-66.

② M.Bateman, *Why Doesn't Microfinance Work? The Destructive Rise of Local Neoliberalism*, London: Zed Books, 2010.

③ Milford Bateman, Ha-Joon Chang, "Microfinance and the Illusion of Development: from Hubris to Nemesis in Thirty Years", *World Economic Review*, No.1(September 2012), pp.13-36.

④ Milford Bateman, "The Age of Microfinance: Destroying Latin American Economies from the Bottom up", Working Paper, 2013.

⑤ Milford Bateman, Ha-Joon Chang, "The Microfinance Illusion", Working Paper, 2013.

⑥ M.Taylor, "Freedom from Poverty is Not for Free: Rural Development and the Microfinance Crisis in Andhra Pradesh, India", *Journal of Agrarian Change*, Vol.11, No.4(October 2011), pp. 484-504.

⑦ Johan Bastiaensen, et al., "After the Nicaraguan Non - Payment Crisis: Alternatives to Microfinance Narcissism", *Development and Change*, Vol.44, No.4(July 2013).

溺于自我陶醉之中，世界范围的微型金融危机，包括大量出现的抗议，已经构成了微型金融商业化脱轨以及对穷人的经济、社会影响无益的有力证据。

如今，微型金融理论和实践再次走到十字路口。它到底是促进穷人和农村地区发展的"革命性"工具，还是另一种发展政策的幻灭？争论的核心直接指向一个核心问题——"谁是穷人？"

"谁是穷人？"是一个带有哲学意味的经济社会学命题。它至少包含以下三重含义：

首先，"何为贫穷？"是生产资料以及生活资料的匮乏而形成的物质贫困，还是包括体力脑力在内的人力资本的匮乏？如果仅是前者，按微型金融所宣称的，可以通过一系列技术手段发现并培植人力资本，例如通过授予贫困家庭主妇的特别信用并对其进行生产技能的培训，使人力资本增值，增值所产生的收益形成偿还信贷的来源。只有那些没有或难以形成人力资本的人群，如老弱病残才不在微型金融的覆盖范围内。

其次，"为什么是穷人？"穷人产生一个社会学问题，他们更多地聚集于农村，或受本地现代化之后的影响，或因现代化速度过快而无力挤上现代化列车。改善他们境遇的唯一出路是帮助他们尽快赶上或挤上现代化列车，而微型金融的革命含义也在于此。只要微型金融的信贷成本较大幅度地低于传统高利贷，并在他们的承受范围之中，且产出收益高于利息成本，商业化的安排在某种意义上就是培养他们进入或重返现代化市场经济的能力。由于现代化是全社会的，社会和政府有责任帮助穷人。但这种帮助不是直接的财政补贴，而是通过对农村硬的、软的基础设施的投资和建设，改善外部环境使微型更有用武之地，更能向下渗透。

最后，"怎样发现穷人？"在现代社会中，市场经济体制是基本事实或改革的取向，从而商业化是个自发的倾向，部分银行和微型金融机构的过分商业化虽不足取，但也无可厚非。更重要的问题在于，目前现行微型金融的技术手段还不能发现更穷的人的信用，即使发现还不能合理加以运用并持续扶植。其中一个重要原因是穷人的生活资料也是生产资料，在特殊的情景下，如灾荒之年，作为生产资料的种子常被用作度日的救命粮。而经验表明重返贫困的人群多数都是因灾致贫、因病致贫，而不是因信用不足而形成的违约。因此，要区别情况加以应对。其中一个努力的方向就是致力于技术的创新，例如利用手机和移动互联网手段深化对穷人信用的发现和运用，从更深层次消除信息的不对称性，在降低信贷成本的同时，更有针对性提供个性化的金融服务。而不是一味地用利率去覆盖风险，这是微型金融深化的正途。

目前，关于微型使命飘移以及微型金融幻灭的争论仍在继续中。但是微观微型金融发展的历史显示它始终都是实践的产物，其间伴随着无数的争论，微型金融是在争论中成长的。从这个意义上讲，争论和反思恰是在理清微型金融的成长脉络，正本清源，除去其旁枝杂叶，变成苗壮成长的肥料。需要强调的是微型金融是"草根金融"，可遍地生长，却不能指望它长成参天大树。事实上，凡是存在的都是合理的，实践是检验真理的唯一标准。人们只能期待微型金融的进一步实践来检验其生命力。

四

中国的微型金融发展可溯源到 20 世纪三四十年代。那时，随着民族工业的兴起，与传统农村盛行的具有高利贷性质的私人放贷不同，具有典型意义的微型金融萌芽开始在中国农村出现，其代表是农民的信用合作机构，晏阳初在河北的试验又堪称典范。然而，大规模的农民信用合作运动却始于中华人民共和国成立之后，尤其是 1956 年农村合作化高潮之后。囿于当时中国工业化的全面开始以及计划经济体制初步建立的历史条件，绝大多数农户以其土地、生产工具及其他生产资料入股农业生产合作社。中国农村的融资主体相应地由个体农户转变为农业生产集体。新的融资主体以及与过往相比更大的融资规模，诱导或迫使农村金融制度和活动形式发生了重大转变。农村信用合作社开始出现，农户以货币或实物入股，形成社员同等出资，共担风险，共同受益并参与其活动的合作制金融机构。至此，中国农村金融活动由个体金融或民间金融活动为主的形式转变为有组织的集体金融活动。农村信用合作社也由此成为中国农村金融活动的主导形式。

但是，在随后的发展中，由于种种因素，以合作制为基础的农村信用社发生了重大变异。随着国家行政力量对农村经济社会生活的干预，农户不再拥有土地所有权，不得自由交易生产的农产品，个人迁徙也受到严格的管制。为使这一制度切实有效，农村出现了以农业生产组织与国家行政相统一的人民公社制度（政社合一）。由此，农村融资主体成为单一的人民公社，而由于人民公社的政社合一性，此类融资更多的是完成政府财政的义务，真正意义上的金融活动几近绝迹。与此相适应，原本意义上以合作金融为制度基础的农村信用社丧失了存在的前提。首先，自愿性被强制性所替代，这集中体现在社员没有"退社"的自由。其次，互相合作性被政府行政行为所取代，农村信用社没有交易的自由，交易对象实际由政府指定。最后，在这种情况下，民主管理的原则也无法贯彻，因社员的所有权及其他权利无法保证，既不能调动社员参与管理的积极性，也使其无法参与管理。农村信用社的合作制实际上为国有制所取代，并成为政府财政的附属物，具有高度行政化的特点。

1978 年后，中国开始了市场取向性的经济体制改革。这一改革首先从农村发端。随着农户为基础的联产承包责任制的普遍推行，农户获得了土地使用权及农产品的交易权，从而可以自主决定生产和销售。农户成为市场经济的主体，广泛存在的小农户为民间金融及个体信贷活动提供了土壤。中国农村又重新出现真正意义上的金融活动。

随着政府行政附属物农村信用合作社的功能退化和农村传统金融活动的兴起，一如其他发展中国家，微型金融的需求便现实产生。它构成了当代中国微型金融发展的新起点。在 20 世纪 80 年代初期，针对农村扶贫贴现贷款计划中的问题，中国社会科学院农村发展研究所就开始了引进孟加拉国格莱明银行的小额信贷模式，在河北省的易县、河南省的虞城县和南石县、陕西省的丹凤县建立了小额信贷扶贫社。相应地，国际上一些非政府组织也在我国云南、贵州、青海开始了小额贷款试验。进入 90 年代，以借鉴国际经验为主，以小额信贷为标志的微型金融在中国的发展已有相当规模。1995 年中国国际经济交流中心与联合国开发计划署（UNDP）签署协议，在全国 17 个省 48 个县（市）推行以扶贫为目标的小额信贷计划，随后这一计划又扩张到天津和河南的部分城市，开展针对下岗职工的小额信贷试验。在此影响下，一些国际组织相机在中国实施了小额贷款项目。据统计，截至 1998 年年底，联合国系统的各类组织对华援助的小额贷款资金达 300 万美元。

毋庸讳言，这些试验为中国微型金融随后的发展奠定了思想和技术准备。但是这些试验仍属探索性的，且规模小，相对中国庞大的微型金融需求而言，仍是杯水车薪。在当时，中国农村金融仍以政府扶助、财政补贴为主，甚至将农村信用合作社划归中国农业银行管理，以强化对农村金融的监督以及提高财政补贴的效率。1999 年，中国人民银行专门出台文件，重申并明确规定国家政府金融机构在农村金融发展中的义务，并开辟两项贷款科目，一是个人信用贷款，二是联保贷款，要求国家正规金融机构足户足额从事。据统计，这两项贷款最多的时候，曾覆盖 8000 万农户，约占当时 2.4

亿农民的 1/3。但其结果也是可想而知的，一如其他发展中国家，由政府推动的小额贷款，因缺乏有效的治理机制，效率十分低下，脱离了政府的财政补贴难以实现持续的自我运行。最突出的例子就是农村信用社坏账高企，难以维系，并拖累农业银行，不得已"行社分离"。最后，中央和地方政府又以各承担一半 2003 年农村信用社的坏账的方式，开启了新一轮的改革。

政府补贴式的农村金融的不可持续性使人们重新认识微型金融性质和特点。一方面，国家正规的金融机构如农村信用社开始了改革。除一部分农村信用社改组为股份制农村商业银行和农村合作银行外，对农村信用社进行制度框架内的重组，力图使其尤其是落后地区的农村信用社，恢复合作金融的性质面向社员进行互助金融合作。另一方面，则松动金融准入，鼓励民间金融阳光化，转型为正式的微型金融机构。2006 年，中国人民银行开始推动"只贷不存"的商业性小额贷款公司的试点。同年 12 月，中国银行业监督管理委员会批准同意设立农村金融"新三类"：村镇银行、贷款公司、农村资金互助社。2008 年 5 月，中国银行业监督管理委员会和中国人民银行共同出台《关于小额贷款公司试点的指导意见》，定义小额贷款公司是由自然人、企业法人和其他社会组织投资设立，不吸收公众存款，经营小额贷款业务的有限责任公司或股份有限公司。规定小额贷款资金来源为股东缴纳的资本金、捐赠资金以及来自不超过两个银行业金融机构的融入资金。规定贷款利率由借贷双方在限定的范围内自主协商，最高不能超过中国人民银行规定的同期基准利率的四倍。上述金融准入的松动，促使原来在暗处涌动的民间金融需求合法化、阳光化，小额贷款公司如雨后春笋般喷涌而现，截至 2017 年年底，数量已达 8551 家，在高峰年份的 2015 年其数量高达 8910 家。同时，一些具有成熟小额贷款商业模式的外资机构也纷纷进入中国，寻求合资、合作的机会。

农村信用社制度框架内的重组、小额贷款公司的涌现使传统的商业金融机构有了竞争的压力，也纷纷开始进入这一领域。农业银行、民生银行、招商银行等商业银行专门成立了农村金融事业部或微型金融业务线，而另一些大型银行，如中国银行、国家开发银行或独资或合资成立村镇银行。一时间，微型金融成为热门话题。

然而喧闹之下，缺乏冷静思考。尽管"微型金融"这一概念如今为中国学术界和政策界所使用，为金融界所青睐，但国内对"微型金融"定义和内容的通行理解与国际主流认识存在显著差异。国际上微型金融典型的目标客户是农村和城镇的贫民（以女性为主），对他们发放的贷款一般数额很小，且以信用放款见长，具有较强的扶贫属性。而国内谈论较多的"小微金融"或"小额信贷"概念常被导向理解成小企业贷款和对自然人的经营性贷款，以抵押品放款为主，其商业属性不言自明。

于是，近年来大型商业银行、中小型商业银行、小额贷款公司、农村贷款机构以及非政府组织等都宣称自己在开展微型金融业务，服务对象涵盖从年营业收入近千万元的企业到年均收入仅以千元计量的贫困农民，单户贷款规模从几百万到几千元不等。显然，在中国的语境下，国际主流的"微型金融"概念被泛化，甚至语义不详。

客观地说，这种情况的存在与目前我国金融发展的整体状况紧密相关，虽然可以理解但却不能置若罔闻。从可以理解的角度讲，中国的金融结构与经济结构严重不对称，前者呈"倒金字塔"形，后者呈"正金字塔"形。处于经济结构中下层的企业和居民长期得不到充分的金融服务，而金融服务结构的顶端则竞争激烈，盈利空间日趋缩小，近年来各类型金融机构都在向经济结构的底部拓展市场，开始服务起过去不重视的低端客户。这些金融业务被笼统地冠以"微型金融"或"小型金融"的称谓，导致对微型金融概念理解的泛化。从不能置若罔闻的角度讲，尽管微型金融通常与小额贷款、小额储蓄和保险联系在一起，但"微型"并不等于"小额"。微型金融的核心在于它在那些传统金融止步之地拓展金融市场的边界和规模，服务那些被经济增长所抛弃的人群，而贷款的小规模只是自然的结果。在此，需要再次强调的是，微型金融的真谛是通过一系列特殊的制度安排和技术手段，建立或恢复那些没有诸如抵押品等传统商业信用的信用，并运用这一信用进行金融安排，旨在使贷款人进入或重返市场经济，融入社会，加入现代化进程。"穷人的银行"是其核心指向。

由上，我们可以得出结论：微型金融与传统商业金融的区别在于其服务客户群体的身份特征，而不在于其贷款规模的大小。对那些难以从主流商业银行获得信贷者，例如对农户发放信用贷款，即使数额较大，也具有微型金融的某些性质，对那些能从主流商业银行获得信贷者，例如信用卡用户，即使数额再小，也不具有微型金融的性质。据此，我们可以就中国语境下的"微型金融"做一透视。中国语境下的"微型金融"整体图景大致可分为三个层次：

第一层是服务于有一定规模的小微企业或城市中低等收入阶层的个人。这些客户并不贫穷，但缺乏短期流动性，出于资金周转的需求，需要从金融机构融资。由于无法提供足额的抵押品，或有抵押品不规范、不标准，传统商业银行难以发放贷款或交易成本偏高。而经过信贷流程再造的商业银行或小贷公司，可以服务于这些客户，其贷款数额较大，或许百万元级，但也具有微型金融的某些特征，至少是借鉴了微型金融技术的某些性质，形成传统与微型的某种混合。在中国最为典型的是包头商业银行所创造的"三表三品"贷款流程。所谓"三表"指既要关注资产负债表，又要关注电表、水表和报关表，看其是否有生产和销售；所谓"三品"是指既要关注抵押品，又要关注产品，乃至人品，看其是否有其他信用。这一层次是中国语境下微型金融的主流形态，国内多数中小型商业银行和小额贷款公司的目标客户都集中于这一层次。把对这类客户的金融服务称为"微型金融"，仅是相对于传统银行服务于大企业和高收入人群而言，但不是完全意义上的微型金融。它也构成中国语境下对微型金融理解与国际主流定义差别最为显著的部分。

第二层是服务于城镇及城乡接合部地区低收入的个体小生产者、小商贩以及农村地区从事农副业生产和小生意的农户。这一人群有创造财富的潜力，但缺少资本，希望得到融资支持。但由于没有抵押品或缺少抵押手段，而被传统金融机构所排斥。如果通过一系列微型金融技术，如两合同分离，联保贷款，同伴监督等，是可以将其纳入金融服务的范畴之中。特别是该群体有相对较高致富热情，创造收入的可能性高。即便是商业性的微型金融安排，在实现消减贫困的正外部性的同时，又能为自身带来利润。按照国际通行标准，这一层次的小额贷款规模大约是当地人均 GDP 的五倍，以我国人均 GDP 6 万元人民币计算，小额信贷的适度规模大约在 30 万元人民币。它基本可以满足这一人群从事小生意以及农业种植养殖等经营性和生产性的资金需要。在中国，最为典型的代表是中国银行与新加坡富登金融控股有限公司合资的村镇银行。以其隶属的山东省青州村镇银行为例，2015 年，其贷款户中的 80% 从未与正规金融机构打过交道。这些客户多是农村小商贩，经营一些农民需要的日用小商品，有的甚至走村串户，没有固定资产，因而也没有抵押品。但是在销售高峰期，例如，逢年过节，农村集市等需要相当规模的流动资金进货，正规金融渠道不能支持，他们只能转向传统的民间金融或个人贷款，利率奇高且资金不足。在青州村镇银行微型金融信贷技术帮助下，他们不仅可以及时获得足额信贷，而且利率相对较低，既满足了农民生活的需要，而且也为村镇银行带来较好的效益。这个层次的人群以及为之服务的金融机构是当下国际流行的小额贷款形式，是中国语境下微型金融正在发展的形态。

第三层次是服务于社会底层，包括农村最贫穷个人的金融安排。该层次人群是符合典型意义微型金融服务对象，也是人们当下热议的普惠金融的核心命题。他们的赤贫状况使其与任何正规或非正规的金融活动绝缘，成为微型金融自诞生之初就致力于解决的基本问题——消减贫困。按照国际上常用的小额贷款和贫困线标准的比例关系，中国该层次小额信贷的规模应在3000元人民币以下。这笔资金对一般家庭而言不算什么，但对赤贫家庭就是雪中送炭，而微型金融特有的激励还款制度，不仅提高了偿还率，更重要的是通过这种激励，逐渐培养了这些家庭的"造血"功能，持之以恒，会使他们脱离贫困。目前中国尚有数千万人处于这种状态，其中多数具有体力或脑力等人力资本，如果通过恰当微型金融激励安排，会比单纯的财政捐赠性扶贫效果更好。目前，对这类人群的微型金融服务在中国虽然尚不成气候，但也开始显露。本书所列举的山西龙水头扶贫基金会、海南省农村信用联合社、青海省农村信用社、中和农信项目管理有限公司和中银富登村镇银行以及众多金融机构精心设计安排的金融产品便属此类。它们或处于遥远的热带山区，或处于人烟稀少的青藏高原牧区，或处于内陆集中连片的贫困地区，或处于星星点点散布的落后乡村，但其经验是共同的，通过制度创新和技术创新，使那些从未有过正规信用的人获得金融服务，实现减贫并进入或重返社会主义市场经济的大潮之中。

五

微型金融缘起于传统金融对社会弱势群体，尤其贫困人群的"金融排斥"，希望通过专注于"穷人"的金融服务，使他们摆脱贫困，融入社会。微型金融的逻辑指向是普惠金融，使金融服务惠及所有人。这决定了微型金融必须超越自身走向普惠金融。

微型金融首先发端于发展中国家。但是，微型金融并不局限于发展中国家，它是一个全球性的问题。第二次世界大战后，全球建立了以规则治理为核心的国际多边治理体系，这一体系由三个支柱构成：以联合国为代表一国一票，大小国平等的政治治理；以关税贸易总协定以及后来演变成为世界贸易组织（WTO）为代表的投资贸易自由化的经济治理；以布雷顿森林体系为代表的以美元为中心的货币金融治理。在这一以规则治理为核心的政治经济金融国际治理下，全球再未出现过世界性的战争、全球性的饥荒和传染病。和平稳定的国际环境，使经济发展不再拘泥于一国，经济全球化出现，尤其冷战结束后，这一经济全球化过程扩展到整个世界，各国都深深地卷入其中。表现在微型金融上，不仅是其理念和学术价值为全球所关注，而且其实践经验也为发达国家所借鉴。从经济学的角度观察，经济全球化具有两个基本含义：一是世界各国几乎无例外地采用了市场经济体制。与冷战前两个平行的体制相比，经济体制的统一性极大地降低了制度性交易成本，使可贸易程度大大提高，从而出现了全球经济增长速度较快，但国际贸易增速快于经济增长，而国际金融的增速又快于国际贸易增速的格局。经济全球化在这个意义上表现为国际金融一体化。二是制度性交易成本降低，可贸易程度的提高，不仅仅表现在产品贸易上，更为重要的是体现在以投资自由化为代表的全球要素的交易和流动上，产业因此循着生产要素的国际比较优势出现全球布局。产业链条不再局限于一国，而是横卧在各国之间，全球性的供应链或价值链出现，并因这一供应链或价值链使各国经济前所未有地紧密地联系在一起，成为一个共同体。

经济全球化的发展，既是一个好消息，也是一个坏消息。好消息是经济全球化加快了经济增长，尤其是发展中国家通过加入经济全球化，使出口导向性工业化成为现实，进而加速了经济社会的发展，世界经济进入前所未有的繁荣时代。但坏消息是收入不平等也国际化了。一方面，在发展中国家，尽管出口导向型的工业化惠及了许多人，但那些受教育程度低或缺乏现代经济技能的人群无法参与其中而被远远地甩出，出现了绝对贫困。另一方面，在发达国家，产业的全球布局使那些不具有比较优势产业持续流出，造成了就业不足，不仅工资增长停滞，而且失业严重，也出现了相对贫困，甚至绝对贫困。美国出现的所谓"锈带"就是例证。

2008 年的国际金融危机是上述世界经济发展不平衡积累的结果。在危机中，以美国"占领华尔街"运动为代表的所谓"1∶99"的问题集中暴露了"金融排斥"所带来的社会不平等性。为防止危机重演，重塑包括监管体制在内金融体制变得十分迫切，其中克服"金融排斥"使金融普惠化成为题中应有之义。"我们认识到普惠金融在增进人民权利和改善人民生活的重要性——特别是对于穷人；认识到普惠金融在提高各国及全球金融系统稳定性，金融体系完整性上所发挥的作用；认识到普惠金融在促进发展中国家和新兴市场国家健康的，包容性的经济增长上所作出的巨大贡献。"（普惠金融联盟 AFI《玛雅宣言》）为此，在 2008 年的国际金融危机后，在民间和政府同时产生了两个平行但又具有共同目标的全球性普惠金融协调机制。一个是民间的普惠金融联盟（Alliance for Financial Inclusion，AFI），另一个是在二十国集团（G20）框架下全球普惠金融合作伙伴组织 GPFI（Global Partnership and Financial Inclusion，GPFI）。普惠金融由此正式成为全球金融发展的理念，预示着微型金融以包容性的方式正式超越自身，它不再只适用于农村贫困人口，也适用于城市贫困人口。不再仅是工业化尚在进行中的发展中国家专属，也存在于工业化已经完成的发达国家。它以平等普惠的更高诉求，在普惠人的生存权和发展权的基础上，以能力建设为中心，使金融在人人机会均等的同时惠及社会弱势群体，尤其是贫困人群。它以崭新的面貌在更高的层次上走向全球化。

普惠金融起源于微型金融。关注社会弱势群体，尤其是贫困人群是其天然属性。在当下经济去全球化的逆风中，这一天然属性的发挥就显得尤为重要。2015 年 9 月 25 日，庆祝联合国成立 70 周年可持续发展峰会提出了《2030 年联合国可持续发展目标（SDGs）》，设立了 17 项目标，它们是：

在全世界消除一切形式的贫困；

消除饥饿，实现粮食安全，改善营养状况和促进可持续农业；

确保健康的生活方式，促进各年龄段人群的福祉；

确保包容和公平的优质教育，让全民终身享受学习机会；

实现性别平等，增强所有妇女和女童的权能；

为所有人提供水和环境卫生并对其进行可持续管理；

确保人人获得负担得起的、可靠和可持续的现代能源；

促进持久、包容和可持续的经济增长，促进充分的生产性就业和人人获得体面工作；

建造具备抵御灾害能力的基础设施，促进具有包容性的可持续工业化，推动创新；

减少国家内部和国家之间的不平等；

建设包容、安全、有抵御灾害能力和可持续的城市和人类住区；

采用可持续的消费和生产模式；

采取紧急行动应对气候变化及其影响；

保护和可持续利用海洋和海洋资源以促进可持续发展；

保护、恢复和促进可持续利用陆地生态系统，可持续管理森林、防治沙漠化，制止和扭转土地退化，遏制生物多样性的丧失；

创造和平、包容的社会以促进可持续发展，让所有人都能诉诸司法，在各级建立有效、负责、包容的机构；

加强执行手段、重振可持续发展全球伙伴关系。

2016 年联合国第 70 届大会通过的《2030 年可持续发展议程》肯定了这 17 项目标，并决定于 2016 年 1 月 1 日起实施。时任联合国秘书长的潘基文指出："这 17 项可持续发展目标是人类共同愿景，也是世界各国领导人与各国人民之间达成的社会契约。它们既是一份造福人类和地球的行动清单，也是谋求取得成功的一幅蓝图"。这些目标涉及发达国家和发展中国家人民的需求，并强调不会落下任何一个人。而普惠金融为实现这一议程的意义显然是不言而喻的。

事实上，在 2008 年国际金融危机后，如同当年的"小额贷款运动"一般，普惠金融在全球掀起了高潮。在中国，2015 年 12 月，中国政府首次颁布了《推进普惠金融发展规划（2016—2020 年）》，从健全普惠金融体系，创新产品和服务手段，加快建设金融基础设施，完善普惠法律法规体系，发挥政策引导和激励作用，加强普惠金融教育与消费者权益保护等六个方面作出了总体部署。《推进普惠金融发展规划（2016—2020 年）》规划提出 2020 年的发展目标是"建立与全面建成小康社会相适应的普惠金融服务和保障体系，使我国普惠金融发展水平居于国际中上游水平"，而且明确了要着力提升金融服务的覆盖率、可得性和满意度的具体执行目标。

在此特别需要指出的是，人类已进入数字化时代。数字化正在深刻地影响并改变着人类的生活与生产方式，也为旨在提升金融能力的普惠金融开辟了新的前景。它极大地节约了交易成本，提升了服务效率，增强了安全性，从而使广为诟病的微型金融利率水平有可能实质性下降。更为突出的是，诸如移动互联、大数据、云计算等高新技术的使用，有利于穿透微型金融中仍然存在的"孤岛效应"，并在整体上遏制"使命漂移"现象，使金融真正普惠化。以中国的蚂蚁金融服务集团（以下简称"蚂蚁金服"）为例。它成立于 2014 年 10 月 16 日，是一家依托互联网、云计算和大数据技术，为小微企业和个人消费者提供普惠金融服务的企业。自成立以来，累计服务了4000 多万家小微企业和个人消费者，贷款总额达 7000 亿元，平均贷款规模小于 4 万元。其中涉及的面向农村的贷款尤其令人印象深刻。2016 年 1 月，蚂蚁金服成立农村金融事业部，将蚂蚁金服中包括支付、财富、保险、融资、信用的内容整合在一起，并联合阿里巴巴电商集团中包括农村淘宝、天猫生鲜等涉农部门，以"旺农贷"命名，为"三农"用户提供服务与支持。截至 2017 年 5 月底，旺农贷总授信额超过 170 亿元，已覆盖除港澳台外中国所有的省、自治区、直辖市。初步统计，旺农贷总授信额度超过 100 万户，累计房贷 33 万余笔，平均每笔贷款金额小于 5000 元。

正是认识到数字化所带来的"数字红利"，2016 年 10 月，在 20 国集团杭州峰会上通过数字普惠金融的八项高级原则，指导并引领着普惠金融由传统走向数字。

回首微型金融前世今生，它是第二次世界大战后发展中国家追赶式工业化的产物。它由农村贫困而来，先后经历过财政性补贴的金融服务，以可持续发展为诉求的商业化"小额贷款"金融服务，发展到今日以惠及所有人的普惠金融服务。它经历了经济社会发展的艰难，也见证了人们为美好生活而不屈的努力。瞩望微型金融的未来，它正在向普惠金融华丽转身，金融因此不再仅仅是"嫌贫爱富""唯利是图"的资本积累利器，也成为消除不平等，缩小社会差距的有力手段。微型金融诞生的初衷是"克服贫困"，其诉求是"穷人的银行"。在数字普惠金融蓬勃发展的今天，我们有理由相信，微型金融的理念一定会实现。

第一章　欠发达信贷市场的属性

在发展中国家或农业落后的地区，正规金融和非正规金融的共存早就是一个普遍的现象。一方面是正式的机构性金融组织，如商业银行、地方农业银行、农村信用合作社（RCC）等，另一方面是非正式或者非机构性（non-institutional）的农村信贷组织或模式，例如合作基金、循环储蓄和信贷协会（ROSCA）、私人放贷者（private money lender）以及亲戚和朋友等。正如霍夫、斯蒂格利茨（Hoff、Stiglitz，1993）指出："发展中国家的农村金融是典型的二元形态。在正规金融市场上，机构性金融组织充当着存款者和借贷者的中介，通常向借贷者收取经过政府补贴的低利率；而在非正规金融市场上，专业放贷者、交易商（traders）、地主、亲戚和朋友等根据自身的利益进行私人放贷。"[1]

在本章中，我们将要考察农村金融的二元性及其非效率性的根源。

第一节　欠发达地区金融的二元性

金融体系是由许多制度、工具和市场组成的，包括正式、非正式的金融

　　[1]　K.Hoff, J.Stiglitz, "Imperfect Information and Rural Credit Markets: Puzzles and Policy Perspectives", in *The Economics of Rural Organization: Theory, Practice, and Policy*, K.Hoff, A.Braverman & J.Stiglitz(eds.), New York: Oxford University Press, 1993, pp.33-52.

安排和组织。在发展中国家的农村金融体系中，正式金融组织包括商业银行、发展银行，专业储蓄机构，邮政储蓄系统，合作银行，信用合作社和地方乡村银行等；而非正式金融体系则由农民协会、自助组织、非政府组织（NGO）的信贷项目、循环储蓄和信贷协会（rotating savings and credit associ-ations，ROSCA）、生产资料供应商、交易商、私人放贷者、亲戚和朋友等组成。

在农村金融市场上，无论是正规的金融机构还是非正规的放贷者，他们主要通过储蓄和信贷两种金融工具和客户发生联系。通常，正规的金融组织主要为农业生产和非农生产活动（nonfarm activities）提供短期贷款，很少涉及非生产性信贷；而大多数非正规信贷者，例如ROSCA、NGO、私人放贷者等，提供包括消费信贷在内的多种短期贷款。尽管农村金融体系结构异常繁杂，然而一个不争的事实是，正规金融机构尤其是商业性的金融组织通常只向农户提供带有抵押或者担保的短期贷款，而且所占份额极其有限。因此，农村地区的大部分信贷需求则是由非正规放贷者提供的。例如，来自经济合作与发展组织（OECD）的一份报告显示（2001），在中国农村地区，"据估算，农户从非正式市场中获得的贷款额是从官方信贷组织获得的四倍"。[①]

尽管众多的非正规放贷者为平滑农户短期的、临时性需求提供了极大的便利，然而这种便利仅囿于极小的范围内，而且高利率在非正规放贷中是一个普遍的现象。几乎所有的合作基金，例如循环储蓄基金和众多的互助组织，仅仅为特定的会员服务，而通过亲戚或者朋友等渠道进行的资金融通，更是极其有限，因此，农村非正规金融市场的作用，并非像统计数字所显示的作用那么突出。正如一些经济学家指出，非正规金融交易的显著性是对正

---

① OECD, "Thematic Study on Rural Financial Services in China", *Microfinance Summit Report*, 2001, p.14.

规金融无效性的一个直接反映。对于长期性的资金融通，私人放贷者更是因为厌恶风险而很少涉及。

在农村金融市场上，两种不同形态的金融为何能同时存在，而且利率又高低不同、相差迥异呢？

通常，对于农村金融二元结构的解释，大多是从政府对农村金融的干预和金融抑制角度来考察的。按照新古典经济学家（neoclassical economist）的观点，只要存在需求就会产生供给。在大多数发展中国家的农村地区，由于农村金融的需求超过了正规金融的供给，因此内生于当地的非正规金融活动便产生了，这便是金融的需求追随（demand-driven）现象。有鉴于此，新古典经济学家认为，只有放开市场准入，让利率自由浮动，才能从根本上解决农村信贷的缺口问题。因为随着放贷者的增多，供给和需求逐渐会达到均衡状态，与此同时，利率也会在竞争中降低，最后金融二元性就会消失。

遗憾的是，大多数发展中国家却选择了另外一条路径，即供给领先型（supply-leading）的战略。因为许多国家对于农村金融市场上的高利率，尤其是对小农和穷人的贷款，都持否定态度，认为高利贷无异于是对小农经济的剥削，因此大多数发展中国家在压制非正规金融的同时都试图通过正规金融机构向农村地区提供利率较低的贷款，并通过法律来限定利率的最高限。对此，爱德华·肖（Edward Shaw, 1989）曾有过精彩的说明："旨在控制利率增长'过高'的法令、习惯和道德法等广泛地应用于落后经济中，也应用在其他经济中……动机是保护穷人、防止对消费者、农场主或小企业贷款条件过于苛刻，并限制贷款者的垄断权力。高利率被视为是剥削，如同对其他社会弊病一样，予以禁止是明显的对策。"[1]

---

[1]　[美]爱德华·肖：《经济发展中的金融深化》，中国社会科学出版社 1989 年版，第89 页。

　　然而，政府旨在解决农村地区低收入者融资的机构性金融组织，例如农业发展银行、政府控制下的农村信用社等，并没有使农村地区的融资状况得到多大的改观。蔡欣怡（Kellee S. Tsai，2004）认为这里主要有两个原因：其一，由于无法鉴别谁是这种贷款的真实需要者，政府难以进行有效的信贷分配；其二，由于大量"寻租"活动的存在，政府的代理人会故意挪用这种廉价的信贷资源。[①] 此外，在一些国家中，农村信贷资源的分配还受到政治因素的影响，亚龙等人（Yaron，et al.，1997）发现，"在印度选举时，当地政治人物会把补贴性贷款贷给社会的上流人士，然而选举过后这种贷款很难收回，因为官僚的信贷机构不愿得罪这些'农村地区的精英'——他们在正规和非正规部门都能发挥较大的影响和支配力"；[②] 蔡欣怡（Kellee S. Tsai，2004）认为，同样的情况在中国也屡见不鲜。大量的证据都表明，正规金融机构所提供的廉价信贷资源多被农村基层干部、金融机构的亲友、富裕群体等社会关系广泛的人士所占据，而低收入阶层和贫困户仍被排斥在正规金融服务边界之外，占农村金融总需求 60%—70% 的份额仍由高息的、受压抑的民间非正规金融机构所提供。

　　尽管新古典经济学家在一定程度上从现象上说明了政府干预与农村金融二元结构形成之间的关系，但是，政府干预和金融抑制并没有揭示农村金融非效率的内在根源，一个有力的反证便是：如果放松限制和干预，农村金融市场会出现有效的资源配置局面吗？信息经济学的发展为回答这一问题提供了有力的工具。

---

　　① Kellee S.Tsai, "Imperfect Substitutes: the Local Political Economy of Informal Finance and Microfinance in Rural China and India", *World Development*, Vol. 32, No.9(September 2004), pp.1487-1507.

　　② J.Yaron, et al., "Rural Finance: Issues, Design, and Best Practices", *Environmentally and Socially Sustainable Development Studies & Monographs Series* 14, 1997, p.102.

第二节　底端市场上的正规金融机构

按照古典经济学的观点，信贷市场将在价格（利率）的作用下趋向均衡：如果信贷供给大于需求，利率下降，需求增加；相反，如果信贷需求大于供给，利率将上升，需求减少，供需也将趋于均衡。斯蒂格利茨、魏斯（Stiglitz、Weiss，1981）则对这种古典模型发出了有力的挑战，认为："如果利率发挥作用，就不应当存在信贷配给，然而，信贷配给和'失业'又确实存在。"① 那么，问题究竟出在哪里呢？

众所周知，古典经济学一个重要的假设便是完美信息（perfect information），即交易不受信息的约束，进而资源在供需力量的作用下能够实现充分就业。然而一个不争的事实是，农村金融市场上却存在着严重的信息不对称性，即正规金融机构并不了解借贷者的风险特征、还款意愿和贷款的使用情况，这就说明，金融机构无法确信贷出的资金是否能"安全"地收回，因此，银行将倾向于"筛选"(sorting and screening) 借款人，从而造成"信贷配给"的局面。在《不完美信息市场的信贷配给》一文中，斯蒂格利茨、魏斯（Stiglitz、Weiss，1981）主要从如下两方面论述了信息约束对信贷的影响：

其一，事前的信息不对称，即逆向选择（adverse selection）。在这种情况下，银行在缔结信贷合约之前并不知道借贷者的风险特征（或者融资项目的风险概率），无法将"好的"借款者从"坏的"借款者中分出来，因此只能按单一利率进行贷款，低风险者因支付过高的利率而遭受损失，高风险

---

① J.Stiglitz, A.Weiss, "Credit Rationing in Markets with Imperfect Information", *American Economics Review*, Vol.71, No.3(June 1981) , pp.393–410.

者因没支付"风险补偿"而从中获益。

其二，事后的信息不对称，即道德风险（moral hazard）。银行将资金贷给借贷者之后，无法观察和监督代理人的努力水平和信贷使用情况，代理人的行为结果可能导致无力偿还借款，使银行遭受损失。

信息缺失下的"委托—代理"问题粗略地勾勒出了信贷市场失灵的基本轮廓。在农村金融市场上，正规金融机构不仅无法获得和掌握与信贷合约有关的事前、事中和事后信息，更为糟糕的是，银行等金融机构还普遍面对着的是财富和资产极度匮乏的农民或者"微型企业主"（micro-entrepreneur），因而信贷违约缺乏执行的基础。在信贷抵押缺失的情况下，一个可能的结果是，借贷者将呈现出"风险喜好"的特征，从而使农村信贷充斥着"逆向选择"和"败德行为"，这将从根本上毁坏信贷合约的缔结基础。正如斯蒂格利茨、魏斯（Stiglitz、Weiss，1981）所言："当利率和合约的条件发生变化时，借贷者的行为也可能发生改变。"

一、逆向选择、有限责任与信贷配给

在信息充分且无信息成本的环境中，正如古典经济学家期望的那样，农村金融机构通过向高风险者收取高利率、向低风险者收取低利率而使信贷资源达到充分配置，同时自身也获得最大的利润。然而在农村金融市场上，银行通常并不能充分了解借贷者的风险特征，也不能直接控制和监督借贷人的行为，因此银行只能按照自己的利益来规定信贷的条件，从而造成信贷配给的局面。为了理解这种情形，让我们来看一个简单的论证。

假定一位农民，需要贷款数额为 K，无风险利率为 i，投资如果成功，将得到 R 的收益；如果失败，收益为 0，假设在项目失败时银行只能得到 C_0 的抵押补偿。从农民的角度来看，如果投资成功（农民投资成功的概率为

p），将获得 $[R - (1 + i)K]$ 的收益，如果失败则获得（$-C_0$）的收益，因此农民的期望收益为

$$E = P \times [R - (1 + i)k] - (1 - p)C_0 \qquad (1)$$

从农民的投资期望收益表达式我们不难看出，随着贷款利率的增加，农民的期望收益将减少。如果借入金额为 K，利率为 i，收益为 R，当且仅当如下条件满足时，农民才会归还所借款项。

$$C_0 + R \geqslant K(1 + i) \qquad (2)$$

通常，（2）式便是我们所说的参与约束或激励相容条件。斯蒂格利茨、魏斯（Stiglitz、Weiss，1981）也称之为有限责任条件，因为当 $C_0 + R \leqslant K(1 + i)$ 时，不论投资结果如何，借贷者便有违约的激励，而借贷者仅以 C_0 为限。显然，当 i 不断增加时，农民违约的激励越大；而且，在有限责任的前提下，由于风险的不可观测性，借贷者更可能倾向于选择高收益、低成功率的项目，因为当项目失败时，他可以不用还款，这便是"逆向选择"效应。

随后，让我们来分析一个有一位放贷者和风险高低不同的两类项目（或者风险高低不同的两类潜在借贷者）的信贷市场。假定每种类型的项目需要借入规模为 K 的外源性融资。显然，只有当投资产出大于还贷数额时，借贷者才会还钱，即满足激励相容条件。假设低风险型项目能以较大的概率 P_1（例如100%）获得成功，获得 R_1 的收益，而高风险型项目则面对着一个更加不确定的前景，当项目成功时可以获得一个很高的回报 $R_2(R_2 > R_1)$，但其概率只有 p_2，失败时 [概率为 $(1 - p_2)$] 收益为0。由于低风险项目的净收益为 $R_1 - (1 + i)K$，因此可接受的最大利率为 $i_1 = \dfrac{R_1}{K} - 1$，同理高风险项目所能接受的最高利率为 $i_2 = \dfrac{R_2}{K} - 1$，由 $R_2 > R_1$ 可知 $i_2 > i_1$。

由上可知，高风险项目可以支付比低风险借贷者更高的利率。之所以如此，是因为借贷者在有限责任下，呈现出风险偏好特征，而不必顾及投资失败时的零收益，因为破产时他会赖账。从这个意义上讲，借贷者似乎并不在意投资能否成功或失败，只关注投资对自身效用的影响，有一种投资于风险过高项目的人为趋势：借贷者从项目成功中获益，在项目失败后却并不受损。银行当然希望阻止借贷者去冒险，却往往无法做到。在农村金融市场上，逆向选择现象的出现并不是偶然的，因为当金融机构无法掌握贷款申请者的信息、无力控制借贷者的行为选择时，逆向选择就必然会出现。

从直观上判断，如果贷款利率低于 i_1，显然两类项目都能获得贷款，如果利率高于 i_2 时，两类项目都无法获得贷款，当利率处于 i_1 和 i_2 之间时，由于参与约束 [见（2）式]，低风险项目或低风险借贷者会退出贷款申请。现在，让我们来看看利率的变化对金融机构的影响。

倘若金融机构能确切地知道两类项目或借贷者的风险特征，则它分别提供贷款的期望收益为

$$E_1(p, i) = p_1 \times (1 + i)k - (1 - p_1)C_0 \tag{3}$$

$$E_2(p, i) = p_2 \times (1 + i)k - (1 - p_2)C_0 \tag{4}$$

由 $p_1 < p_2$ 知 $E_1 > E_2$。$E_1 > E_2$ 这就意味着金融机构更愿意向低风险项目或借贷者提供贷款。对金融机构而言，如果利率 i 增加，其收益会增加，然而当利率增加到 $i_1 < i < i_2$ 时，只有高风险项目或借贷者进行投资，因此高利率引致了高风险。由于信息的不对称，通常金融机构并不知道项目或借贷者的风险特征，因此只能根据经验来判断投资成功的概率（p），假定放贷者同时为许多项目或借贷者提供贷款，此时放贷者的期望利润为

$$E(p, i) = n(1 - p)E_1 + npE_2 - nC_0 \tag{5}$$

最初，随着利率 i 的增加，E_1、E_2 也增加，放贷者也愿意为更多的项目

或借贷者提供贷款，因此放贷者的期望利润将增加。但是，当 i 增加到一定的程度之后，只有高风险项目或借贷者才愿意融资，此时，由于 $E_1 > E_2$，放贷者的利润反而会减少。在这种情况下，放贷者利润最大化的利率 i 低于市场利息率，即通过降低利率和吸引低风险的项目进行投资，可以提高预期的收益率。低利率会吸引更多的借贷者进行投资，市场出清的利率就不会维持在原有的高度上。因此，均衡的利率出现在贷款需求过度的情况下。银行利润和利率的关系可以用图1-1来直观地表达。

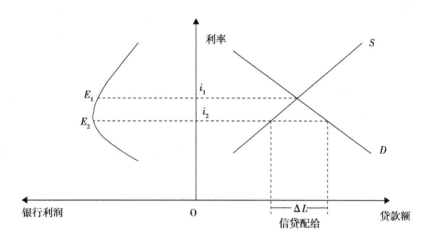

图1-1　信贷配给与银行利润

在信息不对称的农村信贷市场上，对信贷的需求取决于市场利率，而金融机构的利润则决定了信贷的供给。在图1-1中，右象限表示信贷的需求（D）和供给（S），左象限表示银行的利润。在某一个较高的均衡利率水平下，例如 i_1，尽管信贷的供求相等，但倘若银行降低利率，例如到 i_2 时，还会提高收益，即银行的利润从 E_1 点移到 E_2 点。当信贷处于均衡状态时，即 E_1 点，银行的利润却并非最大。为了获得最大利润，银行倾向于降低利率，此时需求大于供给，形成 ΔL 的需求缺口，出现"信贷配额"的局面。

由此可见，当存在信息约束时，仅靠供需的力量并不能出清市场。

二、抵押与道德风险

正像许多经济学家所顾忌的那样，在农村金融市场上，正式的机构型放贷者的主要问题是他们往往缺乏对信息的充分掌握，例如客户的风险特征和行为选择偏好以及与信贷有的其他信息，因此他们往往无法将"安全型贷款者"同"风险型借贷者"分开，更无法精确地监督客户如何使用贷款。这里还不光是贷款被用于生产还是消费的问题，比如，那些本应用于安全型项目的贷款则会被挪用于收益较高的风险型项目，即放贷者的偏好与利益同借贷者的偏好与利益发生偏差。为了防止此类"逆向选择"现象的发生，正规金融机构一般只向借款人提供抵押贷款。然而，抵押又在信贷合约中到底起多大的作用呢？

让我们来考虑农户的一个生产模型。假定一项生产投资需要资金量为 k，产出通常是基于农户努力水平 e 的一个概率空间 Ω。为了简化分析，让我们考虑一个二项分布的情形，假设借款者以概率 $p(e)$ 获得收成 Q，而收成或者投资失败时的收成为 0 {概率为 $[1-p(e)]$}。由上可知 $\frac{\partial p}{\partial e} > 0, \frac{\partial p}{\partial e} < 0$，后者表明边际收益递减，并假定所有经济人是风险中性的，而借款人的努力水平 e 的成本由它自身所表示。

在自融资的情形下，农户（亦即借款人）的目标函数由下式给出：

$$\max p(e)Q - e - k \tag{6}$$

显然，农户的最优努力水平和产出将由一阶条件 $\partial p / \partial e = 1/Q$ 决定。

现在，让我们来考虑农户外源融资的情形。在外源融资下，假定农户借入的金额为 k，i 为利率，抵押财富为 $w, w < k$（在通常情况下，抵押财富值总是小于贷款金额的），农户的收成或收入分布与自融资情况相同。此时，

农户的期望收益函数为

$$\max\{p(e)[Q-(1+i)k]-[1-p(e)]w-e\} \tag{7}$$

从上式可知，农户的最优努力水平由

$$\frac{\partial p}{\partial e}=\frac{1}{Q+w-(1+i)k}$$

给出，因此农户的努力水平是 c［假定 $c=(1+i)k$］和 w 的函数，$f(e)=f(c,w)$，e 与 c 成反比而与 w 成正比。这表明，较高的负债水平将降低农户的努力水平，激励农民选择"懒惰"的行为。对此，一个普遍的解释是，一个负债较高的农民因在好的收成中所占利益较小，故而会出现"道德风险"，这便是激励不相容问题（incentive incompatible）。另一方面，较高的抵押将在农民收成失败时起着硬性惩罚的作用，故而可以刺激农民选择较高的努力水平，避免收成失败的出现。

让我们再来分析一下放贷者的情况。金融机构将资金贷给农民后，它的利润函数由下式给出：

$$R=\max\{p(e)c+[1-p(e)]w-k\} \tag{8}$$

在风险中性和市场完全竞争的情况下，贷方的利润显然为 0，即放贷者只能获得无风险的利率 i。在这种情况下，贷方通常会实行完全抵押的放贷政策，即 $w=c$，进而无论借款的农民选择什么样的努力水平都不会给放贷者造成任何损失。然而，实际情况并非如此。由于农村金融市场的非完全竞争性，因此贷者只会在 $r\geq0$ 的情况下放贷；同时，由于抵押的不完全性（$w<k$），结合（6）、（7）、（8）式，我们可以推知，由（8）式给出的农民实际的努力水平必定小于最优的努力水平［由（6）式给出，即自融资时的努力水平］。

从上面的分析可知，只要借款者的抵押财富不足以为贷款金额提供担保，借款人的努力水平就会偏离最优水平，宁愿选择"偷懒"，从而使项目的收益或收成出现不确定性，这会损害信贷偿还的基础。为了进一步分析抵押 w、利率 i、银行的收益 R 和农民努力水平 e 之间的关系，让我们从比较静态的角度来考察均衡时的情况。

$$\frac{\partial p}{\partial e} = \frac{1}{Q + w - (1 + i)k} = \frac{1}{Q + w - c} \qquad （9）激励曲线①$$

$$R = \max\{p(e)c + [1 - p(e)]w - k\} \qquad （10）利润曲线②$$

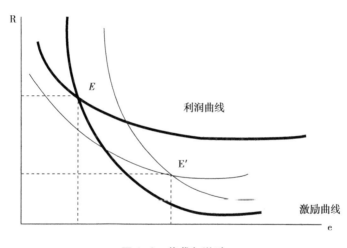

图 1-2 信贷与激励

观察图 1-2，并结合激励曲线和利润曲线的函数式，我们可以推知，随

---

① 关于激励曲线形状，我们可以做如下推导：$\dfrac{\partial p}{\partial e} = \dfrac{1}{Q + w - (1 + i)k} = \dfrac{1}{Q + w - c} \Rightarrow c = Q + w - \partial p / \partial e \Rightarrow \dfrac{\partial c}{\partial e} = -\dfrac{\partial^2 p}{\partial e^2}$，由 $p(e)$ 凹函数的性质我们可以近似推知，激励曲线是凸向原点的凸函数。

② 关于利润函数曲线的形状，我们可以做如下推导：$R = \max\{p(e)c + [1 - p(e)]w - k\}$，取 R 为定值 $\Rightarrow c = 1/p(e)(w - k + R) - W \Rightarrow \partial c / \partial e = -1/p^2(e)$，由 $p(e)$ 函数的性质，我们同样可以推知，利润曲线凸向原点。

着抵押财富 w 的增加，农民的努力水平将会不断地增加，当其他条件保持不变时，激励曲线表现为沿利润曲线向右上方移动，均衡点从 E 移动到 E'。如果银行的利润保持不变，由

$$R = \max\{p(e)(1+i)k + [1-p(e)]w - k\}$$

可知，利率趋于下降，这样农民也将能从较高的努力水平所产生的剩余中获得更大的收益。

对于抵押在信贷合同中的作用，一个直觉上的解释是，随着抵押财富的增加，农民们发现违约将越发"昂贵"。因此，信贷抵押的存在，通过"激励相容"效应，能比较有效地解决信贷合约中因信息不对称而产生的"道德风险"问题。进而，随着信贷风险的降低，放贷者能在保持利润的情况下降低利率，通过贷款申请者的风险特征——高利率申请者具有高风险，低利率申请者具有低风险——将"好的"申请者从"坏的"申请者中区分开来；同时，随着利率的降低和债务负担的减少，农民们倾向于选择较高的努力水平，并从增加的生产剩余中获得更多的收益。

三、抵押与风险偏好

从直觉上判断，一个完全抵押的信贷合约将能产生完全的激励，因为违约的农民并不能从违约中获得丝毫的好处，进而也不会存在违约的动因，许多学者把信贷抵押的这种"激励"效应称为"过滤机制"（screening mechanism）。果真如此，那么一个自然的逻辑结果便是，抵押财富越高越好。然而，这一理论命题在农村金融市场上却受到了极大的挑战：

·财富的匮乏使得农民们能用作抵押的资产或财富极其有限；

·这些资产和财富通常和农民的生产和生活活动密不可分，这使违约的执行非常困难；

·法律基础设施的不健全还使违约的执行成本非常高昂，使农村金融机构疲于讨债，因此许多抵押合同如同一纸空文。

正因为如此，许多发展经济学家们对于抵押在农村信贷中作用并没寄予过高的热忱，事实上，"抵押过滤"在将"坏的贷款申请者"筛选出局的同时，也向那些因无力抵押的"好的申请者"收取较高的"风险补偿"，或者干脆将其拒之门外。正如高希、拉伊（Ghosh、Ray，1999）所言："那些财富较少的穷人们受到了双重诅咒——他们不仅因为资产流动性的约束而承受较低的消费能力之苦，而且还因获贷的昂贵而承受低收入之累。原因是，穷人们并不像富人那样能有效地取信于人，保证避免道德风险行为。"[①]

斯蒂格利茨、魏斯（Stiglitz、Weiss，1981）也对从"风险中性"假设得出的"抵押过滤"表示强烈的质疑，"当存在着过度的信贷需求时，银行为什么不提高抵押要求而使信贷需求减少；与此同时，还能降低信贷风险和提高银行的收益？"通常，情况并非如此。他们认为，抵押财富的"过滤作用"正如利率的"过滤作用"一样，并非越高越好，而应有一个最优的、适当的标准。

由于银行并不了解借款人的财富状况和所从事项目的风险特征，因此，只能提供统一的信贷合同 (c, i)，c 是抵押财富，i 为贷款利率。假定每一贷款申请者都有一系列的投资项目，高收益的项目对应着较高的风险（低成功率），低收益项目则相对安全（高成功率）。通常，富有的贷款申请者往往也是那些以往在较高风险项目中取得成功的人，他们比那些只投资于相对安全项目的人表现出更大的风险偏好特征。因此，只投资安全项目的贷款申请者便无力在以后的贷款中提供较大数额的抵押财富。随着银行抵押财富要

---

① P.Ghosh, D.Ray, "Information and Enforcement in Informal Credit Markets", Boston University Institute for Economic Development Paper, 1999.

求的提高，只有那些富有的申请者才能满足银行的要求。因为富有的申请者
更具有风险偏好性，因此也会将贷款用于高收益低成功率的项目中，这实际
上是将银行的资产置于风险之中，降低了银行的期望收益。

为了说明这一情况，让我们来从理论上做一简单的分析。假定 R_i 为贷
款申请者的投资序列收益，$p(R_i)$ 表示项目成功的概率，项目失败时收益为
0。因为贷款申请者随着抵押财富 c 呈现出风险偏好的特征，故而 $\partial p / \partial c < 0$，利率为 i，贷款金融为 k。放贷者的期望利润由下式给出：

$$E = (1 + i)k \times p(R_i) + c \times [1 - p(R_i)] \tag{11}$$

$$\frac{\partial E}{\partial c} = (1 + i)k \frac{\partial p}{\partial c} - c \frac{\partial p}{\partial c} = \frac{\partial p}{\partial c}[(1 + i)k - c] \tag{12}$$

通常，由于抵押 $c \leq k$，故而有 $\dfrac{\partial E}{\partial c} < 0$，因此银行的期望利润并不随着
抵押财富 c 的增加而增加，相反却向相反的方向变化。

巴德汉、尤迪（Bardhan、Udry，2002）则在自己所建的"道德风险模
型"中揭示了另一个有趣的现象。他认为，当放贷人和借款人都是风险中
立时，信贷市场中道德风险的效果可以通过使用抵押物来缓解。同样，他也
对这一风险中立假设提出了质疑，他认为"如果借款人是厌恶风险的，使
用抵押不可能完全解决由道德风险所带来的困难，因为此时借款人不愿意在
不从放贷人获得某些补偿的条件下承受全部交易风险"。[①]

第三节　底端市场上的非正规金融

在发展中国家，农村正规金融机构无法有效运转往往被视为自动的。从

---

① ［美］普兰纳布·巴德汉、克里斯托福·尤迪：《发展微观经济学》，陶然等译，北京大学出版社 2002 年版。

前面的分析中我们并不难看出为什么如此。首先，正规机构往往很难监督农民们使用贷款做了些什么，一项贷款可能因为一个特别"适当"的原因借出，但实际却被借贷人用于其他用途，例如消费或婚嫁，而借贷人却因此无法容易地偿还贷款。或者，一项贷款可能被用于风险较高的生产性活动，但却失败了。这会导致"无法偿还"或非自愿违约的情况，而一旦这种情况发生，放贷者将很难收回所借出的钱。其次是自愿性或策略性违约，在这类情况下，借贷者原则上可以偿还贷款，但却因为这样做不符合他自己的利益，所以就采取赖账的行为。在贷款执行的有关法律体系较弱的环境中，这种情况尤其容易发生。

显然，上述现象的发生是与信息不对称密切相关的。在每种情况下，如果机构性放贷者能准确地了解有关信息，可以通过某种方法使农民归还贷款，那么正式的机构放贷者就面对着一个完全确定的农村信贷市场。金融机构不会在乎农民拿钱做了什么，而借贷人也将选择具有最高预期回报的项目。然而，农民果真能够在任何或者大多情况下还贷吗？毋庸置疑，只有那些比较富裕的农民，即使在项目失败时，也有可能从自己的口袋中掏出钱来还贷。因此，这里我们在理解银行为什么歧视农村贫困借贷者的同时，也看到了正规金融机构无效率的一些重要原因。

与正规金融机构相对的是非正规放贷者。在农村信贷市场上，非正规放贷者因其独有的信息优势，以及在放贷中某些"灵活"的优点而被寄予厚望。尤其是在位置偏远、基础设施较差的农村地区，非正规金融因在交易成本和预防违约上的优势几乎成了这些地区主导的信贷形式。在本节中，让我们来分析农村非正规信贷市场上的一些情况。

一、成本与利率

通常，农村非正规金融（机构）主要活动在政府监管之外，因此它们的成本构成主要是运营中的直接成本。当一项非正规信贷发生时，获得贷款客户的信息成本、管理和执行成本就成了信贷成本的主要部分。值得注意的是，由于交易成本的大部分都是固定的，即不随交易额的大小发生变化，因此可以通过增大一次性交易的信贷额来降低交易成本。与农村正规金融机构一样，违约损失是农村非正规信贷另一项重要的成本，这与农村借贷者的还款能力和意愿密切相关，同时，信贷抵押也在非正规金融中发挥着重要的作用。

由于发展中国家的通信、交通等基础设施水平较差，信贷交易成本很高，在地区偏远、基础设施匮乏和人口稀少的农村地区尤其如此，因此高昂的交易成本成了正规金融机构，尤其是商业性的金融机构不愿意在农村地区拓展业务的另一重要原因。比较而言，农村非正规放贷者则在交易成本上拥有一定的优势。然而非正规金融相对较低的交易成本却与较高的利率形成了鲜明的对比。

尽管农村地区的非正规信贷中也存在着一些较低的和"免费"的信贷，例如亲戚、朋友和邻里之间的互惠性借贷，但是高利贷更是农村非正规信贷的一种常态。对于农村非正规金融高利率的一个普遍解释是农村信贷市场的分割性。放贷人对其客户有排他性垄断权，因此可以在贷款时要求一个比其机会成本高得多的利率，巴德汉、尤迪（Bardhan、Udry，2002）通过由一个本地垄断性放贷者主宰的农村信贷市场模型（他掌握本地借贷人特点及行为的完全信息）证明了放贷人获得"信息租金"[①] 的可能性。由于农村信贷市场分割性所产生的地方垄断权虽然在一定程度上解释了农村高利贷之谜，然而这并不必然表明我们可以使用完全垄断的假设。

---

① "信息租金"是垄断力产生的，因为放贷者在完全信息下通过向"高风险者"收取高利率实现垄断利润。

对于农村非正规信贷中高利率现象的一个令人信服的解释是风险。正如农村正式信贷一样，非正规信贷市场上有相当高的违约风险，借贷人可能会赖掉利息，甚至部分乃至全部的本金。这种风险来自许多方面：首先是非自愿赖账的风险，这完全是由于不幸事件的发生，例如收成不好、疾病、死亡等等，这就意味着，在贷款到期时借款的农民根本就没有足够的钱还债；其次，还存在自愿赖账的可能性，即借款的农民拿了钱后拒绝还账。

让我们来简单地讨论一下由于赖账风险对非正规放贷者利率的影响，为了分析的方便，我们可以考虑一个竞争性的农村非正规信贷市场。假定一个私人放贷者，每借出去一元钱，有一个大小为 p 的概率可以收回（既包括自愿赖账风险也包括非自愿赖账风险）。设 k 为他所放出的资金量，r 为每一个放贷人的资金机会成本，i 为非正式部门均衡水平下所收取的利率。由于只有大小为 p 的部分贷款可以偿还，放贷人的预期利润为 $p \times (1 + i)k - (1 + r) \times k$。在一个竞争性的环境中，放贷人的利润为零，即

$$p \times (1 + i)k - (1 + r) \times k = 0$$

由此可以推知

$$i = \frac{1 + r}{p} - 1$$

显然，当 p 为零时，即贷出的款项能全部收回不存在违约风险，可以得到 $i = r$，这表明此时非正规信贷利率等于正式部门的利率；当 p 小于 1 时，有 $i > r$，即一旦存在违约，非正规利率就比较高，以补偿违约风险或损失。为了从直观上了解违约的显著作用，让我们来看一个简单的例子。假设正式部门的利率为 10%，私人放贷者贷款回收率为 80%，通过简单的计算可以发现私人放贷者只有收取高达 40% 的利率才能补偿违约损失。

二、抵押约束与信贷约束

由于私人放贷者的"硬约束"①，一旦考虑高风险所产生的违约成本，放贷者一方面要收取较高的利率，另一方面必然会要求抵押作为信贷的条件以抵消违约风险。正如前面所分析的那样，尽管在风险中性的条件下抵押和利率存在着替代关系②，然而随着抵押价值的增加，借贷者明显呈现出风险偏好特征，选择风险较大的投资项目，这将从根本上损害偿还贷款的基础。更接近实际情况的是，在大多数情况下借贷者是"厌恶风险"的，"对于风险厌恶的借贷者而言，伴随着抵押要求的资本损失意味着高效用损失（抵押物的资产损失）；因此，他们将偏好于无抵押、高利率的信贷合同——这样，当（非自愿）违约发生时，就不会导致特别的损失"③。

通过前面的分析可知，无论是风险中性，还是风险厌恶或风险偏好，总之抵押的作用并非人们所期望的那样高。事实上，由于农民资产和财富非常有限以及农村地区法律基础设施非常薄弱，抵押信贷在非正规放贷中也不像理论家们所想象的那样普遍。因此，现实中农村地区大多数私人放贷者所面临的更为重要的情况是信息不对称中借贷者的意图和目的。不言而喻，借贷者的意图是由其对自身效用的判断决定的，因此，借贷者效用最大化假设是分析农村信贷合同更为适合的准则。

在抵押缺失的情况下，可以预见，一个效用最大化的借贷者将在如下的

---

① 与正规金融不同的是，非正规的放贷者必然要追求非负利润，否则不会放贷，此为非正规放贷者的"硬约束"。

② 在风险中性的假设下，可以证明违约可能性较低的借贷者愿意以较高的抵押来获取利率的减少，而放贷者也以抵押情况作为区分"好的借贷者"与"坏的借贷者"的基准，进而作为收取利息的基石。

③ Binswanger Hans, Mark Rosenzweig, "Behavioral and Material Determinants of Production Relations in Agriculture", *Journal of Developmenf Studies*, Vol. 22.No. 3(January 1986), pp. 503-539.

条件下违约：

$$U[W - k(1 + i)] < U(W - D)$$

在此，W 是借贷者的初始财富，D 是借贷者因违约而造成未来无法通过借贷投资而造成的损失。显然，当贷款额 k 较小，违约的未来损失较大时，借贷者违约的激励就会降低。然而，当放贷者追求这一条件时，就会产生因单笔贷款额较小从而交易成本增大的困境。当然，放贷者也可以通过一定的安排使借贷者未来违约损失增大来降低违约激励。一个明显的例子是，许多农村非正规信贷仅在特定的社会团体中进行，以此来防止道德风险的发生，因为当借贷者出现自愿赖账时，他就会在圈子中失去名声和地位，并在发生意外情况时失去团体提供的援助。然而这种信贷战略仅仅囿于有限的圈子和社会成员中，并且他们都是本地永久居民。这就解释了为什么许多农村非正规信贷只能在有限的区域或者群体中提供资金融通，而很难成为有效的农村金融中介。

由于信贷抵押在财产上的有限性和实施上的局限性，有时农村非正规金融还采用第二方担保、预付合约（典当）和关联交易①来防止和解决违约风险。然而，担保当且仅当能够实施时才能产生效率；典当则要求抵押的财物预先转移给放贷者；而关联性交易也只能在有潜在利益关系的群体中才能发生，并且无法防止收成失败时的非自愿违约风险。在这种情况下，农村非正规放贷者只有通过减少贷款额或者仅将资金贷给特定的"熟人"来预防风险。事实也正是如此，亚里姆（Aleem，1993）对巴基斯坦昌巴地区的 14 个放贷者做了一个相当深入的调查，该调查表明，其中 10 个放贷者将其75%以上的贷款贷给了老客户，即他们以前打过交道的客户或是与他们有关

---

① 例如，商人以提供生产资料等为信贷，而以农民的未来收益作为还贷。

联交易的人，即使在另外 4 个放贷者中，重复放贷的比例也高达 52%。①

因此，由于正规金融失灵而内生于农村金融市场上的非正规信贷也只能部分地解决信息不对称条件下的风险和成本，而且在通常情况下，它们只提供短期的、小额的非生产性信贷。故而，在农村金融市场上，小额交易所产生的高交易成本，大额信贷的高风险，抵押和违约实施的局限性，它们的交织使非正规信贷只能发挥有限的作用。在考察印度农村信贷市场时，巴苏（Basu，1997）② 也得出相同的结论，他写道：农村信贷市场运行在个人关系的基础之上，这就意味着，愿意支付（所需的）利率和能满足抵押要求的借贷者并不一定能自动地从所有的放贷者那里获得贷款。借者和贷者必须相互了解，借者要么通过雇佣关系要么通过家庭关系认识贷者。后一因素非常重要，因为大部分借者无有形资产提供给贷者作为"保险"——专业私人放贷者可以向任何人提供贷款——然而他们的主要客户则是较富裕的农民，随着这些农民从机构放贷者获贷状况的逐渐改善，专业私人放贷者在印度大部分农村地区的重要性正在下降。

因此，根植于本地的非正规金融是"肤浅的"（shallow），尽管它们的存在为平滑农村短期信贷需求提供了一定的便利，然而，无论在服务的人数上还是在中介的深度上，它们的作用都是极其有限的。

总结　新市场失灵与老市场失灵

如果农村信贷市场是完全竞争的，那么它就会像城市信贷市场一样能有

---

① ［美］德布拉吉·瑞：《发展经济学》，陶然等译，北京大学出版社 2002 年版，第 511 页。

② Santonu Basu, "Why Institutional Credit Agencies are Reluctant to Lend to the Rural Poor: a Theoretical Analysis of the Indian Rural Credit Market", *World Development*, Vol. 25, No. 2(1997), pp. 267 - 280.

效地运作，在这种情况下，资金像其他任何一种商品一样，将会在供给和需求双方力量的共同作用下决定均衡的数量和价格，即信贷额和利率。然而不幸的是，由于受多种条件的约束，农村信贷市场距离完全竞争市场还相当遥远。

与古典经济学家假设相反的是，农村信贷市场总是分割的（fragmented）。通常，在一个地区或村庄只存在一个放贷者，或者某个放贷者只为一个地区的特定群体服务，一些学者把农村信贷市场的这种现象称为"信用岛"（credit island），或"信息孤岛效应"。由于市场是分割的，进而垄断便不可避免，利率也常常高到惊人的程度，而且变动较大。即便是在同一个地区，不同"信用岛"中贷款的利率也各不相同。

在老一代发展经济学家看来，农村信贷市场的分割垄断性与农村地区的地理位置和基础设施密切相关。他们认为，地理位置的偏僻和薄弱的基础设施，以及分散的小额交易导致了农村金融交易的成本非常高昂，因此，正规金融机构总是无力覆盖那些落后的地区，它们的缺失直接导致了农村金融市场的分离和割据。这便是老一代经济学家眼中的"市场失灵"，现今的经济学家称之为"老市场失灵"（old market failure）。

诚然，地理位置的偏僻和薄弱的基础设施是导致农村信贷市场分割垄断的一个重要的因素，然而一个有趣的现象是：农村金融市场上"套利"的虚幻性——按照高希等人（1999）的说法，为什么聪明而有进取心的经济人不从收息较低者那里借钱然后贷给那些愿意支付较高利率的借款人呢？即便是在同一个地区或村庄，不同放贷者或"信用岛"之间很少出现竞争，利率也不尽相同。

信息经济学的诞生揭示了一个重大的谜底，那便是"信息约束"——一方面，放贷者无法了解借款者的风险偏好和还款意愿；另一方面，放贷者更无从监督贷款的使用情况。在抵押、担保缺失及其作用有限的情况下，无论是正规金融机构，还是私人放贷者，都会呈现出非效率的特征。因此，在农村金融市场上，放贷者和借款者之间的信息不对称是最关键的因素，这便是"新市场失灵"（new market failure）。

第二章　补贴信贷与政府失败

第一节　市场失灵与政府干预

一、帕累托效率与市场失灵

当市场无法有效地配置信贷资源时，市场失灵就发生了。像其他物品一样，信贷也存在供给和需求。在信贷市场上，必须有一部分人或机构放弃当前的消费或投资，另一部分人才能利用这一部分资金进行消费和投资，作为信贷价格的利率，必须足够高以使放贷者自愿放弃当前的效用，同时也必须足够低以使借者有能力偿还贷款。

在理想的信贷市场上，信贷在供需双方的竞争中得到配置进而决定了利率的水平，这种市场是有效率的，并达到了帕累托效率，因为有最好投资机会的借者愿意支付最高的利率也能最先获得信贷资本。这就是说，放贷者获得了最高的利率，借者也获得了最好的收益，不存在有资金不愿意贷出和有好的投资机会而借不到资金的情况，也不存在任何使其中一个人状况变好（对贷者而言获得更高的利率，对借者而言有好的投资机会原来无法获贷现在能得到贷款）而不使另一人变差的帕累托改进的可能。为了进一步分析信贷市场的效率，让我们考虑一个农民利用贷款（数量为 K ，利率为 i ）进行生产的模型，如图 2-1 所示。

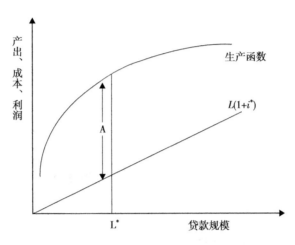

图 2-1　帕累托效率的信贷市场均衡

假定农民使用资本和劳动两种要素进行生产，生产函数为 $Q = f(K, L)$。当信贷市场达到帕累托效率实现均衡时，在均衡点 E，农民获得意愿的贷款数量 L 并获得 A 的投资收益（生产函数 f 与信贷函数 L 的截距），同时放贷者也获得期望的利率收益，此时

$$i = MC = MR = \frac{\partial f}{\partial K}$$

由福利经济学第一定理可知，当竞争性的信贷市场不存在外部效应时，就会达到帕累托效率。然而，无论在理论上还是在实践中，农村金融市场都与有许多买者和卖者并且无交易成本的竞争模型相去甚远。正如我们在前面所述，由于信息的不对称，农村信贷市场充斥着较高的违约风险，例如借款的农民可能因为天灾或人祸而无力还款，也可能故意赖账。当出现后一种情况时，就需要有强有力的法律设施来保障信贷合约的实施，但是，如果合同

实施的成本太高，贷者就只能停止放贷。在现实中，我们可以在许多发展中国家发现农村信贷失灵的情况。例如，一家农村金融机构或放贷者考虑对一位农民进行融资，农民获得信贷后选择努力水平进行投资生产，当项目成功时，款项可能会得到偿还，一旦失败，不管自愿还是非自愿，农民只能违约。而且，随着贷款额的增加，在担保缺失的情况下，借者更有可能违约。如果贷者不能监管借者的行为或者这种监督成本很高，一个利润最大化的贷者可能只发放小额贷款或从农村信贷市场上撤出。而在完美信息的市场中，贷者愿意贷出更多的款项，这既符合贷者的利益，也能满足借者的要求。因此，与信息完美的市场相比，农村信贷市场呈现出"市场失灵"的特性，难以实现潜在的帕累托效率。

此外，农村信贷市场的结构（分割性、垄断性）以及较高的交易成本也是阻碍农村信贷市场有效运营的重要因素。综合这些原因，一个不难预料的结果便是，信贷资源成了农村地区十分稀缺的要素，利率也居高不下，这将直接导致农村经济的投资不足。图 2-2 从直观上表达了这一情形。

当农村地区的信贷出现约束时，农民的融资成本升高，信贷成本曲线从 k_1 向左上方移动到 k_2，农民的生产投资在 E_2 点达到均衡，此时 $i = i_2 = \partial f(k, l)/\partial k = MC = MR$。显然，此时的利率高于 E_1 点的利率，产量和信贷额则减少，即 $i_2 > i_1$，$Q_2 < Q_1$，$K_2 < K_1$。

因此，农村信贷市场的高风险性，高交易成本，以及信贷合约执行体系的薄弱，它们的交织使得信贷资源难以有效地向农村地区渗透，这将直接导致农村经济投资不足。

二、政府对农村金融的干预——一个概览

无论在发达国家，还是在发展中国家，政府干预农村金融最常用的方

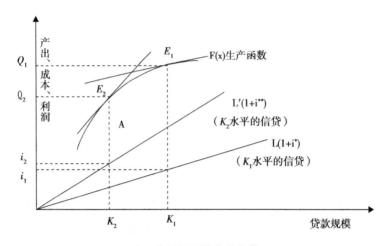

图 2-2　非帕累托效率的信贷图

法便是向农村部门注入大量的补贴性贷款。政策制定者们常常认为，由于农业部门比较利益较低，没有利率补贴，农民们就没有使用农业机械和进行技术革新的积极性，也会大大降低使用诸如化肥、农药等重要生产资料的概率，因为这些都是资本密集型的，而资本正是农村部门最稀缺的要素。同时，采用新技术、新机械等存在一定的不确定性和风险，由政府提供利率补贴实际上是一种风险共担机制。此外，由于工农产品的"剪刀差"，农民只能从农产品中获得较低的收入，而保持农产品价格的稳定是国家宏观政策的需要，因此，政府试图通过信贷补贴来保持整个宏观经济的稳定。

通常，政府可以通过如下三个途径来实现低息贷款向农业部门或者农民进行转移：

农业政策性银行，即农业发展银行（agricultural development bank）；

农业银行或者其他商业性银行；

农村信用合作社（rural credit cooperative）。

1. 农业发展银行

农业发展银行，作为国家重要的政策性银行之一，一般都是由各国政府建立并所有，用来促进农村发展和反贫困的重要渠道。它们在政府政策指令的驱使下，将稀缺的政府财政资金和接受的捐赠资金以低于市场水平的利率输入农村部门。在许多发展中国家，农业发展银行都居绝对性的主导地位，例如，印度尼西亚人民银行（Bank Rakyat Indonesia，BRI），通过 3724 个名为 BRI Unit Desa 的乡村信贷部覆盖了整个国家，"处于垄断地位的尼泊尔农业发展银行是农村机构信贷唯一的金融机构，只从事农村经济业务活动"①[德文德拉·普拉塔普（Devendra Pratap Shah，2003）]，泰国的农业和农业合作银行（BAAC）也是泰国农业信贷的主导银行。农业发展银行的这种地位可以通过如下三个平行的业务略窥一斑：

补贴性贷款：作为发展银行，它们主要为农村地区的发展提供优惠信贷；

目标贷款：从 19 世纪 70 年代开始，许多发展银行开始开展"微型金融"业务（例如 BRI、BACC），直接向农村地区的穷人提供目标信贷；

限制商业银行向农村发放贷款：在一些国家（例如尼泊尔、印度、巴基斯坦等），农业发展银行还有限制商业银行活动的权利，主要目的是促使城市的储蓄输向农村。

因此，许多国家的农业发展银行都在农村金融市场发挥着积极的作用，通过农业优惠贷款、对小农生产者与农村穷人的目标贷款，农业发展银行有力地支持着政府在农村地区的政策意图。然而各国政府也为此付出了惨重的代价，由于贷款的操作成本很高、利率很低，加上偿还率很差，几乎所有国

---

① Devendra Pratap Shah, "Reforming an Agricultural Development Bank : Insights from an ex Bank CEO in Nepal", Working Paper, No.4, 2003.

家的农业发展银行只能靠大量的补贴和政府不断地注入新的资本来维持运转。例如，"在 19 世纪 80 年代的初期，BIMAS（为了促进国家稻谷自足而向农民提供利率补贴的大型信贷项目）的贷款额开始下降，印度尼西亚人民银行的贷款违约率高达 50%，BIMAS 也近乎崩溃"。[1] 此外，缺乏对农业发展银行运营的有效监督是各国普遍存在的问题。因此，大多数农业发展银行都难以持续，它们的覆盖力（outreach）和对农村发展的促进作用大打折扣，在农村地区的反贫困作用也极其有限。正因为如此，非洲、亚洲、拉丁美洲等地区的国家已经关闭了许多农业发展银行。关于农业发展银行，冈萨雷斯-韦加（Gonzalez-Vega，1995）曾经有过经典的总结："鉴于不考虑金融的持续性，它们所出现的困境也就并不奇怪了。"[2]

2. 对商业银行的限制

限制商业银行的活动，是许多发展中国家促使资金流向农村地区以实现政府扩大农村地区资金供给、提高农民获贷机会等政策意图的重要方式。由于农业发展银行在网络分布、资金来源等方面的局限性，商业银行自然就成了政府干预农村金融市场的重要补充。

政府对商业银行的干预主要有两种方式：（1）限定商业银行对农村地区的信贷利率，即利率上限政策；（2）规定商业银行必须按资产业务额或负债业务额一定的比例向农村地区发放农业信贷。例如，尼日利亚政府强迫商业银行按贷款额的一定比例向农村地区放贷；在巴西，"1979 年 5 月的货币委员会 546 决议要求，商业银行必须将指定的份额贷给政府界定的'迷你

---

① Klaus Maurer, Hans Dieter Seibel, "Agricultural Development Bank Reform: the Case of Unit Banking System of Bank Rakyat Indonesia(BRI)", Working Paper, 2001。

② Claudio Gonzalez-Vega, Douglas H.Graham, "State-Owned Agricultural Development Banks: Lessons and Opportunities for Microfinance", *Economics and Sociology Occasional Paper*, No. 2245(January 1995) .

型'和'小型'农业生产者，该份额要求从 1979 年的 10% 于 1980 年和 1981 年分别上升到 25% 和 30%"[1]。

除了在总量上作出限定之外，一些国家甚至还对商业银行的贷款作出不厌其烦的细致规定，例如省份限制、政府限定的"优先活动"贷款等。在巴西，政府除了要求银行向农民提供作物信贷和牲畜屠宰贷款之外，还通过"预先限制"政策（advance limit policy）将农民的贷款数量和土地种植决策紧密地联系在一起。通过农业信贷来影响农民生产决策并非巴西所特有的现象，同样的问题在其他国家也比比皆是。

然而，通过限定商业银行的信贷活动来促进农村发展和提高小农获贷能力的初衷并没有达到理想的效果。有两方面的原因导致政府这一干预政策的彻底破产。对于银行而言，在限定利率上限的情况下，较高的通货膨胀因素可能使真实利率为负[2]，加上农村信贷风险和较高的操作成本，向农村尤其是穷人贷款意味着银行的利润损失；然而由于信贷配额（credit quota）的限制，银行在损失最小化（或利润最大化）的作用下，必然倾向于单笔信贷额增大，因此银行只愿意向农村地区大型农业生产者发放贷款。对于农民而言，"优先活动"贷款也是失当的，由于信息和专业知识的局限性，政府"假定"的活动大多并不符合农民的意愿，也很难带来真正的效益。

3. 目标信贷

政府干预农村金融另一个重要的表现便是目标信贷（targeted credit），即政府常常将贷款指定用于某种作物或某项投资。这种贷款因常常包含利率低和偿还期限宽等刺激性因素，故而有望诱导农民的行为朝政府期望的方向

---

[1]　Julie Anderson, "Does Regulation Improve Small Farmers' Access to Brazilian Rural Credit?", *Journal of Development Economics*, Vol.33, No.1(July 1990), pp.67-87.

[2]　因为机会成本的存在，考虑不考虑通货膨胀因素都不影响对银行决策行为的分析。

发展，因此目标信贷也就成为许多国家政策制定者所偏爱的政策工具之一。在目标贷款的背后隐含着政府两个关键的假设：（1）低息贷款可以诱使农民做一件他们原本并不愿意做的事；（2）被政府"锚定的"（targeted）农民，如果得不到贷款就缺乏足够的资金进行合适的投资。通常，目标性贷款项目都是由中央银行或者货币当局采用优惠再贴现办法来实现的，否则便没有银行愿意承担这种放贷业务。

通过目标信贷，政府首先希望实现低利息的刺激作用。例如，对用于购买化肥的贷款实行低利率，是希望农民比在高利率情况下施用更多的化肥；或者，给予种植水稻农民优惠利率欲使他们种植更多的水稻。在此，一个重要的前提是：贷款的利率直接影响着农民的投入或投资行为，进而影响农民的收益。然而，低利率的这种激励是否能起作用，还要考虑农民的资金来源及其使用情况。几乎所有的农民都是"兼营者"——他们既从事农业生产也从事其他非农业活动，并且有多种资金来源途径，这就是说农民既可能将低息获得的贷款用于政府期望的活动（比如农业生产），也可能将贷款用于其他活动（比如急需的某项消费），即资金的使用具有替代性（fungibility）。

由于流动资金的来源和应用可以高度互换，因此没有理由认为，政府为某项活动或某种作物提供的低息贷款一定与农民进行该项投资或种植该种作物存在着直接的逻辑关系。对于农民而言，如果在得到低息贷款前支付不了购买化肥的款项，在得到低息贷款后，他们可能仍不购买化肥。这是因为，农民在获得贷款后的支付决策取决于他们对各种生产活动投入成本和产出的比较，并非仅仅取决于贷款的利率。因此，政府通过低息贷款来促进农民投资或投入的愿望是徒劳无功的。比较而言，政府在提供低息贷款（降低农民的投入成本）的同时提高目标产品（比如水稻）的价格，能对农民的投资决策产生更大的刺激。当然，更为现实的政策是提供利率适中的贷款和较高的稻米价格，这样一方面政府付出的代价较少，另一方面金融机构的损失也较小，同时信贷资源配置的效率也大为提高。

同样，政府扩大对农村目标活动的贷款额的激励效果也并不理想。增加贷款数量的理由来源于政府的如下假定：农村地区的大多数农民需要贷款用来从事某项生产活动；该项生产活动在农民所有活动中，预期能获得最高的收益。因此，如果政府提供了贷款，就可刺激农民将所借得的资金用于指定的活动。然而，许多原因都可能使政府的预期发生偏差。

首先，由于政府信息和知识的局限性，政府"锚定的"生产活动可能并非适当；

其次，即使该项生产活动的预期收益最高，农民可能并不愿从事该项活动，或者这一收益并没有达到农民期望的水平；

最后，农民可能有更为紧迫的原因需要使用资金，比如疾病、婚礼等众多需要消费的情况。

一旦以上任何情况发生，由于资金使用上的替代性，农民就不会将政府的贷款用于指定的目标活动中。此外，资金机会成本的存在也恶化了政府目标信贷的境况，因为潜在的套利空间产生了巨大的刺激，从而导致了大量的"寻租"活动，正如亚当斯（Adams，1988）[1] 指出："还有一些农民也可能会借入大笔款额，因为负的实际利率或临时的贷款回收可以提供补贴。"因此，农民对政府目标信贷资金的需求是无限的，农民的借款愿望与政府"锚定的"生产活动收益之间也并不呈显性的相关关系。罗斯格兰特、夏姆瓦拉（Rosegrant、Siamwalla，1990）通过对菲律宾 20 世纪 70 年代一项名为"马萨嘎拉 99"（Masagana 99）农业信贷项目的研究也证实了上述的观点。

---

① ［美］德尔·W. 亚当斯：《农村金融研究》，中国农业科技出版社 1988 年版。

1972 年受一系列台风的影响，菲律宾的水稻种植面积比前几年大幅度下降，为了促进水稻种植面积的提高，从 1973 年开始，政府启动"马萨嘎拉 99"专项信贷计划向农民提供低利率种植贷款，通过对 1973—1979 年为期 7 年样本数据的实证分析，罗斯格兰特、夏姆瓦拉（Rosegrant、Siamwalla，1990）认为该项计划是无效的①。通过对印度 20 世纪 80 年代实行的整体农村发展计划（IRDP）和大农业生产计划（MAPP）两项大型信贷计划的考察和研究，科普斯泰克（Copestake，1988）也认为政府的目标信贷计划效果不佳②。

第二节　政府干预下合作金融的异化与失败

合作组织是市场关系中处于比较不利的人们为了谋求自身的经济利益，在自愿互利的基础上结合起来的一种经济安排。这一定义很好地解释了合作组织为什么会诞生。纵观各国农村金融市场的发展历程，如果说信用合作是市场信贷关系中处于比较不利的小农为了解决自身的融资需求而自发组织起来的产物，那么，合作金融在农村金融市场上的渗透力和比较优势则说明了它为什么一经产生便能蓬勃发展、长久不衰，并能在农村金融市场上居主体地位。然而，政府、农业与农村信用社之间的微妙关系使许多国家的信用社都成了一种"政策工具"，农村信用社最终也在政府的干预下走向异化和失败。政府旨在通过农村信用社扶持农业和农民的政策初衷，在事实上却背道而驰。

---

① Mark W. Rosegrant, Ammar Siamwalla, "Government Credit Programs: Justification, Benefits, and Costs", Working Paper, 1990.

② James G. Copestake, "Government Sponsored Credit Schemes in India: Proposals for Reform", *Agricultural Administration & Extension* , Vol.28, No.4(1988) , pp.265-282.

一、合作金融的诞生与比较优势

1. 合作制的诞生及其基本原则

"合作制是市场关系中处于比较不利的人们为了谋求自身的经济利益，在自愿互利的基础上结合起来的一种经济组织"，这一定义很好地解释了合作组织为什么会诞生。世界公认第一个合作社是 1844 年创建的罗虚代尔公平先锋社，该社从工人的切身利益出发，以方便生活，减轻和限制商业资本的中间剥削，维护社员的物质利益和社会地位为目的。由于合作社满足了社员的个人利益，又有一套切实可行、公平合理的办社原则，因而得到了社员的拥护和支持，得以迅速发展，取得卓有成效的合作业绩，被后人推崇为国际合作运动的典范。最早产生的信用合作社，是德国莱弗森农村信用社。产业革命开始时，德国政府采取优先振兴工业的经济政策，无暇顾及农业问题，广大农民陷于贫穷困苦之中，而高利贷者和贪得无厌的商人更是趁火打劫，不仅使农民失去了获贷的机会、丧失了经济上的独立，而且使他们的生存受到严重威胁，农民不得不起而自救，自己组织起来，以团体的力量来解决生产资金的不足与稳定农产品价格。

莱弗森信用合作社的原则如下：

组建信用合作社的目的，不仅在于增加社员的物质利益而且在于提高道德和精神，社员的一切活动都要表现出博爱精神；

社员入社必须能够证明自己的信用，包括经济上和道德上的信用，不是非常熟悉及互相信任的人不能入社，社员要承担合作社的无限责任；

社员入社可以不入股，合作社所需资金向外借贷或运用社员存款（后改为要求社员入股），合作社的红利及公积金不得分配，红利作为填补合作社所受损失之用，公积金作为合作社的共同财产，即使是社员退社或合作社解散，也不分配给社员，而作为公益事业或合作宣传资金；

信用合作社实行民主管理，社员义务办理合作社的一切事宜。

罗虚代尔先锋社和莱弗森农村信用社以其办社原则为世界各种合作社的发展奠定了思想上和组织上的基础。国际合作社联盟成立后，又将这些原则定义为罗虚代尔原则，作为国际合作社联盟的办社原则列入联盟章程，作为国际合作社运动的指南，由参加的各成员国的合作社共同遵循。

2. 合作金融为什么更利于向农村渗透

从 1860 年德国成立第一家莱弗森信用合作社开始，世界各国纷纷建立各种形式的信用合作社，一百多年来，虽然世界经济形势和政治格局都发生了巨大变化，但合作金融思想却在不同的国度广为传播，无论是在发达国家还是发展中国家，合作金融运动都展现出巨大的生命力。尤其是在农村地区，合作金融更是显示出独有的比较优势。

（1）扩展农民获得金融服务的能力

在农村金融市场上，由于信息约束而产生的"逆向选择"和"道德风险"，农民有限的财富与抵押约束，农村地理位置和基础设施的约束，小额交易的高成本，以及农民收入的波动性和农业的系统风险等，使得正规金融很难有效地为农民提供金融服务。农民的融资需求只能听任于非正规放贷者的"盘剥"，且具有相当大的随机性和不确定性。因此，农村地区的农业小生产者以及个体经营户在融资上处于"歧视性"地位。农村信用合作组织，通过人和资本的联合，把农村的"弱势群体"联合起来，通过互助合作来改变自身在信贷市场上的不利地位和福利状况。正如合作组织的口号所表述，"我为人人，人人为我"，通过"利他换取利己"（to help others to help themselves）。而且由于农村信用社通常只为社员和当地的农民服务，信贷并不受抵押的约束，这样就大大地扩展了农民获得金融服务的能力。

（2）当地信息资源与信息成本

信息是影响金融业至关重要的因素。植根于农村的农村信用社拥有丰富的当地信息资源（local information pool），这不仅使信用社掌握农民的真实需求及其特点，从而能更好为农民服务，而且使合作金融组织在信息成本方面，比商业银行具有绝对的优势。无论是寻找存款客户还是调查贷款人资信，合作金融组织所花费的成本都是微不足道的，而商业银行的信息费用却很高。

在农村金融市场上，农村信用合作社对其社员和社区内的其他农民的情况十分熟悉，从而在组织存款方面，信用社可以有针对性地开展工作，信用社社员也有义务和动力将储蓄存入"自己的"信用社，所以信用社在吸收存款方面显然要比商业银行具有低成本优势。在发放贷款方面，信用社主要为其社员服务，土生土长的信用社十分熟悉贷款申请人的个人信用、家庭背景、贷款用途及其偿还前景，从而能够在没有花费多少调查信息费用的情况下，能够对贷款人及其项目进行正确的评估。同时，由于社员对发放的每一笔贷款共同负有责任，或者即使不负连带责任，贷款损失也会损及共同利益，社员就有动机把自己掌握的信息反映于贷款过程中。所以，信用社贷款，即使有一些没有足值的担保，但也是安全的。与此相比，商业银行则相形见绌。由于对贷款申请人不甚熟悉，商业银行需要花费大量成本进行贷前调查、贷时审查和贷后检查，以防止贷款人的机会主义行为。此外，在贷款保证方面，由于缺乏信用社与社员之间的那种合作互信机制，商业银行往往要求贷款人提供抵押担保，这又进一步增大交易的成本。

（3）风险及其管理

通过利用当地信息，农村信用社在风险管理上也拥有巨大的比较优势。通常，农村信用社的社员既是顾客也是所有者，即所谓的身份原则或团结原则（identity principle or solidarity principle）①；solidarity，"团结或一致"，是指"团体成员中利益、目的或同情心的联合，责任和利益的合伙关系"。信用合作社这种自我包容结构（self-contained structure）既是在社员中实施"廉价信贷"以实现互助合作的先决条件，也是信用合作社利用当地信息资源、通过相互监督防范信用风险的基础。例如，莱弗森信用社便要求"社员只能是当地的农民""不是熟悉及相互信任的人不能入社""也许，莱弗森农村信用社最突出的特点就是约束自己放贷的区域，并且只吸收当地教区这一狭小范围的成员"。②

正是由于信用社经营范围较小，是农民自己的联合组织，根植于农村基层，因此它能利用当地信息资源和社会资本（social capital）③，来有效地预防和监督借贷者可能出现的"逆向选择"和"道德风险"，并在出现信贷违约时，能以较低的成本执行信贷合约和惩罚违约者。正如斯蒂格利茨（Stiglitz，1990）所述，筛选和监督小额借贷者的高昂成本——使农村部门是分割的，因此对传统银行毫无吸引力——能被这种互惠体系，或者说邻里监督显著地降低。④

（4）农村金融的需求特点与合作金融的比较优势

农村经济主体的金融需求特点也是农村信用社比正规性金融组织更具效

① Jan P. Krahnen, Reinhard H. Schmidt, "On the Theory of Credit Cooperatives: Equity and Onlending in a Multi-tier System—A Concept Paper", Poverty-oriented Banking, Working Paper, No. 11.

② Michael Prinz, "German Rural Cooperatives, Friedrich-Wilhelm Raiffeisen and the Organization of Trust 1850–1914", XIII IEHA Congress, Buenos Aires, July 2002.

③ 社会资本是指在一个社会团体成员中，支撑市场和非市场相互联系的社会安排，他们理解社会现实的共同方式——这能降低交易成本，共同信仰和对公平的理解——这有利于合同的设计、解释和执行，它们三者复杂的融合；具体的论述可见 Claudio Gonzalez-Vega, "Deepening Rural Financial Markets: Macroeconomic, Policy and Political Dimensions", January 2003, p.3.

④ Joseph E. Stiglitz, "Peer Monitoring and Credit Markets", The World Bank Economic Review, Vol. 4, No.3(September 1990), pp. 351–366.

率和优势的另一重要原因。农村经济主体是小规模的农业生产者、个体经营户和众多的中小企业，生产和经营规模的狭小决定了他们的金融需求具有金额小、周期短、频度大的特点，这种业务对那些固定费用高、成本大的正规金融机构是规模不经济的。而农村信用社则能适应这种分散的、多样化的融资需求，特别是低廉的管理监督费用和微不足道的信息费用，使农信社面对微小利差的小额贷款也能游刃有余，稳步经营。

正是由于具有以上的优点和优势，农村信用社在许多国家和地区都得以长期存在。纵观各国农村金融市场的发展历程，如果说信用合作是市场信贷关系中处于比较不利的小农为了解决自身的融资需求而自发组织起来的产物，那么，合作金融在农村金融市场上的渗透力和比较优势则说明了它为什么一经产生便能蓬勃发展、长久不衰，并能在农村金融市场上居主体地位。

二、政府干预下农村信用社的异化与失败

毫无疑问，如果农村信用合作社是由"全体成员出资组成，实行民主管理，主要为社员提供金融服务"，那么它就是一个真正意义上的"互助"组织，具有合作金融的性质。然而，政府、农业与农村信用社之间的微妙关系却使信用社逐渐偏离了最初的设计意图和原则，最终在政府的干预下走向异化和失败。

干预农村信用社并不是少数国家特有的现象，无论是在发达国家如美国、法国、日本、意大利等，还是在不发达或发展中国家如印度、中国、泰国、斯里兰卡等，政府都或多或少地"干预"农村信用社，而这种干预尤以发展中国家为甚。政府为什么要干预农村信用社？这主要有三方面的原因：（1）农村市场是失灵的，市场难以有效发挥作用；（2）农村部门是比较不利的，农民需要扶持；（3）为农民服务的农信社的成本和风险较大，需要政府

扶持。只要农户的生存和发展，农业的稳步发展是国家政策的需要，那么国家干预农信社就是必然的。国家政策和农村信用社主要为农民服务二者之间目标的一致性使得农村信用社天然具有某种政策性金融机构的特征。

正因为如此，许多国家的农村信用社从设立之始便不是"完全独立"的，或者是政府行政指令下的强制性制度变迁。例如，美国的联邦土地银行便是在政府的倡导下产生和发展起来的，因此美国的农业信用合作系统从一开始就不是由农业生产经营者自己组合而成，而是由政府创办的；法国农业信贷互助银行是一种典型的半官半民的互助合作银行体制，是在民间信用合作组织的基础上，在政府的支持下，由下而上逐步建立起来的；日本的信用合作体系在初创时，政府给了很大支持，因而带有一定的官办色彩，目前农林中央金库虽已变成民办组织，但仍然受政府很大制约；而许多中央计划经济国家的农村信用社，如苏联、东欧地区国家以及中国等，更是政府行政指令下的产物。

从理论上讲，不论是政府的强制捏合，还是农民自主组织起来的"互助"，只要农村信用社为社员所有，实行民主管理、向社员提供服务，那么信用社并没偏离创立的宗旨，就能很好地为当地农民服务。而且，政府的适度干预，例如在财政、税收政策上给予便利和优惠等，还能保护和支持合作金融事业的健康发展，从而更好地为农民和农村服务。然而，我们在许多国家，尤其是发展中国家看到的却是另一番情形。

对信用社大规模的干预可以追溯到第二次世界大战之后，工业化战略为许多发展中国家拉开干预的序幕。为了最大限度地为工业化战略积累资金，政府制定了金融抑制政策，并通过控制广泛分布于农村的信用社来实现资金从农业部门向工业部门的转移。这使得本来处于比较不利的农业产业的发展受到了极大的摧残，许多国家农民的福利状态在工业化进程中甚至是不升反降。为了扶持农业部门的发展，提高农民的生存和发展能力，发展中国家随后通过农村信用社向农村部门提供补贴性的农业贷款。在过去的几十年中，由于政府的干预和控制，许多发展中国家的信用社很难自主经营和管理，有的实际上执行着政府"准财政"的职能，有的甚至成了国有银行在农村的基层组织。因此，农村信用社事实上成了政府向农村提供优惠贷款的"政策工具"，失去了合作金融的本质属性。与此同时，也出现了一个令政府震惊的结果：一方面是政府大量的补贴和再贷款，另一方面是农村信用社大量的未收回欠款（nonperforming loans）和负债。农村信用社的经营状况与日俱下，最终导致了整个合作金融体系的瘫痪和垮台。

有许多理论和原因都能说明，政府旨在扩大农村金融供给、提高农民获贷能力的意愿往往产生事与愿违的结果，那些政策措施不仅没有促进农村金融深化，实际上却在阻碍这一进程。

首先，金融深化理论从宏观上论证了政府的"压制性"政策措施为什么阻碍了农村金融的深化进程：按照金融抑制和深化论（1973）的观点，补贴信贷在供需严重失衡的情况下实际上演绎成了政府主导下的非价格"信贷配给"，大量"寻租"活动使金融资源多被相关利益群体所占据，穷人则被排除在正规金融的服务之外；

政府制定保护小农经济的"利率上限"（interest ceiling）政策事实上却忽视了实际利率为负的负效应和穷人很难获得补贴贷款这一事实，而且，低息贷款实际并不便宜，"利率偿还只是总借款费用的一部分，额外的费用包括表格填写、贿赂、拜见贷款者所需交通费用以及进行协商和偿还贷款所占用时间的机会成本"[①]；

---

① ［美］德尔·W. 亚当斯等：《农村金融研究》，中国农业科学技术出版社 1988 年版，第 90 页。

政府的压制性措施不仅挫伤了金融机构为农村服务的积极性，还直接导致了这类机构普遍在财务和制度上难以持续。

其次，信息经济学则从微观分析着手，说明了政府为什么并不比农村信用社这类地方性的组织更具有向农村提供金融服务的能力。正如第一章所分析的，在农村金融市场上，正规金融机构与农户之间的信息不对称解释了这种贷款的高违约率，也说明了农村信用社在政府主导和控制下反而削弱了原本所具有的包括信息成本在内的交易成本优势。

产权理论则解释了在政府的干预下农村信用社为什么难以"合作"和为农民服务。由于所有者缺位，农村信用社实际上多被"内部人控制"，并为当地的利益群体服务。产权和与之相关的治理结构的失当，最终导致一个具有讽刺意味的局面：一方面，农民不把信用社当作自己的组织，更不愿为微不足道的"股份"付出监督成本；另一方面，信用社的经营和管理人员也出现严重的"败德行为"，"合作社之所以不能依法办事是因为信贷资金并非合作社所有，而是来自政府或政府机构，以至理事会成员和经理既没有风险观念，也没有责任感"（冯·皮斯克，1990）[1]。

第三节　补贴信贷及其绩效

有许多理由和实际情况都能说明政府主导下的补贴信贷为什么是失败的。首先，与补贴信贷有关的"抑制政策"实际上是在向减少农村金融供给的方向迈进；其次，旨在促进农业生产和提高小农获贷能力的低息贷款并未被目标群体所获得；最后，这种贷款的高违约率和高成本使得收取低利率

---

[1] ［美］冯·皮斯克：《发展中经济的农村金融》，汤世生等译，中国金融出版社1990年版，第47页。

的金融机构无法持续。最终，这种政策措施只能以发展金融机构（development finance institution）纷纷关闭画上句号。

一、补贴信贷的制度绩效——金融抑制

发展中国家在农村地区普遍采取低利率的补贴信贷政策的用意是明显的。政策制定者们一个普遍的观点是，农民比较穷，无力进行投资，且农村地区的投资收益率比较低，按照边际成本（融资成本）等于边际收益（投资收益）的原则，即

$$i = MC = MR = \partial f(k, l)/\partial k$$

农村地区的许多经济活动将因比较利益低而难以获得信贷资金。因此，低利率对引导农民进行生产性投资和采用新技术是必要的，同时，低利率也是政府分担农民采用新技术风险的一个有效的途径，例如，许多政策制定者就对低利率在 20 世纪六七十年代"绿色革命"（green revolution）中所取得积极作用持肯定态度。

认为低利率信贷能影响经济人行为这一观点是 20 世纪 30 年代以来凯恩斯干预主义精神的简单延伸，该种理论认为过高的利率将影响投资者的积极性。政府认为，由于农村地区的价格和产量极不稳定，因此大多数农民都是风险厌恶的，在投资之前都希望得到较大的边际收益率，如果农民们预计收益率为 12%，他们就不愿以 10%的利率去借款投资。当农村信贷市场供给不足、利率偏高时，"善意的政府"（benevolent government）出于社会效用最大化的考虑，需要用低于均衡利率水平的利率以促进农村地区的投资和产出。

毫无疑问，低利率的干预政策确实能刺激投资。然而，凯恩斯这种萧条模型能发挥作用却是基于资源未充分就业这一重要前提之上的，例如，农村

市场上的储蓄充分、资本充足。而在农村市场上则是另一幅情景，因为农村地区的投资不足主要是由于资本稀缺、储蓄不足和信贷市场的残缺，这与前者恰恰相反。

对补贴信贷政策的认识以及不完善的农村信贷市场，为政府干预农村金融提供了充足的理由。为了实现"补贴信贷"政策的顺利执行，政府控制金融体系势在必行，与此相关的措施通常表现在两个方面：（1）或者建立政府所有的金融机构以便向农村提供低息贷款，或者干预商业银行的经营活动以便实现政府的意图；（2）宣布政府认为带有"剥削性"的非正规放贷组织和放贷者是非法的，并打击民间放贷活动。这些控制措施造成的实际后果是，农民在很难从正规金融机构获得贷款的同时，由于非正规金融受到抑制，获贷机会也大为降低。因此，如果对残缺的市场不以适当的政策加以修正，而只是试图以补贴信贷的形式来补偿市场的不完备状况，很容易就会陷入"治标不治本"的困境。同时，政府错误的干预方式还会导致新的扭曲，以致降低经济体系效益，削弱社会福利。

早在 1973 年，爱德华·肖便在金融抑制论中证明了补贴信贷及其相关政策可能造成的潜在危害。他认为，政府旨在缓解农村信贷资源不足的补贴信贷，在供需严重失衡的情况下实际上成了"政治配给"，而且利率的差距还会导致大量"非生产性活动"的出现，最终，这种廉价的信贷资源多被"利益群体"所攫取，而被"锚定"（targeted）的农村穷人则被排除在政府提供的正规金融服务之外。此外，政府为维持低利政策的法令，不仅扭曲了价格信号、放松了投资约束，而且还极大地挫伤了商业性金融机构在农村地区开展金融服务的积极性，许多发展中国家强迫商业银行按一定的比例向农村地区发放贷款便是这一情况的典型案例。

二、补贴信贷的经济绩效与社会绩效

政府主导下的补贴信贷不仅从制度上阻碍金融资源向农村渗透和农村金融深化的进程，而且，从经济绩效和社会绩效上来分析，这种制度也是不可行的。与此相关的问题是：补贴信贷是廉价的吗？谁获得了政府的低息贷款？发放这种贷款的金融机构能够持续吗？

1. 谁获得了低息贷款？

众多发展中国家认为，低于均衡利率水平的低息贷款是用于弥补市场无力向农村，尤其是农村的小农生产者和穷人提供足够贷款这一缺陷的，由于市场的这种缺陷，农村地区的投资和收益水平将降至社会期望的水平以下。许多国家的农村金融市场确实存在这种缺陷，但是经济理论却表明，当这些缺陷没有以适当的政策从根本上得到纠正时，结果只会事与愿违。

在农村金融市场上，当信贷利率低于均衡利率水平并且对贷款存在过度需求时，无论政府如何限制放贷机构的行为，农民是否能获得贷款还要取决于金融机构所采用的配给机制。当金融机构面对这形形色色的、生产不同产品且规模大小不一的农民时，金融机构可能采取的行为是，把他们按照贷款费用的高低和违约风险的大小加以分类，进而进行放贷。利润最大化的放贷者以与潜在收益相关的成本和风险为基础来决定向不同的农民借款者发放贷款的规模，以及每笔贷款的数额。然而，政府的利率政策对金融机构的上述决策影响很大。

当信贷利率低于均衡利率时，放贷机构将把农民申请贷款者分为三类：（1）非配额借款者，通常是农村一些有名声的大户，例如种养专业户、出名个体户或地方"权威人物"，他们能以现行利率得到所需的贷款；（2）配额借款者，通常是一些小生产者，他们能以低于均衡利率的利率得到比其所需要少的贷款；（3）被排除在外的农民申请贷款者，他们多为农村收入较低和贫困的农民，这些人希望借款却不被金融机构接受。

当政府对利率没有规定上限时，金融机构将按能补偿包括风险在内的贷款边际成本的利率水平进行放贷，因而针对不同的农民也会收取不同的利率，此时，就不存在信贷配给机制。然而，如果存在利率上限，如果此时的利率水平甚至不足以偿付向第一类借款者发放贷款的边际成本时，上述三类农民借款者将依次被排除在金融机构的放贷业务之外。这便是许多经济学家认为在农村金融市场上普遍存在的"利率定则"（the iron law of interest rate）。

显然，当利率的上限由于政府补贴的增加而降低，或者政府对利率上限的限制性更强时，金融机构发放给非配额农民借款者的贷款数额就会增加，这是因为金融机构能以较低的成本和风险"完成"政府的配额和规定。与此同时，发放给配额借款者的贷款数额会减少，这是因为较低的利率难以补偿放贷的风险和成本，而更多的农民完全被排除在金融机构的贷款业务之外。由此可见，贷款的配额机制有利于农村的大笔借款者。而且，随着政府限定的利率上限的降低，能得到政府补贴信贷的农民也趋于降低。因此，补贴信贷并没有使农村地区的广大农民，尤其是收入较低和贫困农民的获贷境况发生多少改观。

另一恶化政府低息贷款的力量便是"政治势力"和"寻租活动"。补贴信贷不仅没有改善农村金融市场的供需失衡，相反却创造了过量的需求，通常这些过量需求需要经过行政性配额后才能进入信贷市场；然而由于行政配额受压力集团和政治势力的影响远远地超过贷款的经济因素（如贷款项目的抵押和收益状况等），因此，农村市场上的信贷资源常常偏离政府预定的目标。

现实情况也正是如此。据冈萨雷斯-韦加（Gonzalez-Vega，1988）估计，

"在非洲只有大约5%的农民，亚洲和拉丁美洲也可能只有15%的农民已得到了正式金融机构的贷款。这些贷款大部分都集中在一些大农场主的手中，通常大约有5%的借款者得到已发放的80%的正式贷款，这就是说，在典型的低收入国家中，不到1%的农民已得到了迅速增加的贷款的80%，约15%的农民受益于剩下的20%，而有80%之多的农民并未从中得到利益。"①

2. 低息贷款是廉价的吗？

在许多发展中国家，政府大都把农业信贷的名义利率定得很低，而贷给收入较低和贫困农民的贷款利率则更低。这些利率通常低于城市部门贷款的利率，也低于通货膨胀率，更是远远偏离农村非正规信贷市场上的利率水平。通常，由于利率太低以至于农村信贷市场上的放贷者不能补偿他们的交易成本。因此，政府补贴信贷中的贷款利率常常处于负值状态。

显然，政府启用和扩大低息农业信贷，目的在于刺激粮食生产，想对农民给予补偿，或者帮助农村的贫困农民，即通过"低息"使农民获得"廉价"的好处。假定农民获得这种低利贷款的情况下，这种贷款真是"廉价"的吗？

事实上，农民尤其是低收入农民获得这种贷款的成本并不"低廉"。获得一笔贷款的成本不仅包括直接的成本，即贷款的利率，还要包括与获得贷款有关的交易费用，即间接成本。在利率既定的情况下，农民的获贷成本将随交易成本的变化而变化。

有两方面的因素显著地影响农民实际获得资金的成本：（1）贷款实际发生的交易费用；（2）单笔贷款的金额。农民为了获得贷款，可能的交易费用包括贷款申请、贿赂、拜见贷款者所需的交通费用，以及所消耗掉的时

---

① Claudio Gonzalez-Vega, "Discussing on the Interest Reform", Working Paper, 1988.

间成本。在供需比较失衡和较为偏远的地区，与此相关的交易费用更大。通常，这种交易费用如此之大，以致可能是农民偿付贷款利息的数倍之多。例如，在孟加拉的研究中，那些从农业发展银行获得贷款的小农所支付的利息，仅相当于贷款总交易费用的17%①。而且，由于贷款的交易费用相对固定，因此农民每笔贷款额的大小就非常重要，如果单笔贷款额较小，那么包括交易费用在内的融资成本就异常高昂，而这正是众多发展中国家农村地区金融交易的典特征。

此外，格雷厄姆、奎瓦斯（Graham、Cuevas，1984）还认为，这种低利贷款还使农民尤其是低收入农民间接付出一些昂贵的代价②。事实上，政府在规定较低的贷款利率的同时也自动为存款利率规定了上限，使得存款利率为负。在利率为负时，大多数富人由于可以找到替代的投资场所，所以受储蓄存款负利率的影响并不大；然而，储蓄利率较低却大大地伤害了贫穷农户，因为他们不能积累足够的储蓄来购买价格稳动不定的非金融资产，如土地、牲畜和建筑房屋，就不得不忍受"储蓄税"。

因此，在发展中国家或低收入国家，政府旨在改善小农获贷境况的低息贷款可能造成的结局是：一方面低收入者和贫民很难获得低息贷款，另一方面却为获得大量低息贷款的富裕阶层提供了补贴。

3. 金融机构能够持续吗？

几乎所有主要从事农村贷款的金融机构都是政府建立并为政府所有的，因此政府的财政为这类机构提供了有力的支持，即便是商业金融机构所从事的农村业务也是由政府通过再贴现窗口等方式提供补贴的。然而，政府财政

---

① Dale W.Adams, Douglas H.Graham, "A Critique of Traditional Agricultural Credit Projects and Policies", *Journal of Development Economics*, Vol.8, No.3(June 1981) , pp.347-386.

② Douglas H.Graham, Carlos E.Cuevas, "Lending Costs and Rural Development in an LDC Setting: Is Cheap Credit Really Cheap?", Working Paper, 1984.

能力的有限性决定着农业补贴信贷迟早都要走到尽头。因此，发放补贴信贷的金融机构能否持续，就成为一个较为现实的问题。

农业贷款是正式金融市场中费用最高的一个项目，这是由其地域的分散性、担保问题、小额贷款和农业中固有的风险性所造成的。"即使管理有方，能够收回大部分贷款的放贷机构也会承担相当于贷出的贷款价值的10%至20%的贷款费用"① ［沃格尔、亚当斯（Vogel、Adams，1997）］。然而在许多国家，利率上限使得正式贷款者不可能实现足够的收益以补偿其贷款费用，特别是那些服务于农村穷人的贷款机构更是如此。因此，发放补贴信贷的金融机构很难持续，在过去的几十年里，许多国家这类金融机构的经历和困境也说明事实正是如此。

第四节　农村金融与反贫困——政府干预的政治经济学

政府干预农村金融政策并不是偶然的。首先，农村信贷市场的失灵为政府干预提供了理论前提。农村地区的贫困，人口密度低，分割的信贷市场，收入的波动性，较高的交易成本，以及信贷抵押的缺失和农民有限的风险分散能力使得农村信贷市场与城市市场大相径庭，农村市场的这些特性阻碍了商业金融进入农村金融市场为农民服务。其次，许多发展中国家的农村信贷政策总是与政府的农业和农村发展战略是分不开的，农村信贷政策常常被政府作为实现诸如社会、政治、公平等政府发展目标的工具，金融扶贫也成了政府农村信贷政策中的重中之重。

在过去的几十年里，经过工业化战略和结构调整，许多发展中国家的经

---

① Robert C. Vogel, Dale W. Adams, "Old and New Paradigms in Development Finance: Should Directed Credit be Resurrected?", CAER 2 Discussion Paper, No.2(1997).

济都获得了长足的发展，然而农村部门却获益颇少，尤其是农村的穷人，似乎并没有融入快速和持续的经济发展中。尽管政府不遗余力地采取了大量的措施，并动用大量公共财政以扩大农村信贷资金的供给，然而发展中国家农村的大部分居民实际上很少能获得正规金融的服务。许多学者都认为，整体看来，在 20 世纪 70 年代以前，仅有 10%—15% 的发展中国家农村居民能获得正规金融服务，并且这一比例并没有随时间的变化发生变化（威戈，2002）。[①]

正如我们在前面所述，正规金融的介入可以减缓农村的信贷约束，通过降低利率来刺激农民的投资行为，进而获得投资收益，显然这将有助于农民脱离贫困。此外，金融服务还有一些其他的重要作用。例如，泽勒、迈耶（Zeller、Meyer，2003）认为，金融服务能帮助农民进行风险管理，因此能稳定收入和鼓励生产性投资；威戈、罗梅罗（Vega、Romero，2002）则认为，金融服务有助于实物和人力资本的积累，进而使农民挣脱贫困陷阱。

几乎所有的发展中国家都试图通过政府所有的农业银行或者政策性的发展银行向农民提供补贴信贷。这种优惠贷款实际上是政府对农民的"收入转移"[②]（冯·皮斯克，1990），可以通过如下途径帮助借款的农民：包含在优惠利率中的收入转移；利用贷款进行投资所实现的纯收入；如果贷款利率低于通货膨胀率，或者存在大量违约拖欠，这种收入转移将是非常可观的。

然而利用农村金融市场来实现诸如缓解贫困等政治目标却有严重的弊端，因为金融不是政府的财政代理，而且这种方式的效果也十分有限。首

---

① Claudio González-Vega, et al., "The Influence of Microfinance on the Education Decisions of Rural Households: Evidence from Bolivia", Working Paper, 2002.

② ［美］冯·皮斯克：《发展中经济的农村金融》，汤世生等译，中国金融出版社 1990 年版。

先，政府的财政能力构成了这种政策的硬性约束；其次，贷款所隐含的补贴与贷款额成正比，贷款多则补贴多，如果政府提供的优惠贷款最终并没有为穷人服务，那么政府的干预显然是失败的，而实际情况却恰恰如此；最后，较低的利率、较高的成本和违约率对农村金融机构无疑是"金融自杀"，放贷机构无法收回贷款的本金和足够的利息，最终只能垮台，许多发展中国家的农业银行、农业发展银行以及政府控制下的农村信用社便是最好的例证。

此外，对农民无约束的贷款还存在一些其他潜在的危害，政策性的贷款可能会软化农民的投资约束和违约预期，一旦投资失败，"农民的偿还能力就会消失，强制执行债务合同会使农民陷入困境"［冈萨雷斯－韦加（Gonzalez-Vega，1996）］。因此，贷款既可能有助于减缓贫困，也能恶化贫困。而且，贷款的作用还受到农村地区其他一些条件的局限，例如，"信贷并不能创造出把农民作物带到市场销售的道路；信贷也不能革新农业技术；信贷并不能改变农村生产的关键投入要素的约束状况；信贷还不能改变农村的比较劣势和农民的消费"[1]［冈萨雷斯－韦加（Gonzalez-Vega，1998）］。

因此，"贫困和金融之间的关系是相当复杂的，对农村金融不正确的理解和期望反而会适得其反"。[2] 正如德尔·W. 亚当斯（Dale W. Adams，1988）所指出，"试图运用农村金融市场作为财政手段来帮助贫困者，虽然意愿良好，而其效果就像用放血来治疗伤腿病人一样——不但不能解决问题，反而会引起较大的副作用。"[3]

---

[1]　Claudio Gonzalez-Vega, "Do Financial Institutions Have a Role in Assisting the Poor?" in *Strategic Issues in Microfinance,* Mwangi S. Kimenyi, Robert C. Wieland & J. D. von Pischke (eds.), Aldershot: Ashgate, 1998.

[2]　Claudio Gonzalez-Vega, " Deepening Rural Financial Markets: Macroeconomic, Policy and Political Dimensionsm", Working Paper, 2003.

[3]　德尔·W. 亚当斯：《农村金融研究》，中国农业科学技术出版社 1988 年版，第 67 页。

总结　从市场失灵到政府失败

　　为农业生产和农村低收入者提供补贴信贷是众多欠发达国家在 20 世纪 80 年代中期以前的重要政策措施，直到现在这种措施在许多国家也不鲜见。"老一代"（the old generation）①发展经济学家和政策制定者认为，在农村地区实施信贷项目要比实施诸如土地改革、发展基础设施要容易得多，而且补贴信贷容易抵消诸如本币高估和价格控制——老一代发展政策——对农业生产、收入的不利影响和消极作用，并且促使农民加快采用新技术的进程。显然，这一政策措施是"老市场失灵"（the old market failure）——农村金融市场的分割性导致利率较高，由于基础设施匮乏信贷成本很高，非正规放贷具有剥削性——的直接产物，正如迈耶、斯蒂格利茨（Meier、Stiglitz，2000）所言："在早期的许多发展经济学家眼中，欠发达经济到处充斥着市场失灵，为了修正和避免市场失灵，他们提倡中央协调的资源配置机制；与此同时，新兴发展的福利经济学也为政府修正市场失灵提供了充足的理论依据。"②

　　然而，信息经济学在揭示了一种"新市场失灵"的存在——由于信息约束而产生的逆向选择和道德风险——的同时，也有力地证明了老一代发展经济学家和政策措施的天真。由于对农业尤其是对农村穷人贷款的风险和边际成本很高，即使在政府的强迫下，正规金融机构也倾向于逃避为农村服务，政府对利率的限制更是恶化了这种情形。

　　在过去的几十年中，政府使用了许多技术手段和政策工具，包括银行国

---

①② 有关新老发展政策的思想和转变的具体内容，可参见 Gerald M. Meier, Joseph E. Stiglitz, *Prontiers of Development Economics—the Future in Perspective*, A Copublication of the World Bank and Oxford University Press, 2000。

有化、建立政府所有的银行、强迫商业银行忽略自身的利益和损失向农村放贷，来实现政府在农村的一些政策目标。从总体上来看，政府的努力结果是令人失望的。显然，通过信贷配给机制并让政府或政府的代理人来监督和实施分散在整个国家内数以万计的小型信贷合同实在是不可能的。以下原因说明了政府为什么在农村金融市场上更为软弱无力：

（1）贷款易受政治因素的影响而非基于对经济因素的考虑，这不仅导致信贷配置的无效和误置，还刺激了借款者的违约预期；

（2）接受政府补贴和捐赠者廉价资金的国有银行，由于预算的软约束很难产生扩大金融服务的动力；

（3）当放贷者是国家所有的金融机构时，即便是规定了违约和逾期惩罚，借款者可能认为这些措施的可信度并不高；

（4）政府的代理人会将廉价的信贷资源作为谋取私利的"寻租资本"。

事实上，"政府所有的金融机构在掌握潜在借款者信息方面并不比私人放贷者拥有优势，在贷款的监督和实施上它们更可能出于劣势"[1]，因此政府在农村金融市场上的失败是在所难免的。"过去的教训告诉我们，不能用恶化农村金融市场的政府失败来解决市场失败"[2]，诚如格雷、坎特（Grais、Kantur，2003）所言："考虑到政府失败的可能性、社会机会成本以及公共财政能力，政府干预农村金融的局限性也就不胜枚举了。"[3]

---

[1]　J.D.von Pischke, "The Evolution of Institutional Issues in Rural Finance Outreach, Risk Management and Sustainability", Paving the Way Forward for Rural Finance: an International Conference on Best Practices, Lead Theme Paper, WOCCU, 1996.

[2]　William F. Steel, Stephanie Charitonenko, "Rural Financial Services: Implementing the Bank's Strategy to Reach the Rural Poor", the International Bank for Reconstruction and Development Agriculture & Rural Development Department, Working Paper, 2003.

[3]　Wafik Grais, Zeynep Kantur, "The Changing Financial Landscape: Opportunities and Challenges for the Middle East and North Africa", World Bank Policy Research Working Paper 3050, 2003.

第三章　小额信贷运动的兴起与技术创新

　　正规金融在农村金融市场上的失灵——尤其是由于信息约束而产生的风险和成本，使得欠发达地区上的底端市场出现了真空，这使微型金融的诞生和发展成为必然。微型金融（microfinance），是以小额信贷（microcredit）为主的一种金融形态①，因其在一些国家和地区比较成功地解决了正规金融机构长期以来没有解决的为农村低收入者和穷人提供有效的信贷服务并同时实现了信贷机构自身持续发展的问题，引起了世人的注目。

　　目前，通过微型金融提供的服务来反贫困和促进欠发达地区的发展已成为一场声势浩大的革命，可以说，从来没有一种扶贫方式像小额信贷一样获得过国际社会如此广泛的关注，通过微型金融开展的反贫困运动，在包括发展中国家和发达国家在内的众多地区，一直都在高歌猛进。而与此同时，发展微型金融也成了许多国家农村金融深化和改革的重要举措，进而理论界也一直在探讨一些有益的话题：微型金融是什么？它为什么能够成功？它能演化成一种正规的金融制度吗？正是在对这些问题的争论和回答中，使我们了

---

　　① 由于法律制度、组织形式和相关金融法律的不完善，微型金融尚未完全演进成一种正规的金融制度，在后面的章节中，本书还要具体探讨这一问题。

解了底端市场的发展和金融深化的困难和挑战是什么。

第一节　对传统农业信贷的反思

在 20 世纪 80 年代以前的三四十年中，贫困恶性循环怪圈（the vicious-cycle-of-poverty）成了许多国家制定发展政策的理论前提，穷人被认为太穷而无力储蓄（投资），也难以组织起来实现自助（贫困假设）。因此，发展经济学家们认为，政府既在宏观上有发展经济和反贫困的责任，在微观上也有帮助穷人过上体面生活（dignified life）[1] 的义务。于是，"资本转移，贫困假设，'涓滴效应'（trickle-down effect）和国有银行体系（government banking）等因素构成了一个复杂的方程，解析的结果便是补贴信贷"[2]。一旦政府认为自己有责任发展农业和减缓贫困，就会扮演起一个既是计划者、银行家，又是供应者和销售者的复杂角色。

在政府所有的金融政策工具中，利率上限、补贴、目标信贷、信贷配给和农产品价格控制就成了政府运用的重要手段，与此相对应的，便是要求从制度上建立起政府所有的金融机构和专业的农业政策性银行。一旦利率补贴、对"目标群体"和与农业生产有关的"优先活动"进行补贴信贷成了政府农村发展战略的必然工具，那么政府主导下的金融体系也就成了向农村输入资金的导管，而非金融市场上的中介。

由于信贷成了政府在农村实现其政策目标的唯一手段，许多农民也借此套用政府的资金；由于资金具有替代性，农民们也常把获得的资金转作他

---

① 参见迈克尔·托达罗：《发展的含义》，载郭熙保主编：《发展经济学经典论著选》，中国经济出版社 1998 年版，第 7 页。

② David Hulme, Paul Mosley, *Finance against Poverty*(Volume 1), London and New York: Routledge, 1996.

用，因而政府提供支持的项目或生产活动也很少能取得满意的效果。而且，由于政府财政能力的有限性，补贴信贷所能覆盖的范围就非常狭窄，对农村经济发展和农村贫困的缓解作用也极其有限。因为信贷的供给和需求出现较大的差异，利率也大大低于应有的水平，"政治配给"就成了分配信贷资源的必然趋势。这样就会造成一个不可避免的局面——一个错误的借款者，因为一个错误的原因，而得到了一笔错误的资金。更为严重的是，政府官员和专家们常把自己的理性和决策凌驾于农民和市场之上，这导致了许多农业生产活动和项目的失败。

而且，在政府主导的农业信贷中，利率上限和低息贷款使得金融机构往往无法获得足够的收益以补偿放贷成本。鉴于单笔贷款的交易成本相对固定，金融机构更倾向于向农村地区少数的大额借款者提供贷款——他们通常都是较富裕的阶层——从而忽视或不顾农村低收入者和贫困户的需求。与此同时，与信贷有关的非利率交易成本是影响农村信贷的又一重要因素，这种较大的成本在将小额交易的小农生产者和穷人"挤出"信贷市场的同时，也给有幸获得贷款的大额借款者带来了沉重的负担。因此，在考虑真实成本之后，经政府补贴的低息贷款并不低廉，有的贷款成本甚至远远高于农村非正规金融的市场水平。

传统农业信贷不仅对贷款者影响重大，它对金融机构自身和农村金融市场发展的影响也是深远的。由于金融机构仅仅是政府信贷资金的导管，而并非按照市场原则和自身利益进行决策的金融中介，在监管和激励失灵的情况下，补贴信贷为农村信贷机构带来了巨大的违约欠款和金融风险。随着金融机构资本不足，服务萎缩便接踵而来。对此，冯·皮斯克（von Pischke, 1984）在《补贴信贷损害了农村发展》中曾有传神的论述，"在许多发展中国家，政府干预、补贴、目标信贷、依赖政府资金或国外捐赠而非自有资金、挪用资金、违约以及价格扭曲等，正是不发达市场机制、金融制度，农业和农村经济的真实写照"①。

纵观过去几十年的发展实践，冯·皮斯克认为，严厉的管制以及政府在一切经济活动中的介入，扼杀了货币、生产、收入以及就业增长之间的良性循环，从而导致了农村经济的不发达。事实上，在过去的几十年中，金融机构很少是以金融中介这一应当的面目出现在农村经济体系当中的，而政府关于农村现代化的战略思想，也不过是"哈—多模型"的简单翻版——通过外在资本的导入、技术的转移和升级来促进农村生产的发展。相反，资本的形成和信贷资源的有效配置从来就没有得到应有的重视。

因此，"补贴信贷损害了农村发展"似乎暗含了这样的政策建议：放松管制并引入市场利率机制，进而实现储蓄动员、补偿信贷成本、努力达到信贷供需均衡这三个金融目标。在《经济发展中的金融深化》一书中，爱德华·肖对这一思想作了经典的诠释，他认为，老一代发展政策的失败是必然的，信贷配给、利率管制、限制准入的"抑制政策"不仅无法将金融资源渗透到农业部门中，而且，还抑制储蓄动员、储蓄向投资的转化和金融机构的中介效率。通过放松利率的浮动范围，降低准入标准以吸引资本进入，取消信贷配给让金融机构按市场原则配给金融资源的金融深化措施，必将带来农村经济增长和金融发展的良性循环局面。因此，"金融深化论"在宣告传统农业信贷政策终结的同时，也预示着一个农村金融机构改造和转型以及信贷政策转变时代的来临。

---

① Adams D.Graham, J.D. von Pischke(eds.), *Undermining Rural Development with Cheap Credit*, Boulder: Westview Press, 1984.

第二节　小额信贷运动的兴起

一、商业化转型与小农融资的歧视性地位

传统农业信贷政策不仅无法将信贷资源有效地渗透到占农村地区人口大部分的小农和贫困农民中，而且发放补贴信贷的金融组织自身也无法持续。因此，从 20 世纪 70 年代开始，许多国家便开始对国家所有的农村金融机构进行商业化转型和改造，希望金融机构通过储蓄动员（saving mobilization）、收取市场水平的利率来实现自身的可持续性，进而成为有效的金融中介，力图抛弃由于政府过度干预而造成的"政府失败"和对农村金融发展的抑制性作用。然而，商业化转型后的金融机构果真能解决农村地区广大小农生产者和贫困农民的信贷需求吗？

对此问题的回答需要我们对小农信贷需求的特点和农村金融组织的行为做准确的考察。

1. 小农和穷人的信贷需求特点

小额、分散的金融需求。在农村地区，小农和贫穷农民主要从事的是小规模的农业生产、依赖体力的务工，或其他自我就业性（self-employment）的经济活动，再加上穷人的管理能力较低、生产技术水平落后，因此他们对信贷的需求通常是小额的。同时，由于农业生产活动具有季节性，务工具有临时性、不稳定性，自我就业的经济活动也具有间歇性和不稳定性，他们对资金的需求又具有频度高、在时间上比较分散等特点。利德霍尔姆、米德（Liedholm、Mead，2000）对几个国家的研究发现，穷人的初始信贷需求在不同发展水平的国家存在较大的差异，例如在塞拉利昂为 49 美元，而在牙

买加则为 1104 美元，但总的来说单个穷人的信贷需求是小额的。中国的有关研究也发现单个穷人的信贷需求额较小，绝大多数穷人的初始信贷需求在 500—2000 元之间①。然而由于低收入阶层和穷人在农村总人口中占绝大比例，因此他们总的信贷需求规模也是十分巨大的。

资金在生产和生活中的使用相互替代或混淆。由于低收入者和穷人所从事的经济活动或兴办的微型企业②（microenterprises）通常不是一种独立的经济单位，而是家庭的一个组成部分，因此微型企业的现金与家庭其他生产和生活活动的资金是混合在一起的。这样，对他们发放贷款的资金就与家庭的生产、生活流动资金常常难以分开，这一特点在妇女从事的经济活动中更加突出。由于资金具有的可转换性，对他们的贷款就很难完全按照项目贷款的方式进行监测和管理，这在一定程度上也使对穷人的贷款风险增加。

缺乏可供抵押和担保的财产。低收入者和穷人通常缺乏可变卖的财产，多数人除了自己居住的低价值住房和活的牲畜以外，没有其他高价值财产，在市场极不完善的条件下，住房和活牲畜基本上不具有抵押的可行性，因此正规信贷机构通常使用的财产抵押方式对他们来说很难适用。同时，由于多数农民尤其是贫困地区的穷人很少能够找到愿意为他们提供担保且具有金融信用的担保人，因此在正规金融制度中所采用的财产和个人信用担保的方式对他们也很难使用。

2. 金融机构的行为

在传统的农业信贷中，由于风险较高和政府利率上限的限制，金融机构

---

① 汪三贵：《金融服务需求评价：贷款需求和可用的小额信贷工具》，国际农发基金北京研讨会工作论文，2000 年。

② 由农民或低收入者自主兴办的小型企业或工厂，人数常低于 10 人，也包括农民个体开展的经济项目或农业综合型企业（agribusiness），因此微型企业的概念非常广泛，并在拉美地区的称谓中比较多。

无法收取覆盖风险和成本的利率而无法持续，故而也不愿意放贷。在此，一个需要探讨的问题是，商业化运作的金融机构收取风险调整的利率（risk-adjusted interest rate）后就愿意向农村小农和贫民提供信贷吗？

显然，风险调整后的信贷利率会出现大幅度的上升。于是便会出现高风险农民才借款的“逆向选择”局面，随着放贷风险的进一步提高，借款人的违约率也将居高不下，这又会促使信贷机构提高利率以弥补损失。这种负反馈机制便是所谓的“棘轮效应”。对此，一个可行的解决办法便是要求抵押，然而这里却受到许多约束：其一，由于农民可用于抵押的财产有限，会出现“有限责任风险”；其二，随着抵押的增加，农民的风险偏好和行为选择将发生转变，由于资金具有可替代性，信息的约束使放贷机构无法监督农民的行为和贷款的使用情况，这加大放贷者的风险；其三，农村地区法律基础设施的缺失使得贷款合同很难执行；其四，由于小农和农村穷人单笔资金的需求额度较小，小额分散的交易将大大提高放贷者的成本，利润最大化的放贷者必然倾向于将资金贷给农村大额需求者，即农村较富裕的群体。

因此，正如巴苏（Basu，1997）所言：“由于对穷人的贷款具有数额小、风险大、信誉差且无法提供担保、贷款使用监测困难（缺乏相关的财产和经济信息）、收贷难、管理和交易费用高等问题，正规金融机构一般不愿意，或很少为穷人提供信贷服务”[①]。所以转型后商业化运作的金融机构同样不愿为农村小农和穷人提供服务，小农和穷人在信贷市场中依然处于边缘地位。

---

① Santonu Basu, "Why Institutional Credit Agencies are Reluctant to Lend to the Rural Poor: a Theoretical Analysis of the Indian Rural Credit Market", *World Development*, Vol. 25, No. 2 (1997), pp. 267–280.

二、小额信贷运动的兴起

正因为正规金融机构不愿向农村的低收入者和穷人放贷，而民间非正规金融又具有极大的局限性，所以农村金融市场出现了极大的制度真空。从20世纪60年代开始，不少发展中国家和国际组织一直都在试图为农村低收入阶层提供信贷服务。但由国际组织援助和政府支持的信贷服务项目，在六七十年代始终没有探索到既能为穷人提供信贷服务，又能解决信贷机构的自我生存的途径。不少曾经辉煌一时的项目，随着援助资金的减少和转向而失败，例如60年代开始的多米尼加发展基金会的小组①信贷便是其中典型的一例。

在20世纪70年代至80年代期间，一些为农村低收入阶层提供小额信贷服务的项目和机构，在吸取以往教训的基础上仍在持之以恒地进行艰苦的努力，它们得出了众多有益的经验，也不断取得了令人鼓舞的成绩。以孟加拉国"乡村银行"（Grameen Bank，也称"格莱明银行"）、印度尼西亚人民银行的乡村信贷部（BRI Unit Desa）、泰国的农业和农村合作银行（BAAC）、玻利维亚的"阳光银行"（BacoSol）、信贷联盟（Credit Union）和其他非政府组织（NGO）等为代表的一批机构和组织，通过小额信贷项目成功地覆盖了农村地区大量的低收入阶层和贫困农民，并逐步争取实现在金融上和制度上的持续性。正是在这些成绩的鼓舞下，从20世纪80年代开始，世界各地迅速地掀起了小额信贷运动高潮。

1. 小额信贷对穷人及其信贷需求和风险的再认识

传统的信贷机构认为，农村地区低收入阶层因很难获得收入而又无财产

---

① A. Findley, "Market Survey of Microfinance for Grameen Replication in the Dominican Republic", Grameen Foundation, 2002.

作抵押或获得担保而充满着巨大的风险，因此，它们也倾向避免为其提供金融服务。而小额信贷的创始人则认为，信贷是人类生存和发展的基本权利，低收入者和穷人都有农业劳动技能，只是因为无资本或土地，所以不能充分发挥有效劳动及其技术（自我就业），只能根据资本所有者的需要和愿望来使用自己的技能（受雇他人）。因此，穷人只有获得独立应用自身能力所需的资本，才能朝着充分发挥自身生产能力的方向发展，才能开始保证自己的资产和收入持续地增加。随着资产的增加，他们也能更好地利用和发展自身技能，从而增加更多的收入。所以说，他们是值得帮助和扶持的。

同时小额信贷机构还认为，低收入阶层因为很难获得其他的贷款，因此会格外珍惜来之不易的获贷机会。为了改变贫困状况，穷人会更加遵守信贷纪律和有关规定。因此，他们又是值得信赖的，并不像正规金融机构想象的那样"风险"。为此，小额信贷机构认为，应对"抵押和担保是信贷业务活动的必要条件"的观点进行修正。而且，即便有一些借款人因项目或投资活动失败，到期难以偿还借款，因为每位借款人的经济活动是独立、分散的，因而不可能存在普遍无力偿还的情形。因此，只要将他们的偿还率控制在一定的置信水平，那么对低收入阶层放贷的风险损失是可以控制的，向他们放贷也是可行的。①

2. 小额信贷运作的基本特点

小额信贷是一种为穷人提供信贷服务的信贷方式，它既区别于传统的正规和非正规信贷方式，也不同于一般的扶贫方式，它的特殊性体现在如下几个方面：

信贷小组与连带责任（group lending，joint liability）。由若干人或家庭

---

① 小额信贷用统计思想来排除穷人的"个人风险"，然而小额信贷的"系统风险"则来源于农村经济活动中的"协方差风险"，例如风雨失调以及虫害所造成的普遍性收成问题。

组成小组，然后由若干个小组形成一个信贷中心，信贷中心具有贷款审批权，这是小额信贷的基本组织结构。组成一个小组的成员具有相似的经济和社会背景，因而放贷机构不必进行较大的控制，小组自己就可以发挥它的集体作用。用尤努斯①的话来说，即是"成员可以自己选择组成 5 人（户）小组，小组又联合成中心，有了这种组织形式，当小组的某些成员企图违反原则时，就可以产生某种连带的压力，同理，当某小组成员遇到困难，小组会给予帮助和支持……"② 在此，小组和中心成员必须事先承诺对他们组的成员和贷款负责，这样促使对借款人的贷款建议进行认真的评审，从而为成员和放贷机构提供了保证。

无须抵押和担保或采用其他灵活的方式。事实上，贫困农户也没有什么可以抵押的，也没有人愿意为贫困人口提供担保。相反，需要抵押或担保只能将贫困人口排除在外；而且，在实际工作中，如果某些贫困户不能还款，也不应遭到"法律威慑"(legal threat)，只能耐心地做工作，否则，就可能影响那些比较谨慎的贫困农户参与信贷的积极性。

限定贷款用途。至少应在最初阶段仅为成员的生产经营性活动提供贷款，因为如果贷款不能增加收入，借款人就不能还款，这样可能会使借款人比贷款前更穷；只能在一段时间以后，比如已获贷三四次后，才可以考虑向成员的其他活动提供贷款。例如，向穷人为改进住房条件和子女上学所需的费用提供贷款，当然这还要取决于借款人的潜在偿还能力和前景。

小额、短期贷款和分期还款。贷款必须是小额的，尤其是第一次和第二次贷款。要求成员实行分期还款，这样才能确保每次还款额度很小，而贫困

---

　① 穆罕默德·尤努斯（Muhammad Yunus），孟加拉国"乡村银行"的创始人；乡村银行以向农村地区妇女提供小额贷款为主。

　② M.Kabir Hassan, David R.Tufte, "The X-Efficiency of a Group Based Lending Institution: the Case of Grameen Bank", *World Development*, Vol.29, No.6(June 2001), pp.1071-1082.

农户也有偿还能力。

第三节　小额信贷的技术创新

正规金融机构不愿为农村低收入和穷人提供金融服务的理由是明显的。在无抵押和担保的条件下，由于信息的约束，金融机构无法观测和监督农民的行为，因而向他们提供贷款是有"风险的"；同时，小额、分散、高频的信贷需求所产生的成本也使金融机构同他们进行交易极不"合算"。正如默多克（Morduch，1999）在《小额信贷的承诺》中所说，"迄今为止的观点认为，向穷人提供信贷注定要失败：成本很高，风险太大，穷人的储蓄倾向很低，且很少家庭能提供足够的抵押"。[①]

毋庸置疑，小额信贷也面临着同样的挑战。然而，"小额信贷"在认定"穷人"是值得信赖的也应当获得帮助的前提下，通过信贷技术和相关制度的创新，在极大程度上克服了传统金融机构所面对的困难和挑战，进而在历史上第一次成功地将金融资源渗透到那些需要帮助的穷人手中。

一、谁是"穷人"？——小额信贷的筛选机制

传统补贴信贷的失败是必然的，当处于信息劣势的政府尚未分清谁是"穷人"谁是"富人"的时候，富人能比穷人更快更多地抢占这种廉价的信贷资源就已注定。正是在认真地反思过去的经验教训中，小额信贷通过筛选机制（screening mechanism）的设计，有效地将"富人"排除在外。正如迈克尔·斯彭斯（Michael Spence）指出，在一些市场中，尽管买卖双方之间

---

① Jonathan Morduch, "The Microfinance Promise", *Journal of Economic Literature*, Vol.37, No.4 (December 1999), pp.1569-1614.

存在着信息不对称，但双方都可以通过市场发出传递产品质量信息的信号，进而使处于信息劣势的一方了解产品的质量信息，从而打破信息的约束，使市场重新出清，例如，产品"三包"的信息便是向处于劣势的买者提供产品的质量信息。与由信息优势方发出"市场信号"的"信号传递模型"相对的是"信息筛选模型"，即由劣势方主动发出信号，以为"筛选"。由于信息成本的高昂，小额信贷基本上[1]排除了由潜在借款者传递信号的模式，而采取主动发出信号，即给定一个含有约束条件的信贷合同，让潜在的申请者首先自我筛选。

为了理解这一情形，让我们做一简单的分析。假定在农村地区存在两类农民，"穷人"和"富人"。"穷人"很难获得信贷，因此在需要贷款时基本上是"无条件的"，这基本上与穷人愿意在农村非正规市场上以很高利率借款的情形相符合；而富人，因有替代渠道可以以正常的利率水平（假定 i_0）获得足够的或任意量资金（假定为 L_0）。假定小额信贷每份合同的非利率交易成本为 c（含时间的机会成本），富人从其他途径获贷的交易成本忽略不计。通过这样的假定和认识，我们就可以认为，信贷额 L、利率 i、交易成本 c 就决定一份信贷合同，那么一份小额信贷的合同就为 $C(L, i, c)$，而富人的替代信贷合同为 $C(L_0, i_0, 0)$。为使富人不抢夺信贷资源，一份有效的小额信贷合同必然是，富人得到小额信贷合同的效用越低越好，为此：

$$U = \max U[L, i, c) - C(L_0, i_0, 0)]$$

$$\Rightarrow U = \max[L(i_0 - i) - c]$$

从公式可知，当小额信贷的单笔金额（L）越小、利率（i）越高、交易成本（c）越高时，富人就越没有动力争夺信贷资源。

---

① 实际上，小额信贷在宏观信贷合同的设计中采用的是"筛选"，在"微观上"挑选每位成员时，还需要信贷负责人根据贷款申请者申报的有关家庭"财产"等情况具体决定是否获准。

事实上，小额信贷的宏观筛选机制正是如此。首先，从利率上来看，小额信贷的利率尽管低于非正规市场上的高利贷，但却远远高于传统补贴信贷的利率，这使"富人"争夺这种信贷资源无利可图。来自印度尼西亚小额信贷机构 Badan Kredit Kecamatar（BKK）一份分析报告显示，地方非正规放贷利率的月利率在 10%—15%左右，而 BKK 为 5.3%—6.9%，为此，"借款者或自愿直接支付利率，或采用强制储蓄的方式，这种利率明显比政府资助的项目高得多，但也比地方放贷者收取的利率低些……降低了富裕村民'寻租'的动力。"① 其次，单笔信贷金额的大小也是影响信贷合同有效性的重要因素。小额信贷认为，穷人的信贷需求额通常是较小的，且"小额"对富人不具有吸引力。最后，要求成员必须参加中心例行会议（regular meeting）也起了重要的筛选作用，因为时间对富人的机会成本更大。

二、小组信贷

除了少数一些小额信贷项目之外，例如 BRI 的小额信贷项目，大多数小额信贷都把小组信贷作为一项重要制度，例如孟加拉"乡村银行"的信贷小组和玻利维亚"阳光银行"（Bancosol）的"团结小组"（solidarity group）。小组信贷制度不仅能降低单位信贷的交易成本，更重要的原因还在于，其在缓解放贷者和借款者之间信息约束的同时，能有效地降低"逆向选择"和"道德风险"，并在违约可能发生或已经发生时，通过社会资本或连带责任所产生的同伴压力加强信贷合同的执行效率。

1. 两合同分离定理

一旦在宏观上将"穷人"和"富人"区分开来，小额信贷就面对着一

---

① Jeffrey M. Riedinger, "Innovation in Rural Finance: Indonesia's Badan Kredit Kecamatan Program", *World Development*, Vol. 22, No.3(March 1994) , pp.301-303.

个"穷人"阶层，一个可能具有风险高低不同的穷人群体。从理论上说，小组信贷技术便是为了克服穷人的风险而诞生的。

当借款者都很穷时，放贷者显然不能通过设计不同"抵押"特征的信贷合同将借款者区别开来。但是，通过设计（高利率，低连带责任）和（低利率，高连带责任）两种不同的合同，通过借款者的"自我组合和筛选"，就能达到将不同风险者区别开来的目的。葛塔克（Ghatak，1999[1]，2000[2]）、吉南（Guinnane，1999）[3] 和塔塞尔（Tassel，1999）[4] 等人都认为：这种机制确实具有甄别功能，它使不同种类的贷款者"物以类聚"而不是混在一起，因此，即便在非对称信息下，放贷者一样可以有效放贷。

为了说明这一情形，让我们考虑小额信贷向所有穷人提供一种为 $C(r, c)$ 的连带责任合同，这实际上就是信息筛选模型，由放贷者首先设计信贷合同，然后由借款者根据信贷合同所包含的信息"自我筛选"，决定是否借款。在此，r 为利率，c 是成功者对失败者的连带支付。为简化分析，让我们考虑三人互选组成二人小组的情况。假定 p 和 p' 分别为两个人的成功概率，借贷者彼此清楚对方的风险特征，而放贷者并不了解。当两个借款人均投资成功时，成功率为 p' 的借贷者的效用为

$$EU_{P,P'}(r, c) = pp'[R(p) - r] + p(1 - p')[R(p) - r - c]$$

$$= pR(p) - [rp + cp(1 - p')]$$

① Maritreesh Ghatak, "Group Lending, Local Information and Peer Selection", Working Paper, 1999.

② Maitreesh Ghatak, "Screening by the Company You Keep: Joint Liability Lending and the Peer Selection Effect," *The Economic Journal*, Vol. 110, No.465, (July 2000), pp. 601-631.

③ Maitreesh Ghatak, Timothy W.Guinnane, "The Economics of Lending with Joint Liability: Theory and Practice", *Journal of Development Economics*, Vol. 60, No.1(October 1999), pp. 195-228.

④ Eric Van Tassel, "Group Lending under Asymmetric Information", *Journal of Development Economics*, Vol. 60, No.1(October 1999), pp. 3-25.

倘若我们以成功概率为 p'' 的借贷者置换 $p'(p' > p'')$ 时，概率为 p 的借贷者的效用就变化为

$$EU_{P,\ P'}(r,\ c)\ -EU_{P,\ P'}(r,\ c) = cp(p' - p'')$$

显然，p 者为了选择能跟风险较低的 p' 者联盟，愿意支付 $cp(p' - p'')$ 的机会成本，这一数字还将随 p 者的成功机率增加而增大。由此可以推知，任意一个借者总是喜欢与较安全的借者联盟，而且这种倾向随着自己的成功概率增加而增大。当信贷市场存在足够多不同类型的借贷者时，一个可以预料的结局将是，同一风险类型的借款者趋于组成一个小组。葛塔克、吉南、塔塞尔等人都从数学上证明了由任意成员组成的小组，在均衡时，成员特征趋同的存在性。

假如放贷者无法区分"高风险者"和"低风险者"，当信贷市场均衡时，正如"柠檬模型"显示，"低风险者"将被驱逐在外。但是在小额信贷中，小组信贷中的"共同责任"通过使"低风险者"自我选择而积聚在一起，并重新被放贷者的低利率、高连带责任合同吸引到信贷市场中，因而风险不同的借贷者所面临的有效融资成本也各不相同。尽管高风险借贷者因同伴的较高违约率而需要承担较高的"共同责任"，然而大量低风险者重新进入市场所引起利率的整体下降将会增加所有借贷者的福利，与此同时，大量安全借贷者的重新进入也使放贷者的信贷偿还率得到大大的提高。因此，正如葛塔克（1999）所言，通过利用内嵌在当地具体社会网络中的无形资源，即本地信息，基于小组信贷的共同责任能减缓市场失灵。

2. 监督与执行——透析小组信贷的内部机理

"小组信贷"还能很好地监督借款成员的行为，通过促使成员不从事风险过高的活动，从而避免项目失败所导致的违约。在个人贷款活动中，每位借款成员既可以从事风险较高的活动以期获得更高的收益，也可以从事高安

全的项目获得较低的收益。在信贷中，由于信息的不对称性，放贷者通常并不知道借款者将要从事哪种活动，一旦借款者的高风险活动失败，那么这种损失便主要由放贷者承担，因此，"道德风险"成了放贷者主要的顾虑。

　　那么，"小组信贷"是如何改变这一局面的呢？答案就在于小组信贷创造了一种促使每位借款者选择较安全活动的机制。由于"共同责任"的存在（当其中任意成员违约时，小组全体都要承担赔偿责任），在小组信贷中，每位成员的贷款活动首先要经过小组或"中心"的讨论，由他们共同商量和决定借款人应该从事哪项活动后，申请人才能够获得贷款。而且，由于同一小组的成员大多比较熟悉和接近，相互之间还有监督和预防贷款偏离原有用途的作用。因此，"只要将共同责任的偿付 C 设置的足够高，那么借款者将会选择从事安全的活动"（斯蒂格利茨，1990）[1]。这样，通过利用同伴之间的信息和监督，"小组信贷"能够比较有效地克服借款者的"道德风险"行为。

　　贝斯利、科特（Besley、Coate，1995）通过 BC 模型[2]，一个由两人组成的信贷小组的多阶段博弈模型，还分析了"共同责任""社会处罚"（social sanction）对"信贷偿还"的激励作用。他们认为，尽管小组的每位成员都存在着"违约"和"偿还"两种可能，但是一旦连带责任的支付 C 足够高，那么小组成员之间的偿还博弈模型就是一个精炼子博弈模型，最终，只存在两种均衡的可能性：全部还款或者集体违约，从而排除了部分成员还款、部分成员违约的可能性。而且在小组信贷中，由于部分成员违约会给其他成员带来额外的成本，违约者会引发其他成员的愤怒，在同伴压力

---

　　[1]　Joseph E.Stiglitz, "Peer Monitoring and Credit Markets", *The World Bank Economic Review*, Vol. 4, No.3(September 1990) , pp.351–366.

　　[2]　Timothy Besley, Stephen Coate, "Group Lending, Repayment Incentives and Social Collateral", *Journal of Development Economics*, Vol. 46, No.1(February 1995) , pp.1–18.

（peer pressure）的作用下，不得不还款。同时，如果小组成员都处于同一个联系紧密的社会群体，诸如"名声与地位的损失""集体帮助的损失"等形式的社会惩罚还构成了还款强有力的激励。贝斯利、科特认为，主要有两种社会惩罚发挥着重要的作用：（1）警告违约成员，如果不还款，将会使他们不舒服或者让违约者有实质性的物质损失，同时还要将违约者的"赖账行为"广为传播；（2）将来不再跟违约者合作，这还包括其他领域，例如生产上的合作，以及当违约者处于困境时不再提供帮助。因此，如果社会处罚足够严厉，小组信贷就必然会比个人信贷有更高的还款率，小组信贷确实能产生一种促使小组成员还款的激励。维蒂克（Wydick，2001）的调查报告①也显示了"社会处罚"确实发挥着重要的作用，在回答"你为什么偿还小组贷款"时，86.1%的人是为了获得连续贷款，17.1%的人是为了继续保持与小组成员的亲密关系；同时，在所调查的137个小组中，有22个小组有开除成员的记录，这还不包括另外20个小组，他们的成员因违约而主动退出。

正如理论所显示的那样，小组信贷技术为小额信贷的成功奠定了坚实的基础。借款者通过自我选择，自愿地组成一个小组，故而他们寻求合作的伙伴多是他们的朋友或者所信赖的"好人"，而非村里的"坏人"。因而，小组成员通常也具有相同的社会文化（包括社会地位）和经济背景。他们共同为某项借款承担责任，并具有极高的贷款偿还率，例如，"孟加拉乡村银行现在已拥有200多万个借款者……每月收到共计三四千万塔卡的贷款申请，报告显示的偿还率平均高达97%—98%"（默多克，1999）。小组信贷技

---

① 1994年，Wydick对在Western Guatemalan及其周围农村地区开展的FUNDAP小额信贷进行了实地调研，该项目属于ACCION，实行"小组信贷"，每小组3—5人，共调研了137个信贷小组，并设计了问卷调研。见Bruce Wydick, "Group Lending under Dynamic Incentives as a Borrower Discipline Device", *Review of Development Economics*, Vol.5, No.3(October 2001) , pp.406–420。

术的威力在泰国的农业和农村合作银行（BAAC）的案例中，再一次得到了有力的印证。在改组以前，作为农业发展银行的 BAAC，其违约率高达50%—60%，改组后通过运用"小组信贷"，"例如在 1982—1986 年间，尽管偿还率在到期日时比较低，只有77%—81%，但从 2000 年开始，这三年最终的偿还率则高达 92%—95%"①。

三、其他一些重要的制度与机制

在实践中，许多小额信贷项目为了克服放贷者和借款者之间的信息约束，预防信贷风险，还不断创造出了一些新的信贷技术。

1. 连续贷款与动态激励

小额信贷认为，让低收入者和贫困农民摆脱贫困，并非一蹴而就，也不是凭一次性贷款即能解决的；只有向他们持续提供贷款，才能促成低收入者和穷人长期收入能力的形成，从而达到财富积累的目的。同时，向借款人持续提供贷款也是他们能够按期还款的根本保证。

在信贷实践中，小额信贷组织通常首先向低收入者提供小额的贷款，当他们的还款率很好，才再提供较大数额的贷款，否则就停止贷款。这种由偿还率决定后续贷款的方式，构成了对违约者的"威胁"，一旦他们违约，将来便不能获得更大数额的贷款。无疑，这在一定程度上克服了放贷者和借款者之间的信息约束，使借款者产生一种动态的激励——后续的、更大数额的贷款。"如果借款者预期将来能够获得连续的、更大的贷款，这种激励作用还能得到进一步的加强。"② 而且，"连续贷款另一个独特的好处是，具有通

---

①　Robert M.Townsend, "Microcredit and mechanism design", *Journal of the European Economic Association*, Vol.1, No.2-3(April-May 2003) , pp.468-477.

②　Jonathan Morduch, "The Microfinance Promise", *Journal of Economic Literature*, Vol. 37, No.4 (December 1999) , pp.1569-1614.

过起初较小的贷款检测借款者的能力，这一特点使放贷者能与借款者在长期内发展良好的关系并借此在扩大贷款规模之前避免糟糕的情况出现"[1]。从维蒂克（Wydick，1999）的调查问卷中（86.1%的人还款是为了继续获得贷款），我们也能很容易看出连续贷款及其动态激励作用在决定贷款偿还中所起的决定性作用。

2. 还款计划

在传统信贷中，借款者获得资金，然后用于生产活动，在到期日时将贷款本金和利息一次还清。然而许多小额信贷却改变了这种传统的做法，要求借款人按一定的期限分期偿还，称之为"还款计划"（repayment schedule）。例如，"乡村银行"为借款人制订按周还款计划，而在"阳光银行"和 BRI 的信贷中，通常则采用按月还款的方式。

小额信贷认为周期还款有很多优点，这是因为：（1）利于及早发现那些企图借钱不还或不守纪律的借款人，或者及时了解借款者获得贷款后的有关信息；（2）正如卢瑟福（Rutherford，1995）所说，使银行在借款人把现金流消费掉或挪作他用之前就紧紧地控制在手中[2]；（3）最重要的是，周期还款还迫使借款者必须不停地寻找收入来源，而不仅仅依靠具有"风险性"的项目，这样既增加了借款者的收入也分散了银行的贷款风险。

3. 抵押替代

为了扩大低收入阶层贷款的可获得性，许多小额信贷并不要求贷款抵押或担保，转而采取一些"隐含"或者替代的抵押或担保的方式。在小组信贷中，当其中一人违约，要求小组成员共同承担偿付责任便是一种"隐含

---

[1]　Ghosh Parikshit, Debraj Ray, "Cooperation in Community Interaction without Information flows", *The Reciew of Economic Studies*, Vol.63, No.3(July 1996), pp.491–519.

[2]　Stuart Rutherford, "The Poor and the Their Money", Manuscript Draft, 1995.

的保险"方式；除此之外，一些小额信贷还有"强制储蓄"的要求，实际上这也是一种"隐含"的抵押或担保。例如，在"乡村银行"，要求以贷款额度的 0.5% 作为"意外基金"，以应付违约、死亡和成员丧失劳动能力等情形下的贷款损失；另外，以贷款额度的 5% 作为"小组税"或"小组基金"（group tax）存入小组账户（其中的一半可以由小组支配使用），只有在成员退出时才予以退还。显然，这些"强制储蓄"在功能上也起着"抵押"的作用。

第四节　微型金融早期的发展与演进

几乎所有的"小额信贷"最初都是在政府或者出资人（donor）的帮助下开始发展的，然而，随着外援资金的减少和日益增多的金融需求，为了维持自身的持续性和扩大金融服务的能力，一些小额信贷项目开始朝"正规化"（mainstreaming）方向演进。这些朝正规化演进的小额信贷组织，意欲通过储蓄动员（saving mobilization）以扩大资金来源，通过收取能够补偿风险和成本的利率以实现自身的持续性（sustainability）。在一些国家和地区，"小额信贷"还通过与农村信用社和发展银行整合而成为正规的农村金融中介组织。同时，理论界也普遍认为，从"小额信贷"演进到"微型金融"，也是扩大小额信贷服务能力的必然要求。

一、从"扶贫运动"到"正规化"的内生变迁

20 世纪 80 年代以前，大部分"小额信贷"都是在政府或出资人的扶植下发展起来的，其目标是如何将资金能够直接渗透到农村低收入阶层手中，满足他们对资金的需求。因此，最初的小额信贷项目是试图解决穷人得不到

贷款的问题，并希望在为穷人提供用于发展生产资金的同时确保较高的偿还率，以避免资本的侵蚀（capital erosion）。在 19 世纪 80 年代以前的二三十年中，以"乡村银行"、BRI 以及拉丁美洲的"行动国际"（ACCION）为代表的先驱，发展了各种信贷技术和方法，以实现还贷率持续稳定在 95% 以上。当时，银行界和发展机构普遍认为，贷款给穷人意味着高风险，他们通常将高拖欠率归咎于天气、不完善的市场设施、经济衰退、缺乏商业机会以及穷人错误地将贷款资金用于消费活动等各种原因。然而，成功的小额信贷项目则表明：还贷率主要取决于借贷机构可控制的因素，例如，贷款的可靠性和服务的质量、明确的还贷预期和还贷前景、管理的有效性和充分利用社会资本或当地信息资源。

尽管小额信贷在降低信贷风险和成本方面发明了众多的新技术，但是，即使是合理的贷款客户识别技术和高还贷率降低了小额贷款的成本，这与很小的贷款额度相比，贷款成本仍显得过大。因此，几乎所有的小额信贷项目都难以补偿实施成本，更别说实现金融的持续性了。同时，早期的小额信贷多以政府和出资人扶助的外源资金为主，只发放贷款并不吸收存款，在贷款需求迅猛增加的同时，外源资金却在锐减，例如，巴伦苏埃拉（Valenzuela，2002）通过调查发现，在拉丁美洲，外源资金仅占小额信贷总额 5000 亿美元的 0.5%[①]；我们还可以从表 3-1 中看到，世界银行资助的小额信贷项目的力度也在大幅度下降。因此，正如 BRI 高级咨询官玛格丽特·鲁宾逊（Marguerite Robinson，1995）所说，"需求与机构供给之间'惊人的缺口'（absurd gap）成了世界范围内机构小额信贷的普遍特征……据估计，发展中

---

① L. Valenzuela, "Getting the Recipe Right: The Experience and Challenges of Commercial Bank Downscalers", in *The Commercialization of Microfinance*, D. Drake, E. Rhyne(eds.) , Connecticut: Kumarian Press, 2002.

国家 90% 的家庭都不能够获得它的服务"。①

表 3-1　1988—1992 年世界银行资助的小额信贷项目

年份	所有的信贷项目		社会主义国家		市场经济国家	
	信贷项目的数目（个）	金额（百万美元）	金额（百万美元）	项目的数目（个）	金额（百万美元）	项目的数目（个）
1988	22	1114.5	233.5	2	881	20
1989	19	1023.6	–	–	1023.6	19
1990	13	584.1	175	2	409.1	11
1991	14	563.9	372.2	2	191.7	12
1992	14	514.1	100	1	414.1	13
合计	82	3800.2	880.7	7	2919.5	75

资料来源："A Review of Bank Lending for Agricultural Credit and Rural Finance 1948-1992", Operation Evaluation, 1993。

　　因此，从 20 世纪 80 年代中期起，先行的一些小额信贷组织或项目已开始从当地储蓄中寻找资金，而不是仅仅依靠捐助机构。它们意识到，储蓄动员不仅对扩大服务能力和维持自身持续性起着关键作用，而且客户的储蓄还能降低信贷风险，因为客户的储蓄能力代表着客户的还贷能力，放贷机构还能通过客户的储蓄状况及时掌握客户最新的信息。亚当斯（Adams，1986）还强调了储蓄服务对农村低收入者平滑消费和投资的重要性，因为，"没有储蓄服务，农村穷人只好采用多种手段对冲通货膨胀，而许多只能获得较低甚至负的收益"②。

---

　　①　Marguerite Robinson, "The Paradigm Shift in Microfinance: a Perspective from HIID", Working Paper, 1995.

　　②　Dale W.Adams, "Rural Financial Markets in Low-income Countries: Recent Controversies and Lessons", *World Development*, Vol. 14, No. 4(February 1986), pp. 477-487.

　　吸纳储蓄很快就为一些小额信贷组织注入了新的活力。例如到 1992 年，印度尼西亚人民银行的乡村信贷部，已从大约 1000 万个低收入家庭动员了 20 亿美元储蓄，存款客户是其贷款客户的五倍。一份来自亚洲发展银行的报告也显示了储蓄的巨大作用，如表 3-2 所示，截至 2002 年年底，表中所显示的微型金融机构（MFI），大部分机构的储蓄/贷款比率超过了 50%，从而使储蓄成为微型金融机构资金的主要来源之一。

表 3-2　微型金融中的储蓄

机　　构	年　份	账户数目（个）	金　额（百万美元）	2002 年年底储蓄/贷款比例（%）
Cajia los andes	2001	23308	25.23	58
BancoSol	2000	30004	57.8	68
Banco Ademi	2000	11608	16.4	33.5
Mibanco	2001	70000	9.4	26
ACLEDA	2002	19070	5.68	18.9
K-Rep	2002	—	82	71
FIE-FFP	2002	—	—	48

资料来源：Asian Development Bank（ADB），"The Changing Face of Microfinance"，2003。

　　虽然许多小额信贷组织开始把储蓄动员纳入自己的战略规划，然而从低收入者和穷人家庭吸纳储蓄却存在道德和法律上的问题。道义上的问题涉及如何为穷人的存款提供充分的保护，而非金融机构的小额信贷组织吸纳存款还要受到法律的禁止。因此，多以非政府组织（NGO）面目出现的小额信贷组织并不能合法地吸纳存款，甚至是从他们所服务的客户吸收存款也不例外。但是，"许多国家政府和监管者们也对小额信贷组织从客户吸纳存款的行为睁一只眼闭一只眼，因为他们认为，大多此类组织都是试图想真诚地帮助穷人"①。然而，能够真正获得政府"默许"的毕竟是少数，"保护穷人储蓄"的问题也悬而未决，而且，政府禁止吸纳存款也随时会发生。因此，从"政府和出资人资助的信贷项目"演进到能够自我持续的"金融中介"的"范式转变"（paradigm shift），已成了许多"小额信贷组织"的迫切需求。

20 世纪 80 年代中后期，"小额金融机构开始从金融系统的边缘迈向正规"②。通常，"小额信贷"的"正规化"主要有两种方式：（1）由于小额信贷项目的成功开展，从小规模的项目逐步成为独立机构，进而发展为正规的银行；例如在孟加拉国，"乡村银行 1983 法案"（*the Grameen Bank Ordinance* 1983）的颁布使其成为一个正规的金融机构；根据法案规定，"乡村银行"的职能是向无地者的各种经济活动（包括住房）提供带抵押或非抵押的贷款，并允许其吸纳存款，而授权以外的活动不得涉及；随后，在玻利维亚，"阳光银行"等机构也先后从相关金融主管部门得到执照，并可以动员商业储蓄。（2）在正规的国有银行或信用合作银行引入小额信贷项目，用以服务于大量中低收入的客户，或在正规金融机构中设立专门的小额信贷部门，例如在印度尼西亚，从 1984 年开始，通过对人民银行乡村银行系统（the unit banking system）的改造，建立了遍及全国的"小额信贷"网络（BRI Unit Desa）。

二、金融自由化与微型金融的商业化演进

在世界各地，尽管许多微型金融机构通过技术创新已成功地将大量的资

---

① David S. Gibbons, Jennifer W. Meehan, "The Microcredit Summit's Challenge: Working Towards Institutional Financial Self-Sufficiency while Maintaining a Commitment to Serving the Poorest Families", CASHPOR Financial and Technical Services, 2000.

② Paul B. McGuire, et al., "Getting the Framework Right: Policy and Regulation for Microfinance in Asia", Foundation for Development Corporation, 1998.

金渗透到低收入阶层的手中，然而"微型金融"的努力对"惊人的缺口"仍是微乎其微，"仅就亚太地区而言，据估计，大约一亿八千万的穷人家庭，仍有95%不能获得这种机构性的金融服务"①。因此，仅靠外源资金并不足以解决需求缺口问题，而且，为低收入阶层提供金融服务的"微型金融机构"因"社会目标"的局限，难以收取能覆盖实施成本的较高利率。理论界认为，通过放松准入标准以吸引商业资本进入和进行利率自由化，可以有效地扩展微型金融的服务能力。冯·皮斯克（von Pischke，1996）认为，金融自由化能引起两项巨大的变化，这使为穷人服务的底端金融市场的持续性扩展成为可能。第一项最主要的变化便是更大的准入自由，包括关闭和私有化国有金融机构（SOFIs），这将增加为农村地区服务的金融机构数目和竞争性。②

更大的准入自由意味着，允许像微型金融机构、非政府组织这些不同类型的金融机构的发展。这一政策建议在拉丁美洲得到了良好的运用。在玻利维亚，高度的准入政策使其成为拉美地区金融市场渗透率最高的国家；早在1992年，玻利维亚的"阳光银行"便从非营利的PRODEM项目中脱身，开始转变成追求营利的商业性微型金融机构。随后，诸如Caja Los Andes（玻利维亚）、Mibanco（秘鲁）、Financiera Calpiá（萨尔瓦多）等一批转型的非政府组织也开始进行商业化经营。而且，一批专业私人放贷者（specialized private providers），以及许多为了争夺低收入者这一"利基市场"（market niches）的商业银行也开始进入微型金融市场。转型组织、专业组织以及商业化组织逐渐成了拉丁美洲底端市场的主导力量。一份来自赖恩（Rhyne，

---

①　ADB(Asian Development Bank)，"Finance for the Poor: Microfinance, Development, Strategy"，见http://www.adb.org/Documents/Slideshows/Finance_ Poor/default.asp。

②　J.D.von Pischke，"The Evolution of Institutional Issues in Rural Finance Outreach, Risk Management and Sustainability"，*Frontier Finance*，1996.

2004）的研究报告显示了准入对拉丁美洲微型金融市场的影响，如图 3-1、表 3-3 所示。

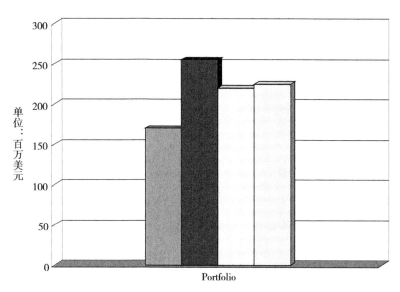

图 3-1 拉丁美洲的微型金融组织类型

资料来源：Elisabeth Rhyne，"Microfinance in Latin America-lessons for the Middle East"，Working Paper，ACCION，2004。

表 3-3 拉丁美洲主要的商业化以及转型的微型金融组织

机构/国家	借款人（千人）	资 产（百万美元）	资产收益率	贷款平均额度（美元）
BancoSol（玻利维亚）	41	83	1.4	2011
Los Andes（玻利维亚）	53	70	3	1451
FIE（玻利维亚）	29	36	2.1	1318
Compartamos（墨西哥）	167	50	20.3	299

续表

机构/国家	借款人（千人）	资　产（百万美元）	资产收益率	贷款平均额度（美元）
Mibanco（秘鲁）	18	15	-1.8	831
Calpis（萨尔瓦多）	111	107	6.8	966
Confia（尼加拉瓜）	47	53	2.8	1122
BM（巴西）	24	19	5.9	890

说明：截至 2003 年年底，这 8 家转型和商业化微型金融组织所服务客户的数量几乎是 1999 年的 3 倍。

　　第二项重大的变化便是放松对利率的控制，这样微型金融机构便能收取足够的利息以补偿它们的成本和风险。商业化经营的小额信贷利率多在 30%—40% 以上，例如在亚洲，印度尼西亚人民银行乡村基层组织收取的年平均有效利率为 33%（KUPEDES Program，Robinson 1995），印度尼西亚另一项目 BPRs 的年平均有效利率为 31%—44%[1] ［钱瑞图伦科（Charitonenko，2003）］，在拉丁美洲地区，商业化经营的利率则更高。"乡村银行"的一份报告对亚洲和拉美地区的几个主要微型金融机构的主要特征进行了对比，其中便包含了利率的情况，如表 3-4 所示，其中 Grameen Bank、BRI Unit Desa、BKD 为亚洲的，Bancosol、FINCA 为拉丁美洲地区的。

表3-4　世界主要微型金融机构特征对比

	格莱明银行（孟加拉国）	阳光银行（玻利维亚）	BRI（印度尼西亚）
会员数（个）	240 万	81503	200 万借款人；160 万储蓄者

① Stephnie Charitonenko, Ismah Afwan, "Commercialization of Microfinance: Indonesia", Asian Development Bank, 2003.

续表

	格莱明银行 （孟加拉国）	阳光银行 （玻利维亚）	BRI （印度尼西亚）
平均贷款额（美元）	134	909	1007
期限（月）	12	4—12	3—24
妇女百分比（%）	95	61	23
贷款地区	农村	城市	主要农村
小组信贷	Y	Y	N
抵押	N	N	Y
连续贷款	Y	Y	Y
储蓄	N	Y	Y
还款计划	周	灵活	灵活
目标群体	穷人	主要穷人	非穷人
金融上是否可持续	N	Y	Y
年名义利率（%）	20	47.5—50.5	32—43
消费物价指数	2.7	12.4	8

资料来源：Grameen Bank，1998 年 8 月，见 www. grameebank. com。

当然，微型金融的商业化并不仅仅意味着准入的自由和收取能够在金融上可持续的利率，钱瑞图伦科等人（Charitonenko, et al., 2004）还认为，商业化更意味着金融制度在长期内的发展，为此要达到如下几方面的要求[1]：

采用专业的、商业化的管理和操作方式，例如，发展多样化的、由需求驱动的微型金融产品和服务，并收取覆盖成本的利率；

通过覆盖成本和增加效率，逐步迈向实施和金融上的可持续性的同时，并扩展机构的覆盖力（outreach）；

充分利用商业资金，例如，利用来自最高层机构（批发贷款机构）或

---

[1]　Stephanie Charitonenko, et al., "Commercialization of microfinance: perspectives from south and southeast Asia", Asian Development Bank, 2004.

商业银行的非补贴贷款，动员自愿性的储蓄，或其他市场型的资金（market-based funds）；

使其像受到谨慎监管的正规金融机构一样进行经营，并且能够吸引权益投资（equity investment）。

支持微型金融商业化的学者和政策实践者认为，因为许多低收入者不得不或者确实愿意支付比商业银行或私人放贷者更高的利息，因此收取覆盖成本的利息是可行的。他们认为，一旦微型金融机构逐渐能够覆盖操作和金融成本，那么它们就会减少对"补贴"的依赖，开始能够在商业化的基础上运行下去。微型金融机构运行越有效率，获得的利润越多，就越能够达到更大的覆盖力（outreach）。这样，覆盖力、利润和效率就紧密地结合在一起，并构成了测量商业化微型金融机构运行效率的指标。

尽管金融自由化和微型金融的商业化为农村金融市场注入了新的活力，然而商业化运营的微型金融组织同样会出现非效率性，因为能够吸引更多的商业化资金并不必然代表有更多的低收入阶层能够获得信贷。因此，商业化并不是成功的魔方。

总结 微型金融为什么能够成功

从来都没有一种制度能像微型金融这样具有如此大的魅力，也从来没有一个研究领域能像"微型金融"一样能吸引如此之多的学者和政策实践家。在农村金融这个特殊的领域里，理论家们终于发现了打磨和印证各种理论的乐趣，而政策实践者们也看到了发展的曙光。

有许多原因和理论都能说明微型金融为什么能够获得成功，然而最重要的却是微型金融对信息的理解和把握。信贷总是发生在借者和贷者存在信息不对称的情形，这种不对称性越强，信贷就越不可能发生。原因是，借者不是有"逆向选择"的倾向——用借来的钱投入风险项目以期获得更大收益，便是有发生"道德风险"的可能——"破产赖账"或"策略赖账"。

为了使信贷发生，就必须尽可能地消除信息的不对称性。这就意味着，在放贷之前，放贷者需要对借者进行充分的评估，要求抵押以预防风险，并持续地监督借款者。在抵押缺失、了解和监督穷人信息成本过于高昂、对穷人的小额贷款不经济的情况下，一个可能的结果便是，穷人将被排除在金融市场之外。

"微型金融"的诞生使这一情况发生了革命性的变革①，"小组信贷"（group lending）即是促使这一变革的有力武器。在小组信贷中，成员的相互担保和更大"连续贷款"（progressive loan）的动态激励（dynamic incentive）有效地降低了信贷风险。许多学者认为，这一技术使得贷者的筛选、监督和执行成本在很大程度上转嫁给了借款人②，然而成功的玄机更在于"微型金融"对本地信息资源（local information pool）的充分利用，正如鲁宾逊（Robinson，2001）指出，"小组成员彼此熟悉，他们自我筛选和监督，微型金融机构通过利用社会资本（social capital）使借者和贷者获得了双赢的局面（the win-win game）"。

显然，这种依靠小组的活力（group dynamic）以抵消信息的不对称性便是"微型金融"成功地将金融资源渗透到农村低收入阶层中的关键。因此，信息经济学在解释传统农业信贷失败的同时，也为"农村金融新范式"（the new rural finance paradigm）指明了发展的方向。

---

①　Marguerite Robinson, "The Microfinance Revolution: Sustainable Finance for the Poor", World Bank, 2001.

②　J.Stiglitz, "Peer Monitoring and Credit Markets", in *The Economics of Rural Organization: Theory Practice and Policy*, 1993.

第四章　社会资本与微型金融：透视底端市场的运行基础

　　在解释社会产出时，经济学家总是喜欢把物质资本和劳动力这类似乎看得见摸得着的要素作为生产过程的投入要素。到了新古典增长理论和内生增长理论阶段，诸如知识、技术和人力资本这些"软因素"在产出中的贡献才逐渐得以被认识。经济学的跳跃性思维大抵是从制度学派对传统要素贡献度的质疑开始的，一个简单的常识是，倘若排除生产过程的社会性，为何既定的生产要素经过企业这个"黑匣子"（black box）会出现不同的效率？

　　正如制度学派所指出，制度至关重要，诸如契约、关系、制度等社会性因素也是影响经济运行的重要因子。尽管"社会"这一资本的重要性早已被其他社会学科所认识，但直到近期，这一观点才引起经济学者的关注。本章将引入"社会资本"的概念来分析其在农村信贷市场中的特殊作用。

第一节　什么是社会资本

　　在理论和实证研究中，社会资本是一个出现相对较晚的概念。尽管早期学者也认识到隐藏在社会关系或网络中的资源在一定条件下构成资本的性质，但是直到 20 世纪 80 年代，当布尔迪厄、科尔曼和林南等社会学家详细地探究这个概念时，它才引起了学术界的关注。

一、关于社会资本的争议

"社会资本"概念的正式登场是从法国著名社会学家皮埃尔·布尔迪厄（Pierre Bourdieu）开始的。1980 年，他在《社会科学研究》上发表了题为"社会资本随笔"的短文，正式提出了"社会资本"概念，并把它定义为"实际的或潜在的资源的集合，这些资源与由相互默认或承认的关系所组成的持久网络有关，而且这些关系或多或少是制度化的"。这表明，他所定义的社会资本包括两个要素：一是社会关系本身，它使个人可以获得社团成员的身份；二是这些资源的数量和质量。布尔迪厄的概念是工具性的。他关注的是个人通过参与团体活动不断增加的收益，以及为了创造这种资源而对社会能力的精心建构。在布尔迪厄看来，社会网络不是自然给予的，必须通过在团体关系上进行投资来加以建构，它的用处体现为它是其他收益（超出个人人力资本和物质资本的收益）的可靠来源。之后，在《社会理论的基础》（the Foundations of Social Theory）一书中，他对社会资本作了较为系统的阐述，不仅区别了社会资本与物质资本、人力资本，还分析了社会资本在人力资本创造过程中的作用。科尔曼在对社会资本的论述基础上试图建构经济社会学理论，将理性选择模式与社会结构分析联系起来，即实现了经济学与社会学的完美结合。

随后，普特南（Putnam）在《使民主发生作用——现代意大利市民的传统》一书中对"社会资本"作了进一步的阐述，他认为，"社会资本是指社会组织中能够通过促进协同提高社会效率的各项特征，如信用、规范和关系网络"①。普特南不仅关注社会网络等，还开始探讨社会资本在经济发展中的作用，尤其关注社会资本在形成民主社会中的作用，他将社会资本等同于"公民参与"的程度。在他眼里，社会网络可以被描述为"水平性的"——因为个体拥有相同的地位和权力，也可以被描述为"垂直性的"——因为在等级和依赖的基础上建立了不对称的社会关系。普特南认为垂直的网络，例如小区成立的协会、合唱团、合作社、运动俱乐部和大众社团等，是公民参与社会网络的基石。这些网络是"社会资本的一个基本形式，社区里这些网络越密集，社区居民为共同利益采取合作行动的可能性越大"。而且他还认为，在公民网络中维持的信任和互惠（即社会资本）具有自我强化的特点，因为随着这些网络变得更加密集，机会主义行为或自私自利行为的成本将提高，这意味着"回归分析的内生化"，这是试图通过测量信任或互惠来解释社会资本的一个产物。

科尔曼从另一个途径对社会资本进行了不同的阐述，他认为社会资本、物质资本与人力资本同为资本的三种形态：物质资本是有形的，可见的物质是其存在的形式；人力资本不为肉眼所见，但存在于个人掌握的技能和知识中；而社会资本基本是无形的，它表现为人与人的关系。从此出发，科尔曼从功能角度对社会资本进行了界定。在他看来，社会资本的定义应由其功能而来；它不是某种单独的实体，而是具有各种形式的不同实体；它有两个明显的特征：它们由构成社会结构的各个要素组成；它们为结构内部的个人行动提供便利。为了表明这一观点，他以一个农业群体进行了分析，"正像其他形式的资本一样，社会资本也具有生产力，它能使某种缺乏社会资本不可能成功的结果成为可能……例如，在一个成员能彼此证明信用且广泛使用信

---

① Robert D.Putnam, *Making Democracy Work: Civic Traditions in Modern Italy*, Princeton University Press, 1993, p. 167.

用的小组中，个体将比没有信用的小组的成员能取得更大的成绩……在一个成员彼此广泛互借农业工具、相互帮助劳作的农业社区中，社会资本能使农民拥有更少的农业工具和设备来完成劳作"[1]。

最近，美国社会学教授林南（Lin Nan，2011）又对社会资本作出了新的阐释，"社会资本是投资在社会关系中并希望在市场上得到回报的一种资源，是镶嵌在社会结构之中并可以通过有目的的行动来获得的资源"[2]。弗朗西斯·福山在其著作《大分裂：人类本性与社会秩序的重建》中，将社会资本定义为"一个群体的成员共享的一套非正式的、允许他们之间进行合作的价值观或准则。如果说群体的成员开始期望其他成员的举止行为将会是正当可靠的，那么他们就会互相信任。信任恰如润滑剂，它能使任何一个群体或组织的运转变得更加有效"[3]。世界银行则主要关注社会资本对经济和社会发展的作用，并认为社会资本是体现了一个社会的社会互动质量和数量的制度、关系和规范的总和。社会资本犹如黏合剂，将社会群体维系起来，并产生强大的社会内聚力，这对于一个社会的经济繁荣和可持续发展具有决定性作用。[4] 在此，社会资本无异于正式、非正式制度，或者能够利用、促进和创造（非正式）制度的"调和剂"。

然而，对于社会资本概念及其理论，也有许多持不同的政见者。例如，索洛（Solow，2000）就认为，那些研究和谈论社会资本的人试图理解某种

[1] James S. Coleman, *Foundations of Social Theory*, Cambridge: Harvard University Press, 1990, p. 302.

[2] Lin Nan, *Social Capital: A Theory of Social Structure and Action*, Cambridge: Cambridge University Press, 2001, p. 19.

[3] 弗朗西斯·福山：《大分裂：人类本性与社会秩序的重建》，刘榜离等译，中国社会科学出版社 2002 年版，第 278 页。

[4] Christiaan Grootaert, Thierry van Bastelaer, "Understanding and Measuring Social Capital: A Multidisciplinary Tool for Practitioners", World Bank, 2002.

难解、复杂且重要的东西——一个社会的制度和共有的态度与其经济运作方式是如何相互作用的，这是一件吃力不讨好的工作。[1] 而阿罗（Arrow，2000）则认为，社会资本理论的三个重要概念——信任、规则和网络，都不是什么新东西。他认为，信任能够促进经济进步，是经济学家早已讨论过的话题；尽管社会网络能够防止由不对称信息所导致的市场失灵，但这只是补充性的；至于规则，不过是马克斯·韦伯有关宗教在经济活动中的重要性的命题的翻版。[2] 还有一些评论人士认为，社会资本理论只是一时的狂热。[3]更有学者认为，社会资本概念的运用是"不适当的"，与其使用这一"令人误解的"词语，不如直接使用"信任""网络""集体行动""关系""规范""社区能力"这些词语所包含成分的词语。[4]

尽管如此，当前对社会资本的研究仍在不断地扩展和深入，不同的学者从不同的角度作出了不同的理解，大体来看主要涵盖社会学、政治学和经济学三大领域。在社会学领域里，影响较大的便是普特南从"信任、网络和规则"角度对社会资本的阐释；在政治学领域，主要研究社会资本对社会稳定和发展所具有的重要意义；在经济学领域，众多经济学家从博弈论、集体选择、制度的发展和演化、经济增长等多角度的探讨，则使社会资本的内涵和外延异常的丰富起来。

---

① Robert M. Solow, "Notes on Social Capital and Economic Performance", *Social Capital: Multifaceted Perspectives*, World Bank, 2000, pp. 3–6.

② Kenneth J. Arrow, "Observations on Social Capital", *Social Capital: Multifaceted Perspectives*, World Bank, 2000, pp. 1–3.

③ Elinor Ostrom, "Social Capital: A Fad or a Fundamental Concept?" *Social Capital: Multifaceted Perspectives*, World Bank, 2000, pp. 172–214.

④ Manohar Pawar, "' Social' ' Capital' ?", *The Social Science Journal*, Vol. 43, No. 2 (2006), pp. 211–226.

二、社会资本的作用及其在农村社区的特殊意义

第二次世界大战后，发展中国家相对落后的农业部门或农村地区的发展问题日益凸显。伴随着经济思想的变迁，农村地区的发展政策也走过了一个"新一代"和"老一代"发展政策的交替过程。以国家强有力干预政策为特征的"老一代"政策认为，欠发达农村经济的特点就是存在普遍的市场失灵，由于没有普遍的信任和可靠的市场价格体系，政府应协调资源的配置，以纠正和避免市场失效。尽管各国政府促进发展的努力是审慎的，但在许多国家，大规模的贫困仍然存在而且"绝对贫困"的人数在不断增加，收入和财产的分配变得更加不平等。为了解释这些令人沮丧的现象，以新古典主义为代表的"第二代发展经济学家"开始谴责政策导致的扭曲和由于公共政策而产生的非市场失效。大量的批评指向计划的缺陷、不充分的信息和资源、制度的缺陷，以及官僚体系、机构的无效和腐败。他们认为，政府干预是要补救市场失灵，但是带来的结果却常常是政府失败；贫穷不是由于贫困的恶性循环，而是由于政策的贫困，因此市场、价格和激励机制应该是制定政策的核心问题。

政府会失灵，然而市场也会失灵。诸如公共产品问题、搭便车问题、道德风险问题、逆向选择问题，都是市场难以解决的。在经济学的传统思维中，市场和政府是相互替代的，不给介于两者之间的社区留下任何发挥的空间。然而，社会学关于"公民社会"（civic community）或"社会资本"的研究却给经济学提供了全新的视角。

许多人认为，市场失灵主要是由于规则而不是其他的原因，政府既没有充分的信息，也缺乏高度的责任感以修正市场失灵。社会学加以关注的社区，解决的恰恰是那些古典的国家失灵和市场失灵问题，即地方公共物品的

供应不足、风险分担机制的缺乏、信贷市场的不公正，以及对工作的过多和无效监督等。社区有时能做到政府和市场不能做到的事情。社区中“社会资本”的经济功能，或者社会资本在经济发展中的作用，一般是基于通过促进个体或集体的参与和合作，社会资本能使其他形式的资本得到更有效的利用这一前提之上的。而这一前提却是以信息经济学为基础的，这将有利于克服以下两个政府和市场都难以解决的问题。

1. 不对称信息与交易成本

即使在一个简单的交易中，也会存在信息不对称的情形，在不完善的农村市场尤其如此。这种信息不对称是由于有限理性造成的，因为交易的一方总是无法搜集到足够的信息来预测另一方的行为，这为其中的一方利用有限信息和有限理性产生利己的机会主义行为埋下了祸根。为了克服这一困境，经济交易必须尽可能地包含完美的合同、保证或抵押，以及与预防和惩处违约相关的法律条款。显然，在这种“信任”缺失的环境中，交易成本必然高涨。而在某一社区里，社会资本却能促进“信任”的建立，并通过内嵌于社区网络关系中的“社会处罚”增强交易的效力，因而起到降低交易成本和促进交易的作用。通过考察纽约一个拥有高信任度、关系紧密的犹太人社区，科尔曼（Coleman，1990）发现钻石商们无须浪费时间和金钱去进行保险和生产监督。

2. 解决集体行动的困境

在一个拥有丰富的社会资本存量的社群内，工作和协作变得更加容易，成员的合作有助于避免“搭便车”行为和“公地的悲剧”。这是因为：首先，社区群体的网络孕育了生活和交易的一般准则，促进了社会信任的产生，这种有利于成员的协调和交流，因而也有利于解决集体行动的困境，当政治和经济谈判在社会互动的密集网络中进行的时候，机会主义的动机就会减少；其次，公民所依存的网络关系或规范既是历史的积累，也是过去的合作成果，这一成果可以充当未来合作的文化样板，一次成功的合作会建立起联系和信任，这种社会资本的形成有利于未来的连续合作；最后，合作的规范使得每一个成员都能意识到"不适当的"或"自私的"行为所产生的后果，并使机会主义者承担相应的"社会压力"和"社会处罚"。

由于社会资本强调集体行动或组织行为的重要性，强调群体中的信任、规范和网络，因而这本身对于社会的稳定和经济的发展就具有十分重要的意义。因此，伍尔科克（Woolcock，1998）就曾高度肯定了社会资本的经济学意义，他指出，当社区成员都以一种信任、合作与承诺的精神来把其特有的技能和财力结合起来时，不仅能克服集体行动的困境，也能提高生产率，得到更多的报酬。[1]

许多学者的实证研究也证实了这种理论预期。有关农村发展的研究成果表明，对于当地的经济增长来说，由当地基层协会组成的富有生命力的网络同物质投入、适合的技术或适当的政策一样的必要。在世纪之交展望"新发展政策"时，迈耶（Meier，2001）[2] 就曾指出，当代发展战略只重视宏观政策和经济成就，却忽视了制度的微观基础，并进而肯定了社会资本在解释制度变迁和"索洛余值"中的作用。因此，作为推动市场交易制度的社会资本在发展理论中一直具有十分重要的作用。信任和互惠的规范以及使它们保持下去的不断互动的网络在私人之间和社会范围内起作用，并且遵从完全不同于那种"正常交易关系"的互惠逻辑。通过研究在管理像牧场、供水设施等公共资源时为什么有的措施是成功的、有的措施则失败了，奥斯特

---

[1]　Michael Woolcock, "Social Capital and Economic Development: toward a Theoretical Synthesis and Policy Framework", *Theory and Society*, Vol.27, No.2(April 1998), pp.151–208.

[2]　Gerald M.Meier, Joseph E.Stiglitz(eds.), *Frontiers of Development Economics: the Future in Perspective*, New York: Oxford University Press and the World Bank, 2001, p.2.

罗姆（Ostrom，2000）认为社会资本的现有存量是问题的重要因素，而忽视或者破坏了这种社会基础的政府干预会使问题严重地扭曲。

无论是理论研究还是已有的实证分析，对社会资本的研究都暗含着重要的政策启示。虽然社会资本并不是有效的公共政策本身或其替代物，但它却是政策成功的前提，在某个方面还是它的结果。因此，明智的政策不仅要意识到社会资本的存在，还应能利用和鼓励社会资本的形成。尤其是在"政府失败"和"市场失灵"的农村市场中，如果通过"社会资本"这个纽带，能将政府、社区和个人有机地结合在一起，无疑将能有力地拓展发展的框架。

第二节　社会资本对市场失灵的弥补与修正

1958 年，当爱德华·C. 班菲尔德（Edward C. Banfield，1958）在《落后社会的道德基础》中首先强调"社会资本"在经济发展中的作用时，除了经济学家肯尼斯·阿罗之外，很少能引起经济学界的共鸣。[1][2] 他的议题是，南意大利的落后是由于社会信任的缺失，而严格的"家庭小圈子"很难与当时流行的经济运行方式调和在一起。[3] 60 年后的今天，随着社会学研究的深入和经济理论的发展，我们并不难发现经济人在进行交易和缔结合约中存在固有缺陷，以及社会资本的作用。

在这一部分，我们将考察社会资本与信贷的关系。从本质上来看，金融

---

[1]　Edward C.Banfield, *The Moral Basis of a Backward Society*, New York: Free Press, 1958.

[2]　阿罗（Arrow，1972）写道："可以近似地认为，世界上许多落后经济可以被缺乏相互信心（信任）所解释"，可以参考班菲尔德的著名研究"南意大利的一个小社区"。

[3]　Luigi Guiso, et al., "The Role of Social Capital in Financial Development", *The American Economic Review* , Vol. 94, No. 3(June 2004) , pp. 526–556.

交易是以未来的"保证"为前提，而金融合同或信贷合同是信用密集型合约，因此社会资本影响信贷的重要机制之一便是"信任"。经济人是否签订信贷合同或者发生信贷，不仅取决于贷款人相信借款人的程度，还依赖信贷合同的"执行力"——法律基础。在信任与法律基础普遍缺失的农村信贷市场上，我们要考察社会资本在发展中国家农村信贷市场中的作用，可以选择两种最常见的制度安排——"循环储蓄信贷基金会"（RSOCAs）和微型金融（microfinance）作为分析的对象。

一、"小组"或"会员"——社会资本与农村金融制度安排的接口

在世界银行的框架里，"社会资本"被界定为"嵌入在社会结构中能促进人们采取集体行动达到特定目的的规范和社会关系"[①]。然而在许多学者那里，社会资本的内涵远远地超出这一简单的定义，其范围涵盖从普特南的"水平型协会"到诺斯和奥尔森的"社会制度框架和整个社会政治经济环境"。科尔曼对其的理解介于两者之间，将其界定为"具有两个共同特征的实体、协会或组织——它们都是具有某些社会特点的社会结构，并且在此结构内能促进集体的某一行动"。在此框架内，科尔曼认为社会资本包含"水平型"和"垂直型"两种社会结构。然而萨拉杰丁、葛鲁塔特（Serageldin、Grootaert，2000）并不十分关心社会资本在定义上的差异，他们认为这种差异只是人们在使用这一概念或框架促进经济发展过程人为造成的不同，他们所关注的只是利用这一框架所带来的效果。[②] 为此，他们建议，我们更应当

---

① World Bank, *World Development Report 1998/99: Knowledge for Development,* Oxford: Oxford University Press, 2000.

② I.Serageldin, C.Grootaert, "Defining Social Capital: an Integrating view", *Social Capital: A Multifaceted Perspective*, Washington DC: World Bank, 2000, p. 47.

关注那些有利于信息共享、采取集体决策和行动的非正规框架、制度以及协会，换句话说，他们对社会资本的理解与普特南或科尔曼的大体相近，而与诺斯和奥尔森的解释相去较远。在此，我们沿用科尔曼和普特南的框架，或者萨拉杰丁、葛鲁塔特对社会资本的理解，来分析农村信贷市场中的某些非正规制度安排。

在农村信贷市场，一些以会员（例如信用合作社 rural cooperatives）、协会（例如循环储蓄信贷基金会 ROSCAs）或者小组（例如小额信贷或微型金融 microfinance）为基础的非正规制度安排由来已久。有理由认为，许多成功的非正式制度安排可充分地利用当地的社会资本，尤其是内嵌于会员或小组中的信息共享机制。萨拉杰丁、葛鲁塔特（Serageldin、Grootaert，2000）认为，以小组为基础的微型金融便是利用社会资本来促进发展的有力例证，"从西非的 Totines（一种非正规储蓄基金会）到孟加拉国的格莱明银行都运行良好，因为相对于银行，这些组织中的会员们拥有更充分的信息"。正如他们所言，在过去的二三十年中，在许多发展中国家的农村市场，我们见证了许多以小组或会员为基础的信贷项目、非正规、半正规以及正规的金融组织迅速地发展起来。与大量官方机构纷纷倒闭相对照，正是它们的成功才使农村地区大量的小农和穷人的信贷问题得以部分地解决。

二、循环储蓄信贷基金会

世界上的许多国家都存在循环储蓄信贷基金会或循环储蓄协会，且历史悠久。其中，大部分都是由当地人组织成立的，资金由参加者募集。尽管许多基金会或协会的规则不尽相同，但其基本精神永远不变，即首先由一些有一定社会联系的成员通过募集形成一个基金，然后成员依次使用基金的全部或一部分。为了使基金服务循环起来，直到其中的每一个会员都能使用该基金，基金协会应能确保每一位成员即使享受服务之后仍然向基金募集就异常关键。

1. 参与激励问题

正如基金会设计的精神，为了保证每位成员都能获得融资，基金会必须能保证每位成员在获得贷款后，继续贡献自己"承诺"的募集义务。如果不能保证，那么基金会就会因为缺乏资金很难"持续"，不能"循环"完一个生命周期。如果基金会不能持续，或者参与的会员认为其不能循环下去，那么就不会有参与的动机，因此基金会也就难以建立。因此，"使参与的成员认为向基金募集分配的份额是理性的行为，至少在理论上对基金协会就非常重要"①。由此，便引发了第二个问题：如何保证基金协会的合约执行下去。

2. 社会资本与执行问题

基金协会的组织者和成员违约是基金协会面临的最大挑战。通常有两种情形：其一，在获得贷款之前无力贡献承诺的份额；其二，在获得贷款之后故意违约。在第一种情形中，无力继续在以后轮次中贡献份额的成员不得不退出协会，但他到目前为止的贡献只能作为对违约的"补偿"，在多数情况下"违约者"都能得到其他会员的原谅，尽管他们的退出会对基金的稳定和继续运行带来不便。在第二种情形中，"违约者会被其他会员视为'小偷'"②。

理论上，基金协会的成员存在着违约的可能，然而在实践中，大量的证

---

① N. S. Chiteji, "Promises Kept: Enforcement and the Role of Rotating Savings and Credit Associations in an Economy", *Journal of International Development*, Vol. 14, No. 4 (May 2002), pp. 393–411.

② Donald Kurtz, Margaret Showman, "The Tanda: a Rotating Credit Association in Mexico", *Ethnology*, Vol.17, No.1 (January 1978), pp.65–74.

据表明会员违约的状况并不多见。尤其是，越是在较早轮次中获得信贷的会员越是有违约的动机，而实际上"获贷前"和"获贷后"违约都很少见。例如，通过调查 1 000 名分别参加过不同基金会的会员，汉达、柯顿（Handa、Kirton，1997）的报告显示如下：只有10%的会员认为他们的基金会遇到过麻烦或违约的情形，这其中有50%的情况是会员们不能如期缴纳份额，只有25%的比例是属于会员"违约"。① 在君嘎、温特-纳尔逊（Ndjeunga、Winter-Nelson）考察的 58 个样本中，仅有 5 个基金协会存在违约的情形。② 其他的报告也显示，基金会中的违约情形是较少，"当被问及违约的可能时，会员们总是耸耸肩表示这种风险可以忽略不计"③。那么，循环储蓄基金会是如何"保证"或"强迫"会员履行自己的"承诺"呢？

众所周知，基金协会是由当地成员根据自己的意愿，自愿组成"小组"或"协会"来解决信贷问题的一种非正规制度安排，它是那些通常无法从信贷市场上获贷的会员重新获得融资的机会。这种"小组"或"协会"机制与社会资本紧密相关，按照科尔曼、普特南或塞拉盖尔丁等学者的观点，这种"小组"或"协会"形成了一种"水平型"的社会结构，社会资本便内嵌在这种由会员形成的"协会"中。在研究循环储蓄基金协会时，普特南指出，基金协会在农村地区的广为流行是传统集体行动逻辑的悖论，因为

---

① Sudhanshu Handa, Claremont Kirton, "Testing the Economic Theory of Rotating Savings and Credit Associations: Evidence From the Jamaican 'Partner'", Working Paper, 1997.

② Jupiter Ndjeunga, Winter-Nelson, "Payment Arrears in Rotating Savings and Credit Associations: Empirical Analysis of Cameroonian ROSCAs", *African Review of Money, Finance and Banking*, Vol.1, No. 2(1997).

③ Sandra Burman, Nozipho Lembete, "Building New Realities: African Women and ROSCAs in Urban Africa", in *Money Go Rounds—the Importance of Rotating Savings and Credit Associations for Women*, Oxford: Berg, 1995, pp.23–47.

在即使没有对违约者和退出者进行法律处罚的环境中，合作也发生了。[1] 由于自利的会员完全有动机在接受信贷之后、一个轮回结束之前就退出或违约，普特南认为，基金会中存在的"共享规范""互惠模式"等社会资本成分发挥着关键作用。

为了利用社会资本防止违约，基金协会的组织者们在组成协会时都要仔细考察和挑选会员。为此，大多基金协会都强调所谓的"同质性"（homogeneity）——会员住在当地邻近的社区，属于同一个民族或种族，具有相似的宗教信仰，大体相同的经济社会背景和收入水平等。具有"同质性"的会员，基金协会认为才更易于沟通、协调，才更易于通过"社会网络"或"关系"获得会员的资料和信息，才更值得信赖。因此，"在许多案例中，组织者们根据愿意参加者在社区中诚实的名声或可靠度来仔细挑选成员"[2]。这样，希望参加者在当地或社区中有关诚实和可靠度的名声就异常关键，这种信息通常来源于历史资料，即申请者以前是否在当地参加过类似的组织、协会或某种集体活动，是否拥有较好名声和威信。而一个新会员，或者没有获得基金会足够"信任"的成员通常被排在较后的轮次。

即使经过仔细的筛选和过滤，有时违约的情况也会发生，导致"共享规范"和"互惠模式"不能在会员之间得到良好的发展。此时，基金协会就会利用"同伴压力""社会压力"等社会资本来处罚违约者，从而能使"契约"得到强制执行。正如贝斯利等（Besley, et al., 1993）指出，基金

---

[1]　R.Putnam, *Making Democracy Work: Civic Traditions in Modern Italy*, Princeton: Princeton University Press, 1993, p. 167.

[2]　Sanae Ito, "Microfinance and Social Capital: Does Social Capital Help Create Good Practice?", *Development in Practice*, Vol.13, No.4(August 2003), pp.322-332.

协会主要由来自同一社区的会员组成使其天然具有处罚故意违约者的社会机制。① 因此，在没有法律处罚的情况下，协会将会借助"社会处罚"（social sanction）来惩罚违约者，这些处罚包括，他们将会被剥夺未来参加协会的权利，失去在当地的诚信和名望，没收他们在协会投资的物质资本，羞辱或威胁违约者的家庭成员，或者对他们进行"社会排除"（social exclusion）。"他们处罚违约者的规范是如此之强，有消息称违约者自杀或女儿被卖作妓女的情形也不鲜见"［普特南（Putnam，2000）］②。

通过分析我们不难发现，循环储蓄基金会的执行机制（enforecement mechanism），就是利用当地固有的"信息""社会网络"和"关系"所进行的"社会处罚"。显然，这种关系与正规信贷合同通过抵押所缔结的经济关系大为不同，具有完全意义上的社会属性，在许多社会学家眼中，这就是"社会资本"。

三、微型金融

因为农村信贷交易具有额度小、费用高等特点，而且向农民和穷人提供信贷具有较高的风险，因此正规金融机构总是不愿在农村地区开展业务。然而，能够获贷或者动用金融资源却是影响穷人收入和发展的重要因素。在世界银行对坦桑尼亚的调查中，一位名叫卡山格兹·科格玛（Kasangezi Kigoma）的农民发出这样的声音，"我们需要资金来购买肥料和工具，专家建议我们联合在一起组成风险共同体（joint-venture）来提高获贷能力，我

---

① Timothy Besley, et al., "The Economics of Rotating Savings and Credit Associations", *American Economic Review*, Vol.83, No.4(September 1993), pp.792–810.

② Robert D.Putnam, *Bowling Alone: The Collapse and Revival of American Community*, New York: Simon & Schuster, 2000.

们已经这样做了，但目前我们仍在徒劳地等待，银行和政府机构太官僚化了，从它们那里借钱几乎不可能"①。

"小额信贷"或"微型金融"被认为是解决农村信贷问题、促进穷人发展的有力制度安排。在这一部分中，我们将分析"微型金融"是如何通过形成"水平型"和"垂直型"社会结构来促进社会资本的发展，进而在培育"社会信任"的同时，来改善小农和穷人的获贷能力的。由于"社会资本"是内嵌于一定社会群体或社会结构中的"公共品"（public good），具有非排他性和非竞争性，因而经常处于"供应"不足的状态。所以在农村信贷市场上，微型金融机构在修正信贷市场失灵的同时——改善穷人的获贷境况，也修正了另一种市场失灵——改善了公共物品的供应。

1. 微型金融是如何创造社会资本的

自从"微型金融"在孟加拉国取得巨大成功以来，关于微型金融信贷模式的研究从没间断过，同样在社会学领域，关于"社会资本"的研究也比比皆是。然而，研究社会资本在微型金融的作用，尤其是微型金融机构如何创造社会资本改善穷人获贷能力的研究并不多见。1999 年，世界银行"社会资本首创性"协会（the World Bank Social Capital Initiative）的专家冯·巴斯特勒（van Bastelaer，1999）关于社会资本降低微型金融不对称信息成本的研究，引发了理论界的极大兴趣。他认为，"格莱明银行"的主要社会资本来源于"放贷官"和借款人之间保持持续的关系，这有力地缓解了市场失灵。② 2000 年，塞贝尔（Seibel，2000）考察了菲律宾的微型金融，他认为，在所有复制"格莱明模式"的微型机构中，只有那些把握了格莱

---

① Deepa Narayan, "Voices of the Poor: Poverty and Social Capital in Tanzania", The World Bank, 1997, p. 66.

② T.van Bastelaer, "Imperfect Information, Social Capital and the Poor's Access to Credit", *IRIS Center* Working Paper, No. 234(1999) .

明银行如何利用社会资本精神的机构才取得了成功；因此他建议，复制微型金融模式的国家，应当首先注意利用和培育具有当地特色的社会资本。[1]

1）创造水平型社会结构——小组与社会担保

信任的缺失被认为是制约信贷的首要因素，因为在不完全信息的环境中，借款人经常会有"策略性赖账"或"破产赖账"的机会主义动机。因此，市场合同总是要求可执行的财产作抵押以补偿信任的缺失。这在财富匮乏、相对落后的农村地区是很难做到的，为此"微型金融"的先行者们创造一种水平型社会结构——小组，试图通过隐含在小组中的"社会抵押"作为抵押替代。

微型金融的"小组"（group）与循环储蓄基金会的"成员协会"（members association）在社会结构中的作用大体相似，来自同伴的压力（peer pressure）对合约的执行发生作用。与基金协会不同的是，微型金融的同伴压力产生于外部组织——微型金融机构的"故意"设计，而协会中的压力则来源于会员的自我监督。在微型金融的"小组信贷"（group lending）中，五至七个不等的会员形成"团结小组"（solidarity group），共同为小组成员的信贷偿还负责，如果小组中的成员违约，其他成员都有偿还责任；更重要的是，小组的其他成员都会因为某一成员的违约而丧失未来的贷款。

在许多制度经济学家眼中，这种"社会担保"（social collateral）机制非常重要，他们认为，"连带责任"为小组成员选择他们认为"有信任"的成员提供了激励。[2] 在这种制度安排下，挑选借款人、监督借款人的行为以及

---

① H.Seibel, "How Values Create Value: Social Capital in Microfinance——the Case of Philippines, Rural", Working Paper, 2000.

② K.Hoff, J.Stiglitz, "Imperfect Information and Rural Credit Markets: Puzzles and Policy Perspective", in *The Economics of Rural Organization: Theory, Practice, and Policy*, K.Hoff, et al.(eds.), New York: Oxford University Press, 1993.

在必要时采取"措施"强迫借款人还款等重要活动，都从贷款机构"自动"转移到借款人那里。显然，这会降低放贷机构用于"筛选""监督"和"执行合同"的成本。因此，"小组信贷"和"连带责任"被认为是克服信息约束的关键性制度创新，也被世界各地的微型金融机构广为复制。

正如上面所述，这种"社会担保"机制来源于微型金融机构所设计的水平型社会结构——小组，或者说来源于内嵌于小组或当地的社会资本。对此，冯·巴斯特勒曾有精彩的评述，"越来越多的金融机构开始利用社会担保向穷人提供信贷，在此，借款人的名声和他们所属的社会网络取代了传统的实物和金融抵押，成为另一种抵押；由于这种制度安排在很大程度上依赖个人之间的关系强度，因此它为研究社会资本在信贷中的作用提供了丰富的土壤"[1]。而世界银行也认为，"社会担保""同伴监督或压力"是利用社会资本成功解决发展中国家农村信贷市场上不完美信息的典型，并在世界各地的发展援助中极力传播和推崇有关社会资本的知识和技术。[2]

2）垂直型社会结构——创造组织与借款人间的信任

在研究"微型金融"的成功机理时，大量的研究都投向了微型金融机构如何组建"信贷小组"和利用水平型社会资本上，相对忽视了对垂直型社会资本——金融机构与借款人之间的关系的关注。然而，仅就信贷合同是"信任密集的"这一显著特而言，培育垂直型社会资本或"信任"，其意义和作用绝不亚于微型金融在"小组信贷"技术上的创新。

事实上，微型金融的先驱"格莱明银行"自创立之初就非常重视与借

---

① T.van Bastelaer, "Does Social Capital Facilitate the Poor's Access to Credit? A Review of the Microeconomic Literature", Social Capital Initiative Working Paper, No. 8(1999).

② 为此，世界银行专门成立了研究社会资本的协会——"社会资本倡议"协会（Social Capital Initiative），自20世纪90年代末以来，他们已经出版了大量的工作论文、研究报告和专著，继而激起了理论界研究"社会资本在经济发展中作用"的热情。

款人之间的关系，例如，银行的工作人员不仅是"放贷官"，同时更是村民的理财师（money manager）、村务顾问（village counsellor）以及冲突调解者（conflict mediator）。近年来世界银行也开始强调垂直型社会资本的重要性，认为培育和维持工作人员和借款人之间的社会资本，对挑选和培训借款人、审批贷款，在小组成员出现死亡、因飓风等自然灾害收成失败时进行信贷重议，以及规避来自怀疑者、私人放贷者、一些宗教领袖的批评甚至敌意都异常关键。同时，在《微型金融手册》中，世界银行也认为，"微型金融比其他任何经济交易、金融中介都更依赖社会资本，因为它的成功取决于和借款人之间的信任"①。

把当地人，他们在那里长大和生活，派到当地的分支机构去工作是许多微型金融组织培养和改善与借款人之间关系的一项重要举措。与其他人相比，这些土生土长的工作人员比"外来人"更了解当地的风土人情、家庭和个人的信息，在信息经济学家看来，他们拥有外人不易通过学习和观察得来的"内部人知识"（insider knowledge）。更重要的是，微型金融组织都会授予这些工作人员一定范围的"相机权力"来处理信贷事务，这将有利于金融组织与其工作人员以及工作人员与借款人之间的理解和信任。例如，按照微型金融的规定，借款人每周都要按计划分期还款，有时某些成员因特殊原因不能如期缴纳，该分支机构的"放贷官"可以"私下"替借款人先行垫付，而上层管理者并不追究。尽管有争议说放贷官是为了提高自己的工作成绩才这样做，但无疑这也是管理者、放贷官与借款人相互信任的表现。

这种"相机权力"和相互"信任"在处理信贷审批或其他信贷事务中发挥着重要的作用。其一，在微型金融的垂直等级结构中，"地区经理"

---

① J.Ledgerwood, *Microfinance Handbook: An Institutional and Financial Perspective*, World Bank, 1999.

（area manager）才有信贷的最终审批权和处理权，他们通常负责几个分支机构的管理事宜；在信贷申报中，由分支机构的管理者（branch manager）准备和上报信贷申请者的资料，然而只有分支机构中的"放贷官"才是最了解申请人信息的人。在这种垂直结构中，如果上一级都根据自己掌握的信息作出判断而忽视下级的意见，缺乏理解和信任，就会造成决策失误或错误，不利于信贷工作的开展。其二，在管理层——分支机构放贷官——借款人这一垂直结构的另一端，便是放贷官和借款人之间的关系；理解和信任，以及由此产生的"相机权力"既有效地解决了管理中的上下级关系，也较为成功地解决了放贷官和借款人的关系。在此框架下，"放贷者"不再是借款人眼中的信贷监督人，相反被认为是他们利益的代表者和帮助人。因而在信贷管理中，借款人总是能按照放贷官的要求去做，并觉得有责任相互监督以防止违约者，来证明自己对帮助人的"忠心"和感激。高偿还率被认为是微型金融成功的表现，但通常多数放贷官并不觉得有太大的压力，因为在此情形下监督的责任能自动的转化成"同伴压力"。冯·巴斯特勒（van Bastelaer，1999）对此也持有相同的观点，他认为在放贷官和借款人之间形成传统的"资助人—客户"（patron-client）式的关系，就是垂直型社会资本，这有助于加强借款人的信贷纪律。① 在考察了孟加拉国农村进步委员会的（BRAC）微型金融项目之后，蒙哥马利（Montgomery，1996）也证实了这种社会资本的作用，他认为"来自于同伴压力的动力有时会对违约者采取强烈的集体行动"②。

---

① T.van Bastelaer, "Does Social Capital Facilitate the Poor's Access to Credit? A Review of the Microeconomic Literature", Social Capital Initiative Working Paper, No. 8(1999) .

② R.Montgomery, "Disciplining or Protecting the Poor? Avoiding the Social Costs of Peer Pressure in Micro-credit Schemes", *Journal of International Development* , Vol.8, No.2(March 1996) , pp.289–305.

2. 创造规范

（行为）规范是社会资本形成中另一重要的影响因素。一旦诸如及时还款、金融交易透明以及其他良好的规范形成之后，这些规范就可能潜移默化为借款人的"偏好"。通过"示范效应"和"模仿效应"，好的规范将会产生正的外部效应，这通常表现在两个方面：其一，为后来的金融组织提供了"蓝本"，后来者无须投入"拓荒成本"（pioneer cost）；其二，为潜在的客户提供了"示范"，在水平的社会结构中，通过模仿同伴，他们很快就可能成为"可银行化的"顾客。

3. 创造信贷纪律规范

微型金融的创始人认为，落后地区和穷人的发展只能靠他们自身的发展，无偿的捐赠只能助长他们依赖的思想。因此，即使在极大的压力面前，微型金融组织也不允许任何"赖账"不还的事情发生，也不轻易原谅任何理由的欠账，由此开始培养穷人的信贷纪律和金融规范。这与传统的政府农业贷款形成了鲜明的对比，因为政府总是迫于这样或那样的理由不得不减免或冲销"坏账"，出现极低的偿还率。例如在 1991 年，孟加拉国新被选的政府决定冲销所有农民和穷人从政府银行借的少于 5000 塔卡（TAKA）的贷款（大约 125 美元），这对"格莱明银行"造成了极大的冲击。"尽管这项举措看起来很合理，将使穷人受益，但实际上这些贷款几乎全部都贷给了拥有土地的较富裕的群体；因为我们的信贷额也低于 5000 塔卡，许多格莱明银行的借款人认为他们的借款也应该像政府的一样被冲销，不难想象，向他们解释为什么富人的贷款被减免了而他们穷人的则没有是多么的不容易。"① 因此，格莱明银行不得不"费尽口舌"说服穷人们偿还贷款，坚守

① M. Yunus, *Banker to the Poor: Micro-Lending and the Battle Against World Poverty*, New York: Public Affairs, 1999, p. 197.

自己的信贷纪律。"微型金融组织的反违约规范是如此严格，尤其对妇女，以致穷人们不得不以更高的利率从非正规市场借钱还款以保持他们的信贷纪录"，[①] 甚至不偿还其他金融机构的贷款，转而用于归还微型金融组织的贷款。[②]

98%的偿还率是许多微型金融机构默认的"底线"，任何偿还率低于这一标准的便被认为是失败了。事实上，大多微型金融组织的偿还率都没达到这一要求，然而仍然"坚守"这一底线，它们认为，与其说这是一个标准倒不如说是一项"规范"。例如，在创立之初，格莱明银行为了转变信贷规范并使穷人们相信它们的信贷模式，就不停地对外宣称它们的偿还率一直高于98%。这不仅给格莱明银行的工作人员和客户施加了极大的压力，也引起了其他偿还率低于此标准的微型金融机构的恐慌；实际上，在孟加拉国由政府资助的农业贷款的偿还率甚至低于20%，而其他商业银行的偿还率也远远低于这一比率。[③] 然而，大多微型金融机构仍然坚持自己的规范和信贷纪律，它们认为，正规银行面临着较为有利的环境——它们拥有受过良好教育的客户，可以利用利率较低的资金，利用较好的金融基础设施；而微型金融则处于相对不利的状态——难以利用良好的金融基础设施，它们的客户几乎都没有受过教育、素质较差，穷人所从事的活动具有较高的风险。因此，只有通过良好的规范和严格的信贷纪律，才能在农村地区存活下去。

良好的规范和信贷纪律逐渐改变了穷人对贷款的认识，使他们不再认为信贷就是"慈善行为"或"捐赠"。例如，1987年的大洪水使孟加拉国北

---

① Saurabh Sinha, Imran Matin, "Informal Credit Transactions of Micro-credit Borrowers in Rural Bangladesh", *IDS Bulletin*, Vol.29, No.4(October 1998), pp.66-80.

② S.Rutherford, "The Microfinance Market: Huge, Diverse—and Waiting for You", Working Paper, 2001.

③ S.Khandker, *Fighting Poverty with Microcredit*, New York: Oxford University Press, 1998.

部的大部分农村地区都遭到严重的损失，格莱明银行在帮助散发援助组织赈灾物品的同时也成立了"灾害循环基金"（revolving disaster fund），以帮助穷人渡过难关。为了向穷人输灌信贷规范，银行要求他们在收成变好时要及时归还和充实灾害基金，这并非是慈善机构的捐赠。

4. 中心会议与交易透明规范

"中心会议"是微型金融创造的另一重要的规范。例如，拉伦斯（Larance，1998）认为这一规范包括，"穷人们穿过村庄来参加中心会议，在中心会议上她们可以坐着与来自不同小组的妇女进行交谈，处理小组基金和资金，并记下工作人员的联系方式"。[1] 这些微不足道的事情和行为，在拉伦斯看来却具有很大的积极影响：首先，穷人尤其是妇女喜欢别人叫自己的名字，而不是某人的女儿、妻子或母亲；其次，在中心会议上，人们平等交流和相处，即便是受过良好教育的银行工作人员也尊重他们，这使穷人们获得了自信和尊严；最后，通过中心会议所形成的社会资本还会惠及非成员，因为他们相互知道了彼此的家庭和家族成员，村庄冲突也因之明显趋于下降。

然而，中心会议及其规范的意义并不仅仅如此。事实上，中心会议不仅是成员间以及成员和放贷官之间交流的渠道，更是强化信贷纪律和处理信贷事务的首要机制，因为中心例会首先为收缴会员的分期付款提供了平台。其次，每当遇到自然灾害等当地系统性风险时，微型金融机构总是会在中心会议上强化它们的规范和信贷纪律。例如，孟加拉国的 BURO Taigail，一个因灵活储蓄而出名的微型金融组织，在 1999 年遇到了普遍的偿还问题，于是该机构首先进行"小组中心"改革并强化了"中心会议"的关键规范。[2]

---

① L.Larance, "Building Social Capital from the Center: A Village-level Investigation of the Grameen Bank.PRPA", Grameen Trust, Working Paper, No. 22(1998).

② S.Rutherford, "BURO-Tangail Product Development Review", Department for International Development(DFID), Working Paper, 2001.

中心会议及其规范的作用在菲律宾和马来西亚也得到了印证，当微型金融被首次引入这两个国家时信贷的运行并不如意，通过采取"复原战略"（rehabilitation strategy）——完全照搬"格莱明模式"，并强调诸如"会员的座位安排、有规律地参加会议和及时还款"等重要的中心会议规范，情况才开始好转。[①]

中心会议的另一重要作用便是增加金融交易的透明度。通过在中心会议上公开地处理小组和会员的信贷事务，微型金融组织还创造了交易透明的规范。在中心会议上，小组会员的个人分期还款和小组基金由小组组长收纳，然后交给放贷官登记入账。即便是小组组长这一微不足道的职位，通常也由小组成员选举产生或轮流担当，以便在会员中创造"透明"和"民主"的规范。金融组织发放的贷款，也由放贷官在中心会议上当众执行。这种"透明度"原则或规范，既能防止放贷官和小组组长贪污或挪用资金，也培养了会员的主人翁精神，让他们为自己的事情做主并承担责任。

微型金融除了创造信贷纪律和规范之外，还创造了许多其他重要的行为方式和规范以利于穷人的发展和进步。例如，要求他们送孩子去上学，种植并经常吃蔬菜，饮食机井里的水（tube well），不赠送、接受嫁妆和彩礼，使用厕所等。与此同时，村民们也开始主动接受一些重要的行为方式和规范，到了1980年，他们主动接受的规范多达16项，称之为"16项决议"（sixteen decisions）。在所有这些规范中，值得注意的便是微型金融组织促进电话和手机这项重要的信息工具在穷人中的普及。微型金融机构认为，信息匮乏是穷人难以改变贫穷的重要原因之一，因为没有电话等现代信息工具，他们既无法沟通，也不能及时获得有用的商机和获得收益。为了改变这一状

---

① H.Seibel, "How Values Create Value: Social Capital in Microfinance—the Case of Philippines", Working Paper, 2000.

况，一些微型金融组织专门提供专项贷款或融资。例如在孟加拉国，格莱明银行专门成立子公司"格莱明电信公司"（Grameen Telecom），开设了"电话租赁贷款业务"，并倡导妇女使用手机。

5. 创造社会网络

社会网络既包括连接具有相同地位和权力个体的水平型社会结构，也包括连接具有不同等级地位个体的垂直型社会结构［普特南（Putnam，1993）］。普特南认为，水平性和垂直型社会结构存在重大的差别——无论垂直型社会网络多么稠密，对参与者多么重要，它都不能维持长久的社会信任和合作，垂直网络中的信息不如水平网络中的信息重要，部分是因为从属者为了避免被利用或被"剥削"有保留信息的倾向。戴斯古普塔（Dasgupta，1999）则从另一方解释了垂直结构和水平结构的差异，他认为有关新商机的信息更容易在水平机构中实现共享。① 正因为如此，微型金融机构更注重通过"小组"和"中心会议"在会员和非会员中培育水平型社会结构，试图超越传统的"资助人——客户"这种垂直社会结构，当然这并不意味着微型金融完全忽视垂直结构在信贷配置和穷人发展中的组织和动员优势。除了"小组"和"中心会议"之外，微型金融组织每年还把小组的领导会员组织起来开一次"年会"（annual meeting）。在年会上，会员们除了共享市场信息，他们还交流家禽、家畜、养鱼以及在种植方面的好经验，然后由小组领导在会员中共享。

"家庭社会资本"（family social capital）是普遍存在的一项重要资源，许多微型金融机构都把激活和利用家庭社会资本来促进穷人发展的第一步，通过提供信贷使之成为"家庭联合企业"或者"家庭微型企业"。例如格莱明

---

① P.Dasgupta, "Poverty Reduction and Non-market Institutions", World Bank Conference on Evaluation and Poverty Reduction, Working Paper, 1999, pp.14-15.

银行很早就意识到了家庭的重要性，并专门开发了利于家庭利用共有资源的大额信贷产品"租赁贷款"，让他们能够购买贵重的设备以及提供给家庭成员的中期贷款。提供这些贷款的一个条件是家庭必须有其他收入，家庭成员共同为贷款的偿还承担责任。

拉伦斯（Larance，1998）的调查研究证实了微型金融组织培育和创造社会网络所取得的重大成就。许多接受调查的村民认为，"小组"和"中心会议"拓展了他们的社会和信息网络，这对促进他们的经济和非经济交易帮助很大；有74%的被调查者表示，社会网络不仅弥补了贷款资金的不足，进行社会交往和寻求帮助。托德（Todd，1996）考察了格莱明银行帮助妇女拓展社会关系网络的情况，例如，一位名叫希碧芭（Hibibah）的妇女利用银行和她丈夫亲戚网络构建了更为广泛的关系，并在当地建立起了自己的"名声"和"信赖度"，她把他们从格莱明银行借来的资金集中起来购买耕地、雇用工人和经营租赁业务，她还售卖女士袜子，并通过向中心的妇女成员提供无息贷款来开发客户。①

第三节　社会资本与底端市场上制度的演化

一、信任褊狭与社会资本失灵

在前面的分析中，我们看到了社会资本如何通过利用促进信息共享、减少机会主义行为来促进交易的，从而在一定程度上补充或者代替了以市场为基础的交换和分配。对于社会资本的这种重要功能伯勒斯和基提斯曾有精彩

---

① H.Todd, *Women at the Center: Grameen Bank Borrowers after One Decade*, Dhaka: The University Press Limited, 1996, p. 76.

的评述，"社区有时能做到政府和市场不能做到的事情，因为社区成员拥有关于其他成员行为、能力和需求的重要信息，社区成员这些信息支持社区行为规范，并充分利用有效的、不会被通常的道德风险和逆向选择问题所困扰的保险安排"。① 换句话说，社会资本的这种积极作用是通过如下过程实现的：群体内信息流动和共享为搜寻"机会"提供了便利，并降低了交易成本；基于群体或"社区"的"信任"为签订契约或采取"合作"提供了前提；重复博弈和"声誉机制"使人们对他人的行为产生稳定的预期，并形成一套交易规则或规范；社会网络或"社会处罚"为合约的执行提供了"社会担保"（或隐含担保）和强制基础。

然而社会资本的这一作用机理也有其明显的局限性，并产生负面影响，我把这简单地称为"社会资本失灵"（social capital failure）。② 在研究社会资本和经济福利关系时，选择分析单位是至关重要的。无论是"格莱明"的小组、"储蓄循环基金会"，还是普特南的"合唱团"或某一社区，它们的存在首先都表现为一定的"规模"（size），或者是以拥有一定的成员数目作为基础的；其次，它们的独立或群体内部的"相对团结"（relevant solidarity）是与"社会排除"（social exclusion）息息相关的。这里，就会出现两个问题：首先，从社会资本的作用机理来看，从信息的流动、信任的建立到

---

① 萨缪尔·伯勒斯、赫尔伯特·基提斯：《社会资本与社区治理》，载于曹荣湘选编：《走出囚徒困境：社会资本与制度分析》，上海三联书店 2003 年版，第 134 页。

② 科利尔（Collier）和克拉科区分了两种社会资本，即"政府社会资本"和"民间社会资本"，前者是指影响人们互利合作的政府制度，即契约、法制等，后者指内嵌于社会群体中的信任、规范和网络等；在一些制度经济学者那里，社会资本也被理解为两种，"宏观的"和"微观的"社会资本，例如诺斯和奥尔森认为宏观方面不仅包括了信任、规范和网络，还包括了塑造规范和社会结构的社会政治环境。这个定义除了包括科尔曼和普特南大量非正式的、地方的水平型关系和等级型关系以外，还更多地包括了正式制度关系和制度结构，诸如政府、政体、市场、法律规则、法律体系、公民自由和政治自由。在此，作者将其理解为"民间社会资本"或"微观社会资本"。

"交易"的执行和处罚机制，它们的发生和存在无不是与群体的规模紧密相关的，一旦规模过大，超出社会资本的作用边界，就会发生"执行效力"问题；其次，从社会资本作用的后果来看，群体的团结、信任和交易是以外部不信任、不交易为基础的，因而会导致"社会排除"和"外部负效应"，在社会学的研究领域里这便是"社区失灵"（community failures）。

在分析社会资本的作用机理时，需要借助一个重要的概念——"信任范围"（radius of trust），即所有以社会资本为纽带的"群体""协会"和"社区"都存在着一定的信任范围。在这个范围内，交易和所形成的合作规范、非正规制度是有效的；一旦超出了这个范围，或"群体""协会"和"社区"的规模过大，就会出现"信任褊狭"（narrow radius of trust）的情形，导致"社会资本失灵"。

事实上，所有形式的传统文化诸如协会、部落、氏族、村社、教派等社会群体，都是建立在由社会资本所产生的共享规范基础之上的，它们利用这些规范来实现交易和合作的目的。然而，一个群体内部的强大社会纽带实际上会降低群体成员对非群体成员的信任程度以及与他们的交易和合作效率。一般而言，社会资本的内敛性越强，就越容易出现"信任褊狭"和"社会排除"的情形，就越不利于"普遍性信任"（generalized trust）或者一次性交易信任的建立。当然，也有例外的情形，如果一个群体的社会资本产生了积极的外部性，这便是社会资本的外部正效应，那么信任范围就可能比群体本身还要大。因此，比较理想的情形是，一个群体既能够使内聚力最大化，又能够使"社会排除"和不信任的范围最小化。在前面的有关章节中我们已经看到了微型金融组织是如何利用社会资本的积极因素来促进穷人合作和交易的，在下面的有关章节，我们还能够看到微型金融组织是如何通过制度设计来促进"普遍性信任"的形成和农村金融演化的。

"信任褊狭"和"社会资本失灵"的情形在许多理论和实证研究中都到了证实。在研究"循环储蓄和信贷基金协会"的执行问题和交易特点时，密执安大学的池特吉（Chiteji，2002）教授发现，"基金协会"的"执行能力"（enforcement ability）取决于会员相互监督能力、名声和信息获取力，而这些因素无不与协会的"会员规模"相关。在他看来，与其说是"社会担保"的形式起作用倒不如说是"社会担保"在一定规模的协会中发生了作用。为了证实这一预测，他分别设计了"执行力"和"执行成本"对"会员规模"的两个函数，最后得出这样的结论——最优的协会应该保持尽可能小的规模。① 这意味"信任范围"和"社会资本"都有一定的作用边界，且其作用能力会随"会员规模"的增大而递减。

这一思想在"微型金融"中得到了充分的印证。无论是"格莱明银行"的信贷小组、"阳光银行"的"团结小组"，还是印度的连接穷人与金融机构的"自助小组"（self-help group），它们都有比较稳定的成员规模。例如，"格莱明"以及亚洲其他国家的信贷小组的成员数大多为5—7个，"阳光银行"等拉丁美洲微型金融的"团结小组"的规模多保持在20个左右。在社会学的研究领域里这种情形也比比皆是。普特南（Putnam，1993）的研究表明，在东亚的中国和拉丁美洲的许多地区，社会资本主要存在于家族和一个相当狭小的私人朋友圈里，人们很难信任那些处于这个狭小圈子之外的人。有些学者甚至认为，像在印度之类的国家中，传统社会关系甚至是发展的绊脚石。

二、社会资本与制度的演化

在具有浓厚传统文化的"协会""社区""教派"中，一方面既能看到

---

① N.S.Chiteji, "Promist Kept: Enforcement and the Role of Rotating Savings and Credit Associations in an Economy", *Journal of International Development*, Vol.14, No.4(May 2002), pp.393–411.

社会资本促进交易和合作的积极因素，另一方面也能看到社会资本的负面影响——"信任褊狭""社会排除""外部负效应"等不利的因素。然而，在现代市场经济中，有利于"交易"和"合作"形成的信任却是范围更广的一次性信任，或者通俗地说，是陌生人之间的信任。因为，在随机性很强、流动性很大的市场交易中，"私人信息"和"声誉机制"作用有限，很多交易要在先前没有"私人联系"或"社会联系"的经济主体之间进行。但是社会资本却在一定程度上阻碍了一次性信任的形成和普遍性"交易"。因此，利用社会资本来促进"社会信任"的形成、交易规则和制度的演化也就成了研究社会资本的应有之义。在研究"正规与非正规制度"之间的关系时，斯蒂格利茨（Stiglitz，2000）就曾指出，随着一个社会经济的发展，社会资本也应发生相应的变化，让人际关系网络部分地被基于市场经济的正式制度所代替，例如由统治的代表机构所强加的结构化的法律体系；这一过程开始可能会伴随有社会资本整体水平上的损耗，但最终会造就一种不同类型的社会资本，在这种社会资本中，社会关系内嵌于经济体系之中，而不是相反。①

　　对社会资本与经济发展水平之间相互关系的一个普遍猜想是倒"U"形模式，如图 4-1 所示。例如斯蒂格利茨（Stiglitz，2000）就认为，在市场经济发展的早期（在图 4-1 中表现为 E 点左侧），市场还脆弱且不完善，人际关系的稠密网络就会发挥作用去解决配置和分配问题，因为水平社会结构中的"同伴压力""声誉机制"以及"社会处罚"对控制道德风险等机会主义行为起着关键的作用，欠发达经济中普遍存在的"循环储蓄基金协会"和微型金融的"小组信贷"都是些生动的例证；当市场机制完善以后（在

---

①　Joseph E.Stiglitz, "Formal and Informal Institutions", in *Social Capital: a Multifaceted Perspective*, Partha Dasgupta, Ismail Serageldin(eds.) , World Bank, 2000, p. 59.

图4-2中表现为 E 右侧），利于一次性交易的普遍信任已经建立，交易和合作都根植于运行良好的法律体系之中，此时旧的或传统的社会资本的负面效应开始彰显，甚至成为发展的"梏桎"，因此应做适时的调整。按照斯蒂格利茨的观点，这一相互作用和演化的过程明显地具有如下几个特点：

传统"社会资本"的形式部分地被另一种本来也应该被看作是社会资本的形式所代替，即制度经济学家眼中的宏观社会资本，它或者代替或者补充传统"社会资本"形式来完成同一件事情——非市场的配置和分配。

调整后的社会资本没有采用代替或补充市场和政府的"规则和调控"的形式，而是采取了隐含知识（tacit knowledge）的形式。

整个变化和演化的过程应该是，从经济活动内嵌于社会网络之内，转向社会关系植根于经济体系当中。

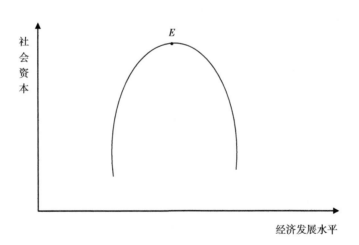

图 4-1　社会资本与经济发展（1）

然而，一个可能更接近于现实的猜想是，社会资本与经济发展水平之间的关系应该呈现下图所示的特征（ $oe < et$ ）。

在市场机制确立之前（ E 点左侧），普遍信任尚未建立，一次性交易几乎不可能，社会资本实际上是"交易"和"合作"的"触发机制"（trigger mechanism），并且随着社会资本的使用和积累，"交易"呈递增的速度增加。若以 L 表示经济发展水平，Q 表示交易量，S_c 表示社会资本，则有 $\frac{\partial L}{\partial S_c} > 0$，$\frac{\partial^2 L}{\partial S_c^2} < 0$，或者 $\frac{\partial Q}{\partial S_c} > 0$，$\frac{\partial^2 Q}{\partial S_c^2} < 0$。

当市场机制基本确立之后（ E 点右侧），可能并不存在稳定的函数关系来描绘两者之间的关系，因为社会资本会随着经济的发展发生相应的调适；但是一个肯定的事实是，随着普遍信任和法律强制体系的建立，社会资本的作用已经越来越小，甚至成为"隐含知识"根植于经济体系之中。

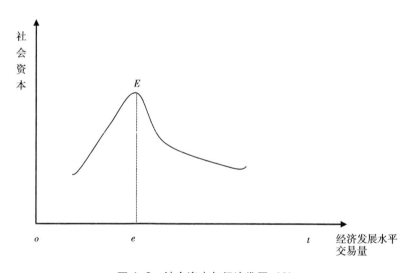

图 4-2　社会资本与经济发展（2）

对社会资本的准确认识对欠发达经济从非市场制度向市场制度演化和发展是大有裨益的。鉴于历史至关重要和社会资本影响的双重性，因此制度演化的路径并不确定，均衡的结果也并非最优，甚至可能是无效率的。一旦经济的发展被锁定在一种糟糕的状态，通过"公共角色"来供应社会资本，利用其"触发机制"来突破路径依赖就异常关键。在此，"公共角色"并不一定就是政府，例如，在"微型金融"中，以第三方出现的非政府组织就能发挥重要的作用。

第四节　"微型金融"与底端市场上金融的发展与演化

在许多人眼里，农民和穷人总是与"无信用"联系在一起。的确，当他们无法偿还到期债务时，违约就会发生。违约有两种情况：其一便是农民借款之后故意不还，这便是所谓的"策略性赖账"（strategic default），在放贷者看来，策略性赖账者总是"坏的"借款人，通常也是首先要"过滤"掉的借款人；其二便是农民借款之后，因挪作他用或投资失败而无力偿还，这便是所谓的"破产赖账"。在财富匮乏和信息极端不对称的农村金融市场，当放贷者无法确信贷出的资金能收回或者无法监督借款人行为的时候，一个理性的选择便是"风险回避"，采取"惜贷"的策略。因此，私人部门或商业性金融机构不愿为农民和穷人提供信贷服务，不愿拓展金融服务边界也就并不奇怪了。即便是在民间私人放贷比较活跃的地方，正如一些学者所发现的那样，为了保证监督和执行的有效性，信贷活动也仅仅囿于特定的小圈子中，一些学者把这一现象称为"信用岛"（credit island）。正因为如此，历史上，政府企图通过正规制度安排来解决农村信贷的种种努力也从未成功过，而农村地区的大部分金融需求仍是由分割的非正规渠道所提供。从学术的观点来看，便是基于地缘和血缘基础上的民间信用"挤出"了正规信用。

近二三十年来，微型金融（microfinance）的诞生和发展成了发展中国家农村金融深化和发展中的一道亮丽风景线。微型金融的成功并不是偶然的。按照斯蒂格利茨和阿克洛夫等信息经济学家的观点，微型金融是在加强和利用信息的基础上，通过借贷者的相互监督和连带责任比较有效地解决了农村金融在无抵押和担保的情况下由于道德风险而产生的信贷偿还问题，并通过"筛选机制"（screening mechanism）的设计在一定程度上制约了逆向选择风险。然而，信息经济学只是微型金融成功秘诀的一半，另一半则在于微型金融通过金融制度的设计来驱使经济人行为发生转变，最终使农民达到"信用毕业"（financial graduation）的状态。因为，无论农民借款人是"还款"还是"违约"，其"信用"状态显然都是由其行为决定的。故而，如何监控他们的行为，使其朝期望的方向发展，也就成了农村金融制度设计的关键。

在传统的信贷方式下，以政府为出资人的农业信贷专业组织由于激励结构不相容，没有人为贷出的款项负责，这就大大地软化了金融纪律；当借款人第一次违约而没有受到惩罚时，自然会带着违约的预期进行第二次信用博弈，行为的结果仍然是违约——预期收益或效用决定着人的行为和选择。即便是带有抵押的信贷合同也无法改变这一结果，因为抵押通常总是"有限责任的"，休姆、莫斯利（Hulme、Mosley，1996）曾用子博弈精炼模型很好地解释了农村信贷的高违约率现象。由此可见，信贷机构与农民之间并没有形成一种正规的信用关系，而借款人也把政府的低息信贷视为一种"赠与"或"补贴"。

一、微型金融的制度设计与农村金融的深化与发展

因此，如何改变农民的行为选择和信用观念也就成为农村金融制度设计的重点。针对"策略性违约"和"破产违约"这两种情况，"微型金融"设计了一整套预防机制和"金融教育"（financial education）制度，以期走出传

统的信用困境。

筛选制度。首先，通过小组的自我筛选和组合力争将"坏的"借款人排除在外；并通过分期还款情况，及时地将小组中不偿还的成员淘汰出局（bail out）。这实际上是向农民和穷人传递一个信号，没有信用就不能获得贷款。

监督制度。微型金融意识到许多违约可能是由于农民将贷款挪作他用（资金的替代性）或投资失败后无力偿还造成的。为了防止这种情况的发生，微型金融通过"中心会议"让小组自我审批成员的贷款，并通过"同伴压力"（peer pressure）动态地监督成员的项目实施情况。这无疑是培养成员自我管理投资和风险意识。

强制储蓄和分期还款制度。为了预防信贷风险，帮助贷款成员管理现金流，微型金融规定了强制储蓄和分期还款制度。这些制度有两方面的好处：一方面，建立了一种信用风险预警机制，从而把违约消灭在萌芽状态，避免了"策略性赖账"；另一方面，还促成了穷人的财富积累，杜绝了"破产赖账"。

动态激励制度。通常，微型金融的贷款总是从一笔较小的信贷开始的，然后根据成员的还款情况来决定是否提供下一笔较大的、利率更优惠的贷款。这实际上是向借款人展示一个稳定的预期，守信用不仅能获得贷款，还能获得更大的好处。

因此，向农村低收入者和穷人提供贷款并不是"微型金融"最主要的目的，微型金融更关注的是如何改变农民的行为和培养他们的信用观念，并企图在促成穷人财富积累中获得利润，从而实现自身在财务上和制度上的可持续性。正如一些学者所言，"提高发展中国家人民的金融素养（financial literacy）是及时的，这对穷人和提供金融服务的机构来说是一场双赢局面

（win-win situation）"①。

"发展中国家的穷人，与其他所有人一样拥有相同的目的——为自己、家庭和下一代提供经济保障；不同的是，他们拥有的资源、金钱和机会很少，并且大多都生存在高风险、不可预料的环境中。"② 从这一角度来看，帮助穷人管理好钱财，尤其是帮助他们用好得之不易的贷款，就异常关键。因为妥善的财富管理，不仅能促进穷人的财富积累，也决定着放贷者能否收回贷款。微型金融正是本着这一目的，设计了一整套从筛选、贷款到监督、还款的金融机制和制度，最终实现在促进穷人财富积累中收回贷款的目的。由此可见，微型金融不仅充分地利用了当地信息资源（local information pool）、有效地吸收了民间信用在监督和执行上的合理内核，还制定了一整套有效的金融教育制度。正因为如此，历史上从来没有任何一种金融制度能像"微型金融"一样具有如此之大的渗透性和覆盖力（out-reach）。

二、农村金融制度的演化

促使农民和穷人的行为选择和信用观念符合市场的运行规范必然要经历一个诱导和转变的过程，微型金融的成功就证实了这一点。遗憾的是，当许多新制度经济学家和政策制定者们发现，传统的补贴信贷既无法持续也不利于促进农村金融中介能力发展时，便急匆匆地宣布农村金融应当进行"范式转变"（paradigm shift）。然而，新制度经济学这种比较静态的分析范式受

---

① Jennefer Stebstad, Monique Cohen, "Financial Education for the Poor", Financial Literacy Project Working Paper, No. 1(2003).

② Rutherford Stuart, *The Poor and Their Money*, Oxford University Press, 2000, p.25.

到了"演化经济学"（evolutionary economics）① 的质疑。

在农村金融制度安排中，按照新制度经济学的观点，"新范式"对"旧范式"的取代是通过对比来完成的。其逻辑是，"旧范式"不可持续且不利于金融中介能力的形成，因此应当进行"范式转变"；反过来，利用市场关系并不能有效地将信贷资源渗透到农民和穷人手中，所以仍需要政府主导的旧体制。显然，忽视了制度的动态演进过程必然使新制度经济学陷入"套套逻辑"的尴尬境地。

因此，制度的变迁绝不是比较的结果，而应有一个内在转变和演化的过程，农村金融制度的变迁也正是如此。事实上，有两种因素决定着借款人的行为，进而决定着农村金融制度的效率。其一，便是包括风俗、习惯、心理特征、行为偏好等在内的非正规制度，在此便是农村的信用观念或信用文化。其二，便是正规制度。尽管农村金融正规制度有"必须还款"的硬性约束，然而在农民财富有限的情况下实际上并无任何执行效力；在正规制度缺乏效力的情况下，当非正规制度不仅不能约束借款人还款甚至是怂恿借款人违约时，机会主义行为自会充斥农村金融市场。鉴于此，微型金融的一整套金融教育制度就从非正规制度入手，试图改变农民的行为偏好和信用观念，最终使农民借款人能达到符合正规金融制度要求的"信用毕业"的状态。

利用"演化博弈论"（evolutionary game）②，我们能很好地解释农民行为

---

① 具体内容可参见 Geoffrey Martin, *The Evolution of Institutional Economics: Agency, Structure, and Darwinism in American Institutionalism*, London, New York: Taylor & Francis, 2004; John Foster, et al., *Frontiers of Evolutionary Economics: Competition, Self-organization, and Innovation Policy*, Northampton: Edward Elgar Publishing, Inc., 2001。

② Samuelson Larry, *Evolutionary Games and Equilibrium Selection*, Cambridge: The MIT Press, 1998.

偏好和信用观念转变的整个过程。微型金融的"筛选机制"和"淘汰机制"告诉借款人，"无信用"和违约不仅很难获得贷款而且也必然要受到惩罚；"动态激励机制"让守"信用"的借款人能得到连续的、更大的、更优惠的贷款；"储蓄制度"和"财富积累战略"帮助守规则的借款人能真正通过贷款投资达到财富增加的目的。在多期动态的博弈下，借款人发现只有不违约才能获得更大的利益，这是一个子博弈精炼的过程，"守信用"和"还款"是唯一的均衡结果。于是，农民和穷人从信贷中逐渐获得的这种"守信用"认知便作为一种"默示知识"而沉淀了下来，或是一种"占优"的或"显性"的"基因"被广为"复制"，进而成为组织或交易中一种被共同遵守的规则。这种"认知"或观念决定人的行为偏好和选择，进而使农村金融交易逐渐达到"贷款—投资—获利—还款—再贷款"的良性循环局面，这是一种自我强化机制（self-reinforcement mechanism），最终农村金融组织便能在"正规信用"下有效地运转。这便是"俄亥俄学派"（Ohio School）和新制度经济学家所期待的"范式转变"——从政府主导下的金融组织变成有效的农村金融中介。

过去几十年的农村金融政策实践表明，对低收入者和穷人的信贷既不可能像传统信贷那样在政府"捐赠"的基础上持续，也不可能靠假想的"商业信用"来运行。尽管包括"俄亥俄学派"在内的新古典经济学家看到了农村金融组织在产权和激励结构上的缺失是正规金融制度无效的根源，然而他们因过多地相信竞争和市场的力量，且忽视了非正规制度——小农和穷人的行为偏好和信用观念——的巨大阻碍作用，而过早地得出了"范式转变"的结论，显然，底端市场上金融深化与金融中介能力的发展进程依然是裹足不前。

由此可见，一项有效的农村金融制度安排既要在产权和组织形式上符合激励相容机制（正规制度），又要能有效地克服农村的信贷风险并有助于改变农民的行为偏好和信用观念（非正规制度）。然而，由于这种组织很难实现覆盖力和持续性的同时均衡；尤其是，过高的利率将会超出低收入者和穷人的承受力。在这种情况下，必然要求政府在农村金融范式转变的初期给予农村金融组织一定的扶持和补贴，因为无论从公平角度来看——小农经济和穷人的承受力，还是从效率角度来分析——促进农村金融组织中介能力的形成，这都是政府必要的职能。

总结　为什么是社会资本？——消失的联系

关于"社会资本"的争议就像社会资本的定义和界定一样多。倘若接受新制度经济学的观点——"社会"与"经济"并不能简单地分离，即所有的经济关系从根本上讲都是社会的，都关注特定的经济安排是怎样通过个人联系、制度网络、规则和行为规范的融合而组织起来的，那么信任、规范和网络这些被大多社会学家看作是社会资本的关键要素就支撑着广泛的经济关系和经济过程。因此，"社会资本"步入经济学的视野并成为重要议题也就不足为奇。

利用社会资本来"修正"市场失灵并不是一件新鲜事，也不是"微型金融"的新创造，在历史悠久的以"会员""协会"为基础的信贷基金会等民间组织中，都闪耀着通过非市场关系来配置资源、进行交易的思想。在市场交易观念尚未确立的欠发达地区，穷人的信任仅囿于家庭、亲戚和朋友这一"狭窄的信任范围"（narrow radius of trust），这其中，一个重要的原因便是信息的流动和共享在一个较小的圈子中变得相对容易和廉价，另一个重要的原因是利用社会资本进行"监督"和"处罚"，使"契约"和"交易"

具有强有力的可执行基础。

然而,"社会资本"并不是包治因信息、协调和集体行动等原因导致市场失灵和发展停滞的万能药。倘若缺乏就业渠道和商业机会,即便是通过集体行动能解决信贷约束的"信贷协会"也无法帮助穷人增加收入。这意味着,社会资本像自然资本、物质资本和人力资本一样,不同其他形式的资本结合在一起,也只能发挥有限的作用。但是,社会资本具有一个显著的特点,它能将其他资本紧密地结合在一起,并能有效地提高它们的生产力。在考察许多欠发达地区之后,世界银行认为,社会资本的缺失和财富的匮乏一样,都是制约穷人发展的重要因素,这便是所谓的"消失的联系"(the missing link)。[1]"作为促进贫穷地区经济发展的重要资本之一,社会资本起着帮助穷人摆脱环境束缚和利用其他资本的杠杆作用;金融能力、受训的劳动力、发达的基础设施以及支持的制度和政策对贫穷和富裕地区的发展都同等重要,然而这些重要'资产'在大多数贫穷地区都极度匮乏,因此必须促进社会资本和它们的某种结合,以完全利用经济发展的机会。"[2]

正因为如此,"微型金融"不仅注重如何提高小农和穷人的获贷机会,更注重激活、培育和创造穷人的社会资本,以拓展他们的发展机会和生存能力。这一认识使"微型金融"的理念从只向穷人提供贷款(credit-only approach)开始转向提供"社会服务"(social services approach)上,即把对小农的贷款项目与社区的大范围发展整合在一起。[3]然而,一个尚存的疑问

---

① World Bank, *Expanding the Measure of Wealth: Indicators of Environmentally Sustainable Development*, 1997, p. 77.

② Anita R. Brown-Graham, "The Missing Link: Using Social Capital to Alleviate Poverty", Working Paper.

③ Elizabeth Rhyne, Maria Otero, "Financial Services for Micro-Enterprises: Principles and Institutions", in *The New World of Microenterprise Finance: Building Healthy Institutions for the Poor*, Maria Otero, Elizabeth Rhyne(eds.), London: Intermediate Technology Publications, 1994, pp. 5–31.

是，既然社会资本如此重要，穷人们为何不自动组织起来采取集体行动来发展能够拓展发展机会的信任、规范和网络呢？按照大多社会学家的观点，只有一个群体产生某种合作形式才能形成社会资本，那么社会资本就不可避免的具有"公共物品"的特点，会因外部收益很难内部化而经常处于供给不足的状态。这对抗风险较差的穷人而言，更是如此。正如伍尔科克指出，"即使村民想自愿组成团体，努力采取某种集体行动来摆脱贫困，但是因为他们缺乏组织能力、信任偏狭和太穷，以至于他们不能承受任何有风险的行为"①。因此，必须有一个外部机构（微型金融组织）向他们输灌这些技巧，提供值得信赖的选择和能够执行的机制。

---

① Michael Woolcock, "Social Capital and Economic Development: Toward a Theoretical Synthesis and Policy Framework", *Theory and Society*, Vol.27, No.2(April 1998) , pp.151-208.

第五章 微型金融的福利评判

微型金融的成功闪烁着新的希望。通过获得信贷，小农和穷人就有能力从事生产经营、平滑消费和进行财富积累，早期的试验已充分证明了这一点。然而，资本来源、成本和可持续性等问题却限制了"微型金融机构"的渗透能力，主流的观点认为，"发展中国家对微型金融的巨大需求只能通过商业化运营的可持续的金融组织才能满足，并且这种商业化服务也将对社会和经济发展产生重要影响"[1]。

第一节 微型金融的核心问题：可持续性、
覆盖力与福利影响

如今，"微型金融"几乎遍布世界各地，"其中的一些项目仅为少数的借款人服务，而另一些已拥有过百万的客户，在过去的20多年中，各种不同的新项目分别在非洲、亚洲、拉丁美洲、加拿大等地建立起来了，在美国，从纽约到圣选哥的300多个地方也有微型金融项目；从世界来看，微型

---

① Marguerite Robinson, "The Paradigm Shift in Microfinance: A Perspective from HIID", Working Paper, 1995.

金融已经在为800万—1000万的家庭提供服务，而许多项目实施者也试图在2005年将所服务的贫穷家庭的数目扩大到1亿"。[1]

这些微型金融项目，因发展背景不同也分别处于不同的发展阶段，有的仍需政府和出资人的扶助和补贴，有的基本上实现了金融上的可持续性。在微型金融发展的高级阶段中，理论界认为，"储蓄、商业借贷、逐利投资和保留的收益能为小额贷款提供完全的融资，因此，微型金融能为所有的储户和有信誉的借款人服务，当他们被认为有资格获得大额的贷款时，他们就能够获得服务进而扩大经营规模，这样，许多有经济活动力的穷人就能在微型金融的帮助下摆脱困境"[2]。微型金融这种在自身持续性的基础上为穷人服务，并且能改善穷人福利状况的经营理念和目标，逐渐演变成微型金融的行业标准。在《微型金融的大三角》[3] 一书中，泽勒、迈耶（Zeller、Meyer，2002）认为，"金融可持续性、覆盖力和福利影响"（sustainability，outreach and impact）既是微型金融的经营理念和目标，也是评判微型金融成功与否的产业标准，如图5-1所示。

一、三角框架

1. 覆盖力

微型金融第一重要的目标便是覆盖力（outreach），即所服务的客户。然而覆盖力并非以单纯的人数来衡量（服务的人数常被称为覆盖的幅度

---

① Jonathan Morduch, "The Microfinance Promise", *Journal of Economic Literature*, Vol. 37, No. 4 (December 1999), pp.1569-1614.

② Magereete S. Robinson, *The Microfinance Revolution: Volmue. 2 Lessons from Lndonesia*, Wold Bank, 2002, p.36.

③ Manfred Zeller, Richard L. Meyer, *The Triangle of Microfinance: Financial Sustainability, Outreach, and Impact*, Baltimore: The Johns Hopkins University Press, 2002, p.193.

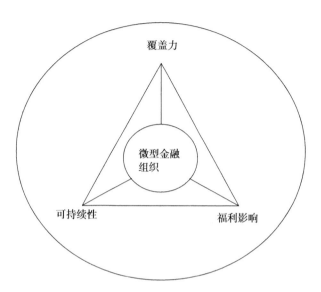

图 5-1　金融可持续性、覆盖力和福利影响三角框架

breadth of outreach)，而是一个综合的指标。首先，覆盖力是指被正规金融所排除在外的客户，而微型金融则向他们提供服务。通常，被正规金融排除在外的都是农村地区的低收入者或穷人，他们因无法提供抵押和担保而被认为具有较高的风险，也无法从正规金融获得信贷；而且，他们的信贷需求具有额度小、频度高的特征，使得信贷的交易成本很高。其次，妇女通常被认为更难获得信贷，故而金融机构所服务的妇女数量常被作为评判覆盖力的重要标准。再次，穷人中的穷人是很难获得信贷服务的，因此顾客的贫困的状况是衡量金融机构覆盖力的重要指标之一，这便是金融覆盖的深度（depth of outreach）。最后，金融服务的种类（scope of outreach）也是一个标准，因为诸如储蓄、保险、汇款等服务也是影响穷人需求和福利状况的重要因素。

2. 可持续性

金融机构的可持续性之所以重要，是因为在长期内能够获得金融服务将使穷人获益更大，如果捐赠者和政府停止"补贴"，金融机构就可能因为资本侵蚀、流动性缺乏等问题而关闭。根据美国国际开发署（USAID，1995）的标准，从持续性的角度可以将微型金融分为三种：

第一，收取的利率和费用不能补偿实施成本（operating cost）的微型金融机构，这种机构是不可持续的；实施成本通常包括工作人员的薪酬、贷款损失和其他管理费用等；

第二，收益能补偿实施成本但不能完全覆盖资金商业成本和实施成本，但能补偿实施成本的机构，这种机构是实施上可持续的；

第三，收益完全补偿各种成本和风险后，能获得一定利润的机构，这种机构是金融上可持续的或制度上可持续的。

3. 福利影响

福利影响是一个广阔的概念，通常微型金融常把是否有助于消减贫困作为目标。然而，贫困却是一个发展的概念。历史上，贫困被视为，"穷人的收入很少、资产很少、消费很少，没有达到社会公认的生活标准"。然而，许多人认为这一概念过于狭窄和简单，因此《2000/2001 世界银行发展报告》便将"贫困"定义为：穷人并不仅仅缺乏收入，他们还缺乏充足的食物、住房、教育和健康。因此，衡量微型金融的福利效应也取决于标准的选择。

鉴于标准的不同和测度福利影响的成本过高，一些学者认为度量福利标准最重的依据是，"微型金融机构的客户是否继续使用该服务，如果继续使用，说明他们获得的收益超过成本"[1]。另一种不同的意见则认为，由于资本具有机会成本，无论选择什么标准，资本使用的社会收益一定要超过社会

---

[1] Mark Schreiner, "Aspects of Outreach: a Framework for the Discussion of the Social Benefits of Microfinance", *Journal of International Development*, Vol.14, No.5(July 2002) , pp.591-603.

成本，否则就是不经济的。

二、平衡与冲突

"三角框架"是随着微型金融的发展而逐渐发展起来的。最初，如何提高微型金融机构的覆盖力成为人们关注的焦点，即为更多的穷人服务（服务的宽度，breadth of outreach），为更穷的人服务（服务的深度，depth of outreach）。随后，金融机构的可持续性目标越来越重要，即建立能够覆盖成本的、可持续的金融机构。最终，要达到既能服务更多的穷人、提高穷人的福利状况，又能实现自身可持续的双赢局面。

制度主义者认为，微型金融的多重目标是共存的，也是相容的，因为只有自身可持续性的金融机构才能不断扩大服务范围。如果说扩大金融机构的经营规模也即增加了所服务的穷人的数目，那么可持续性与覆盖力便是相容的了。例如，克里森等人（Christen, et al., 1995）[1] 就认为，"是服务的规模，而不是只关注最穷的人，决定着微型金融为穷人服务的边界是否发生了显著性的扩展"[2]；康宁（Conning, 1999）、奎瓦斯、帕克森（Cuevas、Paxon, 2002）以及拉皮努、泽勒（Lapenu、Zeller, 2002）等人也认为覆盖力与可持续性是相互平衡的。持这种观点的人认为，由于每笔贷款的固定成本相对固定，所以额度较小的单位贷款成本就相对较高，故而提高每笔贷款的额度就能降低单位贷款的成本，小组信贷技术在提高贷款额度的同时又能将资金渗透到穷人手中，因而可以达到覆盖力和持续性的平衡。为了覆盖较高的成本，利率应相对升高，或者利用规模、范围经济对较小额度的贷款进

---

[1] Manfred Zeller, Richard L. Meyer, *The Triangle of Microfinance: Financial Sustainability, Outreach, and Impact*, Baltimore: The Johns Hopkins University Press, 2002, p.177.

[2] R.P.Christen, et al., "Maximizing the Outreach of Microenterprise Finance: An Analysis of successful Microfinance Programs", *Program and Operations Assessment Report*, No. 10(January 1995).

行交叉补贴（cross-subsidy）。

　　覆盖力和福利目标之间也存在平衡的情况。一份来自夏尔马、布赫里德
（Sharma、Buchenrieder，2002）① 的研究报告显示，即使是很穷的人，借助
小额信贷的储蓄和贷款技术，也能够平滑消费和生产，故而能够提高福利状
况。对于那些处于贫困线附近的低收入阶层，在微型金融的监督下更能够将
信贷用于生产途径，因而有助于他们收入的增加和财富的积累。这样，即便
是微型金融不能使一些很穷的人从根本上摆脱贫困，也能通过金融服务帮助
他们改善收入、平滑消费，提高他们的福利状态。施赖纳（Schreiner，
2002）则从另一个角度说明了覆盖力、持续性和福利影响三者相容的可能
性和重要性，"穷人太多、出资人太少，而社会既关注穷人现在的福利状况
也关注未来的福利状态，只有可自我持续的金融组织才能在长期内产生提高
社会福利的强烈激励；'自我持续理论'通过回报出资者试图编织一个激励
强化的网，来提高顾客的福利"②。

　　因而，微型金融的三重目标存在着互融、协同和平衡的潜在可能，这种
可能便是基于微型金融的可持续性之上的。首先，潜在的客户很可能观测到
微型金融机构是否能够自我持续，并把这一标准作为是否成为和继续成为该
机构客户的基准；从这一角度来看，可持续性影响和决定着微型金融的覆盖
力，这种判断对那些储户来说尤为重要，因为没有人愿意把钱交给一个临时
的或难以长久经营的机构。其次，持续性还能驱使微型金融机构不断地挖掘
客户的需求，进而在服务产品、技术和制度上进行不断的创新，这无疑于是
在追求三目标的协同和均衡。最后，泽勒（Zeller，1996）认为制度创新

---

　　① M.Sharma, G.Buchenrieder, "Impact of Microfinance on Food Security and Poverty", Working Paper, 2002.

　　② Mark Schreiner, "Aspects of Outreach: a Framework for the Discussion of the Social Benefits of Microfinance", *Journal of International Development*, Vol.14, No.5(July, 2002) , pp.561-603.

（institutional innovations）最为关键，处于三者均衡的核心位置，"内圆代表着能够提高金融可持续性、福利影响与覆盖力的各种制度、技术创新和最好的操作方案，例如使用降低成本的信息系统，设计面向穷人的以需求为导向的服务，更有效的顾客培训方法，和更有效的锚定穷人机制或者引进能够吸引穷人参加的信贷技术"①。

显然，以制度主义者为代表的"可持续性理论"旨在通过激励出资者在追求利润中来促进农村金融体系的重新建立。他们认为，出资者由于利益使然，必然会不断地进行技术和制度的创新以降低成本，尽管利率在短期内升高了，但在长期内则有降低的可能，而且可持续性的金融机构对穷人的长期影响异常关键。目前，这种观点在国际上处主导地位，例如帮助世界银行扶贫协商（CGAP）、世界银行以及美国国际开发署（USAID）等重要机构都把这一标准作为准则，也以此作为对外援助的根据。

而福利主义者对此则持有不同的见解。他们认为，"目标覆盖力"比覆盖规模和可持续性更为重要，坚持成本补偿和取消补贴会迫使微型金融机构抛弃农村地区的穷人，尤其是那些信贷成本和风险很高的或难以覆盖的穷人。而且，补偿全部成本的信贷利率将使低收入者很难承受，尽管信贷资源向穷人渗透确实能帮助他们平滑消费和增加生产。一些非政府组织也认为，采用"金融体系理论"（financial system approach）将会使人们的注意力和精力从诸如提高穷人和弱势群体（the vulnerables）权益等社会与政治目标中发生偏移②。甚至有人认为，利率较高的商业化信贷由于增加了穷人的负债

---

① Manfred Zeller, "Models of Rural Financial Institutions", USAID Working Paper, 1996, p.12.

② T.Dichter, "Appeasing the Gods of Sustainability: the Future of International NGOs in Microfinance", Working Paper, 1997.

和脆弱性，弊要大于利①。

尽管人们从不同的角度发表了不同的见解，然而对"可持续性、覆盖力、福利影响"争论的基点则在于：穷人，尤其是最穷的人能得到贷款吗？金融机构可持续的利率有多高，或者影响成本的因素是什么？这种利率穷人可以承受吗？这种商业性的贷款确实能改善福利状况吗？

三、执行租金与利率

在"可持续性、覆盖力和福利影响"的大三角关系中，信贷利率显然具有决定性的作用。这一道理是明显的，假定贷款成本等因素保持不变，利率越高，金融机构的可持续性就越容易达到，而这将会影响借款者的积极性、投资倾向（覆盖力）和承受能力（福利影响）；反之，则相反。

为了分析利率的决定，让我们考虑一个外源融资的生产模型。假设借款者初始财富为 c（可用于抵押），借款额为 L（用于投资），利率为 i，放贷固定成本为 c_0，资本的机会成本为 a，贷款者的收益为 $R = L(1+i)$；产出函数为 $O = f(L)$，借者的努力水平（e）决定着成功的概率 p（$p = p(e)$）。

为了简化分析，假设产出符合 $N(0, 1)$ 两项分布，成功时为 $f(L)$，失败时为 0，因而期望收益为 $p(e)f(L)$；$w(j)$ 为支付给监督者的工资（金融机构的员工，j 为监督水平），$m(j)$ 为 j 水平监督下借者将贷款挪作他用的比例，并假定 $m(j)(L)$ 对借款者的效用为其本身价值，监督者的工资成本全部转嫁给借款者。产出将在金融机构、监督者和借款者之间分配，即 $O = R + w(j) + I$。

---

① S. Johnson, B. Rogaly, "Microfinance and Poverty Reduction", in *Microfinance Perils and Prospects*, Jade Fenando(ed.), London: Routledge, 2006, p.3.

因此，一项有效的信贷合同便是，在金融机构的监督下，借款者选择较高的努力水平（ e_h ）能以更高的概率（ $p(e_h)$ ）获得成功，避免较低努力水平（ e_l ）和较低的成功概率（ $p(e_l)$ ）。这样，借款者能够获得最大化的收益，金融机构也能收回本金和贷款收益。为此：

$$\max E\left[\frac{I}{p(e_h)}\right]$$

$$E\left[\frac{R}{p(e_h)}\right] \geq a(L) + c_0 \tag{1}$$

$$E\left[\frac{I}{p(e_h)}\right] \geq E\left[\frac{I}{p(e_l)}\right] + M(j)(L) \tag{2}$$

$$E\left[\frac{w(j)}{p(e_h)}\right] - j \geq E\left[\frac{w(j)}{p(e_l)}\right] \tag{3}$$

$$R + w(j) \leq ON(0, 1) + C \tag{4}$$

其中：

（1）式为金融机构的激励相容条件（参入约束），即金融机构的收益必然要个小于资本的机会成本加上放贷的固定成本；

（2）式为借款者的激励相容条件，即在给定的监督水平下，借款者宁愿努力，而不讲贷款挪作他用；

（3）式为金融机构工作人员监督的激励相容条件，监督人愿意选择促使借款人选择较高努力水平的监督水平；

（4）式为有限责任条件，借款者只能以全部抵押和产出作为偿还上限。由于 a 为资本的机会成本（等于 1 加上储蓄利率），因此它也必然是投资者的次优投资收益率（ $a = p(e_h)f'(L)$ ）。

假定不存在监督成本，因此，金融机构的总贷款成本为 $a(L) + j + c_0$ ，结合上述各式可以导出：

$$f(L)[p(e_h) - p(e_l)] \geq M(j)L \tag{5}$$

这表明，一项最优的信贷合同必然要产生一种使借者自愿选择较高努力水平的激励。由于投资失败时产出为0，或者当借款者违约时，有限责任的约束决定着放贷者最多只能得到 C 的补偿（$R \leq C$），这样对一个抵押不足的借款者而言，为了激励其不违约或偿还贷款，一个可行的办法便是使投资者在产出中获得更大的份额、降低放贷者的收益，即降低金融机构的贷款利率（$R = L(1 + i)$）——这相当于放贷者为了激励借款者执行合同必须要支付出较大的"执行租金"（enforcement rent）。当项目失败时，放贷者收益 $R = C$，投资者的收益为 $I = -C$。联合（1）式、（2）式可以得到：借款者执行合同最低的收益必须为 $\dfrac{M(j)L}{[p(e_h) - p(e_l)]} - C$。因此，当借款者借到一笔数量为 L 的贷款时，使其选择最优努力水平并履行合同的"执行租金"就为

$$E\left[\frac{I}{p(e_h)}\right] = \frac{M(j)L}{[p(e_h) - p(e_l)]} - C \tag{6}$$

从以上分析我们可以看出，由于"执行租金"的存在，放贷者必须将利率控制在一定的范围内，从而保证合同的履行。当存在监督成本时，即金融机构为了激励监督代理人而在工资机制中引入监督水平时（工资成本升高），这种成本还会引起"执行租金"的增加，这将进一步约束着放贷利率的上限。

四、可持续性下的利率与"智能补贴"

从理论上讲，测度金融机构在多高的利率下能够持续并不是一件困难的事情。在一定的时间区间内，当金融机构的净收入不低于它的全部成本时，这样的金融机构就能够持续。用公式表达即为

$$(s_n + r) \sum (1 - p_n)L_n + A \geq \sum (i + c_n)L_n + B \tag{1}$$

在此，r 为贷款利率，i 为融资成本或储蓄利率，L_n 为每笔贷款额度，c_n 为单位贷款成本，s_n 为单位贷款的连带责任（微型金融的小组信贷技术），p_n 为违约率，A 为其他收入（例如咨询、捐赠收入等），B 为其他支出（培训客户费用等）。我们取 c_n、p_n 为加权平均值，（1）式便成为

$$(s_n + r)(1 - p) \geq i + c + (B - A) \tag{2}$$

$$\Rightarrow r = \frac{i + c - s_n + s_n p + (B - A)}{1 - P} \tag{3}$$

令 $S. \ S = (B - A)$，为了简化分析，我们首先假设其为 0。从（3）式可以看出，连带责任支付有助于降低贷款的利率（r），然而这将必然增加单位放贷成本 c（监督成本的增加）。假设成本的增加与连带责任支付相互抵消，就可以得到：

$$\Rightarrow r = \frac{i + c + s_n p}{1 - P} \tag{4}$$

让我们以此来考察发展中国家农村信贷市场的情况。在排除政府利率补贴和外界援助的情况下，假定融资成本 i 为 10%、单位贷款的成本 c 为 5%[1]，即使在违约率为 0 的情况下，放贷机构也需要收取 15% 的利率才能维持平衡或持续。然而在信贷实践中，贷款违约率很少有为 0 的情况，尤其是在贷款项目实施的初期，向农村地区的小农生产者和个体经营者的贷款违约率往往很高。同时，在低收入者普遍缺少抵押财富的情况下，微型金融机构往往采用小额度、高监督的方式，来确保借款者投资生产能够成功，这样就大大提高了单位贷款的成本（c）；而且，为了扩大信贷资源向低收入者和穷人的渗透力，常常需要高昂的客户培训和金融教育费用（B 大幅度上

---

[1]　事实上许多发展中国家的融资成本和放贷费用远远高于这一比例。

升），因此 $S.S=(B-A)$ 出现较大的赤字，如果把这种成本和费用通过利率转嫁给借款人，贷款利率就会达到惊人的程度。

图 5-2 描绘了贷款利率变动的情况。在初期的 A 点，如果金融机构把有关操作成本的额外费用转嫁给借款人，利率就会居高不下，此时利率为

$$r_A = \frac{i + c + s_n p + (B - A)}{1 - P}$$

这将产生两个后果：一是穷人不愿借款，二是"逆向选择"导致违约率上升。

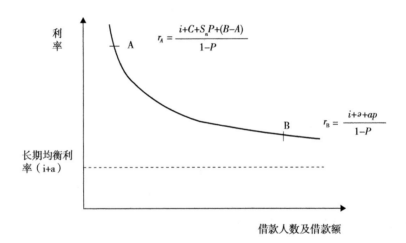

图 5-2 利率的长期均衡

对于这种为了开拓市场渗透力所发生的费用支出，主流的观点认为应由政府和捐赠人给与非重复性的补贴，即"智能补贴"（smart subsidy，即 S. S），以维持金融机构的金融可持续性（见（5）式）。

$$\Rightarrow r = \frac{i + c + s_n p + S.S}{1 - P}$$

$$\underset{\longrightarrow}{S.S} r = \frac{i + c + s_n p}{1 - P} \tag{5}$$

即通过智能补贴，使贷款利率在长期内向 B 点移动，此时利率为：

$$r_B = \frac{i + c + s_n p}{1 - P}$$

休姆、莫斯利（Hulme、Mosley，1996）把利率的这种长期移动称为"刀刃"（knife-edge）游戏，因为发展中国家大多数农村金融机构的放贷利率最终都很难实现这种低水平均衡。[①]

五、反贫困与福利影响

信贷对借贷者的福利影响是一个复杂的作用过程。这种复杂性表现在它可能引起就业、消费、投资及其收益率发生变化，而且，由于资本在消费和投资上的可替代性，市场交易的关联性以及收入支出的外溢性将使福利变化的测量非常困难。休姆、莫斯利（Hulme、Mosley，1996）通过局部均衡分析，从宏观上对信贷消减贫困的效应作了简单的描述。

在农村地区，假定按某一基准线将人口区分为穷人和非穷人两类。一项信贷投资引起的就业增加为 ΔE [②]，那么信贷投资消减贫困的总效用便可表述为：

$$\Delta p = \frac{p}{np}(w - w')\Delta E \quad ③$$

在此，p 和 np 分别指从信贷中受益的穷人和非穷人，w 是指就业的工资率、w' 是穷人就业前的平均收入。假如诸如微型金融机构一样的农村金融组织的目的，是通过以信贷为基础的收入创造项目来消减贫困，那么在实施

---

① David Hulme, Paul Mosley, *Finance Against Poverty Volume*. 1, London and New York: Routledge Press, 1996, p.23.

② 有些情况下也可能引起某些人失业，但平均来看就业有增加的倾向。

③ 尽管这一公式并不能准确表达信贷对消减贫困的作用，但并不影响宏观上的分析。

中，筛选谁是合格的穷人将是管理上最大的问题。寻找穷人和防止非穷人获得信贷的信息成本与操作费用非常巨大，在许多情况下，社会收益甚至会小于成本。例如，贝斯利、坎博（Besley、Kanbur，1991）[①] 就认为，这种操作成本占收益的份额将随锚定精确度的增加而呈指数倍数增长。尽管微型金融的许多技术创新缓解了这一情形，但是操作成本始终难以克服。

为了进一步分析信贷的福利影响，休姆、莫斯利构建了四象限模型，如图 5-3[②] 所示。

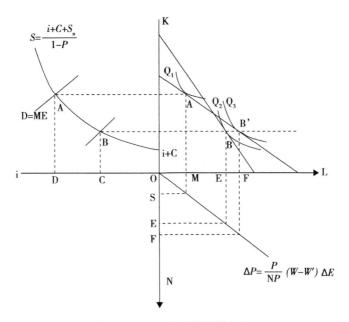

图 5-3　农村信贷的福利分析

A 象限：

描述了投资人通过要素组合（资本、劳动力）进行生产的情况，不同

① Besley, Ravi Kanbur, "The Principles of Targeting", Working Paper, 1991.
② 本图沿袭了休姆、莫斯利的分析框架，但在原图的基础上作了适当的改进。

水平的等产量曲线分别由 Q_1、Q_2、Q_3 给出；

金融机构的放贷利率与借款者的投资函数负相关；

而且，资本的价格可能会影响投资人的技术选择，资本价格较低时，投资者更倾向于选择资本或技术密集型的，反之则选择劳动密集型的。

B 象限：

这一象限描述了信贷的供给曲线（ $S = \dfrac{i + c + s_n p}{1 - P}$ ）、需求曲线（ $D = MEC$ 借款人按资本的边际收益率进行投资），以及均衡利率的确定；

均衡时，金融机构收取的贷款利率取决于融资成本（ i ）、实施成本（ c ）和违约率（ p ）。正如我们在前面的分析，监督力度、小组信贷技术（ s_n ）等因素都会引起利率的变化。

D 象限：

从宏观上描述了贫困消减的变化。

如图 5-3 所示，当信贷供给从 A 点移动到 B 点时，就会创造 OM 的就业和 OS 的贫困消减。当利率降至 OC 时，穷人倾向于一笔更大的金额，选择较高的技术在 B 点进行生产，此时会创造 OE 的就业和 OE' 的贫困消减。然而，倘若资本的价格即利率过低，又容易造成投资者用资本替代劳动的局面，这会降低信贷在就业和贫困消减中的作用。在图中我们可以看出，如果不存在这种替代效应，信贷投资将会创造更多的就业 OF 和贫困消减 OF'。因此，主流的经济学家普遍反对实行利率补贴，即使是补贴也只能是非重复的"智能补贴"。

为了从微观上说明信贷对穷人福利的影响，休姆和默斯利进而对 7 个国家的 13 个微型金融机构进行了调查和分析，如见表 5-1 所示。通过对比试验，休姆、莫斯乎（Hulme、Mosley，1996）认为：强调信贷机构的持续性，同样也有利于客户收入的增加；小额信贷对于经济水平在贫困线或以上的客户的平均收入的影响大于贫困线以下的；对于非常贫困的客户，相对于与他们条件基本相似的对照组的农户，贷款的影响从总体上看还是正面，不过这种影响力较小，有的甚至还是负面的，例如造成了负债。

休姆、莫斯利（Hulme、Mosley，1996）对 1989—1993 年期间随机抽取的 150 个客户与过去条件①相似的 150 个非客户进行了对比分析。他们把来自 7 个国家的 13 个微型金融机构分为两组，其中 A 组有"阳光银行"（玻利维亚）、"印度尼西亚人民银行乡村信贷部"（BRI Unit Desa）、BKK、KURK（印度尼西亚）、"乡村银行"、BLAC、TRDEP（孟加拉国）、PTCC（斯里兰卡）、KREP（肯尼亚）；B 组有 RRB（印度）、KIF-ISP（肯尼亚）、SACA、Mudzi（马拉维）。1992 年，A 组机构的年平均实际利率为 27.1%，B 组为 4.3%；5—6 个月以上的欠款率，A 组为 4.4%，B 组为 33.4%。休姆、莫斯利发现，目标贷款者的贫困状况在 A、B 组内的不同机构差异很大，但 A 组微型金融机构覆盖的贫困客户远高于 B 组的，前者的覆盖率为 44%，后者的为 30%。通过对比分析，休姆和默斯利认为，A 组微型金融机构的持续性指标明显好于 B 组的。同时，就整体而言，A 组机构的客户平均收入与参照组农户平均收入相比，无论是从全部客户看还是从低于贫困线的客户看，都高于 B 组；从全体客户看，A 组的为 216.5%，B 组的为 154.8%；从低于贫困线客户看，A 组的为 117.8%，B 组的为 112.3%。这说明，强调机构的持续性，也有利于客户收入的增加。除此之外，A 组微型金融机构的信贷特点也可能起了很大作用：高利率的贷款在一定程度上过滤掉了低收益者；强制储蓄起过滤和保险作用；便利的信贷服务有利于客户提高收益率；分期还贷可能会自动将低收益或收入能力较差的客户排除在信贷之外。

---

　　① 这些相似的条件为，双方过去的收入、家庭资产、财富以及所面临的社会经济环境、社会地位等，大体相同。

在此，一个值得探讨的问题是，为什么低收入者中的非穷人收入增长要平均高于穷人呢？显然，调查对比本身并不能给出令人信服的答案。一个可能的理论猜测是，非穷人敢于承担风险并愿意从事技术密集型或高风险高收益的活动（第一章中有关于风险偏好和行为选择的详细说明）；而穷人的借款金额较小，只能进行维持生存的简单活动，他们很少将贷款用于技术投资或从事雇用劳力的生产经营活动。尽管休姆、莫斯利（Hulme、Mosley，1996）的调查分析并不能全面揭示信贷对福利的影响，但已充分说明了信贷在改善福利中的巨大作用。

表 5-1　13 个小额信贷机构一览

	借贷者数量（个）（1991 年）	实际利率（%）（1992 年）	补贴依赖指数（SDI）	6 个月欠贷率（%）（1992 年）	自愿储蓄	还贷间隔	对还贷的激励	低于贫困线客户比例（%）	相对对照组：客户收入平均增长（%）　全部客户低于贫困线的客户
A 组									
BancoSol	5100	45	135	0.6	是	月	1	29	270 101
BRI unit desa	1800000	6	9	3.0	是	周	2	7	544 112
BKK	499000	60	32	2.1	是	周	2	38	216 110
KURK	158000	60	35	13.7	是	周	2	29	
GB	1050000	15	142	4.5	否	周	1	绝大多数	131 126
BLAC	598000	11	199	3.0	否	周	1	绝大多数	143 134
TRDEP	25000		199	0.0	否	周	1	绝大多数	138 133
PTCC$_S$	702000	11	226	4.0	是	月	1	52	157 123

续表

	借贷者数量（个）（1991年）	实际利率（%）（1992年）	补贴依赖指数（SDI）	6个月欠贷率（%）（1992年）	自愿储蓄	还贷间隔	对还贷的激励	低于贫困线客户比例（%）	相对对照组：客户收入平均增长（%）
									全部客户低于贫困线的客户
KREP Ju-hudi	2400	9	217	8.9	是	周	1		133 103
A组平均	542822	7.1	132.7	4.4					216.5 117.8
B组									
RRB$_s$	12000000	3.0	133	42.0	是	年	0	44	202 133
KIF-ISP	1700	1.0	267	20.2	否	月	0	0	125
Mudzi fund	223	8.0	1884	43.4	否	周	1	绝大多数	117 101
SACA	400062	7.0	398	27.8	否	年	0	7	175 103
B组平均	3100496	4.3	670.5	33.4					154.8 112.3

说明：＊对还贷的激励措施：0＝无，1＝如按规定还贷，可再获得更大额贷款。2＝同1，并影响到工作人员报报酬和借贷者贷款利率的高低。

A组分别为：玻利维亚的阳光银行，印度尼西亚的人民银行地方信贷系统，BKK，KURK，孟加拉国的乡村银行，农村进步委员会，TRDEP，斯里兰卡的PTCC，肯尼亚的农村企业信贷项目。

B组分别为：印度的RRB，肯尼亚的KIF-ISP，马拉维的Mudzi基金，SAC。

资料来源：本表根据世界银行扶贫协商小组（GCAP）：《焦点》1996年第5期表1摘录。

第二节　微型金融的绩效分析——来自各地的证据

在《微型金融的革命V2——印度尼西亚的经验》一书中，玛格丽特·S.鲁宾逊女士写道："新兴的微型金融革命——通过安全、位置便利、竞争性的商业金融组织向低收入者提供了大量的小额贷款和储蓄服务——已经发明了一种'民主'配置资本的程序。经过合理设计的金融产品和服务使许多穷人能够扩大并多样化他们的经济活动，增加了他们的收入，提高了他们的自信心。金融机构知道，微型金融在获得广泛的客户覆盖力的同时，并能获得利润和达到自我持续，因此政府和出资人不再需要提供补贴……在过去的20多年中，微型金融的这些革命性特征已经在背景不同的国家中得到了广泛的证明。"①

然而，微型金融机构是否真的在获得广泛覆盖力的同时，又普遍达到了金融上的可持续性呢?

一、穷人获得了贷款了吗? ——亚洲概览

20世纪90年代末，许多微型金融机构继"格莱明"的"乡村银行"（GB）、"印度尼西亚人民银行农村信贷部"（BRI-UD）和"阳光银行"（BancoSol）之后，声称自己在具有广泛的覆盖力的同时达到了金融上的可持续性。为此，理查德·L.迈耶②教授受亚洲发展银行的委托，对亚洲地区的情况进行了调查研究③。

众所周知，世界上最大的微型金融机构几乎都在亚洲，并且拥有大量的低收入客户，这是因为继传统信贷失败以后，亚洲国家都极力促进微型金融的发展以解决农村金融和反贫困问题，因而亚洲的微型金融在总覆盖力、妇

---

① Marguerate S. Robinson, *The Microfinance Revolution Volume 2: Lesions from Indonesia,* World Bank, 2002, p.36.

② Richard L.Meyer，美国俄亥俄州立大学农业发展、环境和发展经济学的名誉教授、高级研究专家。

③ Richard L.Meyer, "Track Record of Financial Institutions in Assisting the Ppoor in Asia", ADB Working Paper, No.49(December 2002) .

女客户数量、贷款规模上都取得了显著的成绩。例如，在 2000 年，印度尼西亚人民银行农村信贷部贷款余额（outstanding loans）达到了 8 亿美元，并拥有 270 万借款客户和 2500 万储户。同年，在孟加拉国，"乡村银行"已拥有 240 万成员，其中 95% 都是妇女，未收回贷款已达 2.25 亿美元；此外，该国其他的 585 个微型金融机构已拥有近 800 万的借款客户，未收回贷款达到了 3.9 亿美元。据耶尔估计，加上其他微型金融机构，微型金融在孟加拉国已经覆盖了该国近 40% 的家庭，这其中，妇女客户又大约占总客户的 80%，因此，孟加拉国的微型金融可能是世界上渗透力最高的。遗憾的是，孟加拉国微型金融的储蓄动员能力较差，且并不为微型金融组织所重视。在此，一个主要的原因是政府对微型金融机构管制较严，只允许少数受监管的机构从非成员中吸纳储蓄，因此该国微型金融的资本有很大的比例来源于政府、捐助人等渠道。

在泰国，通过农村和农业合作银行（BAAC）的努力，该国的农业信贷也具有引人注目的覆盖力。资料显示，该国 500 多万的农户家庭大约有 470 万已经在该机构注册成为成员，其中近 70%—80% 的成员在一个年份中从该机构借过款。因为农村和农业合作银行在该国具有广泛的覆盖力，所以该国的非政府组织（NGO）和其他提供微型金融服务的机构并不多见。根据农村和农业合作银行的信贷政策，较富裕的农民可以从该机构获得个人借款，而低收入和较穷的农户则可以通过小组途径获得贷款，1997 年，泰国农村和农业合作银行的贷款余额已高达 70 亿美元。同样不足的是，农村和农业合作银行的储蓄动员能力也相对不足，该机构的储蓄存款只有 26 亿美元。

在印度，政府极力发展自助小组（self-help group）并促使其与该国的金融体系联系在一起。2001 年，该国已有近百万的穷人家庭组成了 26 万个自助小组，并与金融体系建立了关系。目前，大约 750 个非政府组织和 1.4

万个银行机构参与了政府的农村信贷计划，为此，银行机构已从农业和农村发展银行累计获得了1亿美元的再贷款。该国虽然也有一些微型金融机构，但规模都相对太小。尽管柬埔寨的微型金融鲜为人知，但是该国的微型金融机构在过去的十几年中也取得了巨大的发展。例如ACLEDA银行——1993年还是一个刚成立的非政府组织，到2000年它已经演进成为一个微型银行——于2001年3月底，已经拥有了6.6万的客户，其中80%是妇女，而贷款余额已达2000万美元，平均贷款额度为296美元（该国人均国民净产值为350美元），占该国微型金融市场的一半比例。如今，该机构已经开始注重储蓄和汇款等业务。

　　为了具体分析亚洲地区微型金融的持续性和覆盖力，迈耶通过几个关键指标对亚洲地区的29个微型金融机构①进行了分析。样本分为四个类别：亚洲最大的（5）、亚太地区的（9）、南亚地区的（10）和中亚地区的（5），并以所有向"微型银行公报"（Microbanking Bulletin）递交报告的148个微型金融组织及其中的57个金融上可以持续的微型金融机构作为二个参照组，如表5-2所示。数据显示，亚洲最大的5个机构及亚太地区的比另外二个组服务的客户要多，且高于所有机构的平均水平；亚洲的四个组所服务的妇女客户高于另外二个参照组，这在南亚组中尤其突出。表中数据并未显示微型金融机构所服务客户的贫穷深度及其分布情况，然而可以用平均贷款余额与该国人均GNP的比率作为替代指标，因为这一指标值越低说明服务的客户越穷。根据这一指标，迈耶认为，亚洲微型金融机构所服务的客户的贫穷深度要好于整体情况，然而统计上并不显著；由于57个金融上可持续的微型金融机构的执行指标值为76.3，而所有机构的为46，可以得知这些

---

　　①　这些机构都定期向"微型银行公报"（Microbanking Bulletin）送交报告，见http://www.mixmbb.org/。

可持续的机构并没有为最穷的人服务。

从表5-2中的分析可以认为，亚洲的29个微型金融机构已经发展成为拥有众多客户的大规模机构，所服务的客户也有一定的贫穷深度，且主体多为妇女，这一情况整体好于那些可持续性的组织。然而，除了印度尼西亚人民银行的农村信贷部之外，很少机构强调储蓄的作用，保险、汇款等服务也被忽视。因此，迈耶认为，促进低收入者和穷人获得贷款能力仍是亚洲地区政策制定者的主要目标。

表5-2 亚洲29个微型金融机构对比

指　　标	所有机构	可持续的参照组（57）	亚洲最大的5个	亚太地区的9个	南亚地区的10个	中亚地区的5个
积极的借款者数量（个）	10710	89370	2278992	9266	24499	5103
妇女借款者百分比（%）	62.2	54.4	64.8	77	86.1	85.3
平均贷款额占人均GNP比（%）	46	76.3	35.8	40.7	25.2	18.2
实施可持续比率（%）	101.6	134.8	117.5	116	81.5	115.1
金融可持续比率（%）	89.8	121.5	111.1	110.3	76	98.6
管理费占总资产比率（%）	19.8	16.9	6.4	21.4	10.3	33.3
放贷管理的借款人数（个）	279	334	339	171	364	143

资料来源：《微型银行公报》2001年第7期。

二、微型金融可持续吗?

微型金融机构的持续性又到底如何呢?

表5-2中的数字便是一个概括性的说明（见操作可持续性比率与金融可持续性比率)。在亚洲的四组机构中，有三组在平均上能实现操作上的可持续性（比率超过100%）；未能实现操作可持续的南亚组，仅能覆盖操作成本的80%，这比世界平均水平还要低（101.6%)；而亚洲最大的5个微型金融机构和亚太组的，既实现了操作可持续性也达到了金融可持续性的要求，比率均超过100%；中亚组的几乎能达到金融可持续的目标，而南亚组的则离金融可持续性目标尚远，仅能覆盖全部成本的3/4。

有许多因素都影响信贷的成本，从而决定着金融机构的操作和金融可持续性。表5-2中也列出三个因素，即信贷效率、管理费用和利率。亚太和中亚组的机构持续性落后于亚洲其他组的，也落后于两个参照组，这是因为这两个组的贷款效率较低（由每位信贷员所服务的贷款客户人数来测度)。同时，这几个组的管理费用也相差较大，例如，中亚组的管理费用高达总成本的33%，而亚洲最大的五个机构和南亚组的管理费用仅占6%—10%。整体看来，亚洲四个组中的三个都比整个微型金融产业（以上报微型银行公报的148个机构为准）更具效率性，南亚组较差的一个原因是，收取的利率没有其他几个组的高，这一组的微型金融机构过多的依赖于补贴，商业化倾向并不明显。

从以上数字可以看出，亚洲的29个微型金融机构已经具有较高的效率。然而，迈耶认为，"这些数字并不能代表整个行业的状况，一个众所周知的原因是，只有最好的微型金融机构才会向'公报'递交数据"。并非迈耶一人持此观点，早在1999年，当乔纳森·默多克发现1998年度呈交"微型银行公报"的72家机构有34家实现了"可持续性"时，就说过："这并不意味着，世界内所有微型金融机构有一半实现了自我持续，这72家之外的成千上万的机构仍依赖捐赠人的慷慨捐赠；一些专家估计，世界上所有的非政府项目，目前能实现金融可持续性的不超过1%，将来可能会有另外的5%的机构能实现这一目标。"①

为了彻底地透视微型金融，默多克对被誉为世界微型金融"旗舰"（flagship）的孟加拉国"乡村银行"（GB）作了详细的分析，如表5-3所示。表5-3展示了孟加拉国"乡村银行"的经营绩效情况。从1985年到1996年，"乡村银行"的年平均贷款额从1000万美元增加到2.71亿美元，借款会员增加了12倍，于1996年超过了200万，利润也显示了稳步增加的趋势。然而，默多克认为"乡村银行"的财务报告并不规范，有明显美化经营业绩的痕迹。

表5-3　孟加拉国"乡村银行"金融指标分析

	1985 年	1990 年	1992 年	1994 年	1996 年	平均数
银行规模						
年贷款额（百万美元）	10	870	83.8	211.5	271.3	108
会员数（千人）	172	870	1424	2013	2060	1101
逾期未偿还率						
报告逾期未偿还率	2.8	3.3	2.5	0.8	13.9	1.6（a）
调整后逾期未偿还率	3.8	6.2	1.9	15	—	7.8（a）
利润率						

---

① Jonathan Morduch, "The Microfinance Promise", *Journal of Economic Literature*, Vol. 37, No. 4 (December 1999), pp.1587, 1569–1614.

续表

	1985 年	1990 年	1992 年	1994 年	1996 年	平均数
报告利润率	0.02	0.09	-0.15	0.56	0.46	1.5（b）
调整后利润率	-0.33	-1.51	-3.06	-0.93	-2.28	-17.8（b）
补贴（百万美元）						
直接捐赠	0	2.3	1.7	2	2.1	16.4（b）
优惠性软贷款	1.1	7	5.8	9	12.7	80.5（b）
利率与融资成本						
名义贷款利率	16.8	11.1	15.8	16.7	15.9	15.9
实际贷款利率	5.9	3	11.6	13.1	10.1	10.1
资本基准成本率	15	15	13.5	9.4	10.3	11.3
实际名义融资成本率	7.9	2.2	2.1	5.5	3.4	3.7
补贴						
补贴依赖指标（SDI）	80	263	106	45	65	74
达到均衡利率	30.2	40.2	32.6	24.2	26.2	25.7

说明：（a）1985—1994 年的均值，以资产额加权；（b）1976—1994 年的均值；SDI，以亚隆提出计算方法为准。
资料来源："乡村银行"各年报告，默多克（Morduch, 1999）。

首先，在计算逾期未偿还率时，"乡村银行"用超过一年的未偿还贷款额除以当前的贷款总额来获得。由于当前的贷款额通常总是大于贷款发生时的总额，因此逾期未偿还率明显低估，默多克认为，调整后的数字远大于报告数字，"乡村银行"的逾期偿还率平均应该为 7.8%，而非 1.6%。

其次，"乡村银行"财务报告上显示的利润也远远大于实际利润，这一重大差异源于对风险和坏账的处理。默多克认为，即便是按照适中的 3.5% 的比例来冲销逾期未偿还贷款（远低于平均的 7.8%），在 1985—1996 年期间，就要损失 1800 万美元的利润，这一数字远远超过了"乡村银行"实现的年平均利润 150 万美元。

最后，"乡村银行"对于补贴和捐赠的处理也不尽"规范"。例如，"乡村银行"并未从利润中扣除外部的捐赠；此外，"软贷款"中的"隐含补贴"（implicit subsidy）是补贴的主要部分，例如"乡村银行"对外支付的平均借款利率仅为 3.7%（扣除 2% 的通货膨胀率后仅为 1.7%），而按照国际货币基金组织的标准，"乡村银行"的外部融资成本应以同期的吸纳的储蓄存款利率加上 3% 的交易费用为准；这样在 1985—1996 年期间，"乡村银行"实际上接受了 8050 万美元的补贴。

如果考虑以上的因素，在 20 世纪 90 年代，"乡村银行"只有将名义利率从 20% 增加到 50% 才能实现持续，总体来看，平均贷款的利率则需要维持在 32% 左右。而实际上，"乡村银行"的名义贷款利率则一直保持在 20% 以下，实际利率就更低了，通常多在 10% 以下。显然，即便是世界"微型金融"的"旗舰"——"乡村银行"，也在以上年份中并没有实现自身的可持续性或者是财务上的可持续性。

三、"拉丁美洲现象"与"使命漂移"

微型金融商业化演进，以及通过收取足够高的利率以达到持续性成了 20 世纪 90 年代以来主流理论学家的观点。他们认为，"微型金融利率的需求弹性取决于借款者的次优选择，如果本地的放贷者正是他们的次优选择，那么即使是很无效的微型金融机构通过收取高利率来补偿高成本，这对借款者也是一种更廉价的信贷资源"[1]。而且，只有可持续性的机构才能不断地覆盖更多的穷人和更穷的穷人（金融服务的边界）。

---

① "From Interest Rates to Business Models and Efficiency", Discussion List on Development Finance of the Ohio State University, *Quarterly Review*, January to March 2004.

拉丁美洲地区微型金融的发展便是这种理论思想的直接产物。世界银行扶贫协商小组（CGAP）指出："世界上，没有任何一个地方比拉美地区微型金融商业化发展的更快；几年以前，微型金融机构还无一例外的都是非赢利组织，如今小微企业（microenterprises）[①] 所需要的资金有29%由'商业化的银行'提供，另有45%则由转型为特许金融机构的非政府组织和其他特许的专业金融中介来提供；这一转变在一定程度上说明微型金融的发展到了最后的阶段——通过商业化的企业为穷人提供大规模的金融服务。"[②]

那么，拉丁美洲的微型金融是否在实现持续性或获得利润的同时，又扩展了覆盖力的深度和幅度？

1. "拉丁美洲现象"

在拉丁美洲地区，微型金融能获得较好的利润早已不是一个秘密。在这一地区，微型金融市场主要有受监管和非监管两类主体，前者包括转型的小额信贷非政府组织（transformed microcredit NGOs）、特许的微型金融机构（licensed microfinance institutions）、信贷联盟（credit union）、传统的商业银行和金融公司（通过微型化进入低端市场）等，后者包括不受监管的微型金融机构（non-regulated microfinance）和种类各异的非政府组织。拉美的微型金融除了收取较高的利率（大多在30%—40%以上，NGOs除外）之外，还有如下一些特征。

商业化微型金融占主导地位，且集中在潜在需求人数较少的几个国家。例如，在贷款余额上，商业性的占74%，非商业性的占26%[③]；在阿根廷、巴西、墨西哥、乌拉圭、委内瑞拉等有700万潜在需求客户的国家（拉丁美

[①] 微型企业（microenterprises），通常指10人以下的企业，当然也包括个人或家庭所从事的经济活动或项目，因此这一概念比较广泛，该词在拉美地区比较常用。

[②] "Commercialization and Mission Drift", CGAP Working Paper, 2001.

[③] 本节有关数据均来自CGAP的工作论文或报告。

洲共有 1000 万），微型金融机构很少且仅有 15 万客户获得了服务。对于这种不平衡的分布，CGAP 的解释是，缺少"可信"的 NGOs 和它们的"示范效应"（demonstration effect）。

商业化经营和较好的利润。拉丁美洲的微型金融机构，"比其他发展中地区微型金融机构的利润都要高，在一些情况下，甚至比该地区商业银行的利润还要好；即使是身处底端市场的机构——经营状况不如同类大规模的机构——也能很快实现操作上的可持续性"。拉丁美洲微型金融的获利能力可以从表 5-4 与表 5-5 中略窥一斑。

表 5-4　拉丁美洲微型金融可持续性分析（百分比）

微型金融组织的类型	调整后的资产收益率	操作上的可持续性 a
世界所有的组织	-4.5	109
拉丁美洲的所有组织	1.4	125
大型组织 b	3.1	123
以储蓄为基础的组织 b	4.2	124
中型组织 b	1.3	126
底端市场的中型组织 b	2.3	128
底端市场的小型组织 b	-9.4	110

说明：分析期间为 1996—1999 年。
　　a：信贷收入除以与实施信贷有关的费用，排除通货膨胀及补贴因素；
　　b：采用小组信贷。
资料来源：*The Microbanking Bulletin*, No. 4（February 2000）。

表 5-5　拉丁美洲微型金融与传统银行收入对比分析

金融机构与国家	未调整的资产收益率（%）	调整的资产收益率（%）
微型金融组织	8.90	3.93

续表

金融机构与国家	未调整的资产收益率（%）	调整的资产收益率（%）
商业银行		
玻利维亚	n. a.	0. 82
智　利	n. a.	0. 59
多米利亚	1. 87	n. a.
萨尔瓦多	0. 19	n. a.
巴拉圭	3. 04	n. a.
秘　鲁	n. a.	0. 71

n. a.：不可获得。

说明：通货膨胀因素计入调整后的账户。

资料来源：*The Microbanking Bulletin*，No. 4（February 2000）。

强烈的竞争性是拉丁美洲地区最大的特点。当先行非政府组织证明微型金融是一个营利性强的行业后，越来越多的竞争对手便开始进入。竞争促进了微型金融市场的渗透力①，在一些国家甚至达到饱和状态，"项目报告显示，他们相互争夺客户，而客户也常从一个以上的微型金融机构贷款"。在玻利维亚，这一情况异常突出。

2. "使命漂移"？

在竞争性的环境中，随着供方数目的增多，一个自然的结果便是价格下降，服务质量提高，市场的渗透力增强（表现为深度和宽度上）。因此，在拉丁美洲的微型金融市场上，一个期待出现的局面应是：为更多、更穷的穷人服务，利率更为合理。然而，我们在拉美市场上却看到了另一个情景：众多的商业化微型机构只愿为低端市场（low-end market）上较富裕的群体服

---

① 市场渗透力（market penetration），即微型金融所服务客户的总数量与潜在客户数量之比，市场渗透力的增加意味着服务的人数或宽度增加（breadth），从这一意义上讲拉丁美洲地区的微型金融确实扩展了金融服务边界。

务（upmarket）而不愿为穷人服务，且利率也居高不下。

有证据显示，这一地区商业化机构只愿为低端市场上较富裕的群体服务，而且有明显向高端市场（high-end market）漂移的趋势。由于信息成本的高昂，微型金融行业通常以两个指标来判断信贷机构是否在为低收入者服务：一是平均贷款额，因为穷人的单笔贷款需求较小，因此平均贷款额越大说明所服务的客户越富；二是平均贷款额占人均 GNP 的比率，这一比率越大说明所服务的客户越富。表 5-6 的数据显示，商业化机构的平均贷款额为 817 美元，占人均 GNP 的 47.2%，两者均为非商业组织的两倍多。来自默多克（Morduch，1999）的一份调查报告也显示，拉丁美洲的微型金融机构（BancoSol、FINCA）不仅平均贷款额较大，而且利率较高，如表 5-7 所示。对此，CGAP 则持不同的看法，认为平均贷款额度大并不必然意味着"使命漂移"（mission drift），"商业化的和未受管制的微型金融在平均贷款额上较大的差异仅是因为两者最初服务不同的群体而已"。显然，CGAP 认为，因为不同微型金融组织的初始使命不同，故而也不存在漂移问题。然而，一个值得深思的问题是，如果最初的使命便不是为低收入者和穷人服务，关于"可持续性和覆盖力"的平衡问题也就成了无谓的讨论了。

表 5-6　拉丁美洲微型金融的平均贷款额度

机构的类型	机构的数目（个）	平均贷款额（美元）	平均贷款额与人均 GNP 比率（%）
受监管的机构	78	817	47.2
不受监管的 NGOs	128	322	23.6

说明：采用 1999 年数据。

资料来源：CGAP，"Inventory of Microfinance Institutions in Latin America"，1999。

表 5-7　1996 年世界主要微型金融组织对比

	格莱明银行（孟加拉国）	阳光银行（玻利维亚）	印度尼西亚人民银行农村信贷部（BRI）	BDD（印度尼西亚）	乡村银行（FINCA）
会员数量	240 万	81503	200 万借款者 1600 万存款者	765586	89986
平均贷款额（美元） 期限（月）	134 12	909 4—12	1007 3—24	71 3	191 4
女会员比率（%） 农村、城市的?	95 农村	61 城市	23 主要农村	— 农村	95 主要农村
小组信贷? 是否抵押? 是否强调储蓄? 是否发放连续贷款? 是否固定还款? 客户贫困状况	Yes No No Yes 每周 穷	Yes No Yes Yes 灵活 大部分不穷	No Yes Yes Yes 灵活 不穷	No No No Yes 灵活 穷	No No Yes Yes 每周 穷
是否达到金融可持续?	No	Yes	Yes	Yes	No
贷款年名义利率（%）	20%	47.5%—50.5%	32%—43%	55%	36%—48%
消费物价指数（%）	2.7%	12.4%	8.0%	8.0%	—

资料来源：*The Microbanking Bulletin*，No. 4（February 2000）。

表 5-8　1999 年世界微型金融概览

	资产平均收益率（%）	处于风险中的资产比率（%）	女顾客比率（%）	积极贷款者的数量（个）	平均贷款额度	平均贷款额占人均GNP比率（%）	平均实施可持续性	平均金融可持续性
可持续性								
所有微型金融组织	-8.5	3.3	65	9035	415	34	105	83

续表

	资产平均收益率（%）	处于风险中的资产比率（%）	女顾客比率（%）	积极贷款者的数量（个）	平均贷款额度	平均贷款额占人均GNP比率（%）	平均实施可持续性	平均金融可持续性
完全可持续的组织	9.3	2.6	61	12926	428	39	139	113
贷款方法								
个人	-5	3.1	53	15226	842	76	120	92
小组	-3	4.1	49	7252	451	35	103	89
乡村银行	-17.4	2.8	92	7833	94	11	91	69
目标群体								
低收入者和穷人	-16.2	3.8	74	7953	133	13	88	72
广泛群体	1.2	3	60	12282	654	48	122	100
高收入者	-6.2	1.9	34	1891	2971	359	121	76
组织成立的年限								
3—6年	-6.8	2.2	71	9921	301	44	98	84
7年及以上	-2.4	4.1	63	16557	374	27	123	98

资料来源：微型金融公报。

1999 年世界微型金融概览如表 5-8 所示。

由于大量微型金融机构的进入，在拉丁美洲的一些国家和地区，几个机构甚至为争夺同一个客户展开了激烈的竞争。通常的情况是，非政府组织首先为该地区的穷人提供金融培训和服务，一旦这些穷人达到了"金融教育毕业"（financial education graduation），商业化组织便展开了争夺客户的竞争。出现这种现象并不是偶然的，因为为穷人提供金融服务的成本和风险较高，所以即使在很高的利率下，商业化的微型金融机构也不愿为穷人服务。正是由于这种外部性的存在，所以在潜在需求很大的巴西、墨西哥、乌拉圭等国家，在缺乏非政府微型金融前期"示范效应"的情况下，商业化机构并不愿涉足。牛津大学的教授拉努萨（Lanuza，2004）把这一现象称为"银行化"（bankerization）[①]，他认为："放贷者不愿为从来没有获得过贷款的个人或小组提供第一笔贷款""问题的原因是，先期投资所产生的外部利益能轻易地被后来的竞争者所获的，例如获取'信用'信息的成本。"[②] "一旦客户经过培训并被证明是诚实的，就被认为是有效的'银行化'了"。

第三节　杜文·戴克研究——对微型金融绩效的再评估[③]

经过30多年的发展，尽管微型金融取得了明显的成绩，业已成为经济领域重要的政策实践和流行的话题，然而许多理论研究者们认为，目前尚无明确的证据表明微型金融产生了积极影响。对微型金融的影响进行过四次再评估[④]的结果认为，尽管微型金融的"逸闻趣事"和"鼓舞人心的故事"试图向人们表明，被服务过的穷人与以前确实大不相同，然而严格的定量证据以及影响程度的分析既是稀少的，也是尚无定论的。从总体来看，阿吉翁、默多克（Aghion、Morduch，2010）表示，目前并没有"众所周知"的研究让大家信服，微型金融确实产生了较大的积极影响。[⑤]

[①]　Patricio Lanuza, "Making Sense of the Commercialization of Microfinance in Latin America: Lessons for Nicaragua", Working Paper, 2004.

[②]　E.Román, "Acceso al Crédito Bancario de las Microempresas Chilenas: Lecciones de la Década de los Noventa, "*CEPAL Serie Financiamiento del Desarrollo*, 2003.

[③]　M.Duvendack, et al."What is the Evidence of the Impact of Microfinance on the Well-being of Poor People?", Working Paper, 2011.

[④]　这四次重要的再评估分别是：Sebstad and Chen, 1996; Gaile and Foster, 1996; Goldberg, 2005; Odell, 2010。

[⑤]　Beatriz Armendáriz de Aghion, Jonathan Morduch, *The Economics of Microfinance*, Cambridge: The MIT Press, 2010.

近几年来，微型金融的迅猛发展也日益引起了政策实践者、理论家、捐赠机构和私人投资者的关注，系统而又准确地对微型金融的再评估成为必然。正是在此背景下，受英国政府的委托，以杜文·戴克为首的研究小组对以往的微型金融理论研究结果进行了重新分析和再评估。

一、再评估的研究范围

为了广泛地收集历史上的研究文献，杜文·戴克的研究小组搜索了 11 个常用的大型学术数据库、4 家微型金融专业集聚平台、8 家非政府组织和援助机构的网站，涵盖了专业书籍、期刊文献、博士论文和未出版的工作论文等。首先从大量历史文献当中筛选出 2643 篇具有"价值"的文献，然后对"最重要的"58 篇文献进行仔细分析和再评估。

研究小组认为，历史上对微型金融绩效和影响效应评估的文献大体可分为五类，按照评估方法的重要性依次为：随机控制试验（RCTs）、影响传递渠道设计（pipeline designs）、面板或截面对比试验（with/without comparisons）、自然试验（natural experiments）和一般调查分析法（general purpose surveys）。在这些文献中，运用最重要的随机控制试验方法进行微型金融绩效和效应分析的比较少，尽管这些文献运用了比较复杂的计量方法，但是方法的复杂性并不能弥补它们在实际统计设计、数据产生和分析中的弱点。

在这 58 篇文献中，研究小组主要关注了应用随机控制试验和传递渠道设计方法的文献，当然也留意了那些运用对比试验的文献，因为这是传统效应分析常用的方法。研究小组认为，历史上的绩效评估要么是方法上出现了弱点，要么是数据不充分，因此难以对微型金融的绩效作出正确的评估。

二、微型金融的福利影响与传递渠道

微型金融理论认为，每个信贷者都是创造收入活动的单个主体或"小微企业主"，这种产出既可能受制于信贷资源的约束，也可能受限于边际收益相对于边际信贷成本的高低。故而，解除穷人和低收入阶层的信贷约束，就会增加他们的产出和利润，进而提高他们的福利状态。但在现实的融资生产过程中，借款人的负债能力，不仅取决于潜在的产出和融资成本，而且还要考虑经营的风险、不确定性等生产的脆弱性。在保险缺失的情况下，信贷是一把双刃剑，它既会帮助穷人提高产出，也可能加大他们的风险暴露。因为信贷资源将融合到穷人生活和生计的整个过程，穷人较低的认知和管理水平使其很难将信贷资源分配中存在的风险和不确定性从再生产决策中隔离开来。例如，科林斯等人（Collins，et al.，2009）就发现，穷人在管理家庭日常经济组合中，信贷对平滑消费和提高生产同样重要。[1] 由于穷人的家庭日常经济组合是成员共同行为的结果，所以信贷交易及其相关的成本和收益将深刻地影响家庭内部的关系，例如劳动分工，收入支配和家庭的决策与权力。这些变化又会影响和改变家庭内部和外部的社会和经济关系与结果。因此，始于信贷交易和关系的连锁过程，会对穷人的社会经济状况和人文福利产生积极或负面的影响。追溯这个过程，就形成了微型金融的福利影响和传递途径，见图5-4。

微型金融的"介入"将从很多途径和方面影响借贷者的日常经济生活，我们可以简单地将其归为几类。有些结果是获贷的直接效应，有些结果的评估意义可能并不大，除非获贷的产出能通过直接的福利指标显现出来。一般

---

[1] D.Collins, et al., *Portfolios of the Poor: How the World'sPpoor Live on ＄2 a Day*, Princeton: Princeton University Press, 2009.

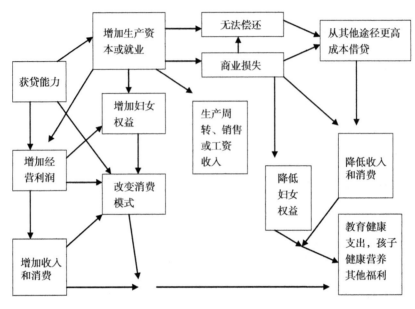

图 5-4　微型金融的福利影响和传递途径

而言，借款、经营资产的增长、工作机会、销售和营业周转在评估中意义并不大，除非它们对借款人的利润、家庭收入、支出或是家庭的教育、营养和健康状况有积极作用。因此，可以依据微型金融"介入"产出与最终福利的远近关系将其分为三种效果，即经济效应、社会效应和权利效应。

三、效应和福利评估的困难与挑战

尽管微型金融福利评估由来已久，使用的方法和计量工具多种多样，但是普遍都存在这样或那样的问题，微型金融对穷人生活的影响，既有正效应，也有负效应，并且也没有达到一致的积极影响的结论。正如默多克（Morduch，2005，2009）① 所言，严格的定量分析既少而且尚无定论。历史

---

① Jonathan Morduch, *The Pledge: ASA, Microfinance and Peasant Politics in Bangladesh*, New York: Oxford University Press.2009.

上曾经出现过的四次系统评估（systematic reviews，SR）也存在问题，在文献搜索、质量评估和综合分析方面都存在欠缺。

　　然而，也有一些广被引用的研究宣称，"小额信贷"确实产生了经济、社会正效应，例如，皮特、汉得克（Pitt、Khandker）[1] 1998 年的研究，马丁、休姆（Matin、Hulme）[2] 2003 年关于孟加拉国的研究，鲁宾逊（Robinson）2002 年关于印度尼西亚的研究。休姆、莫斯利（Hulme、Mosley，1996）认为，总体看来微型金融有积极影响；然而默多克（Modurch，2009）认为，已有的研究中，尚没有强有力的证据表明微型金融有较强的影响。在用观察数据分析微型金融的效应影响时，将会出现"地点偏差"和"对比选择的偏差"。皮特和汉得克 1998 年和 2005 年[3]的研究被认为是最权威的研究，作者认为，微型金融对穷人有显著的积极影响，尤其是对妇女群体。尽管他们的研究是"争议最少"的研究，然而也受到了质疑，例如，戈德堡（Goldberg，2005）[4] 就明确表示他们的研究并不可靠。

　　"参与/不参与设计实验"（with/without design）曾是广泛使用的评估方法，近些年逐渐被"渠道研究"和"随机控制实验"所取代，这主要由于这种方法在"安排"（placement）和"选择"上都有偏差。"渠道"准实验设计（pipeline quasi-experiment）是微型金融评估中重要的一种方法，"控制小组"成员随机挑选，与没参加"小额信贷项目"的成员具有相同的特点，

---

[1]　Mark M. Pitt, Shahidur R. Khandker, "The Impact of Group-Based Credit Programs on Poor Households in Bangladesh: Does the Gender of Participants Matter?", *Journal of Political Economy*, Vol. 106, No.5(October 1998), pp.958-996.

[2]　Imran Matin, David Hulme, "Finance for the Poor: from Microcredit to Microfinancial Services", Working Paper, 2003.

[3]　Mark M.Pitt, Shahidur R.Khandker, Jennifer Cartwright, *Empowering Women with MicroFinance: Evidence from Bangladesh*, The University of Chicago Press, 2005.

[4]　Nathanael Goldberg, "Measuring the Impact of Microfinance: Taking Stock of What We Know", Grameen Foundation USA, 2005.

但是未来会参与。然而，这种方法的一个致命缺陷是，后来参与者的特点可能与先期已经参与的特点有所改变，这种状况常常会发生。随机控制实验（RCTs）是近些年来发展的另一种最重要方法，它与传统的采集观察数据（定性或定量）来进行评估的方法大不相同。但是这种方法也有天生的缺点，缺乏有效随机控制实验的关键因素，尤其是在微型金融的选择分配和双盲要求上难以满足合理的随机性。这使批评者有足够的理由相信"真正的随机性"是难以实现的，致使我们把观察到的部分"真相"看成事情的全部，或者是产生因为人为的主观性而发生偏差的霍桑-亨利效应。正因为如此，许多学者宁愿继续使用采集观察数据进行评估的老方法。显然，随机控制实验中出现的"非随机环境"影响了方法的有效性。总而言之，目前理论界尚未找到完美的、令人信服的评估方法。

四、历史的研究及其结果

表 5-9 是筛选出的用经济指标进行福利评估的研究数据，提供产品和服务的涉及三种类型：提供信贷、信贷和储蓄和更多的服务，信贷技术设计两种：小组信贷和个人信贷。用以评估的经济指标为，经营收益和利润、销售、收入、消费或支出、资产、就业、储蓄、负债、贫困指数等。

表 5-9 用经济指标评估的研究数据

产品与服务	贷款的类型		
	个人信贷	小组与个人信贷	小组信贷
小额信贷	Abou-Ali, et al. (2009)	Banerjee, et al. (2009/10)	P&K (1998)
	Cotler, Woodruff (2008)	USAID (Peru)	Coleman (1999, 2002, 2006)
			Copestake (2001)

续表

			贷款的类型
			Copestake（2002）
			Cuong（2008）
			Kondo（2008）
			Shimamura，Cornhiel（2010）
			Shirazi，Khan（2009）
			Tesfay（2009）
信贷和储蓄	Karlan，Zinman（2010）	Abera（2010）	Takahashi，et al.（2010）
	USAID（India）	Diagne，Zeller（2001）	Zaman（1999）
			Zeller，et al.（2001）
信贷、储蓄及其他服务		Imai，et al.（2010）	Copestake（2005）
		USAID（Zimbabwe）	Deininger，Liu（2009）
			Imai，Azam（2010）
			Montgomery，Setboonsarng（2005，2008）

　　正如我们在微型金融福利影响和传播途径中看到的一样，微型金融不仅影响穷人的经济产出，还有相关的社会产出和权益产出。表5-10是筛选出的一些重要研究，研究中常用的指标包括，客户孩子入学状况、孩子教育程度、营养状况、冲击脆弱性、社会资本、节育使用状况等。这些早期的研究存在一个普遍的缺陷，把较复杂的分析方法基于较小的样本和较弱的统计设计上，难以让人信服。

表 5-10 用社会指标评估的研究数据

产品与服务	贷款的类型		
	个人信贷	小组与个人信贷	小组信贷
小额信贷	Abou-Ali, et al. (2009)	Banerjee, et al. (2009/10)	P&K (1998)
		USAID（Peru）	Coleman（1999, 2002, 2006）
			Copestake（2001）
			Copestake（2002）
			Shimamura, Cornhiel (2010)
信贷和储蓄	Karlan, Zinman (2010)	Diagne, Zeller (2001)	Steele, et al. (2001)
	USAID（India）		Zaman（1999）
			Zeller, et al.（2001）
信贷、储蓄及其他服务		Imai, et al. (2010)	Montgomery, Setboonsarng (2005, 2008)
		USAID (Zimbabwe)	Deininger, Liu（2009）
			Bhuiya, Chowdhury (2002)

理论界总是认为，微型金融能够提高穷人的权益，尤其是妇女的社会地位和状况。遗憾的是，很少有研究设计到这种更为广泛的"福利影响"，更难以严格地度量"权益的提高与增加"。

表 5-11 是历史研究中关于统计显著性的统计。其中，所选取的指标统计显著的为 1160，不显著的为 1680，因此大多数指标并不显著，而且这仅仅是基于指标回归系数的 T 值。这就意味着，大多数的评估研究并不能显著地表明，微型金融的"介入"对借款人的福利有积极影响。而且，大多数的评估研究在研究设计和分析方法上也存在一定的问题。因此，杜文·戴克

的研究小组认为，当前微型金融的流行显然并非是由具有影响力和号召力的研究所推动的，现有的研究既无法涵盖微型金融的各种产品，也无法清楚地解释微型金融发展的全貌。

表5-11 评估显著性统计

产品与服务	个人信贷		小组与个人信贷		小组信贷	
	显著	不显著	显著	不显著	显著	不显著
信贷	61	26	28	48	471	641
信贷与储蓄	129	267	91	52	14	46
更多服务	16	8	65	19	71	105
	206	301	184	119	556	792
信贷	3	2	3	11	57	229
信贷与储蓄	37	36	3	22	4	4
更多服务	0	0	0	0	3	23
	40	38	6	33	64	256
信贷	0	0	2	9	74	64
信贷与储蓄	4	16	0	0	24	39
更多服务	0	0	0	0	0	13
	4	16	2	9	98	116

表5-12是用综合研究设计和分析方法的研究。结果显示，在因果链初始关联位置中，既有积极效应，也有负面效应；总体看来，即使在初始的因果链中，大部分的评估研究都是不显著的；在整条因果传播途径链中，许多评估研究从一而终都是不显著的。

表 5-12　用综合研究设计和分析方法的研究

评估指标	因果链位置	统计的显著性和符号					
		符号			显著性		
		+	−	合计	+	−	合计
经济指标	投入	194	189	383	127	70	197
	产出	362	313	675	441	117	558
	影响	27	15	42	92	42	134
	合计	583	517	1100	660	229	889
社会指标	投入	12	7	19	5		5
	产出		1	1			
	影响	154	118	272	79	22	101
	合计	166	126	292	84	22	106
权利指标	投入						
	产出						
	影响	47	67	114	76	19	95
	合计	47	67	114	76	19	95

五、结论

从系统研究（SRs）搜索到的文献研究来看，大部分评估研究的对象都是采用"小组信贷"技术和"只提供信贷"的"样本点"，这显然与微型金融的发展实践出入较大，然而这并不妨碍对微型金融行业整体的分析和判断。基于整体评估研究在统计设计、分析方法上的缺陷，对重点评估研究的再评估，以及"政策介入效果评估"本身的巨大困难和挑战，作者认为，对微型金融是否提高穷人和妇女的福利这一古老话题，仍然无法下定论。

总结　微型金融有积极影响吗？

经过 30 多年的发展，微型金融已经将数以亿计的小农和穷人从新自由主义的边缘整合到资本主义的再生产体系当中，比较成功地实现了"金融包含战略"。在这 30 多年的发展历程中，理论界和实践家们对微型金融绩效和福利影响的关注丝毫不亚于对微型金融组织和机构建设的热情。人们试图找到更多有利的证据来为微型金融的继续发展提供动力和激情。

许多研究认为，微型金融对穷人的经济、社会等福利状况有明显的影响，也有许多研究认为这种效应并不显著，甚至为负。对于历史上的研究，默多克等（2005，2009）认为，严格的定量分析既是稀少的，也是尚无定论的。最令人信服的"严格"方法"随机控制试验"，也存在技术上的重大缺陷，因为我们无法做到"随机控制组和实际参与组一模一样"。除了大量的个体实证研究之外，还有几次更为全面的系统再评估（SRs），如 2010 年对撒哈拉以南非洲 10 国的再评估，2011 年杜文·戴克的再评估，2012 年潘德（Pande）等人的再评估，和 2012 年斯图尔特（Stewart）关于亚洲的再评估。

从现有的数据来看，微型金融的福利影响是有限的，既没有从根本上改变穷人的生活状态，也尚未实现把穷人带出贫困的初始承诺［默多克（Modurch，1999）］。严格而言，微型金融既非反贫困的"银色子弹"（silver bullet），也没有大规模地将仅仅维持生计的小农和挣扎在痛苦边缘的穷人变成期望中欣欣向荣的"小微企业主"。

令人欣慰的是，现有的研究同样也不能证明微型金融是毫无作用的。大量来自不同观察点的实证研究表明，它促进了穷人的"企业家活动"，增加了家庭资产，甚至提高了家庭收入和生活状态。就连杜文·戴克（Duvendack, et al., 2011）自己也承认，微型金融在刺激投资、增加就业和促进发展方面的贡献，其实是少有争议的。"随机控制试验"的先驱人班纳吉、迪弗洛（Banerjee、Duflo, 2011）也表示，作为经济学家，我们应该为这样的结果高兴："微型金融似乎已经达到了主要的目的，尽管没有发生奇迹，但是它确实在起作用。我们认为，微型金融作为重要的反贫困工具之一，已经找到了它应有的位置。"①

---

① A.V.Banerjee, E.Duflo, "Poor Economics. A Radical Rethinking of the Way to Fight Global Poverty", *The European Journal of Development Research*, Vol.24, No.5(December 2012), pp.832-834.

第六章　微型金融的发展与使命漂移

第一节　现代微型金融的新发展与商业化

一、"新发展金融"与商业化

20 世纪 90 年代见证了微型金融"质"的飞跃，微型金融既在理论上有重大突破，也在实践中出现新的发展。其一，这种发展和突破来源于发展经济学家和政策实践者们对小农和穷人新的假设，他们认为，在资本主义扩张的过程中，通过资本的注入为小农和穷人释放"企业家潜能"（entrepreneur potential）提供了新的契机，穷人不仅能够参与资本主义经济的发展，也能从中受益。由此，在传统发展战略中被边缘化的小农和穷人的地位得到了重新的界定，他们不再是简单的信贷受赠者，而应是市场经济体系中的"微型企业主"（micro-entrepreneur）。因此，处于发展中国家底端市场中那些众多的、潜在的"小型"和"微型"企业主就成了理想的锚定对象。其二，通过资助和扶持本地的非政府组织，使之具有"某种商业运营的特征"，这样的机构既具有"社会使命"又与政府低效率的官僚机构完全不同，因此可以更好地为底端市场服务。这两者的结合，使微型金融理论和实践进入一个全新的里程。

在政策实践领域，微型金融信贷技术出现了一系列的探索和革新，组织结构开始发生变化。在众多捐赠者和国际机构的帮助下，一些机构甚至可以把平均成本降低到20%以下，少数机构可以通过信贷收益完全覆盖运行成本，从而变成不再依赖补贴的独立机构。1993年，玻利维亚的"阳光银行"（BancoSol）率先从一个成功的信贷放贷组织转变成正式的银行，开始为"小微企业主"提供服务。①

事实上，有关哪种技术设计才是微型机构转型的最佳路径，早在"阳光银行"转型之时就争论不止。这其中，有两种代表观点。一种是"机构建设"观点（institution-building approach），认为具有良好绩效的"可生存的机构"至关重要，该机构应该有内在动力去成为可持续的机构，从而能够长期地为底端市场上锚定的群体服务。法兰克福国际项目咨询企业（Frankfurt-based consulting firm——Internationale Projekt Consult，IPC）是这一观点的主要倡导者。另一种就是"商业化"观点，强调采用市场的原则提供微型金融服务，由"行动国际"所提出。法兰克福国际项目咨询企业和"行动国际"都是20世纪80年代成立的重要组织，它们既是现代微型金融理论的大本营，更是微型金融政策实践的推动者，除了亚洲的微型金融机构之外，它们所创立的微型机构大多都是这个领域的佼佼者。

从本质上来看，这两种观点并不矛盾。如果机构在财务上能持续，就必须具有一定的"商业化"取向；如果机构要想获得商业上的成功，就必须有一个合理的组织结构。尽管它们既是理论的倡导者，也是实践的领军人，然而其他微型金融组织和理论家们对两种观点都持保留态度，休姆、莫斯利

---

① BancoSol，最初是由美国的捐赠组织ACCION（行动国际）提供资助建立的非政府组织，行动国际为其转型提供了大量的技术和理论支持。

（Hulme、Mosley，1996）更是公开谴责这种"俄亥俄学派"思潮（Ohio critique），一些主要的原因是：通过发展援助来牟利显然应该受到道义上的谴责；即便是覆盖操作成本也不是微型金融机构适当的目标，既然微型金融组织具有重要的社会和政治使命，那么发达国家和政府在道义上就理当资助；小额信贷具有较高的操作成本，让穷人承担成本显然有悖反贫困的目标。一些批评家们还认为，"商业化模式"将使咨询和捐赠机构与本地的微型金融组织之间的关系陷入尴尬的境地，一方面继续的"干预"是否适宜，另一方面收益却属于本地的组织。

因此，有关是否"逐利"（for-profit）和采取哪种模式的争论贯穿整个20世纪90年代。与此同时，微型金融也在快速地发展。到90年代末，这种"微型金融革命"（microfinance revolution）似乎呈现出"双赢的局面"：在起始阶段为微型金融组织提供帮助进行机构建设之后，一些机构在为穷人提供服务的同时，也能逐渐覆盖成本甚至获得一定的利润；而客户通过持续地从微型金融这种正规组织获得服务之后，能够平滑消费，拓展商业机会，进而降低贫困的程度。一些微型金融旗舰组织的成功逐渐在其他发展中国家和地区传播，越来越多的机构开始通过"上行战略"转变成受管制的银行或非银行金融机构，同时仍然为锚定的"小微企业主"和低收入家庭服务。在城市地区，客户不仅可以获得"小额信贷"，还可以获得"小额保险"、储蓄、转移支付等更多的金融服务。与此同时，微型金融的弹性和活力也吸引了一些国家的大型商业银行通过"下行战略"进入微型金融市场。正如扶贫咨询集团的首席执行官伊丽莎白·利德菲尔德（Elizabeth Littlefield）所言，在过去的金融危机中，尤其是90年代的墨西哥、亚洲和俄罗斯金融危机中，为穷人提供的金融服务在危机中呈现出巨大的弹性。近些年来，另一种方式，"绿地投资"（greenfield investment），越来越多地取代了传统的

"NGO 转型"战略。所谓"绿地投资"就是从一开始就建立起完全成熟的商业化微型金融机构。

"转型"和"商业化"的微型金融机构越来越少地依赖捐赠机构、发展银行和道德投资者们的融资和补贴；相反，它们开始从当地吸纳储蓄、从商业银行贷款或是通过发行债券等方式从资本市场融资。不同国家和地区的一些微型银行还联合成网络或组建成微型银行控股集团，以实现信息、技术、知识的共享并提高流动性和风险的管理。进入 21 世纪后，发展金融机构、商业资本和私人资本开启了更为专业的微型金融投资渠道，通过债券和权益资本向微型金融机构提供融资。2007 年 4 月，随着墨西哥"分享银行"IPO的实施，在揭开微型金融领域另一个重要的序幕的同时，也引发了更多的热议。过去的 20 年，尤其是近十年，微型金融政策实践和理论创新并驾齐驱，以强大的活力和激情活跃在经济学的舞台。

二、微型金融的"上行战略"与"下行战略"

在 20 世纪 90 年代的前半期，一些理论家们尤其是来自"行动国际"的专家们认为，从长期来看微型金融组织采用银行的形式从技术层面和操作层面都有较大的优势。因此，有必要将一些具备条件的非政府组织转变成银行，获得银行的经营执照，这样可以在吸纳储蓄的同时，也可以提供更为广泛的服务。转型之后的机构，也可以接受当局适当的监管。显而易见，储蓄是最"廉价"的资金来源，可以提高组织的"可持续性"，也有利于迅速扩张信贷业务；然而在大部分国家，只有获得相应的许可并受当局监管的特定机构才有吸储的资格。

将 NGO 转型为银行的"上行战略"（upscaling），就是满足这些要求和期望的理想方式。典型的"上行战略"的实施通常分为两个发展阶段。在第一个阶段，就是提供技术支持和咨询，把现存的组织变得规模更大、更有效率。首先需要找到一个合适的 NGO，愿意在商业化的基础上为锚定的群体服务，并为将来进行组织机构转型作必要的准备；通过技术支持和帮助后，能实现"自我持续"，同时具有较大的发展影响。一旦这些目标达成后，就进入到第二个发展阶段，可以在比较坚实的基础上，将微型金融组织转型为正规的银行。

因此，"上行战略"是通过"强化"和"正规化"两个发展阶段完成的。在这一过程中，往往需要发展援助机构进行全过程的策划和监控，既提供技术和理论上的指导，也提供必要的信贷融资。这通常涉及三个方面的主体：当地 NGO 及负责人，启动和提供融资的发展援助机构，以及技术和理论咨询顾问。

玻利维亚的"阳光银行"（BancoSol）就是第一个从非政府组织 Prodem 变成微型银行的成功案例。按照该组织创建人的说法，新机构的使命就是成为具有逐利和使命取向相结合的特别混合体。[①] Prodem 提供了成立银行的大部分资金，剩余部分由商业和私人投资所提供。因此，母组织只能部分地控制阳光银行的决策权，为避免阳光银行偏离了既定的使命和宗旨，Prodem 通过人力资源专家对银行雇员进行培训，建立起有益的企业文化才解决了这一问题。

由此可见，通过"上行战略"转型的机构在结构上存在着一些隐患。转型成正规的银行首先需要非政府组织变成一个公司或者成立一个新公司，因为后加入的股东需要这种公司结构。因此，新成立的公司就会出现几方重要的利益主体：母组织及其管理人，资助母组织成立的发展援助机构和捐赠

---

① Petra Dacheva, "Commercialization in Microfinance: a Study of Profitability, Outreach and Success Factors within the Latin American Context", Working Paper, 2010.

人，新加入的股东。这里就出现一个重要的问题，谁是公司的实际控制人？谁最适合充当公司的控制人？公司的"逐利"目标和"社会"目标在这种组织结构中会有冲突吗？

正因为如此，在实践中"上行战略"事实上是个复杂的工程，结果也难尽如人意。尽管拉美地区的一些最成功的微型金融机构都是通过"上行战略"脱胎于 NGO 的，但这一数目并不多。除了"合格"的 NGO 数目较少之外，缺少专业的支持机构和咨询专家以及难以处理公司治理结构也是其中的重要原因。

"上行战略"的重大局限性为"下行战略"的出现提供了契机。鉴于银行在运营中比 NGO 更有优势，20 世纪 90 年代早期的实践业已证实向"小微企业"提供信贷服务是切实可行的，美国和欧洲的发展援助专家开始设计和实行新的"下行战略"（downscaling）。所谓"下行战略"，就是支持现有银行引入"微型金融"技术，为尚未获得服务的"小微企业"或中型企业提供信贷等服务。"下行战略"的实施通常涉及如下相关主体：捐赠机构，具有"小额信贷"和"机构建设"专业知识的咨询机构和专家，以及当地的银行。通常先由发展机构聘请咨询专家识别当地银行是否适合并愿意开展针对"小微企业"的微型金融服务；咨询机构和专家随后将培训其必要的技能，并帮助其建立新的事业部门；除此之外，发展援助机构将向当地银行提供必要的融资，尝试新的金融技术和业务。

与"上行战略"不同的是，"下行战略"在实施中进展得非常顺利，在亚洲和转轨后的东欧等国家取得了出人意料的成绩[1]，覆盖了许多原来被忽略的"小微企业主"。然而，"下行战略"的主要问题是银行的高层管理者

---

[1]　Reinhard H.Schmidt, "Microfinance, Innovations and Commercialization", Working Paper, 2011.

们并未把这些些新客户当作重要的角色。故而，为"小微企业主"提供服务的事业部很难获得银行高层的全力支持，就难以全力致力于扩大服务的范围和规模，也难以对其发展产生长远的影响。

三、"绿地投资"战略

20世纪90年代中后期，对已经开展的"上行战略"和"下行战略"的反思使援助机构和发展专家们意识到，与其费力地与当地管理人合作把非政府组织转化成银行，不如直接建立新的银行更为简单和直接。这种直接的方法只需要开始成立一家新银行，在能够覆盖成本的基础上，向锚定的"小微企业主"和低收入阶层提供经过合理定价的信贷和其他金融服务。这就是所谓的"绿地投资"（greenfield investment），或者"从头开始"（starting from scratch）。

在实施"绿地投资"战略中，发展援助机构通常先判断在某一国家是否需要建立微型金融银行，继而分析能否在2至4年的时间内达到"自我持续"。这通常涉及三方面的利益主体：（1）潜在投资者和未来的股东；（2）技术执行方，多为咨询或支持组织，帮助建立微型银行并扶植其起始阶段的运营；（3）发展援助机构，提供启动帮助，为初始阶段的运营提供补贴和信贷指导。在过去的几年中，有许多援助机构和发展组织活跃在"绿地投资"领域，例如国际金融公司（the International Finance Corporation，IFC）、德国的SFW、荷兰的FMO、美国国际发展署（USAID）和部分私人道德家。它们认为，为低收入阶层建立微型银行是自己发展使命的一部分。例如在非洲的南撒哈拉地区，IFC发现这里的微型金融组织仅占世界总数的2%不到，尤其能实现可持续发展的机构更少。因此，从2007年起IFC携手世界重要的微型金融商ProCredit、Accion、Advans、Microcred以及Access，在该地区许多贫困的地方通过"绿地投资"建立了一些微型银行。[①]

"绿地投资"虽然能够方便快捷地为许多低收入阶层提供获得正规金融服务的机会，然而这一战略也存在一些不容忽视的问题：谁为新银行提供融资？谁来管理和控制新银行？新银行的产权又属于谁？这种从出生开始就带有"逐利"性质的银行如何在保证自身持续性的同时，还能保持为低收入阶层和穷人服务？这其中，一个重要的问题是找到或者创造这样一个"战略投资者"：它们拥有足够的资本；有足够的使命感能抑制逐利的倾向；必须有足够耐心和花费较长的时间才能收获投资收益。在下面的内容中，我们将看到"社会责任投资者"（socially responsible investors）是如何通过微型金融"专业投资渠道"（specialized investment vehicles）平台来完成这一使命的。

四、商业化融资与微型金融的"投资渠道"

过去，微型金融的发展几乎都是通过"非营利组织"如 NGO 和官方援助机构来驱动的。近些年来，商业化融资日益兴起，这些机构和新的市场进入者一起创造了更为广阔的渠道为微型金融组织提供融资。因此，微型金融机构的融资经历了三个典型的发展历程：在第一个阶段，微型金融机构主要从私人捐赠人那里获得捐赠；在第二阶段，开始把吸引官方机构和援助组织的资金作为重点；在第三个阶段，从外部吸引"商业资本"成为主要趋势，除了商业借款、发行债券外，权益资本（equity capital）日益成为微型金融融资的重要特点。

[①] IFC, "Success Factors in Microfinance Greenfielding", Working Paper, 2010.

(一) 商业化融资

单纯从量上来看，吸纳本地储蓄是微型金融机构最重要的商业资本来源。例如，早在 20 世纪 80 年代，印度尼西亚最大的农业银行 BRI 的微型金融事业部 UD 便通过吸纳储蓄取得了巨大的成功，使得微型金融成为覆盖印度尼西亚农村和农业经济的主导模式；此外，其他的旗舰组织例如孟加拉国的两家最大的微型银行"格莱明银行"和 ASA，以及"信促集团"（ProCredit）的小微银行都把吸纳储蓄作为重要的战略。与此同时，来自捐赠机构和个人的赠与和软贷款相应地在降低。

除了本地储蓄之外，获得商业性贷款是微型金融"债务融资"（debt financing）的另一种重要方式，并在近些年得到长足的发展。这主要有两种方式：第一种方式是"准商业性融资"（quasi-commercial funding），微型金融机构从诸如 KFW、EBRD、IDB 等国际性金融机构以商业的条件获得不同于"软贷款"的资金，同时带有一定补贴的成分；第二种方式是"更商业性的融资"，即从不同国家的商业银行获得正常的商业贷款。近几年来，不少微型金融机构开始尝试从银行间市场获得贷款，在东南欧地区的一些国家，"信促集团"的微型银行甚至在当地发行当地货币的债券。另一种值得注意的重大发展是小额信贷资产的证券化，例如，2006 年德意志银行为"信促集团"在比利时的分支机构开发了此类产品，这是第一次开发证券化的信贷产品并在东欧地区进行交易；随后，摩根士丹利也加入到这一进程中。[①]

除了相对简单的"负债融资"，权益融资被越来越多的理论家们看作未来微型金融发展的杠杆。因为一些微型金融组织已经从传统的 NGO 转变成受管制的银行，这就为微型金融撬动资本市场提供了可能。与此同时，微型

---

① Morgan Stanley, "Microfinance: on the Way to Capital Market", Working Paper, 2007.

银行也要受当局的管制，同样遵守巴塞尔协议对资本的要求；然而随着微型金融信贷资产每年以30%以上的速度增长，资本充足率显然也要同比增长。因此，获得权益资本或股份资本已成了微型金融发展的重要议题。

（二）股份资本与"微型金融专业投资渠道"

一些重要而又似乎冲突的问题开始出现：如何获得股份资本，这些资本与商业化股份有什么区别？股份资本加入后，谁是微型金融机构的所有人和控制人？又如何避免微型金融机构出现"使命漂移"？

1. "公共–私人"伙伴关系

现代微型金融的"权益融资"（equity financing）主要来自两方面：公共投资者（public investors）和私人投资者（private investors）。公共投资者的"投资"是值得"怀疑的"（suspect），按照施密特（Schmidt, 2011）的说法，它们长期以来只在技术支持和信贷指导方面扮演着积极的角色。[1] 解决融资的办法就是吸引私人资本，构建"公共–私人"伙伴关系（public-private partnership，PPP），创造"微型金融专业投资渠道"（Microfinance specialized investment vehicles，MFIVs），亦即微型金融投资基金（microfinance investment funds）。"创造这种结构的基金可以动员资本为微型金融机构提供融资，这是在其他情况下实现不了的"，冯·皮斯克等人（von Pischke, et al., 2006）认为，最近的发展表明，一旦微型金融投资基金的结构被合理地设计出来，就不会缺乏资本。[2]

公共角色通常包括国际捐赠机构，例如国际金融公司（IFC）、区域发展银行如IDB或者欧洲重建和发展银行（EBRD），以及国家发展银行例如

---

① Reinhard H.Schmidt, "Microfinance, Innovations and Commercialization", in *The Handbook of Microfinance,* The Scientific Publication, 2011, p.79.

② Ingrid Matthäus-Maier, J. D. von Pischke, *Microfinance Investment Funds: Leveraging Private Capital for Economic Growth and Poverty Reduction,* Springer Publishing House, 2006, p.14.

德国的 KFW、美国的 USAID 等机构。这些参与 PPP 的援助公共机构拥有必需的资本、责任，以及保证 PPP 运行在双底线目标轨道上的技术专家。在私人层面，就是成立微型金融专业投资渠道，例如著名的 ProFund、AfriCap、ProCredit-Holding 等，这些私人投资渠道都是行动国际和国际项目咨询公司等组织帮助建立的。

以下就以行动国际和法兰克福国际项目咨询公司（IPC）为例，探讨私人投资者是如何帮助微型金融机构实现商业化融资的。

2. 行动国际及其网络

自从微型金融发展以来，行动国际（ACCION）便是这一领域开创性的、重要的参与者。行动国际是美国创建的非营利性组织，主要关注拉美地区。经过 25 年的发展，行动国际通过自己的支持和开创性的行为，已经发展了拥有很多"会员"（affiliates）的巨大网络，它们都或紧或松地集聚在行动国际的旗下。此外，行动国际还参与创建其他网络组织，微型金融投资基金就是其中之一，它们也不同程度上由行动国际控制，借以参股一些成功的微型金融机构，也有可能是行动国际的"会员"。当然，行动国际有时也可能在会员机构中直接参股。

尽管行动国际这种网络结构，会员网络、投资基金和投资机构网络，呈现出一种松散的状态和组织实体，但是，在一些特定的情形下，行动国际也会实行强有力的直线管理和干预。实践证明，行动国际及其网络无论是作为一种网络组织还是在金融层面的运作都是相当成功的，并且能够在政策实践中较好地掌控发展政策和目标。

3. 国际项目咨询公司与"信促控股"

法兰克福国际项目咨询公司（Internationale Projekt Consult GmbH，IPC）虽然是一家创建于 30 多年前的私人咨询企业，但是公司的所有人和员工基本上一直追求发展目标，并承诺以后将继续保持这种追求。国际项目咨询公司不只为捐赠机构提供有关微型金融组织成立和管理的咨询服务，也直接支持微型金融机构的运营。在成立之初，它被业内誉为"机构建设专家"，在咨询服务中，国际项目咨询公司努力贯彻自己认为有价值和意义的那些标准和理念，这些商业哲学和理念有时难免要与自身的生存相冲突。正像行动国际一样，国际项目咨询公司也是发展金融现代商业化的领导者，并把自己的标准和理念概念为"机构建设理论"（institution building approach）。

目前，信促集团已经在拉丁美洲、东南欧地区以及非洲等地的 23 家微型金融机构中拥有大量股权，形成一个庞大的网络系统，旗下的许多微型金融机构都是相应地区的佼佼者。例如，在波斯尼亚和萨尔瓦多创建的微型金融组织后来都转型为专业性的微型金融银行，并分别成为该国同类机构中最大的；20 世纪 90 年代中期，信促集团还在俄罗斯和苏联的一些国家通过"下行战略"，开展了几个大型项目。通过这些项目的运作，国际项目咨询公司认为"发展目标"和机构自身的持续性并不矛盾，故而，也在微型金融随后的商业化发展和创新中起积极作用。

利用商业股份资本发展微型金融机构可以追溯到 20 世纪 90 年代中期。南斯拉夫战争结束后，国际项目咨询公司恰巧有机会参与在波斯尼亚创建一家微型金融机构并参股。此后，这家微型金融机构运行相当成功，国际项目咨询公司的管理层认为这种模式也可以用于其他微型金融项目，并顺势创建了著名的"信促控股"（ProCredit Holding AG）。"信促控股"是当今世界上最大的微型金融股权投资公司，通过参股微型金融专业银行为中等和小微企业提供金融服务。

下面让我们来看看在波斯尼亚的项目中，国际项目咨询公司是如何创建和利用"公共-私人"伙伴关系（PPP）来发展微型金融的。根据《代顿和平协议》，波黑战争结束后将在战争创伤国建立微型金融银行，国际项目咨询公司受邀来创建。其他投资者要求，为了激励咨询公司，国际项目咨询公司也应当持有新银行一定的股份。这种结构设计非常成功，因此国际项目咨询公司把这种创新模式复制到其他国家和地区。然而，由于公司的自有资本有限，国际项目咨询公司便邀请其他私人投资共同创建了"信促控股"（Pro-Credit）作为"微型金融投资渠道"（MFIVs）。

在具体运营中，国际项目咨询公司扮演技术支持的角色，而"信促控股"则是战略投资者。通常在起始阶段，"信促控股"只持有新银行较少的股份，其他的股东就是一些惯常的公共和发展援助组织以及机构投资者。因此，国际项目咨询公司和"信促控股"的运营模式就是"公共-私人"伙伴关系。

随着国际项目咨询公司业务的发展，信促控股也需要越来越多的资本，一些在微型银行中的投资股东后来也成了信促控股的股东，信促控股的股本因此得以快速扩张。从 2005 年起，信促控股开始购买旗下微型金融其他股东的股份，逐渐成为下属银行的大股东，所有银行开始采用统一的名称"信促银行"（ProCredit Bank）。如今，信促银行的 23 家子银行雇佣了 20000 多名员工，信贷资产规模达 30 亿欧元，并且每年仍以 30% 的比例在增长。在拉丁美洲地区平均信贷资产的额度超过 1000 欧元，在非洲地区则少于 1000 欧元，在中东欧地区，多达到 5000 欧元。信贷利率通常比其他专业微型金融银行低，在 15%—30% 之间。而贷款损失率一直保持在 1%，甚至 0.5% 以下。

与行动国际较为松散的网络和"会员"结构相比，"信促控股集团"实际上已经演变成一个公司集团。这种组织结构也有自身的缺陷，即集团必须给旗下子银行相应的自治权以满足日常经营的需要。但是，子银行的发展战略则由位于法兰克福的总部管理，受到严格的监控。因此，各子银行事实上都是以统一的服务和标准呈现在顾客面前的。

目前，除了新建的子银行外，信促银行及信促集团都已经能够实现自身的持续，并获得了一定的利润。鉴于股东们默认 15% 是收益的上限，过去几年的资本收益率一直保持在 12% 左右。分析人士认为，如果打破这项"规则"，从长期来看，资本收益率还有望得到提高，而加入的资本还能继续扩大，从而把分支机构的网点扩建到 500 个，能为更多的顾客提供服务。

4. 启示：商业化的股权投资可行吗？

无论是行动国际的松散型网络结构，还是信促控股的集团实体机构，都是采用商业化的股权进行投资的。这两家机构在追求自身可持续性的同时，也把能够长期对社会和发展方向有实质性影响作为目标。经过 20 年尤其是近十年的发展和验证，它们已经在微型金融的发展和机构建设上取得了可喜的成绩，并被业内视为榜样进而被复制。

两家机构在支持、创建和吸纳微型金融组织时，都把当地的微型组织能够同时达到"商业成功"和"发展目标"作为自己的责任。果真如此，那么它们显然就是微型金融机构"负责任"的所有人。因此，从金融收益和发展目标两方面来看，"商业微型金融"（commercial microfinance）都是吸引人的模式，并被越来越多的公众所认同。2006 年，在将"诺贝尔和平奖"颁发给穆罕默德·尤努斯和"格莱明银行"之时，德国 *DIE ZEIT* 周刊发表评论，"这枚合适的奖章，却发在错误的时间"①。评论的意思很明显，尽管"微型金融"获得诺尔和平奖是众望所归，但在 2006 年将其颁发给"格莱明银行"有些显失公允，如果要颁发给尤努斯，"合适的"时间应是十年

---

① *DIE ZEIT*, Oct.26, 2006.

前。分析人士认为，很久以来政策实践者们都无法将信贷服务渗透给穷人，并且带来积极影响；尤其是今天，如果认识不到"商业微型金融"的重要性，就无法理解如何将更多的资源组织起来，有效地提供给更多的客户。

长期支持市场观的冯·皮斯克（von Pischke，2006）也认为，吸引私人和机构投资者的专业微型金融基金的发展才刚刚开始，这些愿意投资微型金融的潜在投资者并不乐意与现行的组织合作，但将它们转型为正规的结构后就可以吸引这些潜在的投资者，从而为微型金融的壮大和发展提供坚实的基础。与此同时，微型金融的支持者们也在努力地构造透明的投资基金机构，以满足投资者们的新诉求。

2011年根据世界银行扶贫协商小组的统计，微型金融跨境融资已达250亿美元，其中公共融资者提供的融资仍占三分之二，随着微型金融专业投资渠道的建设，私人投资在逐渐上升，而在十年前只有公共的发展援助机构提供融资。如今，私人投资已经成为微型金融资本的第二大来源，据2012年扶贫咨询集团的调查报告显示，私人投资的占比已经上升到45%，这其中，有37%的比例是通过"微型金融投资渠道"或者微型金融控股公司来提供融资的。与此同时，近十年来兴起的从商业银行贷款的"债务融资"的作用也在逐步降低。

五、墨西哥"分享银行"的商业化转型与问题

Compartamos是1990年建立的为穷人提供信贷的非营利性非政府组织，起初只在墨西哥的瓦哈长州（Oaxaca）和恰帕斯州（Chiapas）开展业务。经过20多年的快速扩张和发展，如今已成为世界上营利性最好，也是拉美地区客户数量最多的微型金融机构。目前Compartamos的业务已经覆盖墨西哥全境，有187家分支机构，顾客数量达63万，其中98%多是农村地区的

妇女，她们主要从事食品买卖、手工制作和农业生产等活动。

在 Compartamos 起步发展的 1990—2000 年期间，从世界银行扶贫协商小组（CGAP）、行动国际（ACCION）以及其他捐赠机构和个人处获得了共计630 万美元的捐赠资金。因此，在此阶段，其他捐赠机构是"委托人"，而Compartamos 就是"代理人"，其使命就是通过提供信贷资金帮助穷人发展。

在 1997 年初步达到"可持续性"目标之后，Compartamos 逐渐迈出了转型为受管制的正规金融机构的步伐。2000 年，为了进一步扩大"覆盖力"（outreach），它又作出使用私人资本并开始逐利的决策，随后成立了商业性金融公司 Financiera Compartamos。其目的是，提高专业化的管理水平，在规模经济的基础上实现财务的可持续性，能为更多的客户提供金融服务。"金融分享"公司（Financiera Compartamos）的股东包括最初的非政府组织Compartamos AC、股权投资基金 Profund、行动国际和国际金融公司（IFC）。它们选择私人股权资本的目的是为了得到更为专业化的技术支持和指导，同时也能提高管理水平；这些基金刚好看中了墨西哥方兴未艾的微型金融行业，每年都在以 30% 的速度增长。三家基金共持有"金融分享"公司 68%的股份，这种占比可以激发外部资本的动力。"分享"机构（银行）的股权与形成过程如图 6-1 所示。

"金融分享"公司收取较高的利率，享有较高的利润，最终用来扩充资本金使其能为更多的顾客服务。截至 2006 年进行 IPO 之前，三家基金投入的 600 万美元的所持有股份的账面价值已经达到 12600 万美元，而"金融分享"公司的覆盖力也从创建之初的 2 个州扩展到墨西哥全境。平均贷款额度为 450 美元，约占墨西哥人均收入的 6%。这些数字表明，"金融分享"公司在壮大自己的同时，确实在为更多的顾客提供较小额度的信贷服务。

2006 年，"金融分享"公司获得了银行执照，从而转型为"分享银行"

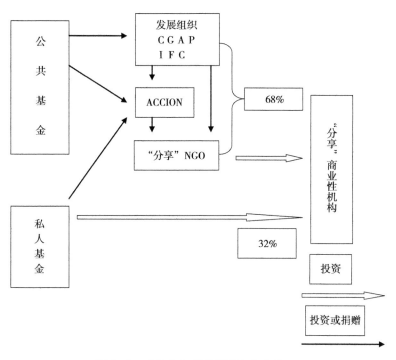

图6-1　"分享"机构的股权与机构

（Banco Compartamos），也达到了吸纳储蓄的既定目标。2007年，"分享银行"作出IPO战略，并卖出30%的股份，获得4.7亿美元的资金，在墨西哥股票交易所的市值一度高达22.4亿美元，初始投入资本基本获得100倍的收益率。投资"分享银行"的不仅包括具有社会责任心的投资者，也包括国际主流的大型基金经理和一般的商业投资者，新进入股东6000位，其中160位是机构投资者。但实际上，"分享银行"并不是第一家上市的微型金融机构，早在2003年，亚洲旗舰印度尼西亚的BRI（Bank Rakyat Indonesia）就在雅加达、新加坡等地交易所上市，也取得了巨大的成功。

　　尽管"分享银行"的商业化转型和IPO取得了长足的发展，但是也引发了一系列的热议，甚至是指责，这其中一个重要的问题是，商业化取向的机构如何在获利的同时还能为穷人服务？会出现使命冲突吗？[1]

在2000年之前"分享"作为NGO之时，事实上是接受外部的捐赠资金，向穷人和低收入阶层提供信贷服务，因此，捐赠者或机构的"使命"和NGO的"使命"是协调一致的，都是期望通过提高覆盖穷人的"广度"（breadth）和"深度"（depth）来促进穷人的发展，这一阶段不会出现"使命漂移"现象。在2000年之后的第二阶段，股份资本的加入改变了组织的结构，"分享"成了混合结构的机构，"分享银行"中既有母体NGO，还包括逐利的机构；从逐利目标来看，较高的利率使"分享银行"获得了惊人的利润；从"社会使命"来看，"分享银行"的覆盖广度是NGO的9倍，并且继续为穷人提供小额度的贷款。因此，在第二个阶段，"分享银行"的商业化似乎达到了"双底线"均衡。

与"使命"相关的第一个重要问题就是，NGO是否应当组建"逐利"的机构。如果可以逐利，那么一个非营利性质的机构在不被视为剥削之前，可以获取多高的利润水平？出于道义的原因，尤努斯（Ynnus，2006）就曾经声明，那些在融资成本之外利差多于15%的微型金融组织，事实上是在模仿私人放贷行为。但是，一些社会投资者认为，收取能够补偿融资成本、通货膨胀率和必要的管理费的利率还是合理的，因为"借贷"比"免费赠与"更能让微型金融组织具有"责任心"。与"使命"相关的第二问题是，一个具有"双底线"使命的机构是否应该追求利润目标？换而言之，为了自身利益可以牺牲多大的社会使命？收取多高的利率？许多理论家和实践者们认为，接近市场的利率水平是可以接受的。然而，"市场水平"也是颇具争议的，例如本地私人放贷收取150%，"分享银行"收取100%的利率合理吗？

---

[1]　MFI Solutions, "The Implications of Increased Commercialization of the Microfinance Industry: What Can We Learn from the Discussions that Followed the Compartamos IPO?", Working Paper, 2008.

　　另一个与"使命"相关的重要问题源于不同性质的股东及治理结构。既然存在着"逐利"的股东，那么它们未必赞同"双底线"的目标，尤其是当"财务目标"和"社会目标"发生冲突时。具体而言，"分享银行"就存在两个与股权结构相关的重要问题。其一，如何使具有社会性质的股东（NGO 或其他捐赠者）和逐利股东的共存？其二，具有社会性的股东可以卖出来自社会捐赠的股份用于转型后的商业组织吗？

　　首先，最大的挑战来自少数私人股东。如果所有股东都是非营利性的，那么就不会出现资本收益的归属问题，因为收益终将用于具有社会性的发展目标。但是，一旦私人性的股东获益了，一个自然的疑问是，少数私人股东是否通过影响和控制大股东使"社会目标"受损进而达到私人获益的目的？或者私人股东的收益是否合理和正当？

　　其次，NGO 大股东和外部股东到底是什么关系？假如以 NGO 为代表的大股东仍然追求"社会使命"，在一个以股权为基础的结构中，大股东是否可以损害小股东的利益来达到自己的目标？

　　最后，股权比例的设计也起重要的作用。"分享银行"正式成立以前，在"分享"NGO 的股权中，行动国际占 18.1%，IFC 占 10.6%，NGO 占 39.2%；"分享银行"成立后，新加入的私人股东占 32%。IFC 的使命是投资私人企业并能获益，行动国际和 NGO 的使命更代表借款客户的利益。因为没有股东是最大的股东，所以最终的决策往往屈从于各方的讨价还价和政治辩论。

第二节　商业化与使命漂移

一、两派之争

穆罕默德·尤努斯在 2005 年——"国际小额信贷年"接受《夜间商业

报道》(Nightly Business Report, 2005) 采访时说，"微型金融不是施舍，而是商业，是帮助穷人摆脱贫困，带有社会目标的商业"。"格莱明基金"(Grameen Foundation) 认为，微型金融是全球反贫困"最有效、最灵活的战略"之一。胡登（Hudon, 2009）认为，正因为微型金融在道义上关注那些被"金融排除"的人，所以我们应当也能够大规模地实施"微型金融战略"来满足世界穷人的迫切需求。①

在过去的 30 年，非政府组织领导了这一金融创新，帮助穷人脱贫，改善了他们生存的社会经济环境。然而，这种需求是巨大的，依赖捐赠资金也阻碍了微型金融活动的持续性和连续性。理论界认为，发达的金融市场有利于把资源提供给需要的人们，因此，提倡把微型金融组织转型为正规的金融机构，从而能够拥有利用资本市场的合理资质，为更多的人提供更好的服务。

1. 非政府组织与银行——一个制度的框架

过去几十年的政策实践表明，非政府组织无论是在为穷人服务的覆盖力上，还是在自身数量和规模上都取得了可喜的成绩，它们的政策介入解决了"市场"和"政府"都难以克服的许多挑战。它们不仅旨在帮助穷人脱贫，还为改善穷人和低收入阶层生存的经济、社会环境作出了巨大的努力，从而能进一步促进穷人的发展。NGO 取得的这些成绩不是偶然的，这与它们具体运行机制的设计，尤其是与穷人的生活息息相关。NGO 深入穷人生存的具体环境中，找出了他们的困难和需要，了解了他们具有什么样的技能和潜能，既能耐心地"教育"穷人转化，也能缓慢地接受穷人的转变过程。正因为如此，它们在市场的初级阶段是一种成功的创新模式（Chesbrough, et

---

① M. Hudon, "Should Access to Credit be a Right?", *Journal of Business Ethics*, Vol. 84, No. 1 (Janrary 2009), pp.17−28.

al.，2006)①。

一个理想的世界，假定没有交易成本和不确定性，因此就没有存在NGO这种援助组织的必要，我们可以很轻易地将资源传递到需要者的手中。然而，筹集和分配资金、收集信息和选择潜在受惠人以及监督援助项目的实施等，都涉及大量的交易成本；而且，由于很难观察和掌握"交易对象"的信息、偏好和目标，又容易产生不确定性。因此，在存在交易成本和不确定性的情况下，NGO性质的援助组织通过特殊的制度安排和运行机制，减少了交易成本和不确定性，既"填补"了市场的空白，也"替代"了政府的无效性。

尽管NGO从技术和制度上（"微型金融"）比较成功地解决了为穷人和低收入阶层提供金融服务问题，但是同样有证据表明，有许多原因导致NGO主导下的微型金融活动存在缺陷：（1）到目前为止，我们仍然无法准确地理解和把握"微型金融"的性质；换而言之，它到底是另一种发展政策的"干预工具"，还是信贷资源配置的手段？进而引发"补贴"与否，"自我持续"与否和"商业化"与否的激烈争议。（2）NGO还依赖于官方基金和捐赠机构所限定的"议程"。（3）实施项目时，需要复杂的批准、报告和评估等程序。（4）NGO提供的微型金融服务，在规模和范围上远远不足。

NGO主导的微型金融活动的开展和发展，日益受到融资、不断上升的社会需求、不利的社会环境和自身持续的压力。正是基于上述的缺陷和压力，才产生了这样的问题——微型金融活动到底应该由NGO来提供，还是

---

① H.Chesbrough, et al., "Business Models for Technology in the Developing World: the Role of Non-governmental Organizations", *California Management Review*, Vol.48, No.3(Spring 2006) , pp.46–61.

由掌握了大量的资源、有较高的管理水平与技能以及能吸纳储蓄的银行来提供？

　　事实上，NGO 长期存在着融资不足并受到持续性威胁的问题。如果可以吸纳储蓄，进行商业融资，那么就可以缓解对捐赠资金的依赖，而这些活动只有正规金融机构、或者受到当局监管的“微型金融机构”才能开展。根据德意志银行（Deutsche Bank，2007）的一份报告显示，如果依据商业化的程度，可以将“微型金融机构”分为四层“金字塔”式的结构：最上面的第一层少于 3% 的机构最为获利，拥有大多数的资产，能充分利用商业融资，能够在财务上自我持续，同时能服务大多数的微型金融客户。第二层由转变为受管制的微型金融机构组成，目前还不能利用国际资金，尚处于初步发展的有效阶段。第三层的机构处于盈利的边缘，但承受着缺乏资本的煎熬。第四层主要是刚建立的微型金融机构。[1] 可见微型金融组织根据外部环境和自身的需要，已经呈现出不同“性质”的组织和序列。

　　与 NGO 组织相比，银行业则更能为企业的成长和发展提供强大的外部融资，这对发展中国和欠发达国的企业更为重要。莱文（Levine，1997）认为，有证据表明银行在经济发展中发挥着首要的影响（first order impact）[2]；格林伍德、约万诺维奇（Greenwood、Jovanovic，1990）的研究发现，金融中介在获得外部融资时能克服道德风险和逆向选择，故而能减少企业外部融资成本，提高它们的资产收益率。[3] 更为重要的是，贝克等人（Beck，et

---

　　[1]　Deutsche Bank Research, "Microfinance: an Emerging Investment Opportunity", Working Paper, 2007.

　　[2]　R. Levine, "Financial Development and Economic Growth: Views and Agenda", *Journal of Economic Literature*, Vol.35, No.2(June 1997) , pp.688–726.

　　[3]　J. Greenwood, B. Jovanovic, "Financial Development, Growth and the Distribution of Income", *Journal of Political Economy*, Vol.98, No.5(October 1990) , pp.1–28.

al.，2006）研究发现，金融机构在帮助小企业解决融资困难中发挥着比大企业更为重要的作用。[1] 近年来"移动银行"（mobile banking）的大力发展就显示了"银行"这类金融中介的非凡作用，并受到数以百万从来没获得过金融服务顾客的欢迎。通过掌上终端，"移动银行"成功地覆盖了世界上许多几乎无基础设施的地区，尤其是许多偏远和农村地区，使之成为微型金融机构的完美解决方案。"移动银行"的出现扩大了金融的覆盖力，降低了服务成本，从而使为低收入阶层和穷人提供服务的"成本-收益"能够达到平衡点。如今，加纳、伊朗、苏丹和南非的一些国家和地区，以及乌拉圭、巴西、委内瑞拉、哥伦比亚、墨西哥和危地马拉已经成功地引入了这一新的金融中介"模式"。[2] 与此同时，一些微型金融机构也开始在顾客中尝试使用"掌上终端"的服务模式。

获得融资是银行类正规金融机构的绝对优势。在向微型金融组织提供融资时，国际资本往往要暴露在诸如汇率风险等变动之下，德意志银行发现在2008年的金融危机中，处于第三层、第四层欠发展的微型金融中介组织得到资本更为困难；而转变为正规金融机构的，尤其是微型金融银行类的组织更容易受到为分散风险的国际资本的青睐。而且，具备吸纳储蓄的微型金融机构更能应付衰退和危机中来自国际市场上的资本波动。当然，国际金融市场的动荡也更容易对依赖国际资本的正规微型金融组织带来伤害，流动性的收缩被认为是一些国家微型金融危机的一个重要前提。但是，成为正规金融机构可以充分利用保险政策，同时这些机构的借款人也面对着生老病死和意外灾害的冲击，保险服务可以使他们降低甚至免受财产损失和现金流降低带

---

① 　T.Beck, A. Demirguc-Kunt, "Small and Medium-size Enterprises: Access to Finance as a Growth Constraint", *Journal of Banking & Finance*, Vol.30, No.11(November 2006) , pp.2931-2943.

② 　Anna Ohlden, "Mobile Banking the Answer for Africa's Unbanked-Mxit", 2009 年 11 月 24 日, 见 https://www.science 20.com/print/61968。

来的打击。总之，随着金融的发展、机构的壮大和服务的完善，金融中介及其服务将为低收入者和穷人阶层带来更多的积极影响。这说明，在条件成熟的情况下，某些非政府组织可以率先转化为正规机构。

2. 微型金融的使命与两派之争

微型金融的使命是什么？按照微型金融组织自己的表述，"它的主要目标或使命就是反贫困"①。换而言之，所有的微型金融机构、理论家和政策实践者们都承认，微型金融就是通过金融服务的手段，帮助穷人，提高他们的发展技能。然而，相同的使命也演化出两种不同的观点：福利学派（welfarists）和制度学派（institutionalists 或 institution building approach，也称机构建设学派）。

在福利学派看来，为穷人服务的微型金融应该始终守住"社会底线"（social bottom line），具体而言就是：收取尽可能低的利率或服务价格，覆盖尽可能多的穷人（breadth），即使是最穷的穷人（the poorest of the poor）也毫无例外（non-exclusive）。或者，按照"微型金融之门"（the Microfinance Gateway）的观点，一家微型金融机构的社会绩效就是，在实践中有效地落实组织的社会使命，按照普遍接受的社会价值标准，毫无例外地为所有穷人服务；在提供合适的金融服务的同时，努力提高服务品质；为客户创造利益；在实践中不断提高组织的社会责任心。② 制度学派却坚持"双底线"（double bottom line）的观点，在为穷人提供金融服务的同时，强调金融机构自身持续的重要性，认为一个高度发展的正规金融市场有利于扩大服务的覆盖力；尤其是面对着对"微型金融"的庞大需求，仅靠传统的捐赠是远远

① Beatriz Armendáriz, Ariane Szafarz, "On Mission Drift in Microfinance Institutions", in *the Handbook of Microfinance*, World Scientific Publication, 2012.

② www.microfinancegateway.com.

不够的。尽管微型金融已经为上亿的人口提供了服务，但是世界上仍有数十亿的低收入阶层被排除在正规金融服务之外。如果要为这些人服务，微型金融仍然需要更快的发展速度。一个现实的解决办法就是，在建立强大的可自我持续的微型金融机构的同时，把微型金融机构和商业银行乃至整个金融市场联系在一起。

因此，福利学派和制度学派争论的焦点集中在，未来的"微型金融"将是：（1）捐赠人支持的 NGO 组织未来仍将是提供微型金融服务的主导；（2）争取微型金融机构的自我持续和自我发展，仍是未来的主要发展方向。尽管两派中的任何一方都没有站在自己的阵地试图去完全否定另一方，但争论的背后却涉及一个实质问题：未来微型金融的大力发展到底是需要捐赠人继续大力支持，还是通过商业化手段实现自我发展？

3. 微型金融的社会责任与金融伦理

当我们试图判定福利学派和制度学派孰是孰非，或者"NGO"和"商业化"孰优孰劣时，支持"商业化"和支持"社会使命"的都能站在自己的立场上说出充足的经济学理由。[1] 仅从"是否反贫困""是否为穷人提供更好的服务""是否追求自身的持续"等问题本身，很难看出两者的差异，因为这些都是两个阵营共同追寻的目标。然而，当我们尝试从另一个范畴——"伦理价值"的角度分析时，两者就会出现不同。

在判定人类活动的"伦理价值"或"道义价值"时，出现了两种不同的观点。第一种观点就是在欧洲广为传播的"信仰伦理"（ethics of conviction），代表人物是哲学家伊曼纽尔·康德（Immanuel Kant）。该观点认为，如果某项行动基于有伦理的价值目的或原则时，我们就认为该行动是一项具

---

[1] Emily Chamlee Wright, "Fostering Sustainable Complexity in the Microfinance Industry: Which Way forward?", Working Paper, 2005.

有高尚伦理的活动，并将该原则作为指导行为的一般准则和构建法律体系的理想基础。按照这一观点，如果微型金融是基于"热心帮助穷人"这类高尚伦理原则之上，我们就认为微型金融是伦理善良的。很显然，微型金融的目标是帮助穷人、反贫困，因此微型金融是"信仰伦理"的典型例证。

著名的社会学家和经济学家马克斯·韦伯（Max Weber）则对此持有不同的观点。韦伯把自己的理论称为"实用伦理"（practical ethics）或"责任伦理"（the ethics of responsibility）。韦伯认为，当且仅当人类的行为经过"仔细的计划"，并且根据合适的标准可以取得好的效果时，才能也应当称为"伦理善良"的；相反，有伦理的"意图"及其背后的原则并不重要。因此，韦伯毫不留情地批评了康德的"信仰伦理"论，因为这种"善良的意图"或"原则"往往忽视了是否能取得"善良"的结果。按照韦伯的观点，如果经过"仔细计划"的微型金融能为客户和社会带来价值或福利的增加，那么微型金融就是"伦理善良"的。

显然，以尤努斯为代表的"福利学派"或"社会使命派"是主张"信仰伦理"的，即微型金融应该遵循"善意的原则""高尚的意图"去帮助穷人。正如尤努斯反复在许多场合所讲的，微型金融之所以如此具有感召力和吸引捐赠人，正是由于它基于善意的原则和美好的意图。也正因为如此，尤努斯为"格莱明银行"争取了大量的捐赠。然而，这并不意味着所有的微型金融组织都应该成为"格莱明式"的机构，都像"格莱明银行"那样组织和运行。事实上，尤努斯已经活跃在发展政治舞台上长达几十年了，"他总是试图获得足够的捐赠和补贴来补偿银行运行所造成的赤字，更重要的是，他是一个好的演讲者"。①

————————

① Reinhard H. Schmidt, "Microfinance, Commercialization and Ethics", *Poverty & Public Policy*, Vol. 2, No.1(January 2001), pp.97-130.

自然，没有人会反对一个福利组织能够获得大量的捐赠。对于一个福利机构而言，展示自己的理念和运行模式，通过宣传以吸引大量的资助也是一个可取之道。在这方面，尤努斯和"格莱明银行"业已取得了可喜的成绩，并因为帮助了许多穷人而荣获了"诺贝尔和平奖"。但是需要指出的是，这种运行方式是否同样适用于世界上其他成千上万的微型金融组织？是否有足够的捐赠人和资金？又如何去满足尚有的30亿的"荒唐缺口"？

故而，从长期来看，其他大多数微型金融组织必须降低自己的成本，能够从收入中获得一定的利润，保持自身的可持续性。既然别无选择，在未来的发展中，微型金融组织就应该认真对待"双底线均衡"问题：一方面能够继续为穷人和低收入阶层提供小额信贷等金融服务；另一方面确保自身在财务上的可持续性。

由此可见，主张"商业化"的制度学派更赞同韦伯的"责任伦理"。他们认为，"善良的结果"要远比"善良的意图和原则"更为重要。只要商业化的发展不是以损害"伦理"为代价，那么随着微型金融机构的发展和壮大，就能为更多的穷人提供更好的服务。正如安东尼奥（Antonio，2010）在《金融伦理》中所言，微型金融也许是当今国际金融市场中唯一一个具有"伦理"的部门，这是由微型金融组织所追求目标的正确性决定的；微型金融所追求的社会责任体现在两个方面：一是它们如何去实现自己的社会责任；二是它们取得的社会结果到底如何。[1]

二、微型金融发生了"使命漂移"吗？

尽管制度学派倡导的商业化趋势是未来微型金融发展的主要方向，然而

---

[1]　Antonio Argandona, *Microfinance, on"Finance Ethnics"*, John Wiley & Sons, Inc, 2010, p.442.

对微型金融商业化最大的担忧则是，转型的微型金融机构可能会在"逐利"动机的驱使下，收取较高的利率和费用，并且向低端市场上较富的群体移动，出现"使命漂移"（mission drift）的倾向。

1. 微型金融的利率与公平

为了获得更多的利润，一些商业化的微型金融机构开始收取较高的利率和附加费用，在拉丁美洲地区，例如墨西哥的分享银行等机构，利率高达60%—70%。尤努斯认为，那些利差高于融资成本15%的微型金融机构，无异于放贷鲨鱼。长期从事微型金融理论和实践研究的经济学家默多克等人（Armendàriz、Morduch，2005）早就发现，微型金融机构的利率明显比传统商业银行的利率高很多。[1] 世界银行扶贫协商小组（CGAP，2009）的研究报告也表明，在过去20年中，那些在发展和转轨经济中为低收入者提供小额贷款的机构，通过收取足够高的利率来维持自身的可持续性；那些能够持续或获利的机构无需补贴的继续注入就能继续为客户们服务，通过撬动包括储蓄在内的商业资源，新服务的顾客也在呈指数增长。[2]

自20世纪七八十年代开始，微型金融的利率就广受关注，近几年来，随着商业化的推进和个别机构IPO所产生的高额利润，微型金融机构的高利率受到越来越多的"伦理"谴责，一些国家甚至采取利率上限进行限制。在商业化之前的NGO阶段，产生的利润能为新的贷款融资，用于小额贷款的扩张；而商业化转型之后，利润可能被卷进私人股东的口袋；例如，在"分享银行"的案例中，就有人谴责"行动国际"的前总裁玛丽亚·奥特罗（Maria Otero）获得高额的利润；而在印度SKS例子里，也出现持股股东攫取私利的现象。

---

[1] B. Armendàriz, J. Morduch, *The Economics of Microfinance*, Cambridge: The MIT Press, 2005.

[2] CGAP, "Are Microcredit Interest Rates Excessive?", Working Paper, 2009.

　　通常微型金融机构的利率由四方面因素构成：融资的成本、贷款损失、管理费用或实施成本和必要的利润。根据世界银行扶贫协商小组（CGAP，2006）的调研统计，2006 年能够使微型金融机构"持续"或"获利"的中位利率水平为 26%，这其中 11% 弥补管理费用，8% 弥补融资成本，这一水平远低于相同地区私人放贷者收取的水平；而且，从 2003 年到 2006 年，利率水平平均下降了 2.3%；类似"分享银行"收取"超高"利率的机构，不到 1%。对于什么样的水平才是"合适的"标准，世界银行扶贫协商小组认为，"并没有统一的标准，这不仅因为利率经常出现较大的变化和不同的机构处于不同的环境，也因为对于什么叫'过高'也没有统一的意见"[1]。

表 6-1　微型金融机构收取的利率

年份	2005	2006	2007	2008	2009	2010
机构数（个）	506	737	921	1158	1125	1100
年平均利率（%）	33.78	33.66	32.54	35.42	32.71	33.51
年利率中位数（%）	29.93	29.34	28.79	30.45	27.96	28.32
"分享"年利率（%）	85.72	80.78	78.36	81.91	72.77	71.10
SKS 年利率（%）	21.57	23.77	25.28	26.33	25.64	24.48

资料来源：MIX 数据库。

表 6-2　微型金融机构收取利率的分布　　　　（单位：个）

年份	2005	2006	2007	2008	2009	2010
机构数	506	737	921	1158	1125	1100

　　[1]　Richard Rosenberg, et al., "The New Moneylenders: Are the Poor Being Exploited by High Microcredit Interest Rates", CGAP, 2006.

续表

年份	2005	2006	2007	2008	2009	2010
年利率超过10%的数量	498	726	900	1,132	1,095	1,066
年利率超过20%的数量	411	582	713	935	875	851
年利率超过30%的数量	250	357	428	589	478	505
年利率超过40%的数量	142	193	231	344	263	272
年利率超过50%的数量	77	116	124	205	163	166
年利率超过60%的数量	44	70	71	127	93	104
年利率超过70%的数量	19	34	43	77	57	65
年利率超过80%的数量	8	16	17	55	33	41
年利率超过90%的数量	4	9	8	31	19	23
年利率超过100%的数量	2	8	4	20	10	12

资料来源：MIX 数据库。

"微型金融信息交换平台"（microfinance information exchange）是世界上微型金融最大的数据库，目前已有1100多家机构向其提供信息。截至2010年的数据显示，目前微型金融机构收取的平均利率为34%，中位数为28%，在过去的几年中，这一水平相对稳定，在32%—35%之间波动，如图6-1、图6-2所示。利率水平除了与机构所处的国家有关，也与每个机构的"放贷技术"（是否采用小组）和获得的补贴有关。通过对453家微型金融机构的分析，多弗利特纳、莫斯奇（Dorfleitner、von Mosch，2011）发现收取较高利率的微型金融机构集中在拉丁美洲、东亚和非洲这些地区，他们认为这主要源于较多的人员和实施成本，而与机构逐利和收取风险补偿关系并不大。[①]

哈耶克认为，在一个受限的市场中，讨论社会公平意义并不大，可以把"习惯"或"已经存在的价格"看作"公平价格"。[②] 罗尔斯（Rawls）也认为，可以将"先验原则"（transcendental principles）视为公平原则。[③] 从这种观点来看，如果微型金融机构的利率不高于当地私人放贷者这种"原始状态"（original point principle），那么就可以认为微型金融的利率水平是"公平的"。皮珀（Pieper，1966）则认为，在一个特定的交易或环境中，收取什么样的利率才公平与"代替公平"（commutative justice）息息相关。[④] 在竞争性的市场中，借款人可以从不同的机构获得贷款，那么均衡的利率和条件就是公平的，也不涉及伦理问题。然而，在小额信贷市场上，竞争是不充分的，利率水平取决于借贷双方的"议价能力"，因为穷人毫无力量，因此只能被动接受放贷机构的利率。

在此情况下，公平的价格理论并不能为公平的利率提供依据。但是，我们不能据此认为微型金融机构收取的利率就是"不公平的"。在此需要指出的是，微型金融机构应当清楚它们收取的利率和所获得的利润，与其说是来

---

① G. Dorfleitner, J. von Mosch, " Explaining Microcredit Interest Rates: an International Comparison", Second European Research Conference in Microfinance.Groningen, The Netherlands, 2011.

② F. Hayek, *Law, Legislation and Liberty, Volume 2: The Mirage of Social Justice*, Chicago: Chicago University Press, 1978.

③ J. Rawls, "Kantian Constructivism in Moral Theory", *Journal of Philosophy*, Vol.77, No.9(September 1980) , pp.515-572.

④ J. Pieper, *The Four Cardinal Virtues: Prudence, Justice, Fortitude, Temperance*, Notre Dame University Press, 1966.

源于其自身的"效率"不如说来源于其自身在市场中的地位。因此，从金融伦理和微型金融的道义来看，应当制定相应的社会责任政策，在尽量降低利率的同时，合理地利用利润，从而能更好地为穷人和低收入者服务，使微型金融真正成为"负责任的微型金融"(responsible microfinance)。

2. 微型金融发生"使命漂移"了吗？

对微型金融商业化另一个最大的顾虑是，商业化的机构可能会在利益的驱动下向底端市场的富裕群体提供较大的贷款额度，出现"使命漂移"(mission drift) 趋势。福利学派认为，微型金融机构引入利润指标之后，不可避免地损害了为穷人服务这一特定的社会目标。早在 2002 年，克里森、底波拉（Christen、Deborah，2002）在考察拉丁美洲市场之后就认真地指出，商业化降低了微型金融机构对穷人服务的责任心，穷人将被非穷人所挤出。[1] 一旦商业化的机构开始追求财务上的可持续性和利润，就不可能同时去完成为穷人服务的社会使命；换而言之，"双底线均衡"中两个目标事实上是相互矛盾的。因此，在实践中，微型金融机构往往优先考虑自身的利润，而非穷人的发展和对穷人的"覆盖力"。尤其是，随着商业化的发展，商业资本和"私人股东"的出现更是加大了微型金融机构对利润的考量，商业化运营已从十年前的"拉丁美洲现象"(Latin America phenomenon) 逐步发展成全球微型金融行业的一种主流趋势。

（一）商业化对"覆盖力"的影响

商业化的机构在追求"自身可持续性"(self-sustainability)、"效率"和利润的时候往往会牺牲对穷人的"覆盖力"(outreach)。"覆盖力"通常表现为两方面：一是覆盖的广度（the breadth of outreach），即为更多的穷人提供

---

① Robert P. Christen, D. Deborah, "Commercialization: the New Reality of Microfinance", in *The Commercialization of Microfinance: Balancing Business and Development*, Drake Deborah, Elisabeth Rhyne (eds.), Bloomfield: Kumarian Press, 2002.

金融服务；二是覆盖的深度（the depth of outreach），即为更穷的穷人服务（the poorest of the poor）。

一般而言，更深的覆盖力将导致更高的成本。首先，向更穷的穷人贷款会产生更高的"搜寻成本"（searching cost），因为他们往往居住在更为偏远的地方，也比较分散；其次，为穷人服务需要较高的"筛选成本"（screening cost），为他们服务大多采用"小组信贷"，涉及大量的人员、管理和教育成本，而且费时较长；再次，向穷人提供服务还将面临较高的偿还风险，容易发生贷款损失；最后，为穷人提供的金融服务往往数额较小，交易次数频繁，单笔交易的成本较大。正是由于这些原因，更深的覆盖力，即向更穷的穷人提供信贷服务将会增加微型金融机构的成本。这表明为穷人服务的微型金融机构在"覆盖力"的"深度"和"自身可持续性"上存在"此长彼消"的关系。妇女被认为是信贷市场上的弱势群体，同男性相比，她们因劳动技能和赚钱能力差更容易受到歧视，因此是否愿意向她们提供信贷服务也是度量微型金融是否发生"使命漂移"的重要指标。

对于这种"此长彼消"的矛盾，使"福利学派"对"制度学派"的"双底线均衡"产生怀疑，他们认为当两者发生冲突时，出于"使命"的缘故更应该侧重于为穷人服务的目标，而"制度学派"则坚持优先考虑"可持续性"和"利润"，因为没有机构的延续和存活，就无法为穷人提供服务。近些年来，随着微型金融实践的深入和创新，两派的观点似乎得到了一些调和，理论界认为"可持续"和服务穷人是可以兼顾的，例如，默多克（Morduch，2005）的研究发现，在一些情况下，"持续性"和"覆盖力"可以共容甚至是相得益彰的。[1]

---

[1]　J. Morduch, "Smart Subsidy for Sustainable Microfinance", *Fiance of the Poor*, Vol. 6, No. 4 (2005), pp. 1–16.

　　近十几年的实证研究也得出了不同的结论。在实证研究中，通常用平均贷款额度作为度量"使命漂移"的指标，其原理是，穷人往往需要较小额度的贷款，而且金融机构也倾向于向穷人提供较小额度的贷款，用以限制穷人的风险暴露和违约。奥立瓦雷斯－波朗科（Olivares-Polanco，2005）分析了拉丁美洲地区 28 家微型金融机构，研究认为"可持续性"和"覆盖力"之间确实存在此消彼长的关系；[1] 通过分析东非地区的 33 家微型金融机构，马卡梅、穆林德（Makame、Murinde，2006）也得出了相同的结论。[2] 这些证据都表明，如果机构为了自身的持续和利润，就会向底端市场上较富裕的群体提供更大额度的贷款，从而出现"使命漂移"的倾向。

　　当然，也有一些学者的实证研究得出与上述不同的结论。克里森（Christen，2001）早期的一项研究表明，通过采用拉丁美洲地区微型金融机构的数据，发现商业化转型的机构并没有导致"覆盖力"的下降；[3] 希格苏伦（Hishigsuren，2007）仔细地分析了孟加拉国的一家微型金融机构，研究认为，提高对穷人的"覆盖力"并不会导致成本的增加，换而言之，机构的"覆盖力"和"利润"这两个目标并不矛盾；[4] 此外，利德菲尔德等人（Littlefield, et al.，2003）分析了 62 家微型金融机构的数据，发现财务上的"可持续性"与贷款额度的大小并没有多大的关系，其中为最穷群体服务的18 家机构反而比其他机构的营利性更好，如果以每位客户所耗的成本考量，

---

[1]　F.Olivares-Polanco, "Commercializing Microfinance and Deepening Outreach? Empirical Evidence from Latin America", *Journal of Microfinance*, Vol.7, No.2(2005), pp.47-69.

[2]　A.Makame, V.Murinde, "Empirical Findings on Cognitive Dissonance around Microfinance Outreach and Sustainability", Working Paper, 2006.

[3]　R.Christen, "Commercialization and Mission Drift", Occasional Paper, 2001.

[4]　G.Hishigsuren, "Evaluating Mission Drift in Microfinance: Lessons for Programs with Social Mission", *Evaluation Review*, Vol.31, No.3(2007), pp.203-260.

为最穷的穷人服务的一些 NGO 信贷项目，表现也比其他机构要好。[1] 这些研究和发现表明，微型金融不仅能覆盖穷人，而且还能通过某些金融信贷技术的创新降低成本和提高利润率。

为了得到是否发生了"使命漂移"的更为令人信服的证据，一些学者试图采集更多国家、更多机构的数据进行分析。卡尔、昆特（Cull、Demirguc-Kunt，2006）对来自 49 个国家的 124 家机构进行了比较研究，分析"覆盖力"的"深度"和"可持续性"之间的关系，并采用三个变量平均贷款额度/人均 GDP、平均贷款额度/该国最穷 20% 人口的人均 GDP、妇女贷款占比来度量"覆盖力的深度"。发现这个"覆盖力"指标与"利润"指标并不存在此长彼消的关系，但是却发现规模大、时间长的机构在这三个"覆盖力"指标上要比规模小、时间短的机构要差，他们认为随着时间的发展，微型金融机构确实发生了"使命漂移"，但并一定是基于"利润"的考虑。[2] 莫斯兰、斯特朗姆（Mersland、Strøm，2009）收集了 74 个国家的 379 家机构 2001 年到 2008 年的面板数据，用平均贷款额度度量"覆盖力"，并没有发现微型金融行业整体发生"使命漂移"，但是机构的平均利润确实随贷款额度的增加而增加。[3] 卡尔等人（Cull，et al.，2009）随后又收集了 2002 年到 2004 年期间 346 家机构的数据，比较了不同"法律身份"机构的平均贷款额度，发现 NGO 的平均贷款额度要小、覆盖妇女的比例较大。[4] 赫尔

---

[1]　E.Littlefield, et al., "Is Microfinance an Effective Strategy to Reach the Millennium Development Goals?", *Focus Note*, Vol.24, No.24(2003) , pp.1–11.

[2]　R.Cull, A.Demirguc-Kunt, "Financial Performance and Outreach: a Global Analysis of Leading Microbanks,"Working Paper, 2006.

[3]　R.Mersland, R.Øystein strØm, "Microfinance Mission Drift?", *World Development*, Vol.38, No.1 (Janrary 2010) , pp.28–36.

[4]　R.Cull, et al., "Microfinance Meets the Market", *Journal of Economic Perspectives*, Vol.23, No.1 (Winter, 2009) , pp.167–192.

墨斯等人（Hermes, et al., 2011）收集了 1999 年到 2007 年期间 435 家机构的数据，分析发现，那些平均贷款额度较小的机构，其效率或利润也往往最差，同时也发现女性客户比例较大的机构，其利润也较差。他们认为，在时下"商业化浪潮"中，这显然是一个糟糕的结论，因为商业机构如果注重效率和利润就会降低对穷人和妇女的覆盖。①

　　总体看来，上面这些研究多关注微型金融机构的"覆盖力的深度"，通常以妇女占比、贷款额度及其调整指标与"机构利润"或"可持续性"之间进行对比，忽略了同一家机构从 NGO 转变为受管制的商业机构之后有关指标和"使命"的变化，即微型金融机构商业化之后是否发生了"使命漂移"。基姆·瓦赫纳尔（Kim Wagenaar, 2012）收集了 1558 家机构跨度 15 年的面板数据，分析了微型金融从 NGO 组织转变为商业化机构，即机构"性质"变化中"利润"和"覆盖力"之间的关系，研究发现，转变之后，机构的贷款额度明显变大，妇女客户占比下降，这意味着机构性质的转变明显导致"覆盖力"下降，如果以"覆盖力的深度"和"妇女"指标作为"使命"指标，那么转型后的机构确实发生了"使命漂移"。2014 年阿弗森·阿布拉尔（Afsheen Abrar）和阿提亚·Y. 贾维德（Attiya Y. Javaid）也分析了商业化中微型金融机构的"覆盖力的深度"和"利润"指标之间的关系，通过收集世界六大地区 72 个国家的微型金融数据，研究发现金融机构的"利润"和"平均贷款额度"正相关，追求利润的机构倾向更大的贷款。②

---

① N. Hermes, et al., "Outreach and Efficiency of Microfinance Institutions", *World Development*, Vol. 39, No.6(June 2011) , pp.938–948.

② Afsheen Abrar, Attiya Y. Javaid, "Commercialization and Mission Drift—A Cross Country Evidence on Transformation of Microfinance Industry", *International Journal of Trade, Economics and Finance*, Vol. 5, No. 1(February 2014) , pp.122–125.

（二）世界微型金融旗舰的"使命"与表现

在研究微型金融机构是否发生"使命漂移"时，大多数学者都是站在机构的外部，试图以某些指标来度量机构的行为和表现，事实上关于自身的"使命"或"目标"，每家机构都有明确的规定和阐述。表 6-3 是以"覆盖力"来排名的全球十大微型金融机构。

表 6-3　世界前十微型金融机构的覆盖力与使命

机构名称	国　家	覆盖力（该国人口占比）	机构身份与性质（法律地位）	主要使命	其他使命
格莱明银行	孟加拉国	4.43	受管制银行	反贫困	关注妇女
ASA	孟加拉国	3.31	NGO	提供收入	关注妇女
VBSP	越南	5.43	国有银行	反贫困	低利率
BRAC	孟加拉国	2.92	NGO	反贫困	识字和疾病
BRI	印度尼西亚	1.44	受管制银行	为小企业主服务	为股东创利
Spandana	印度	0.08	受管制金融机构	主要金融服务商	为股东创利
SHARE	印度	0.07	受管制金融机构	反贫困	关注妇女
Caja Popular	墨西哥	0.58	受管制合作社	为会员服务	为会员服务
分享银行	墨西哥	0.55	受管制银行	创造发展机会	发展信任关系
BCSC	哥伦比亚	1.34	受管制银行	提供银行服务	发展社会目标

资料来源：微型金融信息交换平台和格莱明基金会 2007 年市场报告。

表 6-3 以"覆盖力"的大小从高到低进行排名，即以机构服务顾客数量的多少来度量"覆盖力"。在表的第三列，显示了服务客户数量在该国的人口占比情况。从表中可见，孟加拉国的"格莱明银行"和越南的 VBSP 排名较高，可能是因为这些国家的低收入者和穷人比较多。最后两列是机构所陈述的"主要使命"和"其他使命"。在这些使命中，我们发现，孟加拉国 BRAC 机构的使命不仅包括提供金融服务以帮助客户增加收入的"反贫困"

目标，还包括帮助客户"提高识字率"和"提高健康状况"，这些使命都是联合国"人类发展指数"中重要的指标。同样位于亚洲的另一个重要机构，具有"逐利"性质的印度 Spandana，它的主要使命是成为主要的金融服务商，并且要为股东谋取最大的利益，较穷的客户和富裕的客户都可以成为机构的股东，具有同等地位。进一步的信息显示，BRAC 的平均贷款额度为188 美元，而 Spandana 的为 199 美元。如果以"平均贷款额度"作为"使命漂移"的指标，11 美元的差异很难让人相信，BRAC 在为穷人服务，而Spandana 发生了"使命漂移"。

按照大多学者的观点，当一家机构的身份从 NGO 转变成受管制的商业机构后，往往容易发生"使命漂移"，因此机构的身份与性质也是表明"使命"的重要变量。在表的第四列，标明了这些机构的身份和地位。一个重要的典型是孟加拉国的"格莱明银行"，尽管"格莱明银行"已经从 NGO转型为可吸储的正规银行，但它的使命仍然是反贫困，也被认为是世界微型金融反贫困的榜样。事实上，"格莱明银行"并不是唯一的案例，在排名前十的机构中，就有四家机构明确表明自身的目标就是反贫困，其中三家都是正规的银行。有意思的是，这四家机构全部位于亚洲，根据世界银行的估计，亚洲拥有世界上最多的贫困人口，这种分布使得亚洲微型金融服务的穷人数目最多，也是近几年来亚洲微型金融迅猛发展的重要原因。与此相对的是拉丁美洲地区，多是中、低收入的国家，这些国家不发达的金融体系吸引了微型金融进入，来为这些地区穷人中较富的群体服务，有些微型金融机构就明确表明自己的目标是为"小微企业主"服务。因此，仅从"贷款额度"的大小或是机构的"身份性质"，都很难把握机构是否发生了"使命漂移"。

使用平均贷款额度来度量微型金融的使命这一方法最早可追溯到 1996

年，在《金融扶贫》一书①中，莫斯利（Mosley）发现玻利维亚的"阳光银行"为了满足自身的"可持续性"，开始向较富的群体提供大额贷款，逐渐偏离穷人对小额度贷款的需求。从此，理论界在评估微型金融的使命或度量对穷人的"覆盖力"时，开始越来越多地采用这一指标。与此同时，微型金融机构也喜欢用"平均贷款额度"来表明自己在为穷人和低收入阶层服务，以此作为游说补贴和资金的依据。"微型金融信息平台2007年的报告"（MIX，2007）显示，表6-3中四家"反贫困"的微型金融机构的平均贷款额度约为175美元，而同期其他六家机构的平均贷款额度为1065美元。令人奇怪的是，理论界并未将"利率"纳入评估体系，上述四家机构的利率约为17%，而另六家机构的利率约为28%，其中的四家为商业性的微型金融机构。

（三）其他影响因素

除了"平均贷款额度"和"妇女"等指标外，还有一些其他重要因素也会影响微型金融机构提供服务的行为和"使命"。在表6-3中，同样是"覆盖力"和服务客户数量排名出色的机构，亚洲和拉丁美洲的微型金融组织就呈现出明显不同的特点。同非洲相比，亚洲和拉丁美洲都是云集世界微型金融机构最多的地区，然而亚洲尤其南亚地区多是低收入地区，而拉丁美洲则是中等收入地区。根据OECD的估算，拉丁美洲的人均GDP大约是亚洲的三倍；而世界银行估计，南亚地区拥有世界31%的贫困人口，而拉丁美洲地区仅占8%。因此，拉丁美洲地区的平均贷款额度明显大于亚洲地区的平均贷款额度也就不足为奇。

更为重要的是，拉丁美洲地区和亚洲地区人口结构和分布可能会呈现出

---

① P.Mosley, "Metamorphosis from NGO to Commercial Bank: The Case of Bancosol in Bolivia", in *Finance Against Poverty*, D.Hulme, P.Mosley(eds.) , London: Routledge, 1996.

明显的不同。在亚洲尤其是南亚贫困的国家和地区，低收入阶层和贫困人口多密集地居住在农村地区，这为一家微型金融机构"覆盖"大量的贫困人口提供了可能，耗费的成本可能也较小，正如前面有学者认真分析孟加拉国的一家机构，其成本反而会比较低。拉丁美洲的情形刚好相反，人口密度较低，居住在农村地区的人口更是稀少和分散，低收入者或低收入阶层中较富的群体大多居住在城乡接合部，这加大了微型金融向农村地区渗透的困难。因此，亚洲微型金融机构无论在"覆盖力的广度"（客户数量）和"覆盖力的深度"（穷人和妇女的数量）上，还是贷款额度上，都明显比拉丁美洲的要好。例如，孟加拉国的"格莱明银行"一家机构就向 600 多万的穷人提供较小额度的贷款，而墨西哥的"分享银行"服务客户的数量仅是"格莱明银行"的十分之一，贷款额度则是"格莱明银行"的三倍。

"交叉补贴"（cross-subsidization）是一个被忽视的因素。对于运行在底端市场的微型金融机构而言，它们面对着大体两类群体，一类是低收入者和穷人，另一类是较富群体和"小微企业主"，有些机构在为低收入者和穷人提供金融服务的同时，也会向较富群体提供较大额度的贷款。如果向较富群体贷款可以获得更多的利润，那么就可以用以"补贴"为穷人服务所产生的较高成本。阿门达里兹、萨法兹（Armendäriz、Szafarz，2011）认为，这种设想在拉丁美洲实现的概率比较大。[1] 正如世界银行和 OECD 的评估，拉丁美洲是中等收入的地区，人均 GDP 比较高，不发达的银行体系为微型金融的发展提供了机会。鉴于低收入者和穷人居住密度较小，分布较散，这使微型金融机构为穷人服务面对较大的挑战，故而这些机构大多选址在人口聚集的城乡接合部，既为较富群体的"小微企业主"服务以期获得更多的利

---

[1]　Beatriz Armendäriz, Ariane Szafarz, "On Mission Drift in Microfinance Institution", in *The Handbook of Microfinance*, World Scientific Publication, 2011.

润，也为分散的穷人和低收入者服务。因此，在这种情况发生时，仅以"平均贷款额度的大小"来衡量"使命"是否发生"漂移"容易产生误会。

此外，更大的连续贷款也是微型金融机构常用的信贷技术和策略。对于从未接受过微型金融服务的顾客，往往只能以"小组信贷"的方式获得初始的小额贷款，这一方面有助于避免穷人过分地暴露在风险之下，另一方面也有助于机构教育和筛选信用客户。当新客户逐渐从"小额信贷"中"毕业"后，就可以获得后续的更大贷款，所以从长期来看，微型金融机构的贷款额度有一种自然上升的趋势。

总结　是商业化演进还是使命漂移

随着微型金融实践活动的开展，理论界和一些重要组织认为，只有将微型金融从传统非政府组织主导的"社会运动"整合到正规金融体系中，才能提高对低收入者和穷人金融服务的包含性（financial inclusion）。[1] 他们认为，穷人贫穷并非个人和社会的故意选择，而是信贷资源配置中"政府失败"和"市场失灵"后非意愿的结果。正如尤努斯（Yunus，1989）所言，微型金融的信贷项目将为穷人无尽的自营活动敞开大门，通过激发穷人的企业家潜能、平滑穷人的消费和提供"赋权活动"等附加服务，微型金融有望成为根除贫穷的"银色子弹"（silver bullet）。然而基于 NGO 基础上的金融服务与尚未获得金融服务的 30 亿穷人之间仍有一个"荒唐的缺口"，因此通过金融整合，利用私人、商业甚至权益资本，从而使"微型金融"变成完全成熟的、自立的管制金融成为必然趋势。

---

[1]　Ledgerwood, *The New Microfinance Handbook: a Financial Market System Perspective*, The World Bank, 2013, p. 468.

过去的十年见证了微型金融商业化发展的奇迹，"商业化"已从 20 世纪 90 年代初期的"拉丁美洲现象"逐渐演变成世界各地遍开之花。在这股商业化浪潮中，呈现出三个鲜明的趋势：其一，微型金融机构比以往更关心自身的成本和赢利性，通过服务产品的开发、信贷技术的创新和公司结构的治理，试图在补贴和外援减少的情况下，能够在长期内存活下来，故而许多NGO 通过"上行战略"（upscaling）开始转变为受管制的非银行金融机构或可吸储的银行。其二，"逐利性金融机构"通过"下行战略"（downscaling）开始进入微型金融市场，在东欧、拉丁美洲和亚洲地区，部分商业银行也向底端市场上那些曾被它们忽略的"小微企业主"和低收入阶层提供金融服务。其三，商业资本和私人资本日益在微型金融的融资和再融资中发挥重要作用，甚至会成为微型金融机构的股东和所有人。20 世纪 90 年代末期，随着一些赢利性微型金融机构的创造和稳定运行，来自发达国家的私人和机构投资者甚至认为，微型金融是一个新的投资机会和新兴资产族（an emerging asset class）。

微型金融的商业发展在极大地拓展微型金融的融资渠道，提高"覆盖力"（outreach）、"自身可持续性"（self-sustainability）和营利性（profitability）的同时，也遭到越来越多质疑和反对声音。早在 1997 年的实证研究中，冈萨雷兹斯-韦加等人（Gonzalez-Vega, et al., 1997）就发现一些转变的机构在追逐利益的驱动下，出现向较富的群体提供较大贷款的"额度爬行"现象（loan size creep）。为了获得更多的利润，一些机构开始收取较高的利率和附加费用，在拉丁美洲地区例如墨西哥的分享银行等机构，利率高达60%—70%，连尤努斯也开始谴责微型金融组织无异于放贷鲨鱼。越来越多的理论家们认为，为穷人服务的微型金融逐渐偏离了原定的宗旨，出现了"使命漂移"倾向（mission drift）。一些实证研究先后发现，商业化的结果就是微型金融机构将服务锚定市场的是富裕群体而不是穷人。例如，克里森（Christen，2002）的实证发现，在拉丁美洲地区，商业化受管制的机构通常提供较大的平均贷款额度，达 804 美元，占该地区人均 GDP 的 47.2%，未商业化的 NGO 仅为 322 美元，占比为 23.6%。2005 年，来自"微型金融信息交换平台"（Mix）和"银行家"（The Banker）的数字显示，一些微型金融机构，尤其是拉丁美洲地区的盈利率甚至超过世界排名前五、前十的大银行。此外，来自卡尔、昆特（Cull、Demirguc-Kunt，2006）、默多克（Morduch，2007）和赫尔默斯等人（Hermes, et al., 2009）的实证研究也表明，微型金融机构在营利性和对穷人的"覆盖力"之间确实存在此消彼长的关系，如果微型金融追求自身的可持续性必然会减少对最穷群体的服务（the poorest of the poor）；来自其他不同学者的实证研究也发现，不少机构尤其是拉丁美洲的组织往往集中在城乡接合部，服务群体多是小微企业主。

那么商业化是否意味着必然的"使命漂移"，向更富的群体提供较大的贷款和收取较高的利率呢？

尽管微型金融被认为是金融市场中最后一块具有"伦理价值"的净地，然而实证发现的种种不利现象显然也是福利学派最大的担忧。当然也有一些学者认为，把"平均贷款额度""妇女占比"等指标作为评估体系并不能代表必然的"使命漂移"。例如，阿门达里兹、萨法兹（Armendäriz、Szafarz，2011）就认为，通过大额贷款补贴小额贷款的"交叉补贴"现象是微型金融机构常见的智慧；而后续大额贷款和经济的发展都会使"贷款额度"出现爬升。此外，正如卡尔等人（Cull, et al., 2007）指出，信贷技术从"小组信贷"变成个性化的"个人信贷"之后，放贷机构的贷款额度明显增大。[1] 而

---

① Robert Cull, et al., "Financial Performance and Outreach: a Global Analysis of Leading Microbanks", *The Economic Journal*, Vol.117, No.517(February 2007) , pp.F107-F133.

且，微型金融在不同的国家和地区，还会呈现出不同的模式和特点。因此，现有的评估体系既不能准确地反映微型金融机构的"使命"和绩效，也很难描绘出微型金融的发展状况。

可以预见，关于"商业化"和"使命漂移"的热议既没有结束，也将持续下去。当然，无论是福利学派对"使命"的坚持，还是制度学派对"持续性"的强调，双方都没有站在自己的阵地上试图去全盘否定另一方。事实上，越来越多的学者也开始认识到金融机构种类的多样性和市场发育程度的重要性。德意志银行认为，保持一个从 NGO 到完全商业化的"金字塔式"的微型金融机构序列很有必要。大卫·费兰德（David Ferrand, 2013）则认为，即使在一个高度发达的金融市场中，单个机构也很难满足消费者和企业的金融需求。[①] 而且，庞大的底端市场和尚未满足的金融需求将为每一家机构、每一种制度提供广阔的舞台。胡登（Hudon, 2008）认为，每种微型金融机构都能充分发挥自己的比较优势。[②] 范罗斯（Vanroose, 2007）更是持有英雄不问出身的态度，他认为，"无论是拿'覆盖力'来否定'持续性'，还是对'微型金融是什么'和'应当是什么'持谨慎态度，都是无意义的事情"，[③] 在他看来，只要服务底端市场的机构就是好机构。

制度学派不仅认为"商业化"是微型金融未来发展和演进的主要趋势，更把其看作是微型金融重要的创新（Reinhard, 2012）。早在 2002 年，亚洲旗舰印度尼西亚 BRI-UD 的首席顾问玛格丽特·鲁宾逊（Marguerite Robinson）就认为，"商业化"模式是继微型金融组织诞生之后的又一次

---

① David Ferrand, "Building Inclusive Financial Markets", Working Paper, 2013.

② M. Hudon, "Norms and Values of the Various MFIs", *International Journal of Social Economics*, 35 (1-2): 35-48.

③ A. Vanroose, "Is Microfinance an Ethical Way to Provide Financial Services to the Poor? Microfinance: are its Promises Ethically Justified?", Working Paper, 2007.

"革命"（the microfinance revolution）。世界银行的经济学家莱杰伍德（Ledgerwood，1999，2013①）认为，"商业化是指微型金融从主要依靠捐赠和补贴的组织转变成完全成熟和可持续的机构，并成为正规金融体系的一部分"，"更大、更专业的商业机构通过规模经济和范围经济能以更低的价格服务更多的顾客"。考虑到不断增长的金融服务需求，彼得拉·达切娃（Petra Dacheva，2008）② 认为，NGO 模式也许并不是理想的金融服务提供者。而在实践中，微型金融更是呈现出迅猛发展的态势，过去不到十年的时间，信贷资产规模和服务客户的数量已增加五到六倍，现在每年仍以 30% 的速度在增加；以拉丁美洲地区为例，目前微型金融服务顾客总数达 900 万，信贷总资产 97 亿美元，其中有 90 亿美元来自商业融资和储蓄。

---

① Joanna Ledgerwood, *The New Microfinance Handbook : A Financial Market System Perspective*, World Bank, 2013.

② Petra Dacheva, "Commercialization in Microfinance: A Study of Profitability, Outreach and Success Factors within the Latin American Context", Working Paper, 2008.

第七章　微型金融危机

第一节　尼加拉瓜危机

一、从成功走向失败

正像其他拉丁美洲国家一样，尼加拉瓜微型金融的快速发展也受到了金融自由化大环境的有力推动。直到 2007 年桑地诺民族解放阵线重返政坛，政府在微型金融的发展方面并未起任何作用。此后，随着国家发展银行的关闭，私人银行等创新部分地填补了农村和穷人金融需求这一市场空缺。尼加拉瓜的金融自由化尽管开始较晚，但力度很大，金融自由化和其他自由经济政策一样，同时构成了政策的主流。随着经济的复苏，一些微型金融组织开始发展，此时只有一些信贷合作组织涉足微型金融这一新领域。到 2000 年，大量私人组织开始加入这个金融"利基市场"，这得益于 1990 年后政府在法律框架上的修订，允许私人资本参与金融市场创新，政府还在 2004 年专门颁布了一部微型金融法。

在全球微型金融热的鼓舞下，在尼加拉瓜，众多的国际捐赠者开始把微型金融看作发展银行撤离后的替代，先是非政府组织和社会公益投资人加入到这一领域，随着部分非政府组织转变成正规的金融机构，大量的多边和双边捐赠者开始介入。从 2004 年到 2008 年短短的几年中，微型金融的发展保持着迅猛的势头，受管制的正规机构每年保持 42% 的增速，非正规机构尽管受到多边机构关注较少，但每年也保持 28% 的增速。在增长的高峰，尼加拉瓜微型金融组织的信贷资产总额达到 5.6 亿美元，占信贷总额的 16%，客户超过 50 万，占总人口的 10%。①

尼加拉瓜的微型金融具有自己独特的特点，它不仅在农村地区具有显著的覆盖力，农业生产和牲畜信贷在信贷资产中也占有较大的比例。这使尼加拉瓜的微型金融既与那些锚定城市和农村小商业取向的商业化微型金融有着较大的差异，也与一些活动在农村地区的合作组织和 NGO 存在差异。这似乎继承了国家发展银行的"某些风格"，从而成为可以自我生存的农村和农业微型金融的先驱，这些成就也与本国微型金融协会的支持密不可分。到 2008 年底，微型金融向中小农户提供的农业和牲畜贷款达 1.29 亿美元，占信贷资产总额的 52%。因此，活动在尼加拉瓜农村地区的非管制微型金融组织（Non-regulated MFIs）并没有出现所谓的"商业化和使命漂移"问题。

受管制的微型金融机构的目标则明显不同，它们主要关注城市和商业部门，随着城市地区小商业竞争的饱和，一些机构一方面开始开拓城市中商业市场，另一方面进入农村市场，提供较大数额的牲畜贷款。到 2008 年底，受管制的正规机构提供的农业和牲畜未偿还贷款达 2.7 万美元，占总额的 9%，农村信贷平均额度从 1393 美元（ProCredit）、3101 美元（Banex）到 6383 美元（Fama）不等。

与此同时，来自双边、多边组织例如中美洲银行（the Central American

① ACCION, "Nicaragua's Microfinance Crisis: Looking Back, What Did We Learn?", ACCION Report, 2011.

Bank of Economic Integration）也开始敦促尼加拉瓜的农业微型金融机构整合到银行系统，实施"正规化融资战略"。为此，扶贫咨询集团在 2005 年发布了尼加拉瓜《乡村效率和财务报告》，报告评估了农村微型金融的发展，不赞成只提供信贷而忽略其他服务的做法，并谴责捐赠机构针对农村信贷补贴的行为，静观这些行为对提高农村地区的覆盖力大有裨益。报告敦促捐赠人和相关利益人形成共同体，在国际金融公司和泛美开发银行的协同下，遵循"金融系统"(financial system approach) 的政策，亦即要求相关利益人把 NGO 转变为成熟的受管制的微型金融银行（Regulated MFI Bank），同时减少对非正规组织的融资援助。至此，农村地区的 NGO 微型金融组织加快了向商业性正规金融机构转变的步伐。

2008 年，在这场快速转化的过程中，一场严重的危机降临到尼加拉瓜的微型金融领域。在该国的几个地区，客户们开始拖延偿还，违约率攀升。一些微型金融组织进行了债务再安排，并按法律程序没收了违约客户的抵押物，由于政府并没有强制执行法院的决议，没收资产很快又回到客户手中。于是，一些微型金融机构开始破产，包括受管制的商业微型银行 Banex，就连德国著名的微型金融创导组织"信促集团"(ProCredit Holding) 也损失了上亿美元，并从农业信贷中撤离。其他的一些国际融资机构对尼加拉瓜国家风险紧张起来，迅速、大规模地撤资。数据显示，危机导致信贷资产下降到原有水平的 52%，在随后的三年，过半的信贷资产蒸发消失；商业微型金融机构的状况更为严重，例如 Banex 超过三分之二的资产被蒸发；未受管制的 NGO 机构受到的冲击力度稍小，尽管如此，这个部门的信贷资产和客户数量也消失近半，这意味着一度引以为豪的农业和牲畜贷款也受到较大的不利影响。

危机之后，受管制的微型银行转变了业务方向，几乎取消了全部的农业和牲畜贷款（下降了 85%），并增大了贷款额度，只为少数较大的客户服务，单笔贷款额度攀升到 4251 美元。显然，三年的微型金融动荡极大地打击了商业机构对农业和牲畜贷款提供服务的积极性，尤其是降低农业部门中层群体获得信贷资源的可能性，商业机构更愿意增加对富裕群体提供融资。以咖啡部门为例，危机后，咖啡小生产者获贷日益困难，贷款多转向大西洋公司和 CISA 这样的咖啡公司，门多萨等人（Mendoza，et al.，2012）[①] 认为，危机弱化了农村中层生产性信贷的获得性，使信贷资源更加趋向于农村地区的新兴和老牌的精英企业。另一个趋势是，尼加拉瓜微型金融的服务再度趋向于两极化，一方面是"昂贵"的商业金融，另一方面是对穷人提供短期的补贴信贷［巴斯提森等（Bastiaensen，et al.，2013）］。[②] 微型金融危机直接导致了私人资本对尼加拉瓜微型金融的投资，减少了对生产性信贷的服务，增加了农村小农和小微企业主获贷的难度。

二、危机的原因

对于尼加拉瓜的危机，行动国际（ACCION，2011）等微型金融机构认为有两方面值得注意：其一，适度审慎的缺失，微型金融的过度增长和竞争创造了大量金融泡沫，致使农村牲畜市场和城市商业市场都出现饱和；其二，政治层面的因素导致 2008 年北部农村地区的反抗和随后的传播。[③] 正是这两方面的因素，使得微型金融业务在危机之后更多地趋向于城市部门。

---

① R.Mendoza, et al., "Patron – Client Dependent Institution or Social Indetermination? Critical Genealogy of the System of Forward Sales in Coffee", *Academic Journal of the Universidad Centroamericana*, 2012, pp.87–102.

② Johan Bastiaensen, et al., "After the Nicaraguan Non-Payment Crisis: Alternatives to Microfinance Narcissism", *Development and Change* , Vol.44, No.4(July 2013) , pp.861–885.

③ ACCION, "Nicaragua's Microfinance Crisis: Looking Back, What Did We Learn?", ACCION Working Paper, 2011.

一些激进的学者批评拉丁美洲地区微型金融的饱和与激烈竞争，进而导致"过度负债"的发生。巴斯提森等人（Bastiaensen, et al., 2013）等人认为这种情况在尼加拉瓜的农村地区并不明显，事实上正是城市商业部门竞争的饱和才使部分微型组织转向农村，进而为中等群体提供农业生产和牲畜饲养贷款。例如，早在1996年，FDL机构就首先作出了限制城市信贷资产的战略，2001年其他一些微型组织也转向农业尤其是为饲养业提供服务，这使得尼加拉瓜的肉类和奶制品行业成为区域性的优势产业。一些观察者认为，政治因素在这次危机中扮演了特定的角色。尼加拉瓜的MCPAN组织发起了"防御性的社会运动"，进而演变成对微型金融激烈进攻的"不偿还运动"。

1. 快速扩张

正如许多学者所指出，尼加拉瓜微型金融在危机之前的一个显著特点就是快速扩张。众多国际投资者争先恐后地涌入该国，主要源于以下几个原因：其一，尼加拉瓜的微型金融领域在拉丁美洲地区整体声誉很好；其二，有较高的资信评级；其三，较高的利润率，资产收益率（ROE）无一例外地超过20%。通常，双边、多边组织通过投资渠道把数量大、相对廉价的资本导入城市受管制的微型金融机构，与此同时则把相对昂贵的资本输入到农村非管制机构。数据显示，管制机构获得的外部融资金额是非管制机构的3—4倍。为了使受管制的机构优先获得资金和支持，扶贫咨询集团制定了所谓的"主流政策"（mainstream policies），从而使尼加拉瓜的微型金融机构形成了由受管制机构组成的"多数派"和由未受管制机构组成的"少数派"。在主流观点看来，由NGO构成的少数派，最终都会"毕业"，走入"多数派"的阵营。

这种划分和"站队"既造成微型金融领域"受管制"和"不受管制"机构的不协调发展，也造成了两者之间的竞争，尤其是资本充裕的商业机构冲击 NGO 的活动。例如，尼加拉瓜著名微型金融银行 Banex 就曾"劣迹斑斑"，争抢非商业组织 ACODEP 的客户和市场。微型金融机构自然会故意隐瞒争抢客户的事实，因此没人能准确测算在同一市场客户"过度负债"的程度，故而导致放贷问题很多，客户同时多重借款、以新还老的现象就不可避免地发生。

贝特曼（Bateman，2010）认为，"华尔街式微型金融"这种新趋势——国际融资者通过商业化过度供给——是本次微型金融危机的国际特征。[①] 在此背景下，2009 年的微型金融危机也是 2008 年美国金融危机之后待破的另一个金融泡沫，刺破只是时间的问题。正是如此，尼加拉瓜微型金融危机爆发后，资金流入戛然而止，信贷机构开始"惜贷"，无论是国际投资者对微型金融组织还是微型组织对客户，都是如此。

对于许多学者指出的"过度供给和过度负债"问题，巴斯提森等人（Bastiaensen，et al.，2013）认为尚需进一步证实。"我们并不知道有关系统分析尼加拉瓜市场饱和与循环借贷的研究，但是利用信贷局数据进行的计量分析发现，多重借贷确实是违约的一个解释变量"　［德弗朗哥（De Franco，2010）］。[②] 在世界范围的比较研究中，维亚达、斯科特（Viada、Scott，2011）[③] 认为，尼加拉瓜就是"投资机构数目和过度负债负相关"的典型例子。这些实证分析至少说明，过度负债与微型金融的快速扩张有一定的关系。巴里奥斯、桑谢斯（Barrios、Sanchez，2012）尽管承认市场饱和

———————

①　M.Bateman, *Why Doesn't Microfinance Work?The Destructive Rise of Local Neoliberalism*, London: Zed Books, 2010.

②　M.De Franco, "Determinants of Bad Portfolio in the Nicaraguan, Microfinance Market. Draft for Discussion", Managua: ASOMIF, 2010.

③　L.A.Viada, G.Scott, "The Tipping Point: Over-indebtedness and Investment in Microfinance", Working Paper, 2011.

与微型金融快速扩张有关，但同时强调，这类情况主要集中在城市的某些地区。[1] 早在 2008 年的研究中，他们就已发现了城市市场的饱和迹象，但也声称这类情况应当继续保持扩张到农村部门。在农村部门，巴斯提森等人（Bastiaensen, et al., 2013）认为，尼加拉瓜的农业和牲畜信贷危机并未发现信贷过度供给现象，直白而言，是社会政治因素作用下的"逐利危机"（profitability crisis）。

2. 农村地区的社会、政治经济结构

处在市场底端的穷人总是面对着一个复杂的社会、政治和经济环境。这意味着，他们在面对生产和市场风险的同时，还要承担"社会风险"。为此，一些微型组织往往努力把穷人和小农的生产、信贷行为整合到当地整个农业价值链中，除了提供信贷之外，同时还提供其他非金融服务。但是，大多微型组织仍然采用的是"只提供金融服务"（financial only approach）战略，那么一些重要的结构性冲击就会损害客户的利润率和偿还能力。佩雷斯（Perez, 2011）认为，尽管尼加拉瓜的食品和牲畜价格出现了不利的变动，但这并不是世界市场动态变化的简单结果，更不是导致危机的主要原因，事情的根源则在于寡头垄断者通过农村当地精英群体对农业价值链的牢牢把控，这才是农村不公平发展的制度核心。[2] 2008 年世界食品和能源危机严重地冲击了农业部门，自然也对尼加拉瓜的饲养业带来打击，这给寡头操控提供了有利的环境。2009 年至 2010 年，国内送到屠宰场的牛价下跌 20%，小牛跌至半价，而国际市场牛价比 2008 年还高，寡头垄断者则从国内低价收

---

① J.J.Barrios, G.C.Sanchez, "Profile of Financial Services for Micro, Small and Medium-Sized Agricultural Production", Final Report, Managua: FIDEG, 2012.

② F.Perez, (2011) "Nicaragua: Without Structural Changes There' ll be No Sustainable.Reduction of Rural Poverty", Working Paper, 2011.

购，通过包装和出口，获得了巨额利润。饲养者却承担了价格变动的风险，大面积亏损而无力偿还贷款。处于价值链底端的农业饲养者，无论是卖肉牛还是把小牛卖给"催肥场"，都在寡头的操控中。

尼加拉瓜危机中，受到严重打击的正是牲畜信贷，不偿还运动主要参与者也是北部地区的饲养农。观察家认为，分析这场微型金融抗议行为，需要辨识经济和政治两种动机。前者自然与真实的偿还问题相关，农村大量的中小生产者，面对急剧下降的农、牧产品价格，正如蛛网模型显示，他们既无法预知，也难以适时调整。后者与尼加拉瓜政治势力及其通过地方精英对农村部门进行操控有关。门多萨（Mendoza，2012）发现新型势力通过信贷违约在土地集中和经济发展中快速聚敛大量财富的现象在尼加拉瓜是常见的伎俩。大型生产者和饲养者，既从商业银行也从受管制的微型金融机构和NGO多重贷款，他们的违约引发银行和微型金融机构依法没收抵押物。一些精明的经济势力和政治势力适时地介入这场冲突，例如重返政坛的桑地诺民族解放阵线和寡头、地方精英们一起组织了反抗"微型金融高利贷"运动。多种势力的媾和把微型金融危机推向了高潮，这场运动给经济寡头和地方精英掌控农村生产价值链提供了机会，也给政治势力拉拢农业部门的选票的行为搭建了舞台。

3. 危机的教训与启示

从上面的分析我们可以看到，尼加拉瓜发生的微型金融危机，既有自身独特的特点，也能提供一些有益的启示。首先，受管制的商业化机构和不受管制的NGO在尼加拉瓜都得到了充分的发展。商业化取向的机构主要面向城市地区的小商业者和企业主提供服务，利率较高，并不代表尼加拉瓜微型金融的主流，相反，在危机之前向农业部门提供农业生产和牲畜信贷构成了微型金融领域的特色。故而，贝特曼和尤努斯所指责的"华尔街式"的

"放贷鲨鱼"并未出现，众多的微型金融机构所呈现出对农村和小农的覆盖力也表明，它们所采取的也不是"仅仅追逐利润"的战略，而是努力在"可持续性和发展目标"之间找到平衡点。巴斯提森等人（Bastiaensen，et al.，2013）认为，不承认微型金融的多样性，仅从意识形态上批评是不利于生产的。

其次，尼加拉瓜的危机也让我们看到，微型金融并不能脱离当地广泛的社会、经济环境而独善其身。由于寡头和当地精英群体控制了整个农业生产价值链，仅仅依靠金融的力量很难解除穷人的结构性贫困和社会排除（social exclusion）问题。无论是微型金融机构还是穷人、小农或小微企业主，都是政治风险和市场操控的受害者。解决政治风险、稳定社会经济环境，显然是微型金融机构提供服务的先决条件。当然，对于微型机构而言审慎的信贷行为也至关重要；对于政府而言，促成某种信息交换平台的形成也许有助于避免盲目竞争的局面。

第二节　印度微型金融危机

印度大约有 13 亿人口，仅有四分之一的成年人能获得基本的正规金融服务，因此通过金融创新来反贫困和服务尚未满足的群体一直是印度政府的努力方向。在过去的 100 年里，印度作了大量的尝试。早在 20 世纪初，印度通过创建金融合作组织为农村地区提供贷款；1947 年，印度对大量的金融部门进行了国有化，通过掌控金融资源来保证尽可能多的人获得信贷，尤其是生活在农村地区的穷人。20 世纪 70 年代，印度又专门建立地方乡村银行，并在 80 年代推行了"自助组"（self-help group，SHG）项目，通过开展"自助组-银行"对接项目，商业银行在政府的支持下向由 10 到 20 位不等的成员组成的自助组提供信贷服务（自助组成员多是妇女）。

　　印度自助组成立最初的目的是为了方便政府在农村地区提供培训和其他的一些非金融服务，随后自助组发展成可以吸收成员储蓄并向成员贷款的非正规放贷组织。随后，"自助组-银行"对接项目的开展使自助组的功效彰显，通过整合银行信贷资源，自助组能够向更多的成员提供更多数量的贷款。目前，印度有大约有 450 万个信贷自助组，成员数量达 1 亿之众，其中 1100 万是妇女（NABARD，2012）①。当然自助组的快速发展和功效与国家支持是分不开的，政府通过国家农业和农村发展银行（NABARD）向自助组提供了大量的支持，农业和农村发展银行把农村部门作为优先部门，并促使其他商业银行向自助组放贷。这种模式受到了印度农民和穷人的广泛欢迎，自助组的数量在 20 世纪 90 年代迅速增长。当然，并非所有"自助组-银行"的信贷项目都运行良好，有些小组能够自我持续保持着良好的偿还记录，也有一些小组一直依赖政府的补贴来运转，违约时有发生，这种信贷模式在印度不同的地方呈现出不同的发展状态。

一、印度微型金融的起源

　　印度微型金融的发展自然与"自助组"的发展是密不可分的，但是专业性的微型金融组织直到 20 世纪 90 年代中后期才大量出现。20 世纪 90 年代，印度进行了经济自由化改革，一直由政府主导的农村信贷再次出现变化。在政府的鼓励和支持下，私人资本和非官方机构开始出现在农村信贷领域。

　　在印度储备银行（Reserve Bank of India，RBI）、国家农业和农村发展

---

　　① NABARD, "Status of microfinance in India 2011–2012", National Bank for Agriculture and Rural Development, Working Paper, 2012.

银行的支持下，一些非政府组织，例如 BASIX，首先在印度建立"格莱明银行"模式的微型金融组织，政府期望微型金融机构能够比国家资助的银行和自助组项目运行得更有效率，成本更低。尽管印度的微型金融起步较晚，但却在印度这片拥有大量人口和穷人的国家找到了肥沃的土壤。从 1992 年起，印度政府更为注重"效率和利润"的金融自由改革使得处于边缘化的小农和穷人获贷能力降低；同时新自由化经济改革也使他们的生存空间受到更大的挤压，很多人甚至依赖借钱维持生计。一份来自泰勒（Taylor，2011）的调查报告显示，2003 年有 82%的印度农村家庭存在债务负担，而往年的平均数字只有 48.6%，泰勒认为安得拉邦（Andhra Pradesh）成了首块试验田，"安得拉邦既是微型金融组织的吸铁石，也见证了借款的繁荣景象"。①

　　微型金融在安得拉邦的爆炸性发展增加了国际机构和私人投资者的信心，也预示着微型金融将在整个印度拉开序幕。尤其是副总统奈杜（Naidu）在国际货币基金组织（IMF）的支持下正在进行农业结构的调整，改变传统的补贴信贷正是其中的一项重要内容。商业性微型金融融资者把握了这次重要的机会，适时地进入了印度市场。微型金融机构乘机吸纳了自助组的成熟经验，到 21 世纪初，有近半数的自助组被微型金融机构组建成新的"自助组-微型金融机构"平台，顺利地开展信贷业务。与此同时，世界银行也积极推动印度这种信贷平台的构建，为金融和后勤提供保障。

二、扩张与危机

　　从 20 世纪 90 年代末到 2005 年，印度微型金融快速发展的主要原因仍

---

① M. Taylor, "'Freedom from Poverty is not for Free': Rural Development and the Microfinance Crisis in Andhra Pradesh, India", *Journal of Agrarian Change*, Vol.11, No.4(October 2011), pp.484-504.

然是"借款驱动"，这体现在两个方面：其一，大多数微型组织要么是 NGO 要么是非银行金融机构（NBFC），不具备吸纳储蓄的法律条件，因此业务模式都放在放贷上；其二，在此之前，权益资本投资并不明显，微型组织只能从国内商业银行或者国外机构借款。在 2004 年，印度 87 家微型组织拥有 2.45 亿美元的资产，到 2005 年，93 家微型组织的资产规模已经扩张到 4.63 亿美元。

事实上，在安得拉邦大规模危机爆发之前，早在 2006 年印度微型金融的快速扩张已经受到了警告，克利须那地区的借款人举行了要求归还房屋证的示威活动，并导致 200 人自杀。危机之后，商业银行减少了对微型金融机构的融资，微型金融信贷资产的扩张暂时处于沉寂状态。然而，股权投资者很快进入，更多的资本以长期投资而非短期银行贷款的面目出现在印度微型金融领域，印度微型金融机构的平均负债/资本比例迅速从 2005 年的 11.05%下降到 2009 年的 4.69%，到 2011 年进一步下滑到 2.41%。[①]

1. 商业化扩张与资本运作

与此同时，许多非政府组织开始转变成"股份制"的微型金融机构，通过资本市场开始撬动更多的信贷资产。根据阿鲁纳恰拉姆（Arunachalam, 2011）的调查，2006 年之前股权投资资本仅有 630 万美元，2007—2008 年分别为 2620 万美元和 1.2 亿美元，到 2010 年已经飙升到 5.3 亿美元，随着股权资本的扩张，信贷资产规模也同步扩张，6 家最大规模的信贷机构在 2010 年已经达 27 亿美元。一些小型机构也在极力提高利润率，以吸引股权资本的投入。

在这场疯狂的比赛当中，国际投资机构自然不会缺席。例如，来自美国

---

① Ramesh S.Arunachalam, *The Journey of Indian Micro-Finance: Lessons for the Future*, Rawat Publications, 2011, p.356.

的一家风险投资基金美洲杉资本管理公司（Sequoia Capital），独自为 SKS 微型金融机构提供了 23.6% 的股份资本，并决定于 SKS 在股票市场上市获利后撤离。印度一些大型的微型金融机构甚至涉足更为复杂的金融交易，例如，Citibank（ICICI Bank）还为 SKS 价值 4300 万美元的小额信贷资产进行了证券化。强烈的资本化运作行为为微型金融机构放大信贷资产杠杆提供了便利，也为商业银行把资本导入农业信贷开辟了更多的途径，因为印度当局规定商业银行须把不低于 40% 限额的信贷资产优先提供给农业部门。资本快速扩张也使微型金融机构的行为悄然发生改变，按照梅德（Mader，2013）的说法，“偷工减料”行为随处可见，尤其是在对客户的评估和放贷中①，甚至使用“代理商”招募新客户［阿鲁纳恰拉姆（Arunachalam，2011）］。根据阿鲁纳恰拉姆（Arunachalam，2011）的调查发现，从 2008 年 3 月到 2010 年 3 月，印度 6 家最大的股份制微型金融机构平均每家每天新增 2389 位客户或 479 个信贷小组；截至 2010 年 3 月，印度 35.9% 的家庭都在微型金融机构持有贷款。SKS 机构是印度微型金融的领导者，在这两年中，新增客户数达 420 万，平均每年每位信贷员发放 488 笔贷款，单笔额度增加一倍。

2010 年，印度南部的果拉尔（Kolar）、伊都基（Idukki）等地区已经出现了小范围、小规模的危机事件，然而投资人、政府等利益主体都被这种快速发展所迷惑。他们甚至估计，印度小额信贷总需求超过 500 亿美元，目前的信贷规模只有 13.9 亿美元，并预定在 2012 年要为 5000 万的客户提供 63 亿美元的信贷规模。印度的微型金融似乎成了世界的领导者，2008 年福布斯（Forbes，2008）世界微型金融机构前 50 强中，印度有 7 家上榜，SKS 排

---

① Philip Mader, "Rise and Fall of Microfi nance in India: the Andhra Pradesh Crisis in Perspective", *Strategic Change: Breefings in Entreprenurial Finance*, Vol.22, No.1-2(February 2013) , pp.47-66.

名第二，并被称为"非常健康的世界微型金融服务机构"。

2. 危机的爆发

"微型金融热"是印度经济过去几年最大的特点，而安得拉邦更是巨大的信贷工厂，尽管人口仅占印度的7%，信贷规模却达到了全国的30%。在斯里尼瓦桑（Srinivasan，2009，2010）看来，这完全是一场"邀请来的危机"（crisis by invitation），对于这种过度资本化创造的金融泡沫，"已经出现了足够多的警示"。①② 例如，戈卡莱（Gokhale，2009）发现微型金融的繁荣不仅没有取代当地的私人放贷者，反而成了偿还微型机构贷款的保障，甚至成了微型机构拉拢客户的"代理商"；③ 2010 年 4 月，世界银行扶贫协商小组也在担忧过度扩张信贷能力会导致违反信贷纪律；危机爆发前夕，业内人士斯利拉姆（Sriram，2010）预言，"如果微型金融机构让借款人感到轻率，他们迟早会骑在这些机构的头上！到了无非就是无非的那一天，他们就会违约。'胁迫'和'小组机制'都会失效，因为他们已经陷入债务陷阱。这就是他们唯一的反应"④。

2010 年 10 月，呈交金奈（Chennai）微型金融中心的报告显示，安得拉邦客户的整体负债率异常高，84%的家庭至少都有 2 笔借款，58%的家庭负债 4 笔以上，他们除了从微型金融机构借款外，还向各种私人放贷者借款。事实上，在此前的 6 月份，微型金融机构已经获悉违约率远比报告率高，但是它们通过"滚动贷款"掩盖了真相。10 月份，微型金融机构开始在田间

---

① N. Srinivasan, "Crisis by Invitation", 2010 年 11 月 9 日，见 http://www.mftransparency.org/crisis-by-invitation/.

② N. Srinivasan *Microfinance India: State of the Sector Report 2009*, New Delhi: SAGE Publications India, 2009.

③ K. Gokhale, "In Microlending, Group Borrowing Leads to Pressure", *The Wall Street Journal*, August 13, 2009.

④ M. S. Sriram, "What is Wrong with Indian Microfinance", *Forbes India*, May 5, 2010.

地头通过"胁迫"手段逼迫客户还款，自杀事件时有发生。诸如"微型金融机构绑架小孩、强迫卖淫、强迫自杀以获保险金还款"等报道，也屡见不鲜（Nagaraju，2010）①。为了保护微型组织的客户，安得拉邦颁发了特别法令，宣称"微型金融机构应当对高利贷行为和通过胁迫手段收款导致客户陷入贫困和死亡事件负责"，禁止微型组织继续收款和没收客户的抵押物，并要求它们清楚地向政府报告收取的利率和附加费用，如有违反将逮捕相关经理人。这对微型金融机构而言，无异于重大灾难，在影响微型金融机构声誉的同时，也向借款人传递了他们不会被强制还款，甚至可以违约的信号。在随后的反应中，微型金融机构的发言否认了某些指控，认为应该谴责其他的一些"流氓放贷者"，指责政府此举带有政治目的，是为保护本地一些低级的自助组信贷而发动的"草根战争"。

安得拉邦的危机虽然没有导致印度的微型金融整体崩溃，但却使该领域明显地收缩。微型金融的信贷资产开始大幅下降，已由 2010 年 6 月的 54 亿美元下滑到 2011 年的 43 亿美元，客户数量从 3300 万下滑到 2600 万。分析人士认为，2012 年以后的几年中，年均下滑速度还将维持在 20%—40%。与此相伴的是高违约率，用行业标准延期 30 天和 90 天未偿还的"风险资产"（portfolio at risk，PaR）来看，危机之前连续七年，印度微型的风险资产小于 4%，到 2010 年年末，这一比例攀升到 25%，2011 年仍然维持在这个比例；那些信贷资产超过五分之一投放在安得拉邦的机构，2011—2012 年风险资产的比例，则高达 62.1% 和 58.1%；业务活动不在安得拉邦的微型金融机构，同期比例仅为 3.3% 和 2.9%；安得拉邦本地的机构基本是100%，事实上微型金融的信用已经崩溃了。

---

① J. Nagaraju, "MFI Agents 'Forcing' Debtors to Commit Suicide: Study", *The Times of India*, October 20, 2010.

三、政府与微型金融

安得拉邦微型金融危机虽然源于微型金融机构"自身的错误行为"，但其他众多的相关利益主体在其中也发挥了重要的作用。微型金融的运行涉及众多的利益主体和层面，包括微型金融组织与客户，微型金融组织与融资者（多边机构、捐赠者、非政府组织、商业公司、基金以及商业银行等），微型金融组织与管理当局等不同的主体和关系。在这个复杂的系统中，各利益方的行为都会对风险的产生和传播有着重要的影响，这其中当局的监管行为至关重要。

首先，让我们来看看微型金融组织的融资层面。通常，为了获得广泛的融资来源，微型机构总是倾向于从多种机构和组织借款。而印度微型金融组织融资渠道大部分是国内的银行，它们通过从国内不同的银行借款来分散融资的来源，而不是分散融资机构性质和种类，这与其他国家的微型金融融资渠道大不相同。为它们提供贷款的主要是 HDF 银行、CICICI 银行和 Axis 银行，像妇女之友银行（Friends of Women's World Banking）、专业微型金融投资者 Oikocredit、印度小产业发展银行这些非银行机构和非营利机构提供的贷款都比较少，而来自国际的融资者就更少。

分析人士认为，印度微型金融的这种融资特征是对印度法律和监管要求的自然反应。尤其是印度储备银行要求所有银行必须完成"优先部门贷款"（priority sectors lending，PSL 规则），该规则要求无论是国家还是私人银行，都必须将40%的信贷资产（外资银行为32%）提供给农业和弱势部门。许多银行发现，通过微型金融组织将信贷间接地提供给农村和贫穷地区是一项更为合算的交易，因此越来越多的银行通过批发业务把资金贷给微型金融机构。在安得拉邦危机爆发以前，资本每年都以200%的速度增加，2008年的世界金融危机都没能减弱这种趋势，在 2009 年初形势稍有缓和后，HDFC 和 ICICI 两家银行更是追加了对微型金融的贷款。

这种"轻松"的商业贷款在挤出非逐利投资者的同时，也迫使微型机构急于扩大信贷规模，从而放松了对客户和贷款的监管。至于对客户有关金融知识和纪律的培训、提供信贷的后续技术服务和客户发展能力的培养以及机构自身管理的提高，微型金融机构更是无暇顾及。而对于提供贷款的银行而言，它们只关心微型金融报表上的偿还率和利润率。

危机之后，大多数银行不愿意提供新贷款，获得新的融资和渠道成了微型金融机构的主要顾虑。造成这种局面也是必然的。根据法律规定，外资不能超过印度非银行金融机构股权资本的 50%，微型金融机构只能更多地依靠借款；对于微型金融机构吸纳存款，印度当局也有严格的最低资本门槛和资本充足率要求，事实上印度目前只有 8% 的微型金融机构具备吸储的资格。这些限制显然使印度的微型组织更加依赖银行的"优先部门贷款"。此外，对于政府其他职能的缺失，例如在印度没有全国的身份证系统和信贷局，这使微型机构很难掌握和评估客户的整体风险和"是否过度负债"。

这些问题都对当局的监管提出了新的要求，亟须建立一个有利于微型金融可持续发展的管理框架。从短期来看，要求政府改变"优先部门贷款"原则并非一个明智之举，但是政府理当采取措施以拓展新的融资渠道，多渠道融资对于降低利率和风险都有积极作用。对于利率的设定和管理，政府也应当有新的考量，例如观察家们认为微型金融的高利率和附加费使穷人陷入"利滚利"的陷阱中，而微型金融机构则认为商业银行的贷款利率是源头。

四、泰米尔纳德模式

泰米尔纳德邦（Tamil Nadu）得是印度的另一大邦，在地理位置上与安得拉邦比邻。在安得拉邦危机之前，两邦的微型金融在市场规模和发展程度上都大体相同，然而安得拉邦的微型金融危机并没有波及泰米尔纳德邦。因此，分析和对比泰米尔纳德邦微型金融的运行模式，将对印度和世界其他地区微型金融的运行具有启示意义。

1. 金奈模式

监管框架问题显然既不是安得拉邦危机的全部理由，也不是唯一的理由，因为紧邻的泰米尔纳德邦的微型金融就是这同一片土地上结出的另一种果子。马尔、保拉（Marr、Paolar，2011）认为，安得拉邦微型金融机构不顾穷人的脆弱，贪婪、冒险地扩张才是重要的原因。[①] 事实上，这涉及微型金融的一个老问题：自身和社会目标的双底线均衡问题。泰米尔纳德邦的微型金融机构就较好地协调了这双重目标，提出了混合型微型金融的"金奈模式"（Chennai model）。

在泰米尔纳德邦的金奈（Chennai）、维卢布勒姆（Villupuram）和本地治里（Pondicherry）等地的调研中，马尔、保拉（Marr、Paolar，2011）发现这些地方的微型金融组织对它们的社会使命非常重视，为了协调双重目标，它们设计了许多解决方案，试图把提供金融服务和社会服务整合在一起。为此，它们设计了混合体制的微型金融联盟，包括追求利益的非银行金融公司负责微型金融业务，主要向客户提供金融服务，以及一个非逐利的机构以提供社会服务。例如，泰米尔纳德邦的微型金融组织BWDA，它的商业分支机构叫BWDA-BFL，它的另一个非商业分支专门致力于客户孩子的教育服务，从而能进入BWDA的大学学习；另一个微型金融机构Sarvodaya Nano金融集团，它的非分支商业机构提供基础教育服务；同样，"手拉手"是一

---

① Ana Marr, Paolar, *Tubarocrisis in Indian Microfinance and a Way Forward: Governance Reforms And The Tamil Nadu Model*, John Wiley & Sons, Ltd, 2011.

个公共慈善信托机构，目前已开展了多项社会服务项目，并且把服务的范围从泰米尔纳德扩展到诸如巴西、阿富汗、南非等地，而提供金融服务的机构叫 Belstar。另一个著名的例子是，"公平组织"（Equitas）它在用非银行金融机构向客户提供金融服务的同时，还通过旗下非营利信托机构向客户开展有关医疗、教育、孩子课后辅导和补贴性百货商店等服务，并承诺每年将 5%的利润贡献给非营利机构。

这种混合的"金奈模式"显然对印度和世界其他地方微型金融具有重要的启示意义。当微型组织把金融服务和社会服务有效地融合在一起，并通过营利项目补贴非营利的社会项目时，就会有效地避免和降低"使命漂移"现象。更为重要的是，如果采用这种综合服务战略来促进穷人的发展，那么随着穷人能力和素质的提高，还款能力自然就会提高，因此微型金融机构的营利事业和非营利事业与穷人的发展是相得益彰的。安得拉邦的微型金融危机显然是个相反的例子。

拉扎尔、科吉拉（Lazar、Kogila，2010）认为，从法律实体上把微型金融机构逐利和非逐利事业分开还有另外一个重要的优点，可以保证良好的治理结构和运行的透明度，同时，当商业分支遭受打击尤其是金融风险时，还可以保护非商业分支机构。[1]

2. KGFS 模式

在泰米尔纳德邦，除了主流的"金奈模式"之外，另一种新兴的模式——KGFS（Kshetriya Gramin Financial Services）模式也在悄然地进行试验。KGFS 模式是 IFMR 信托机构[2]创建的，旨在保证"每位个人和每一企

---

[1]　D.Lazar, G. Kogila, *Microfinance and SHGs in Tamil Nadu and Pondicherry, India*, Ingram, 2010.
[2]　IFMR 信托始建于 2008 年，由 ICICI 银行提供融资，用以孵化新的商业模式，以提高穷人的"金融包含性"。

业都能完全获得充分的金融服务"。IFMR 信托首先提供了 1000 万美元的资金开设了 3 家 KGFS 分支机构，并设定获得年 20% 的资本收益率。当然，每家分支机构也可以从资本市场和商业银行贷款获得新的融资。除此之外，IFMR 还投资 400 万美元创立 IFMR 农村金融公司。这家公司拥有和特许经营 KGFS 的品牌，孵化新的 KGFS 机构和开发新产品。这种特许经营的模式旨在撬动更多的资本复制 KGFS 模式，根据每家分支机构的收益状况收取特许费。

在泰米尔纳德邦经营的 KGFS 机构，其中一家是非银行金融公司，受印度央行监管，不能吸纳储蓄。其业务范围包括提供信贷等金融服务，代理养老金、保险金和证券经纪人业务，但是禁止代理商业银行的储蓄业务。另外四家机构则采用不同的法律结构，以便获得不同的资质，从而为客户提供更为全面的金融服务。KGFS 管理层认为，最理想的结构就是每家机构都成为非银行金融机构，并随印度的监管框架的变化而发展。

尽管每家 KGFS 机构都是由同一母公司提供股份资本，但是每家机构都是自主的独立机构，跟其他全国性或区域性微型金融组织相比，各家分支机构都拥有自己的管理团队，在当地雇佣员工，可以根据地区特点进行管理和服务创新，拥有良好的内控机制。例如，一家在泰米尔纳德邦坦贾武尔（Thanjavur）和蒂鲁瓦鲁尔（Thiruvarur）地区服务的分支机构，该地土地肥沃，适合农业经济；在北安恰尔邦（Uttarakhand）服务的一家分支机构，该地是人口松散分布的山区，该地的经济特色是小商品和贸易服务。无论身处何地，各分支机构都在学习和适应各地的特点和经济特色，并在经营中贯彻 KGFS 的三个核心原则：完全覆盖力、客户财富管理、广泛的金融服务。

完全覆盖力

事实上，KGFS 每家分支机构都是根据当地的地理、经济和文化特点而设计的，仅服务于特定的地区。作为一项通用原则，每家机构通过 200 到 300 个站点，覆盖大约 200 万到 300 万的农村人口，每个站点 2 到 3 名"财富经理"，管理 2000 户约 10000 人，"财富经理"都是熟悉该地特点的当地人。"站点"的创立强调覆盖服务不足的村庄，通过标准界定服务的范围：

该范围没有其他私人金融机构的分支；

该范围的公共金融机构分支不能超过一家；

KGFS 分支站点距最近的城镇距离要超过 7 公里；

KGFS 站点的辐射半径不能超过 5 公里。

当一个新站点成立后，首先就是访问各个村庄、每户家庭，建立家庭档案和村庄调查报告。KGFS 模式认为，这有利于对当地的情况作出迅速的反应，例如在收成欠佳、气候不顺时，发放"紧急贷款"或延长偿还日期。"财富经理"会采集客户家庭诸如收入、支出、资产和负债方面的基本信息，了解他们的财务目标，包括结婚开支、教育费用、购买资产、养老计划等，在需要的时候为每位客户制订个人的金融服务产品和计划。

客户财富管理

KGFS 的第二个核心原则就是为每位登记的客户提供"私人财务建议和服务"。这一原则的目标是，通过私人财务建议和机构提供的服务，以促进客户财务的改善和增长。这些财务建议通常包括：

建议高度负债家庭不要继续借款，或通过廉价的借款进行融资；

对于低收入的客户和家庭，帮助他们筹划商业计划，并提供可行的金融服务方案促进商业的发展；

对于实物资产例如牲畜或土地集中在村里的家庭，建议他们通过金融投资分散风险。

　　解决农户和穷人的财务困难，例如应付农业生产、商业经营、教育、老人医疗，以及优化家庭资产的收益，既是复杂的，也是独特的。因此，需要 KGFS 掌握客户的准确信息，提出适当的服务产品和方案，而不能仅仅依靠客户需要借款或机构放款这种传统的信贷模式。KGFS 模式的目标就是从根本上改变传统的"供给驱动"型的信贷，根据每位客户的特点和需要设计产品和服务，并建立了一个动态的反馈管理模式，如图 7-1 所示。

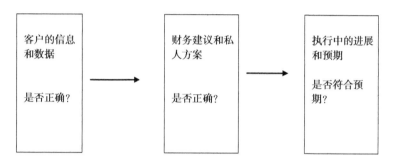

图 7-1　客户财富管理和服务动态管理过程

广泛的金融服务

　　为了提高客户和穷人的"金融包含性"，KGFS 模式的信念是每个家庭都需要不同的金融产品和服务。在提供范围广阔的产品服务时，KGFS 并不像其他机构那样把产品捆绑在一起，而是客户根据需要自由选择，例如，很多微型金融机构都提供信贷和人寿保险，KGFS 并不要求客户同时购买两种产品。

　　目前，根据客户的需求和财务增长目标，KGFS 主要开发了如下四大类的产品和服务：

　　"计划"，帮助客户管理短期流动性的需要。包括储蓄、货币市场投资、短期贷款和支付服务；

"增长"，帮助客户和家庭增加收入、减少支出。包括为生产经营和商业活动提供信贷、提供教育贷款和进行债务再融资；

"保护"，减少客户风险类产品和服务。包括生命、意外事故、健康、财产等各类保险；

"分散"，这类产品包括各类投资工具，帮助客户应对通货膨胀和获得更好的收益。农村和穷人的资产主要集中在土地和牲畜上，这类服务和产品的设计以帮助他们避免经济环境的变化和本地风险对资产和财富造成的损失。

客户的反应和财富影响

显然，客户是否愿意在 KGFS 登记注册是他们对 KGFS 是否认同和获得金融服务的第一步。KGFS 分支机构建立后，客户登记注册率达 70%，尤其是在 30 个月后，增长率仍保持增长势头。

这种"覆盖力"和"渗透性"是其他所有微型金融组织从未有过的，尤其是在偏远的印度地区。

那么 KGFS 模式是否可持续呢？在当前的发展阶段，KGFS 机构的分支主要依赖利息收入，占收入的85%—90%，其他服务收取的费用，例如保险和养老费等，仅占10%—15%。表7-1 显示了其中一家标准分支机构的收支情况。①

表 7-1　KGFS 标准分支机构收支情况

费用与支出	金额（美元）	收　入	金额（美元）
财富经理工资（3 人）	6000	利息收入（借贷差 8%）	19200
网络与技术	1920	费用收入（非贷款收入）	1920
房租（水电等）	7200		
分支折旧计提	960		

---

① CGAP, "The Pursuit of Complete Financial Inclusion", Working Paper, 2012.

续表

费用与支出	金额（美元）	收　　入	金额（美元）
计提信贷风险（1%）	2400		
总支出（A）	18480	总收入（B）	21120
净收入 A−B＝2640			

注：单位：美元，1 美元＝50 印度卢布。

　　数据显示，KGFS 的这家分支机构收支基本平衡，略有剩余。对于其他分支机构，基本也是如此。KGFS 管理层认为，收益会随服务项目和客户的增多逐步改善。

　　因此，KGFS 模式早期的这些经验和数据表明，随着客户数量的增加，机构自身的平衡问题得到了解决，并有逐步改善的趋势。从 KGFS 分支的"覆盖的广度"和"覆盖力深度"来看，也取得了可喜的成绩，个性化的服务和产品也得到客户的认可。

总结　微型金融是"发展幻灭"吗？

　　近几年来，对微型金融的"热议"和"质疑"显然是由微型金融危机引发的。自 21 世纪初尤其是 2008 年以后，微型金融危机在摩洛哥、尼加拉瓜、印度等地连续爆发，在重创微型金融实践的同时，也打击了理论界的信心。质疑声、责难声，甚至是全盘否定声此起彼伏。

　　长期支持"微型金融"的哈珀（Harper，2007）认为贷款条件和时间既死板又昂贵的微型金融根本就不适合农业[①]，并且发出疑问，"商业化的

---

　　① M.Harper, "Microfinance and Farmers: Do They Fit?", in *What's Wrong with Microfinance?* T. Dichter, M.Harper(eds.) Rugby: Practical Action Publishing, 2007.

微型金融到底是解决了贫困还是扩展了贫困"？［哈珀（Harper，2011）］。[1]
迪奇（Dichter，2006）发现，穷人很少能用贷款从事生产经营，那些能充分
利用贷款的人需要的显然不是"小额信贷"而是更长期限的"大额信贷"，
这无疑是"小额信贷悖论"（microcredit paradox）。[2]

在非洲的马拉维（Malawi），反对者们找到了这样的例子。几年来，微
型金融机构一直建议当地农村的穷人为作物施肥，尽管肥料可以大幅度提高
产量，但多数土地不超过一公顷的农民并不愿意借款，也不愿意种植经济作
物拿到当地市场上去售卖。分析人士认为，他们都是维持生计的穷人和小
农，增加的收入往往被利息全部吞噬，甚至会出现在无力还款时土地被没收
的情况，进而陷入无以为继的困境。因此，与其冒险，马拉维的穷人更习惯
没有"小额信贷"和"肥料"。鉴于此，马库斯·泰勒（Marcus Taylor，
2012）认为，商业化的微型金融和主流的"金融包含"（financial inclusion）
战略实际上自相矛盾，"毫无疑问，对于像非洲、南亚这样农业相当贫穷的
地区，需要补贴信贷和注入资源以支持穷人的生计"。[3]

贝特曼（Bateman，2012）更为详尽地分析了印度安得拉邦的状况，认
为微型金融并不适宜农业和农村经济的特点，相反则是另一种"发展错觉"
（development delusion）。[4] 首先，穷人和农民的土地规模太小难有足够的利
润支付利息，很快就陷入过度负债之中；其次，"抓微放小"的微型金融悖

---

① M. Harper, "The Commercialisation of Microfinance: Resolution or Extension of Poverty?",
Working Paper, 2011.

② T. Dichter, "Hype and Hope: The Worrisome State of the Microcredit Movement", 2006.

③ Marcus Taylor, *The Antinomies of "Financial Inclusion": Debt, Distress and the Workings of Indian
Microfinance*, Blackwell Publishing Ltd, 2012.

④ Milford Bateman, "The Role of Microfinance in Contemporary Rural Development Finance Policy
and Practice: Imposing Neoliberalism as 'Best Practice'", *Journal of Agrarian Change*, Vol. 12, No. 4(Oc-
tober 2012), pp. 587–600.

论再次发生，那些更有生产力的家庭农业和企业难以得到合适的贷款；最后，微型金融支持的非农经营活动也出现尴尬的局面，正如分析家里奇（Rich，2007）所言，"女孩们不是开发廊，就是在编织"。[1] 更为重要的是，贝特曼（Bateman，2012）认为微型金融的核心问题是支持了错误的农业活动和生产单位。大型农场尽管具有较高的生产力，但雇佣工资太低，利润被少数精英攫取；小块土地和维持生计的活动利润太低，很难持续发展；而最具有活力的中等农业既被微型金融"忽略"了，也难以从其他途径获得信贷资源。简单地说，微型金融把稀缺的资源导入了"末节"的生计农业，而忽视了农村整体的可持续发展。

透过种种质疑的背后，我们看到的是对微型金融殷切的期盼。然而，把微型金融看作农村金融和农村发展战略的全部又是显失公允的。事实上，就连质疑和否定者本人也开出了有关农村和穷人发展的更为广泛的政策处方。需要指出的是，"银行必须清楚，它们从来没有、将来也不能做到像专业的微型机构那样覆盖穷人，它们必须支持这一创举而非去模仿建立自己的渠道"。[2]

对于微型金融危机，我们并不能把它从其运行的、广泛的社会和经济环境中剥离开来。就连马库斯·泰勒（Marcus Taylor，2012）本人也承认，我们必须看到，贸易自由化、洪水反复肆虐致使农村日益分化和贫穷的小农在社会再生产中的一般性危机，和这些复杂背景的交织对农业经济造成的严重损害。"事实很明显，微型金融就是一把双刃剑：既能减少农户金融的脆弱

---

① S.Rich, "Africa's Village of Dreams", *The Wilson Quarterly*, Vol. 31, No. 2(Spring, 2007), pp. 14-23.

② Doris Köhn, *Microfinance 3. 0: Reconciling Sustainability with Social Outreach and Responsible Delivery*, Springer, 2012, p.12.

性，也能把他们推入更深的债务陷阱。"① 微型金融危机自然是由微型金融机构引发的，透过指责的背后，我们理当也已经看到了其他的原因。事实很明显，危机之前的尼加拉瓜在微型金融的帮助下已经建立具有比较优势的出口养殖业，对于印度危机，有评论家认为"这是一场邀请来的危机"。高希（Ghosh，2013）则提出另一个更为尖锐的问题，我们可以有充分的理由认为微型金融既不是反贫困的工具，也不是经济制度的多样性，那么政策制定者们将如何解决穷人的"金融排除"问题呢?②

---

① I.Guerin, et al., "Microfinance and the Dynamics of Rural Vulnerability: Lessons from South India", RuME Working Paper, 2009.

② Jayati Ghosh, "Microfinance and the Challenge of Financial Inclusion for Development", *Cambridge Journal of Economics*, Vol.37, No.6(November 2013) , pp.1203-1219.

第八章　迈向"负责任的"第三代微型金融

第一节　微型金融的发展阶段

通常，金融被认为是经济发展的血液和发动机，投资总是需要适时地给予金融以支持。把自有资金、筹集的资金和借来的资金组合起来就能有效地形成实物资本和维持商业的运营，这其中，时间也是一个重要的因素。金融中介的出现能有效地解决商业运营中资本和时间的错配，反之，实体经济也影响金融的结构和发展。经济学家们很早就清醒地认识到金融的这种重要作用，早在 1955 年亚瑟·刘易斯就指出，金融和经济发展是一种双向关系。随着经济的增长金融也随之发展，在一个有效管制的结构中，金融能刺激经济的发展，最终提高社会经济福利。刘易斯认为，金融中介能够刺激经济的发展，源自有效的金融工具和制度的设计。

然而，大多数欠发达的国家并不能通过有效的金融制度和人力资本走出贫困陷阱，经济也无法起飞。因此，从 20 世纪 80 年代初期，金融在消除贫困中的作用逐渐得到重视。遗憾的是，经济学家和政策实践者们早期的努力并没有取得理想的成绩，人口增长过快和金融市场的失灵导致穷人无法获得信贷和保险服务。而且，不时爆发的金融危机和经济衰退还会加重贫困问题。

第二次世界大战后，金融政策的干预多是以"自上而下"的形式展开的。在这种政策框架下，欠发达国家接受外援资金和贷款，用以填补本国投资和储蓄的缺口，并负责这些资金的使用。与此同时，发展中国家政府也开始注重人口的增长和在教育上的战略投资。理论家们把早期这种政策的失败多归咎于受援政府迟迟不肯进行配套改革和结构调整，多数受援资金最终以债务赦免和重议的形式付之东流。

从 20 世纪 70 年代开始，"自上而下"的发展政策日益被"自下而上"的政策所取代。时任世界银行行长的罗伯特·麦克纳（Robert McNamara）认为，如果小农和穷人意识不到自身的问题也对未来漠不关心的话，就不可能有效地帮助他们脱贫。这种新认识很快得到了各国政府和国际发展援助组织的认同，"事实很清楚，在经济发展的过程中，所有参与者都必须获得正确的激励"。[1] 非政府组织的出现有效地解决了过去政府"自上而下"渗透金融资源和执行援助政策的尴尬，"鉴于非政府组织的非营利目标，致力于人文、社会和文化的发展，当政府和市场都失败时，非政府组织就是提供商品和服务的理想选择"。[2] 克拉克（Clark，1999）认为，非政府组织在诸如信息、教育等一些战略部门可以帮助政府，也可以把社会群体组织起来，诉诸政策制定者。[3]

在这种思想的指导下，非政府组织开始把低收入者和穷人组织起来，向

---

[1] RE. Easterly, *The Elusive Quest for Growth: Economists' Adventures and Misadventures in the Tropics.* Cambridge: The MIT Press, 2001.

[2] World Bank, "NGOs and the Bank: Incorporating FY1995 Progress Report on Cooperation between the World Bank and NGOs", Working Paper, 1996.

[3] J. Clark, "The Role of Non-Profit Organizations in Development: the Experience of the World Bank", Working Paper, 1999.

他们提供少量的资本，这便是理论界所谓的"小额信贷"或"微型金融"。"小额信贷"的产生源自两个假设：其一，"小额信贷"将为穷人自营创收项目提供机会，帮助他们脱离贫困；其二，非政府组织和穷人之间创造出的"信任"价值可以有效地克服传统信贷中信息的不对称性。"小组信贷"、标准化的产品和流水化的程序被认为是克服信贷中较高成本和风险的有效法宝。在世界各地"小额信贷"的实践中，非政府组织在取得许多成功的同时，也面对着来自风险、成本、自身持续性和政策干预效果的众多挑战。

一、小额信贷：微型金融的第一次革命

始于20世纪70年代的"小额信贷"是"微型金融"或者发展金融的第一次革命。通过小额信贷项目，尤其是在无抵押的情况下，第一次成功地把信贷资源渗透到农村的穷人和低收入群体中。最早进行"小额信贷项目"试验的是非政府组织"行动国际"和"格莱明银行"。从口袋中的27美元开始，经过30多年的努力和发展，尤努斯和"格莱明银行"最终覆盖了孟加拉国80%的穷人家庭。在诺贝尔获奖演讲中，尤努斯（Yonus，2006）宣称，我们能够开创想要的局面，也能把贫穷抛进博物馆。

"过去，我们总是构造了这样的理论框架，不是低估了人的能力，设计了褊狭的商业、信贷信任、企业家能力和就业的概念，就是建立了把穷人排除在这样'半拉子'金融组织之外，故而才导致贫穷。贫穷与其说是人的能力不足造成的，倒不如说是理论概念失败的产物。因此，我坚信，只要我们都理论自信，就能创造一个没有贫穷的世界。在一个没有贫穷的世界里，我们唯一能够看到贫困的地方就是贫困博物馆。我们所要做的就是，为穷人创造一个有利的环境，一旦他们释放出了自身的能量和创造力，贫穷很快就会消失。"

　　微型金融在此阶段的发展和政策实践完全是站在放贷者的角度来看待问题的，找出"合格"的借款人，然后进行覆盖。从长期来看，贷款的偿还率和适当的利率是保证项目持续运行的关键。"小组信贷"和"强制储蓄"取代了传统金融合约中的"抵押"，用以防止违约和风险。这些信贷技术的设计和使用，比较成功破解了穷人在"无抵押""无担保"和"无信用"状况下饱受信贷约束的魔咒。然而，这些信贷技术和制度的设计多是站在放贷者角度来考虑的，明显地忽略了借款人的需要。

　　尽管如此，"小额信贷"的出现仍不失为经济学理论的一次重大的创新和革命。"小组信贷"和"连带责任"有效地解决了不对称信息下信贷合约的"筛选""监督"和执行问题。许多经济学家都论证和分析了在特定的经济、社会和宗教文化下来自社会关系和群体压力在解决资源配置上的积极作用。例如，阿塔纳西奥（Attanasio，2012）就认为，"小组信贷"下来自社会认同和互利所产生的信任有利于信贷的偿还和执行。[1] "小组信贷"下的"连带责任"仅是"小额信贷"的一个特色，即便没有"连带责任"，"小组信贷"所设计的一系列信贷机制也是值得称道的，"同伴监督"和"动态连续贷款"也在信贷合约中发挥着重要的作用，只要"同伴监督"的成本低于放贷机构亲力亲为的成本，"小组信贷"就优于"个人信贷"。

　　然而，随着小组成员的增多和差异的加大，小组中的某些成员可能就会被另一些成员所拖累，"个人信贷"逐渐呈现出取代"呆板"的"小组信贷"的趋势。此时，其他的一些信贷制度也至关重要，"强制储蓄""例行还款""动态的连续贷款"都会在信贷合约中起刺激作用。尽管如此，"个人信贷"还是丧失了"小组信贷"的一个重要功能，"过滤"和"甄别"

---

　　[1]　O. Attanasio, "Risk Pooling, Risk Preferences, and Social Networks", *American Economic Journal: Applied Economics*, Vol.4, No.2(April 2012) , pp.134-167.

风险较高的借款人。

"格莱明银行"的发展历程正是上述"小额信贷"演化的典型代表。早期的"格莱明银行"正是通过上述的严格规则和制度取得了显著的成绩，也赢得了世界各地大量的模仿者。但是，"格莱明银行"随之就遇见了很多问题，一些不谨慎的借款人可能会陷入"债务陷阱"，自然灾害往往会集中诱发这种潜伏的危机。1998 年大洪水过后，面对着新的社会、经济状况和客户需求的差异，"格莱明银行"开始从"小额信贷"组织转型为规则更为灵活的"微型金融"银行，这就是"广义格莱明"或第二代"格莱明银行"。

二、以顾客为中心的服务和商业化：微型金融的第二次革命

"小组信贷"的局限性使"个人信贷"逐渐登上舞台，与"小组信贷"设计产品寻找"合适"的顾客不同的是，"个人信贷"开始真正考虑如何向顾客提供他们需要的产品和服务。除了基本的生产资本、消费信贷、储蓄和保险服务外，还涉及"提高他们的权利""倾听他们的声音"和"增加他们的自信"，诸如此类的"社会资本"也在穷人和低收入阶层的社会和经济生活中发挥重要作用。

在这种理论认识的指导下，底端市场开始涌现出大量的机构和组织，向穷人和低收入阶层提供范围更为广泛的金融服务。到了 20 世纪 90 年代后期，"微型金融"的概念正式形成，涵盖许多定位不同、目标也不同的"微型金融组织"（MFIs）。默多克（Morduch，2000）依据"补贴微型金融"和"可持续微型金融"的不同取向，将其称为"微型金融门派分立"（microfinance schism）。① 泽勒、迈耶（Zeller、Meyer，2002）在随后的"三叉理

---

① J. Morduch, "The Microfinance Schism", *World Development*, Vol. 28, No. 4 (April 2000), pp. 617-629.

论"（the three-pronged theory）中，对微型金融在"可持续性"（sustainability）、"覆盖力"（outreach）和"福利影响"（impact）三者之间的折中平衡关系进行了更详尽的论述和总结。

在此后的十多年中，如何提高微型金融的"福利影响"和保持三者的平衡既是理论关注的重点，也是实证研究的热点。博根（Bogan，2012）的实证研究发现，那些依赖赠与的微型金融机构很难实现自身的持续性。[①] 通过对秘鲁和孟加拉国的考察，泽勒、约翰（Zeller、Johannsen，2008）发现微型金融能够覆盖穷人，然而其中相当一部分是非穷人群体。[②] 但是，萨贡巴等人（Sagamba，et al.，2012）随后的研究认为，逐利机构和非逐利组织在覆盖目标群体时并没有多大的差别，客户只是"贫穷"的程度不同而已。[③]

根据金融中介理论，银行在动员资金和分配资源中发挥着重要的作用，这些机构会根据自己长期战略制定出不同的发展目标、信贷政策、利率和期限结构。与普通银行相比，微型金融机构虽然具有一些不同的特点，但也遵循金融中介的原理。一般而言，"逐利"的微型金融组织更类似于普通的金融中介机构，因而在覆盖目标群体的同时也能保持较高的效率。从微型金融实践的发展状况来看，"逐利"的商业机构能够实现自融资和自我持续，而非政府组织和"非逐利"的微型金融组织还依赖外援资金和国内外发展援助组织的补贴。

[①] V.L. Bogan, "Capital Structure and Sustainability: an Empirical Study of Microfinance Institutions", *Review of Economics and Statistics*, Vol.94, No.4(November 2012), pp.1045–1058.

[②] M.Zeller, J.Johannsen, "Is There a Difference in Poverty Outreach by Type of Microfinance Institutions? Country Studies from Asia and Latin America", *Savings and Development*, Vol.32, No.3(2008), pp.227–269.

[③] M.Sagamba, et al., "Do Microloan Officers Want to Lend to the Less Advantaged? Evidence from a Choice Experiment", *World Development*, Vol.42, No.1(February 2013), pp.182–198.

"行动国际"等组织早期商业化试验传来的好消息引起了理论界和实践家们极大的兴趣。越来越多的理论家和实践者们开始加入"商业化"的阵营中，他们一方面着手把合适的 NGO 转型为能够吸储和提供更为广泛服务的银行，另一方面进行理论上的创新和宣传，无论是"机构建设派"（financial institution-building approach）、"市场体系派"（financial system approach），还是如今被正名的"商业化"（commercialization），它们反映的都是同一个问题的不同侧面。

"商业化"理论在微型金融这一发展政策领域的破冰为随后微型金融的快速发展，既提供了强大的理论支持，也注入了"商业资本"这种强大的新鲜血液，这为微型金融在后发地区的发展提供了契机。东欧和印度为我们提供了很好的例证。阿什达等人（Ashta，et al.，2011）发现，在印度十家最大的微型金融机构中，五家已经转型为逐利的商业化机构，三家从创建之始就是商业运营，仅有两家还是非营利的非政府组织。① 实证研究也为"商业化"带来了足够的理由，"逐利机构"的出现极大地提高了微型金融的包含性，同时也表现出更好的成本和效益性。当然，也出现了不容忽视的"使命漂移"现象，带来了不容否认的偿还危机。

伊拉希、拉赫曼（Elahi、Rahman，2006）认为，鉴于不同的微型金融组织，尤其是"逐利"和"非逐利"机构持有不同的政策观点和定位，我们不能把它们混为一谈。"如今大力促进逐利机构发展的政策似乎与早期的政策方向背道而驰……我们认为，当前为达到持续减少第三世界贫困所设计政策和组织，肯定是基于对'小额信贷'和'微型金融'概念的不同理

---

① A.Ashta, et, al., "Does Microfinance Cause or Reduce Suicides? Policy Recommendations for Reducing Borrower Stress, *Strategic Change: Briefings in Entrepreneurial Finance*, Vol.24, No.2(March 2015), pp.165-190.

解……经过 60 多年的演化，我们确实需要反思，微型金融还能被合理地称为多边反贫困项目吗?"[1]

三、迈向负责任的第三代微型金融

微型金融偿还危机不仅是微型金融行业的危机，更是接受贷款的穷人的危机。信贷不仅不能改善他们的收入和发展状况，反而使情况变得更糟糕，很多客户都发现自己掉进了微型金融的"债务陷阱"之中。安得拉邦便是这样典型的例子。

行为经济学认为，相较于未来，人们更看重当前的收入。这对挣扎在生计边缘的穷人更是如此，他们往往在没充分考虑未来收入和偿还能力的情况下，就借下更多或者多笔贷款，有些信贷官和机构甚至鼓励这样的行为。在信贷市场上，微型金融机构处于更有利的地位，更清楚穷人的偿还能力，因此有责任认真评估客户的信贷状况，提供"负责任"的金融服务。然而，一些机构为了自身的发展和利润，不顾这种"社会责任"和金融伦理，有些机构甚至故意模糊信贷行为和利率的透明度，达到高收益的目的。

总结和反思"第二代微型金融"以过去十几年的发展历程，存在如下几个突出的问题：第一，"微型金融"在快速扩张的过程中，在漂向较富群体的同时也吸纳了大量风险较高的客户，这为偿还危机在脆弱环境中的爆发埋下了伏笔。第二，不少微型金融组织不能随着市场的快速发展调整内部治理结构和信贷政策，缺少风险管理技术和能力，无法协调短期利润和快速增长的关系。第三，日益增加的竞争和商业化使一些机构几乎忘记了它们的客户是底端市场上的"穷人"。

---

[1] K. Q. Elahi, M. L. Rahman, "Micro-credit and Microfinance: Functional and Conceptual Differences", *Development in Practice*, Vol.16, No.5(August 2006) , pp.476-483.

为了还原"微型金融"作为发展政策工具的真实面目，我们无疑需要在"社会发展"和"商业化"之间寻求新的平衡，这便是新的"社会-商业模式"（socio-commercial approach）。在这种模式中，微型金融不仅仅是一种商业模式，更兼具社会发展使命。因此，未来微型金融的发展不能仅仅依靠市场的力量，事实上，从2010年以后，在理论界进行积极反思的同时，微型金融的实践也开始了积极的调整。一些学者建议从微型金融机构内部治理着手，加强机构的"社会责任"。例如，巴雷罗、迪长斯（Barreiro、Ducasse，2012）试图把公司治理理论扩展到微型金融机构，结合国际标准和好的惯例提出了一套微型金融治理和行为准则。[①] 这些重要的反思和措施包括：建立客户保护措施和原则；加强市场基础设施的建设，例如信贷局和信息网络；加强微型金融的内部治理和外部管制；开发微型金融"社会绩效"指标，并把指标的监控贯彻到实践当中。与此同时，还应当让"社会投资者"或"商业资本"认识新模式的准则和目标，从而使资本在"逐利"的同时，也能成为具有社会效益的"影响力投资"（impact investment）［帕索（Passot，2012）］，这便是所谓的"价值共创"（value co-creation）。[②] 总之，新的"社会-商业模式"试图从微型金融组织的内外两方面着手，协调机构自身的发展和社会目标问题，从而使第三代微型金融发展成为"负责任的微型金融"（responsible microfinance）。

所谓"负责任的微型金融"，是由邱慈观（Tzu-Kuan Chiu，2012）提交给"花旗集团"（Citigroup）的报告提出来，"这意味着，微型金融机构必须根据客户的特点设计出负责任的产品，提供负责任的信息以便客户作出明智

---

① J. Barreiro, T. Ducasse, "Sound Corporate Governance in MFIs is Key to Achieving Social Goals", CGAP Working Paper, 2012.

② B. Passot, *New Economics for Impact Investing*, London: Nef Consulting Ltd, 2012.

的决策，提出负责任的财务和资本建议，避免客户过度负债……为了负责任
地实施金融包含战略，服务执业者的行为必须遵循行业专家、客户和社会所
期望的一些标准和典型特征。"① 在 2011 年举行的"微型金融 CEO 峰会"
上，"聚焦负责任和以顾客为中心的微型金融"专题提出了三项关键倡议
（the three key initiatives）：公平对待客户、保护客户的"明智运动"（the
smart campaign）；承诺做"透明和诚实"的"透明微型金融"（microfinance
transparency）；组建开发全球"社会绩效管理统一标准"的"社会绩效工作
组"（the social performance task force）。

第二节　迈向"负责任的"微型金融

"欧洲微型金融平台"（the european microfinance platform，e-MFP）认为，
如今微型金融正重新回到"双底线均衡"的承诺。② 如今，有 300 多家微型
金融机构开始向"微型金融信息平台"报告执行社会绩效标准的状况，200
家正在进行社会绩效评估，有近 1000 家股东签署了"明智运动"。与此同
时，"微型金融投资基金"也在收集更多的社会绩效数据和信息，并把其作
为开展业务的参照准则。

从近几年的发展来看，无论是实践领域制定的准则和标准，还是理论界
提出的新概念和新思想，都在寻找"社会收益"和"机构收益"平衡的新
途径，实现多方共赢和"价值共创"。萨赫斯等人（Sachs, et al., 2010,
2011）也把这种协调多方利益主体的新模式称为"社会战略新范式"（new

---

① Tzu-Kuan Chiu, "Putting Responsible Finance to Work for Citi Microfinance", *Journal of Business Ethics*, Vol.119, No.2(January 2014), pp.219-234.

② e-MFP, "Strengthening Governance for Responsible Finance: Examples from European Investment Funds", 2011.

paradigms for social strategies)。①② 他们认为，新范式涉及三个层面：（1）由"小额信贷"或"微型金融"提供商组成的专业环境；（2）由接受微型金融服务客户组成的顾客环境；（3）由政府、媒体和支持微型金融的社会团体组成的社会环境。这三方利益主体组成的微型金融网络，通过相互的"价值共创"，可以取得更高的价值，包括"金融包含战略"覆盖更多的客户和经济发展所产生的后续利益，如图8-1所示。

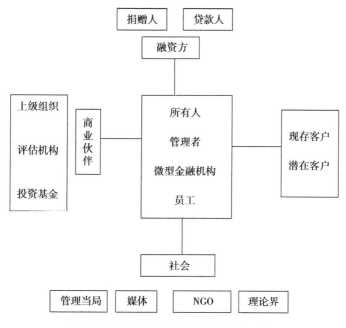

图8-1 微型金融的利益方与社会环境

---

① S.Sachs, et al., "The Stakeholder View Approach: an Untapped Opportunity to Manage Corporate Performance and Wealth", *Strategic Change*: *Briefings in Entrepreneurial Finance,* Vol.19, No.3-4(May 2010), pp.147-162.

② S.Sachs, E.Rühli, *Stakeholders Matter: A New Paradigm for Strategy in Society*, Cambridge: Cambridge University Press, 2011.

"微型金融"的商业化转型使得"公司治理"理论在微型金融领域的作用日益彰显。许多转型为更大、更专业的组织都具有复杂的股权关系，混合多样的组织结构，从而在公司内外形成多重复杂的"委托代理关系"(principle-agent problem)。随着这些机构的发展和成熟，最终将形成一套正规的运行机制，取代 NGO 的非正规运营模式。

公司治理涉及公司股东、管理层、职员以及外部相关利益主体的一系列关系，能为公司制定经营目标、实现目标和绩效监督提供合理的结构框架。1999 年经济合作与发展组织（OECD）提出的公司治理原则（OECD Principles, 1999）已经成为全球政策制定者、投资人、公司和股东通用的标准，涉及如下一些范畴：（1）搭建公司治理有效运行的基础，包括法律和监管要求；（2）主要所有人的职责与其他股东的权利和公平待遇；（3）透明和信息披露；（4）董事会的责任。"金融稳定论坛"(the Financial Stability Forum) 把 OECD 原则归纳为 12 项关键标准，作为构建稳定的金融系统指导标准。

微型金融行业的"双底线均衡"目标意味着微型金融的治理将比其他行业更为复杂。近几年来，伴随着微型金融的"商业化与使命漂移"和"偿还危机"的发生，微型金融治理已经成为行业最重要的议题，"微型金融香蕉皮调查"(microfinance banana skins surveys) 显示，"公司治理"高踞行业问题榜首；与此同时，在实践领域，也相继出台了一些共识性的标准和原则。然而，理论研究和微型金融实践同样表明，理想的微型金融治理和现实之间也存在分歧和矛盾（CGAP, 2012)[1]。这些问题表现在：所有权和股东结构；董事会的作用和股东的退出。

---

[1] CGAP, "A Guide to Regulation and Supervision of Microfinance", Consensus Guidelines, 2012.

一、清晰的所有权结构和股东权益

好的公司治理始于清晰的产权结构，并为明晰组织的职责和义务提供良好的基础。分散的股东和模糊的所有权结构是许多 NGO 微型金融机构的内在缺陷，这与它们的起源和出身息息相关。过去，NGO 或大多微型金融组织都起源于或包含了基金会、信托基金和协会团体，这意味着在法律上它们都没有真正的所有权人。随着时间的推移，这些组织接受和积累了大量的捐赠，并在保留收益的情况下形成了一定数量的资本规模，即"捐赠人权益"（donorship）。在商业化转型中，很多非政府组织在把"捐赠人权益"转变成"所有权"时都遇到了巨大的挑战，玻利维亚的"阳光银行"和墨西哥的"分享银行"是其中少数比较成功的例子，更多的非政府组织都遇到了法律和政治上的障碍。

相比之下"绿地投资"（greenfield investment）则要简单、明晰得多，这也是近十年来类似于"国际金融公司"（IFC）这样的"发展金融组织"（DFIS）更青睐这种方式来投资微型金融的主要原因。这种方式成功的关键因素就是，它们需要联合更多具有同样目标的组织或具有社会责任的私人投资人（private socially responsible investors）。发展金融组织俱乐部的股东们已经颁布实施了高度有效的公司治理结构，在"绿地投资"的起始阶段，他们通过直接控股和董事会参与运营，如今大多通过控股公司间接参与管理。

发展金融机构是开创微型金融股权投资的先驱者，通过股权参与，对改善微型金融公司治理结构发挥着重要的作用。直到今天，发展金融机构仍然是微型金融最大的股权投资人，据世界银行扶贫协商小组（CGAP，2011）统计，2011 年的总投资达 23 亿美元，新兴的"微型金融专业投资渠道"（MIVs）已经迅速赶上，2011 年的投资已达 10 亿美元。[①]

---

① CGAP, "Cross-Border Funding of Microfinance.Global Trends 2007-2010", December 2011.

1. 董事会的职责和作用

所有权和经营权即董事会和管理层的分离是良好的公司治理结构的另一关键因素。这是一个在监督机构控制下，由执行机构负责公司经营绩效的双层结构系统。这种系统要求：（1）根据公司的规模、性质、股东的构成、外部环境和政策组建一个有效的董事会，负责公司监督和经营管理之间的平衡；（2）形成一个高效的董事会流程，处理公司的会议和决策。

然而许多微型金融机构与此标准相距甚远。一些 NGO 微型金融组织在董事会的治理上比较弱：（1）产权的不清晰使董事会成员的职权并不明朗；（2）一些董事会成员来自社会公益事业爱好者，对公司管理和金融业务并不熟悉；（3）"管理俘虏"（management capture）现象在 NGO 中普遍存在，通常的情况是，一个有能力的 CEO 或总经理操控着整个董事会，董事会只是"印戳傀儡"。相反的情况也有可能发生，组织的创建人具有强大的控制力，取代了管理层。这两种情况显然都有悖于良好的公司治理，一个健康的治理机构应当避免"管理层俘虏"和"董事会俘虏"（board capture），要在两者之间寻求监督和管理的平衡。

"股权投资"在强化董事会治理结构上起着积极作用。董事会的一个重要职责就是制定公司的战略目标和使命，并监督管理层执行。"发展金融机构"在进行股权投资时便派驻代表进驻董事会，促进微型金融机构公司治理结构的建设，并监督机构在"双底线目标"上的运行状况。劳德（Laude，2009）认为，发展金融机构在董事会中，就像一个敦促微型金融机构实现"社会"和"金融"双重目标的"积极分子"。① 如今，"负责任的微型金融"成为董事会另一个重要的议题。为了清醒地认识微型金融危机

---

① A. Laude, "The Role of Development Finance Institutions in Good Governance for Microfinance", *Private Sector & Development*, No.3(September 2009) .

和潜在威胁，微型金融机构的董事会应当在诸如"负责任的信贷资产增长" "透明定价"以及"双目标的平衡"等重大问题上为管理层提供政策上的指导。

随着微型金融融资的分散化，投资者的作用和对微型金融治理的影响正从"发展金融机构"逐渐转向"微型金融专业投资渠道"及其控股公司。一份来自世界银行扶贫协商小组的报告（CGAP，2012）显示，"微型金融投资渠道"及其控股公司在行业 325 个董事席位上占据 208 席，占比 64%，"发展金融机构"的席位仅为 93 个，而同期的资本投资量占比刚好相反。[①]因此，报告认为，股权投资者并没有把微型金融的治理结构真正的资本化，并建议投资者：应积极参与董事会结构的治理；关注股东的利益。

2. 负责任的退出战略

"双底线的均衡"决定了微型金融的股权投资者在退出时应有一个负责任的机制。这涉及两个重要的问题：何时退出，以及退出后如何保持微型金融"使命"的继续。

社会私人资本的"逐利性"意味着，它们会选择适当的时机撤出投资。在墨西哥"分享银行"和印度"SKS"上市时，都出现过原始股本攫取高额利润撤离并受到诟病的尴尬局面。那么，什么时候撤出才是"适当"的时机？事实上并没有一个确切的答案。一般认为，既不能太早也不能太晚。私人商业资本一般倾向于在较短的时间周期撤资，为了避免这种风险，股东们应当签订"锁定条款"，这样有助于其他股东和微型金融机构有较长的时间来完成使命。因此，"退出条款"有助于保护其他股东和机构能够保持"所有权"和"使命"的完整性。"关键性的退出"，既要提前预期，也应妥善

---

① K. McKee, " Voting the Double Bottom Line: Active Governance by Microfinance Equity Investors", *CGAP Focus Note*, No. 79(May 2012) .

协商。"退出战略"对许多"发展金融机构"而言更为重要，它们从一家微型金融机构的退出，意味着另一家微型金融机构的诞生，"太迟退出"也不利于股权资本的循环利用。

保持"社会使命"的完整性是微型金融退出战略中的一个重要问题。因此，许多"发展金融机构"在退出时，都会慎重选择新的股权投资人。选择新的投资者涵盖：它们的目标与使命，对风险和收益的预期，投资期限，声誉与诚实性等。有时，这些退出机构宁愿以较低的收益把股份卖给另一个具有社会责任感的投资人。

总之，随着微型金融融资渠道的发展，治理结构也会发生相应的变化。如今，"发展金融机构""微型金融投资渠道"及其控股公司在促进公司治理结构上日益发挥着重要的作用。未来，随着专业微型金融机构吸储资质的放开，本地的储蓄和存款人也是主要的融资渠道，他们的利益是由当地或本国的管理机构和监管当局所代表。如何在遵循公司治理一般原则的基础上平衡公司的利益和"社会使命"，将是各国的管理和监管当局面临的新课题。

二、客户保护

近几年"偿还危机"的连续爆发终于向人们展示了微型金融最真实的一面：借贷从来都不是没有风险的，向穷人和低收入阶层提供信贷更是如此。在过去的很多年中，微型金融组织一直在强调自身和社会双重目标，然而随着这些机构更多地关注自身的成长和发展，客户的利益往往屈从于自身的发展利益。与此同时，"新力量"和"逐利资本"的引入更是恶化了这种情形，例如，在某些"饱和的市场状态"下机构出现抢夺客户的情况，一些新加入的力量缺乏真正的"社会使命感"。因此，在印度、波斯尼亚、尼加拉瓜和摩洛哥等国家的微型金融市场上，都出现了穷人"过度负债"

问题。

早在 1996 年，休姆、莫斯利就在《金融扶贫》　（*Finance Against Poverty*）一书中郑重地提出了"小额信贷"可能带来的伤害性。他们认为，一旦穷人不能还款，就可能陷入更糟糕的境况中，并呼吁对那些违约并可能陷入生计困境的穷人加强调查和研究。对于信贷风险的管理，微型金融机构过去一直依据偿还率的高低来判断客户的债务是否会出现问题，"优异的偿还率"往往使微型金融机构忽略了诸如"以贷还贷""多项贷款"这些重要的事实。

如今，随着微型金融运动在全球低收入国和穷人中广泛的开展和传播，寻求有效的客户保护措施愈发紧迫。大多国家都缺乏客户保护的法律框架，有些国家在捐赠机构的敦促下，即使制定了有关"利率透明度""风险解释"这样的条款，往往也弃之不用。而且，大多低收入和穷人客户都缺乏基本的金融素养，很难理解信贷合约中的条款和风险，因此，一些机构和信贷官在追求增长和私利的情况下，极易出现道德风险。

令人欣慰的是，"负责任的"微型金融（responsible microfinance）的出现正在极力改变这种局面，许多微型金融组织都倡议并签署了"明智行动"（the Smart Campaign）。所谓"明智行动"，按照全球微型金融 CEO 峰会的解释，"这是一项史无前例的努力，把客户保护变成微型金融基因的一部分"。峰会认为，"客户保护不仅是正确的，更是明智的"，公平而又虔敬地对待顾客，避免不正确的产品和服务滥用对顾客造成伤害。"明智行动"支持把行业广泛认可的"客户保护原则、标准和惯例"融合到行业实践的各个层面，并开始实施第三方的"资质认证"。如今，已有 130 个国家的 2400 多家微型金融机构及利益方签署了该协议。此外，有关"消费者破产保护法"也在一些国家被提上日程，一旦借款人陷入"债务陷阱"，依法进行债务免除，并保护债务人维持生计水平的收入。2010 年，拥有 120 个成员国的"消费者国际"组织（Consumers International）会同 G20 成员国，向"金融稳定局"(Financial Stability Board) 和 OECD 组织发出了保护金融服务消费者的倡议，并编撰了具体的国际保护标准。①

总之，负责任的微型金融和做法既是创建健康的"机构－顾客"的基础，更是微型金融未来发展的基石，涵盖"公平、透明对待客户""避免过度负债""合理收款"以及"客户金融教育"等各个方面。"一旦机构能以'专业'的方式提供服务，良好的金融收益和负责任的服务（这两个目标）之间就不应出现此消彼长的现象；相反，不负责任的做法反而无益于机构的持续发展。"②

三、负责任的信息披露机制

负责任的信息披露和"透明微型金融"是客户保护最基本的要求。判断金融产品或服务是否合适，客户首先需要了解准确的信息、将来的收益或未来可能得到什么。抱怨微型金融的利率和服务模糊不清甚至具有欺骗性的事件时有发生，例如，墨西哥"分享银行"利率的不透明性曾经饱受诟病，标注 40%—50%的利率连带附加费用一度超过 100%。有时，一些机构甚至使用"广告"和精美的印刷材料误导客户。

因此，设计有效、负责任的信息披露机制将有助于提高微型金融运行的透明度，从而更好地保护客户。这将涉及三个问题：（1）信息披露的内容，应当向低收入和穷人客户发布什么信息？（2）信息披露的方法，如何向这

① Shawn Hunter, "Financial Inclusion, Innovation and Regulation: Meeting the Challenges of Policy Reform and Capacity Building", Working Paper, 2013.

② Matthias Adler, Sophie Waldschmidt, "Microfinance 3.0: Perspectives for Sustainable Financial Service Delivery", Working Paper, 2013.

些客户发布信息?(3)公众披露,向公众披露什么信息,以及如何披露?

1. 顾客层面的信息披露

向客户发布有关利率和相关条件的充分信息是他们判断产品风险和可接受性的先决条件。作为提供服务的微型金融机构,应做到准确、清晰,并能让客户充分地理解。

定价与利率。有关信贷产品定价与利率的清晰性是"透明微型金融"的关键。仅仅发布名义利率显然是不充分的,因为标注的名义利率并不能充分地反映信贷产品的真实成本和全部成本。一些机构常以管理费、附加费、分期利率等各种形式,让毫无金融素养的穷人既无法理解,更无从计算和比较真实的成本负担。"明智行动"认为,应以信贷总成本、还款计划或年利率的形式披露"定价信息"。信贷总成本是支付信贷产品的全部成本,包括所有利率和费用。年利率,就是把利率、费用等总成本换算成标准的、容易理解的年平均利率。还款计划,应向客户清楚表达每期和总和还款数额。如今,秘鲁、加纳、波斯尼亚、柬埔寨等国家都在完善此项信息披露机制,要求还款计划书送达每位客户手中,要求明确标明每期还款数额、日期、所含的利率和费用。最近,世界银行的相关研究表明,信息的披露对低收入者和穷人的信贷行为影响很大。来自菲律宾的调查显示,他们主要关注分期偿还的数额,而不是利率,以便周收入或月收入能够及时抵偿;[1] 披露信贷总成本比年利率对借贷行为影响更大,他们不太愿意借款,或者选择总费用低的产品。[2]

也有一些学者认为,"小额信贷"过于真实的披露有可能"误导"穷人

---

[1] Daryl Collins, et al., " Incorporating Consumer Research into Consumer Protection Policy Making", *CGAP Focus Note*, No.74(November 2011) .

[2] Marianne Bertrand, Adair Morse, "Information Disclosure, Cognitive Biases, and Payday Borrowing", *The Journal of Finance*, Vol.66, No.6(December 2011) , pp.1865–1893.

的信贷行为。因为，他们经常使用的贷款额度比较小，期限比较短，复合成较高的年利率反而可能使他们放弃有收益的商业行为。

其他重要条款和信息的披露。利率之外的重要信息也是"透明微型金融"的要求，披露的内容随产品的变化也不尽相同，然而一项首要的原则是，应当使他们清楚地知道权利、责任和可能出现的风险。对于信贷产品而言，还应包括提前还款时的"罚金"和所收取的不同利率。例如，在秘鲁和加纳，要求机构必须披露违约时的计算利率和罚金，秘鲁还特别要求浮动利率时机构计算利率的方法和变化标准。

2. 信息披露的方法

信息披露的方法，即如何披露、何时披露与披露准确的信息内容同等重要。低收入阶层、穷人的教育程度和金融素养使得他们很难理解复杂的表达方式，因此简洁、可以理解的信息披露方法有利于他们对金融服务的选择。"透明微型金融"要求微型金融服务商，使用清晰可以理解的语言和简洁的呈现方式进行披露，以利于特定群体的理解和掌握。在识字率和教育程度非常差的地区，除了标准、简洁的表达格式，还应把服务的内容、成本、风险以及客户的权利和责任，用口头语言准确地表达给客户。

此外，信息披露的时间也非常重要。为了使客户在正式签约之前都能充分熟悉信贷等金融服务的重要内容，秘鲁规定金融机构必须负责解决签约前客户的所有问题，并专门配备专业咨询官讲解服务合同。

3. 公众披露

客户层面的信息披露旨在帮助潜在客户理解服务的内容，准确了解相关的权利和责任，进而选择适当的产品。"透明微型金融"同样要求公众层面的信息披露，用以增加行业的透明度和竞争性，并有助于社会对微型金融的监督。

从理论上来看，只要市场是充分的，顾客只要收集信息，进行比较，就可以解决接受哪家机构的服务和产品，从而实现用脚投票。然而在现实中，低收入群体和穷人受限于自身的素质、搜寻成本等问题，很难进行甄别。信息的公众披露将有助于社会和公共群体帮助穷人解决一些重要的问题。

首先，规范而又负责任的信息公共披露利于微型金融行业整体的竞争和透明度，更利于客户的甄别和选择，利于行业利率和费用的降低。其次，规范性的信息披露利于接受行业的指导和监管当局的监督，从而达到间接帮助穷人"甄别和筛选"的目的。再次，规范的公共信息披露还利于接受公共媒体的监督，发挥媒体"道义劝告"的作用。最后，利用公共可获得的信息，发展金融机构、援助组织、投资人可以敦促微型金融组织规范服务标准和行为。总之，与穷人和低收入阶层相比，社会公共群体在教育程度、金融素养、信息和甄别能力上更具有优势，利用公共信息披露，可以帮助穷人筛选、甄别、监督和劝告微型金融的目的。

如今，微型金融公共信息披露机制的建设正在逐步完善。目前已经拥有两家大型的微型金融信息交流和披露平台：全球性的平台——"微型金融信息交换平台"（microfinance information exchange，MIX）和区域性的平台——"欧洲微型金融平台"（European microfinance platform，e-MFP），除此之外一些机构也开始建设自己的信息平台。这些平台一般都要求，凡是自愿向平台提交信息的机构，都需按照特定的要求申报相应的信息。是否愿意申报信息正逐渐成为微型金融是否透明、规范的重要标志，投资机构也把其作为等级评审和投资的重要指标。

第三节　"影响力投资"与"价值共创"

"影响力投资"（impact investment）最初由"洛克菲勒基金会"

（Rockfeller Foundation）于 2007 年创造和提出，一年以后，随着“全球影响力投资者网络”（Global Impact Investors Network，GIIN）的创建，正式成为微型金融领域一个新概念和新理念。按照格林（Grene，2012）在《金融时报》（*Financial Times*）上的说法，微型金融在当前所有信贷服务提供商当中，是众所周知的、发展最完善的“影响力投资”部门。

一、概念与理念

在自己的网站上，“全球影响力投资者网络”把“影响力投资”定义为，“为了产生一定的社会和环境影响，并带来相应的金融收益，而向有关公司、机构或基金所做的投资”。在 2013 年由摩根士丹利、全球影响力投资者网络和洛克菲勒基金会共同执写的评估报告中，给出了更为直接的定义，“为了创造超越金融收益之外的积极影响所做的意愿投资”[①]。这就意味着，“影响力投资”不仅包含了金融收益和社会收益，而且还清楚地表达了这是投资者所作出的意愿和努力。除此之外，业内人士认为，还应对那些面临贫困、边缘化和其他痛苦的个人和家庭，确实带来可度量的社会和环境影响。由此可见，“影响力投资”试图达到“好心有好报”和“价值共创”（value co-creation）的新理念。正如卡尔弗特基金（Calvert Funds）主席施伟恩（Wayne Silby）所言，影响投资就像马赛克，把许多私人投资的细小力量集合起来做善事，就能拼凑出美丽的图案，这是我们商业市场做不到的。[②]

事实上，自 20 世纪 90 年代中期以来，随着商业化进程的推进、股份资本和风险资本的引入，福利学派一直对商业资本的“逐利”和“使命漂移”

[①] E.T.Jackson, Associates Ltd, "Accelerating Impact: Achievements, Challenges and What's Next in Building the Impact Investing Industry", Executive Summary, 2012.

[②] Wayne Silby, "Impact Investing: Frontier Stories", 2013.

心存芥蒂。格林（Grene，2012）认为，商业化资本的金融收益是否应当处于第二位，获得完全的市场收益和期望的社会影响之间是否存在冲突，仍然需要质疑和求证。但是我们应当看到，通过新的合作模式，"影响力投资"可以解决金融收益和社会收益之间的冲突，利益主体通过积极互动还能共同创造新的价值。[①]

二、微型金融缺口与商业化出路

在许多发展经济学家眼中，一个国家之所以穷，是因为这个国家穷（没有钱）；在这种情况下，需要外部资本来打破这种"邪恶的怪圈"。对于单个穷人也是如此，"没有人给穷人第一块钱去赚另一块钱"[尤努斯（Yonus，2003）]。默多克（Armendariz、Morduch，2005）认为，穷人之所以穷部分原因是因为穷人没有人力资本、社会资本，也没有能力使用技术，还有一部分原因是源于不对称性信息下银行的惜贷行为和小额交易下的风险和成本。[②]

尤努斯认为，把穷人组织起来形成小组就能解决信贷中的信息、风险和成本问题，这激起了"小额信贷"的兴起。然而，下一个更重要的问题是，谁来提供资本？如今，在捐助和赠与的基础上，"小额信贷"已经走过了40个春秋，全球有上万家微型金融组织覆盖了近2亿的穷人和低收入群体，信贷资产规模达170亿美元。令人震惊的是，微型金融的"显著"成绩和努力距离27亿尚未获得金融服务的低收入群体之间仍有一个"荒唐的缺口"。据"扶贫咨询集团"2005年的一份报告，微型金融的资本主要来源于具有社会使命的资源，例如宗教组织、NGO和富裕的人文主义者，而来自商业

---

① S. Grene, "Making Profit from Making a Diff Erence", *Financial Times*, August 6, 2012.

② B. Armendariz, J. Morduch, *The Economics of Microfinance*, Cambridge: The MIT Press, 2005.

资本的不足四分之一。"如果微型金融要为大部分潜在客户服务，必须要撬动更多的商业资本"［摩根士丹利（Morgan Stanley，2013）］。这使得微型金融的商业化成为近些年的主要趋势。

三、微型金融的网络与价值共创

"为了填补资金的国际缺口，纠正地理差异，在获得利润的同时达到减少贫困的目的，一个新的部门影响力投资者（impact investors）就出现了。"①"影响力投资者"是一个广泛的概念，包括基金会、信仰投资者、主流金融机构、养老与互助基金、保险公司、私人股份基金、富人，以及具有"双底线或三底线均衡目标"的创业资本。近些年来，来自"影响力投资"的资本呈加速趋势，行业研究表明，2011 年已有 2200 项影响力投资，规模达 44 亿美元（Accelerating Impact 2012）。

目前已经有许多"影响力投资者"进入微型金融市场。古德曼（Goodman，2006）的研究显示，它们包括私人捐赠人、发展援助机构、私人投资者、私人投资基金和机构投资者，从而构成了微型金融投资基金（microfinance investment funds）。② 微型金融投资基金大体来看可分为三类，商业资本、半商业资本和发展援助资本。卡尔等人（Cull，et al.，2009）认为，微型金融市场为所有投资人都提供了合适的位置：商业投资者可以推动商业化微型金融机构的发展，而捐赠者和社会投资人可以帮助那些向最穷群体提供

---

① Arvind Ashta, "Co-Creation for Impact Investment in Microfinance", *Strategic Change: Briefings in Entreperneurial Finance*, Vol, 21, No.1-2(Feburary 2012), pp.71-81.

② P. Goodman, "Microfinance Investment Funds: Objectives, Players, Potential", in *Microfinance Investment Funds: Leveraging Private Capital for Economic Growth and Poverty Reduction*, I.Matthaus-Maier, J.D.von Pischke(eds.), Berlin: Springer, 2006, pp. 11-46.

服务的微型金融组织。①

　　"微型金融投资渠道"（MIVs）为利用这些影响力投资，从而实现价值共创提供了良好的平台。"价值共创"的理念最初由普拉哈拉德（Prahalad）和文卡特·拉瓦斯瓦米（Venkat Ramaswamy）提出，图8-2表达了微型金融及其网络是如何实现"价值共创"的。微型金融的上层机构或控股公司可以在不同的地方或村落试验不同的信贷技术和管理模式，一旦发现某种模

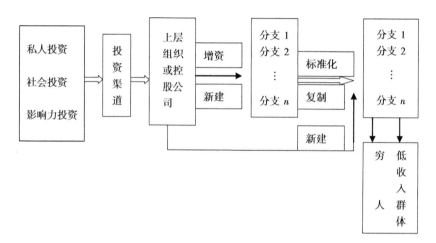

图8-2　微型金融网络与价值共创

式非常成功，马上放弃其他模式而利用这种成功的模式进行"增资、新建和复制"。"标准化"对降低成本和提高收益率至关重要，"影响力投资"和"微型金融投资渠道"则为微型金融的复制和新建提供了原动力。事实上，近几年来，通过"微型金融投资渠道"与社会资本对接，然后通过标准化的"绿地投资"（greenfield investment）来扩张，已经成为诸如"行动国际"

---

　　①　R.Cull, et al., "Microfinance Meets the Market", *The Journal of Economic Perspectives*, Vol.23, No.1(Winter 2009) , pp.167–192.

"花旗集团""摩根士丹利"、德国 KFW 等公司实施"微型金融包含战略"（microfinance inclusive strategy）的主导模式。

第四节　建立和发展普惠金融

世界上，大部分人口生活在发展中国家，大约有 30 亿人难以享受到正规金融服务（CGAP，2006）。[①] 这其中，尤以处于边缘地区的小农和穷人为甚，他们中很少有人拥有储蓄账户，很难获得贷款，也难以享受到诸如资金转移、投资理财等金融服务的便利。因此，一些琐碎而又现实的问题就成为遏制他们生存和发展的关键，例如：如何支付孩子的教育费用；如何将劳务收入寄回家乡；如何支付亲人生老病死的费用；如何平滑农业生产和日常开支的费用等。

微型金融便是为了解决穷人的这些金融服务需求而适时诞生的。尽管目前微型金融并不能完全解决穷人的金融需求，但是通过自身的不断创新和努力，微型金融能够把稀缺的资源和力量传递到穷人的手中，帮助他们平滑消费和生产，力图使穷人摆脱"贫困的陷阱"。在这方面，微型金融的潜力是巨大的，然而它同样也面临着巨大的挑战。

一、微型金融发展史

在过去的大约二三十年中，微型金融发展迅猛，这不仅表现量的扩张上，更表现在质的深化和提高上——从最初仅向穷人或"小微企业主"提供贷款的"小额信贷"发展到提供储蓄、保险以及资金转移等多种金融服

---

① CGAP, "Building Inclusive Financial System", 2006.

务在内的"微型金融"。

事实上,"小额信贷"并非一件新鲜事。从历史上来看,小额的、非正规的储蓄和放贷团体早在几百年前就已经出现。例如,早在 15 世纪的欧洲,罗马教堂便利用当铺向城市手工业者、小商人和穷人发放小额贷款,以帮助他们摆脱高利贷剥削。而在 17 世纪初,一种专门向被商业银行排除在外的穷人提供金融服务的贷款基金系统(the irish loan fund system)也开始在爱尔兰出现,到了 19 世纪 40 年代,该系统的 300 多个基金已经遍布爱尔兰各地。19 世纪初期,为城市和乡村穷人提供金融服务的大型、正规储蓄和信贷机构开始在欧洲迅速发展。这其中,居于领导地位的便是使穷人免受高利贷剥削的社员自助组织信用合作社(financial cooperatives)。信用合作组织最早起源于德国,随后分别于 1865 年和 1900 年传入法国和加拿大,如今,合作金融组织已经遍布非洲、亚洲、拉丁美洲等世界各地。

20 世纪初期,各地政府开始有目的地介入农村地区的各种储蓄和信贷基金以及信用合作组织,并使它们的运作模式和宗旨发生了变化,这以拉丁美洲等地的最为突出。显然,政府的介入是为了储集农村地区的闲余资金,在使穷人免受传统高利贷盘剥的同时,通过扩大农业信贷投资来促进农村部门的现代化。在大多数情况下,这些为穷人提供服务的金融组织并不像欧洲合作机构那样为穷人们自己所拥有,而是被政府所控制。随着时间的发展,这些机构逐渐变得无效率,并不断地出现破产的情况。

从 20 世纪 50 年代到 70 年代,各地政府和出资人开始普遍干预农村金融,这一方面源于战后大量独立国家对农业部门现代化的信心和渴望,另一方面则是由于农业和穷人信贷日益变得糟糕。通常的做法是,政府大量建立国家所有的发展金融机构(development finance institutions,DFI),或利用农村信用合作社(rural credit cooperatives),以低于市场价格的利率向处于边缘化的小农和穷人提供农业信贷，以期提高他们的生产率和收入。然而，这些补贴信贷项目鲜有成功的，因为小农和穷人们总是将这种信贷视为政府"赠与"，故而偿还率极其低下。结果，这些发展金融组织的资本不断地被侵蚀，甚至荡然无存；更为糟糕的是，补贴信贷很难惠及小农和穷人，相反却被地方较为富裕和有影响力的群体所占据，因为他们更能影响资源的分配。

从 20 世纪 70 年代开始，农村金融市场制度的缺失为"小额信贷"的正式登场提供了前提，在许多国家和地区，"小额信贷"迅速成为农业信贷，尤其是穷人信贷的主力军。早期的"小额信贷"都是通过"小组信贷"方式展开的，这样小组内的成员便为他人的违约提供了担保。在孟加拉国，穆罕默德·尤努斯（Muhammad Yunus）创立只对妇女贷款的"格莱明"银行（Grameen Bank）；在拉丁美洲，专门成立了扶助穷人的"行动国际"（ACCION International），随后又扩展到美国和非洲；在印度，妇女贸易联合会（Women's Trade Union）成立了妇女自雇联合银行（Self-Employed Women's Association Bank）。这些最早以非政府组织（NGO）面目出现的机构都是"小额信贷"成功的先例，直到今天，它们仍是世界各地"小额信贷"借鉴和复制的榜样。

到了 20 世纪 80 年代，世界各地的小额信贷开始出现了"微妙"的变化，一些小额信贷机构开始抛弃只为穷人贷款的信念，并改进了传统的低利率等信贷技术。这是因为：其一，进展良好的小额信贷项目表明，穷人尤其是妇女，比富人更能遵守信贷偿还纪律；其二，许多信贷实践证明，穷人能够也愿意支付较高的信贷利率。收取较高的信贷利率意味着，小额信贷机构能够逐渐补偿自己的运营成本，并能够通过支付较高的利率进行储蓄动员（saving mobilization），吸引商业贷款和投资资本，因此能够逐渐将服务范围扩展到更多需要帮助的穷人群体，最终演变成为能够摆脱政府和捐赠者资助的自我持续的商业机构（self-sustainable businesss）。在印度尼西亚，通过收取较高的信贷利率和吸纳存款，印度尼西亚人民银行（Bank Rakayat Indonesia，BRI）的小额信贷部（Unit-Desa）已成为自我持续的典范，如今该信贷部已经成功地为超过 3000 万的低收入储户和贷款者服务。

小额信贷的巨大成功激起了广泛的热诚。从 20 世纪 90 年代开始，"小额信贷"模式以更快的速度在世界各地传播和移植，政策实践者们也对通过"小额信贷"反贫困寄予了较高的期望。在这一时期，理论界开始探讨从"小额信贷"（microcredit）到"微型金融"（microfinance）的发展和演化，因为小农和穷人不仅需要信贷，也需要包括储蓄、保险、资金转移等各种服务在内的金融需求。在这一发展过程中，更为重要的是，作为金融机构本身的微型金融组织的自我持续性成了必然要求，而商业化经营战略成为重中之重，因为追逐利润的金融组织才有可能走向自我持续，才能持久地提供金融服务。

微型金融发展史如下：

1. 18 世纪之前

在中世纪的欧洲，意大利的和尚首先利用当铺向手工业者、商人和穷人提供小额信贷，使得他们免收高利贷的盘剥；在 17 世纪的爱尔兰，乔纳森·斯韦福特创立了爱尔兰贷款基金系统，开始向穷人提供无抵押的小额贷款，一度曾覆盖全爱尔兰 20% 的家庭。

2. 18 世纪

18 世纪初期，德国人雷发森在德国首先创立了信用合作社，随后信用合作迅速传到欧洲各国和北美地区，最终，信用合作组织无一例外地在所有发展中国家发展起来。

3. 19 世纪初期

在拉丁美洲等地的农村地区，政府的介入使得当地的各种信贷模式发生了一定的变化。

4. 1950—1970 年

政府通过建立国家所有的发展金融机构，或通过农村信用合作社，向农民和穷人提供各种优惠贷款；这些发展金融机构因难以补偿成本、偿还率低下，最终大量倒闭。

5. 20 世纪 70 年代初期

以非政府组织面目出现的"小额信贷"组织正式登场，孟加拉国的"格莱明银行"、拉丁美洲的"行动国际"、印度的"妇女自雇联合银行"都是早期成功的先例。

6. 20 世纪 80 年代

"小额信贷"开始出现了"微妙"的变化，例如印度尼西亚人民银行乡村信贷部通过收取较高的、能够补偿成本的利率实现了自我持续性，同时通过吸纳储蓄成功地为更多的低收入者提供服务；这一巨大成功指明了"小额信贷"发展的方向。

7. 20 世纪 90 年代初

"小额信贷"开始向"微型金融"发展和演化，因为穷人不仅需要贷款，也需要包括储蓄、保险、资金转移等各种服务在内的金融需求；理论界认为，只有可持续的微型金融组织才能为穷人提供更好、更持久的服务。

8. 现代普惠金融体系的发展

现代微型金融的发展模糊了"小额信贷"与商业金融的边界，通过资本来源的多样化和商业化，微型金融开始融入整个金融系统，从而揭开了普惠金融体系发展的新篇章；在一些国家，商业银行和一些投资主体在逐利的动机下开始进入微型金融；理论界开始把研究的重点放在如何建立金融制度和利用整个金融系统来为穷人提供服务。

二、现代微型金融的发展

从 20 世纪 70 年代"小额信贷"正式登场至今，毫无疑问微型金融已经取得了令人瞩目的发展和成绩。世界各地已经蓬勃发展起了大量层次不同、形式各异的小额信贷项目和微型金融机构（microfinance institution，MFIs），更为重要的是，各地的信贷实践表明，穷人并非像传统理论所认为的那样是无"信用"的，相反他们却是值得信赖和帮助的群体。这为重塑农村金融制度、建立农村金融市场体系提供了理论前提。然而，向所有需要金融服务的小农和穷人提供金融服务，仍然需要一个较长的发展过程，也面临着许多潜在的挑战，具体而言：

一是规模问题（scale problem），如何扩大微型金融的规模为尽可能多的穷人提供服务；

二是深度问题（depth problem），如何向更偏僻、更穷的穷人提供金融服务；

三是成本和可持续性问题（cost and sustainability problem），以尽可能低的成本为穷人服务，且金融组织自身能够持续。

正如前面的章节所指出，"成本、深度和可持续性"是一个相互冲突的"大三角"，因此如何克服这一矛盾就成为微型金融或农村金融深化和发展的主要挑战。主流的观点认为，问题的解决最终要归咎于是否能将为穷人提供金融服务的组织或制度融合到一个正规的金融系统中（mainstream financial system），按照联合国的观点（United Nations，2006），就是建立

"包含性的金融体系"或"普惠金融体系"（inclusive financial system）①，亦即 2002 年国际金融发展政府首脑会议所达成的"蒙特雷共识"（the Monterrey Consensus）。该共识认为，"微型金融、微型和中小企业信贷以及国民储蓄计划（national savings schemes），对提高（农村）金融部门的社会和经济效应非常重要"；"无论是独立的还是合作的发展银行、商业银行和其他金融机构，包括资本市场融资，都是促进穷人获得金融服务的有效工具"。

"蒙特雷共识"的形成意味着，"小额信贷"不仅应向"微型金融"发展和演化，而且应进一步向"正规化"和"包含性的金融体系"发展。这一发展变化，既是穷人信贷和农村金融的内在要求，也是微型金融促进农村和穷人发展的使命。20 世纪 90 年代，正值"小额信贷"向"微型金融"发展之时，理论界的一些学者便前瞻性地主张，迎接扩展金融服务边界的挑战意味着，应该让更多的金融服务提供者而不仅仅是专业机构意识到，为穷人和低收入者提供服务也是一个可行的商业机会。他们认为，最终"抛弃""小额信贷"（microcredit）和"微型金融"（microfinance）是必然的，单从字面上理解，"小"和"微"（micro-）便让人想起处于边缘的、不重要的东西。事实上，与世界上尚有 30 多亿人口从未获得过正规金融服务这一巨大的潜在市场相比，今天的微型金融显然仍处在起步阶段。因此，微型金融绝不应被边缘化，我们也不能像过去对待它所服务的对象——贫困和无助的小农和穷人一样来对待微型金融，将其规限在金融体系中瑟瑟的一角，任由其自生自灭。可喜的是，这种情况已经发生了根本的改变，将微型金融融合到大金融系统中的进程已经起步。在此，值得一提的是，通过吸引权益市场（equity market）上的资本，拉丁美洲的微型金融在实现资金来源多样化的

---

① United Nations, "Building Inclusive Financial Sectors", The Blue Book, 2006.

同时，与大金融市场的融合也日益紧密；在亚洲，印度尼西亚人民银行乡村信贷部（BRI-UD）也成了利用资本市场的典型。可以预见，在不久的将来，传统微型金融与大金融系统的边界将日益模糊：一方面传统的微型金融在底端市场继续为穷人服务，并不断拓展服务的范围；另一方面，商业银行和其他正规金融机构通过向底端市场渗透和移动，便能急剧地扩大微型金融的服务边界。一旦两者在中间的某个地方相遇，小额信贷的承诺便能实现[默多克（Morduch，1996）]。

三、建立和发展普惠金融体系

显然，建立普惠金融体系是因为追逐利益的正规金融机构通常都忽视了农村金融这一底端市场，它们认为为穷人和小农服务是不经济的。然而，"小额信贷"、"小额储蓄"和"小额保险"在许多发展中国家的兴起却表明，尽管"小额"交易因为成本较高是不经济的，但是为穷人提供服务也是可行的。而且，随着信息和通信技术的提高，以及经济理论和技术的发展，为穷人服务的成本还能继续趋于降低。

"普惠性的金融体系"就是在上述的前提和实践中诞生的。为了显著地提高为小农和穷人家庭的服务水平，在普惠金融体系中，应该有一个金融机构序列（a continuum of financial institutions），或谱系（spectrum），它们一起为底端市场的穷人家庭提供不同的金融产品和服务，这些机构应得到合理的政策支持，并处在有效的法律和监管框架之中。一般说来，这一体系通常具有如下的特点：

（1）所有"银行可接受的"或"可银行化的"（bankable）① 家庭和小微

---

① "银行可接受的"（bankable），意指一方面通过合理的设计，银行的服务能覆盖到的群体，另一方面能够覆盖到的群体也愿意支付银行收取的利率，并具有一定的"诚信"特征。

企业主都能够以合理的成本获得一系列服务，例如储蓄、信贷、租赁和保理、抵押，以及养老金服务和资金的国内外转移等；

（2）一系列合理的金融机构序列，在内部它们有一套适当、合理的管理和激励体系，在外部它们受到行业标准和政府的监管；

（3）这些机构能够逐步达到金融和制度上的持续性，能持续地提供金融服务；

（4）在金融机构序列中，许多金融服务提供者能提供不同的产品和服务，这样能在竞争中促进成本的降低，并给顾客提供不同的选择，而不是像"信用岛"似的分割和垄断。

为了实现具有上述特征的普惠金融体系，一些学者和机构认为，应该考虑如下一些重要的因素：顾客的金融素养程度；要认识到政府或出资者等方面干预的必要性，尤其是，这种干预是基于金融体系长期发展之上而非出于短期或紧急状态下的考虑；要认识到，建立普惠金融体系这一远景是动态的和折中的，要考虑到通过社会、政策、技术以及金融等方面的创新来提供金融服务的可能性。[1]

2004 年，在美国乔治亚州锡尔岛（Seal Island）的八国峰会（G8 Summit）上，与会的专家们肯定了世界银行扶贫协商小组的微型金融主要原则（CGAP's key principles of microfinance），并将其制订为建立普惠性金融体系的基本框架。该框架认为，只有当把为穷人服务的金融与大金融系统的微观、中观和宏观三个方面紧密整合在一起时，大部分被排除在金融系统之外的穷人才能重新获得金融服务，如图 8-3 所示。

1. 顾客

无论在任何金融服务中，顾客显然都处于核心地位，这在普惠金融体系

---

① Unite Nations, "Building Inclusive Financial Sectors for Development-executive Summary", 2006.

图 8-3　普惠金融体系

中也不例外，穷人和低收入者就是包含性金融体系的"核心"。他们对金融服务的需求驱动着金融体系各个层面的发展。

　　对于一个真正的普惠金融体系而言，它应当能够满足每一位顾客的金融需求，处于发展中国家的穷人和低收入者也应像其他人一样，能够获得方便、灵活并经过合理定价的、广泛的金融服务。这一认识正在悄然地改变农村金融尤其是微型金融的实践，使得"小额信贷"向"微型金融"发展，并进一步向"普惠金融体系"过渡。

　　在过去，农村金融或穷人信贷具有两个主要特征：其一，只关注穷人或低收入者的生产性信贷，仅为他们提供小额的生产性资本，理论界称之为"小微企业主"信贷；其二，主要在"供给领先"（supply driven）思想的主导下提供信贷，其结果是，范围褊狭的金融服务也只能满足一小部分人的金融需求。如今理论界和实践者们越来越认识到，穷人并非仅仅需要生产性资本，他们还需要更为广泛的金融服务。这一认识对建立普惠金融系统意义重大，例如，农民们不仅需要农业生产性信贷也需要安全的储蓄以平滑未来的消费和投入；而外出务工者则需要安全快捷的资金转移系统，以便及时将收入汇回家里等。总之，在农村地区存在着身份各异的需求群体，他们对金融服务的需求也不尽相同，建立"包含性"的普惠金融体系便是致力于解决如下一些重要的问题：都有哪些服务群体？他们到底有多穷？他们都需要哪些金融服务？以及这些金融服务又将如何影响他们的生活和生产活动？

2. 微观层面

在普惠性的金融体系中，直接为穷人和低收入者提供金融零售服务的提供者是体系的"中枢"。这些处于微观层次上的金融服务提供者既包括私人放贷者，也包括自助性的信贷协会、商业银行、非政府组织，以及政府所建立和经营的金融机构。

在微观层次上，提供者的种类和数量直接决定着金融服务的能力和质量。过去的金融实践表明，任何一种单一的金融组织或模式都不能有效地解决穷人的金融需求，零售层次上金融组织的缺失正是约束穷人金融需求的主要瓶颈。在农村底端市场上，潜在的金融服务提供者既包括正规的也包括非正规的，划分的依据取决于它们组织结构的复杂程度和受政府监管的程度。通常，那些组织结构简单、处于政府监管之外的都是非正规提供者，包括亲戚和朋友、私人放贷者、存款吸纳者、交易商①等；正规性组织一般包括商业银行或政府所有的专业性银行；处于正规和非正规之间的便是以会员为基础的组织，包括循环储蓄协会、信用合作组织，非政府组织和非银行金融机构，如图8-4所示。这其中，值得一提的便是"微型金融"。许多国家的微

---

① 交易商，主要是关联性交易商，他们通常为穷人和小农某项活动提供相关的生产性投入以为信贷，并以未来的收益为抵押。

型金融已经从非正规的提供者发展成为正规的金融机构,如今,专业性的微型金融机构不仅证明穷人是"可银行化的",而且还通过"示范效应"使正规金融机构学会如何处理小额交易。而且,越来越多的事实表明,许多正规银行已开始向底端市场移动,通过"缩减规模"(downscaling)的"下行战略"为穷人提供小额金融服务。

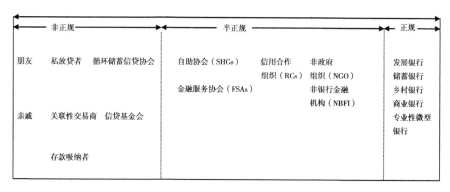

图8-4 金融服务提供者的范围与序列

3. 中观层面

在普惠金融体系中,基本的金融基础设施和相关服务便构成了中观层面,它们可以减低交易成本,扩展金融的服务边界,提高金融机构的技能,以及增加金融服务的信息交流和透明度。这一层面涉及较多的主体、机构和活动,例如资金转移和支付系统、审计机构、行业协会、信用评估机构,以及技术服务者和技能培训机构等。这其中,有些机构是世界性组织,活动也会跨越地区和国界。

在一项有效的金融交易中,并不仅仅包含客户和提供金融服务的组织,因为金融机构不可能在一个真空中运行,它们还依赖于运行良好的金融基础设施和提供相关服务的网络,有效的中观层面对提高穷人获得服务的能力至关重要。一般而言,这一层面主要包括四个方面:金融基础设施,金融信息系统，技术支持与服务，行业协会和网络体系，如8-5所示。

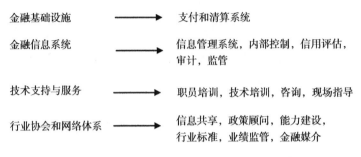

图8-5　中观层面——金融基础设施与服务

金融基础设施：通常是指金融的支付和清偿系统，通过该系统可以实现资金在不同金融机构间转移和流动，促进交易迅速、准确和安全地进行。为穷人服务的金融机构，也应能享用这一基本的金融便利，以帮助穷人实现资金的转移和流动。

金融信息系统：在金融系统中，信息的共享和披露至关重要，例如，它可以帮助金融机构准确地了解和掌握客户的风险类型和特点，它可以帮助客户更为快捷地获得服务，还可以帮助金融机构和客户降低风险和成本。从一定程度上来看，信息的缺失和匮乏便是穷人很难获得服务的重要原因之一。

技术支持与服务：通过获得技术支持和服务，农村金融机构可以获得许多有益的建议、培训以及客户管理和风险监控等专业知识；近二三十年来，微型金融领域逐渐发展起来一套完善的技术支撑和服务体系，部分来自于国内，更多的则来自国际上许多专门的机构，这使得"微型金融"迅速在世界各地移植和复制，大大提高了穷人获得金融服务的能力。

行业协会和网络体系：行业协会和网络体系有力地促进了金融机构实现信息共享、进行技术交流、遵循成熟的行业标准和惯例，并在适当的时候建议和敦促金融机构进行政策和战略调整。

4. 宏观层面

一个有效的法律和政策框架是建立普惠金融体系重要的政策支撑，例如如何对微型金融的活动进行监管，政府应该如何介入微型金融组织的活动等，都是复杂而又精妙的问题。在这一层面上，中央银行、财政部或其他相关的政府机构是介入的主体。

尽管对于政府该如何干预农村金融市场还存在着许多重要的分歧，但理论界普遍认为，有利的政策环境将会促使不同的服务商逐渐进入农村底端市场，最终能在竞争中为更多的低收入者和穷人提供质高价廉的服务。一般而言，政府至少应做到如下两方面：其一，制定有利于促进金融市场形成的政策措施，这包括保持宏观政策的稳定、逐步放松金融抑制实现利率自由化、建立利于农村金融组织发展的监管政策等；其二，制定有利的财政和税收激励措施，促使金融组织更好地为低收入者服务，既能避免"补贴依赖"又有利于金融机构的能力建设和农村金融市场的形成。

四、普惠性金融的初始发展与特点

在建立普惠金融体系思想的指导下，近几年来，许多发展中国家的农村金融市场都得到了较快的发展，一个突出表现是，许多金融机构和组织，例如国家所有的农业发展银行、以会员为基础的储蓄和贷款机构、乡村或社区银行、邮政银行、专业性微型金融机构以及其他储蓄组织等，都开始出现并共存于金融市场中。这些机构和组织都具有一个共同的特征，即"双底线"均衡（double bottom line），它们既为穷人服务，也关注自身的成本和利润。

虽然越来越多的金融机构和组织开始关注被传统商业银行所忽视的穷人市场，但这并不意味着穷人和低收入者的金融服务问题已得到根本的解决。为了全面了解整个市场的发展状况，世界银行扶贫协商小组（CGAP，

2006）作了一次广泛的调查，发现世界上共有7.5亿的穷人和低收入者已经拥有储蓄和贷款账户。仅从数字上来看，这一成绩显然是喜人的，但是剔除不使用账户和一人多户的情况，世界银行扶贫协商小组认为最多有5亿的使用账户，这仅占世界30多亿穷人和低收入者这一庞大数字的一小部分。而且，拥有账户并不意味着金融系统已经为穷人服务，也不意味着穷人的金融需求已经得到了满足，因为金融机构提供服务的质量、品种以及价格都是影响穷人和低收入者获得服务的重要因素。

来自克里森等人（Christen, et al., 2004）的报告则对世界范围内农村金融市场的发展，尤其是微型金融的情况作了更为细致的考察。从图8-6和表8-1可以看出，穷人和低收入者所拥有的账户，无论在地理分布上还是在开户的金融机构上，都过于集中。有大约75%的账户都集中在发展中国家的发展银行和邮政储蓄银行，同时约83%的账户都集中在亚洲，而仅仅中国和印度这两个国家又占了亚洲的一半以上。

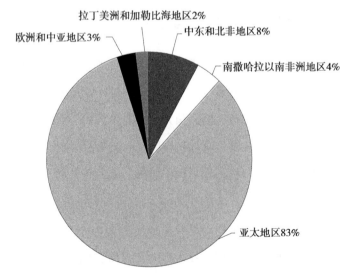

图8-6　贷款和储蓄账户的地理分布

表8-1 贷款和储蓄账户概览

	微型金融组织	信用合作组织	乡村银行	国有银行或发展银行	储蓄银行	合计	百分比（％）
亚太地区	107255	14579	17677	140752	277388	557651	83
中东和北非地区	1422	11	无法获得	30712	16525	48670	8
南撒哈拉以南非洲地区	6246	5940	1117	634	12854	26791	4
欧洲和中亚地区	495	5692	无法获得	28	11503	17718	3
拉丁美洲和加勒比海地区	5156	8620	162	81	179	14198	2
合计	120574	34842	18956	172207	318449	665028	100
备注	单位：以千为单位						

资料来源：克里森等：《具有双底线的金融机构》，CGAP 工作论文，2004 年。

在农村金融市场上，一般而言，微型金融组织、信用合作机构以及乡村银行是为穷人和低收入者服务的主力军。克里森和罗森伯格等人进一步从世界范围考察了它们的发展情况。

1. 亚洲地区普惠金融的发展状况

亚洲是世界上穷人和低收入者最多的地区，也是微型金融最早的发源地之一。亚洲农村金融的发展状况可从表8-2略窥一斑。在这一地区，微型金融通常具有如下一些特征：

（1）亚洲地区的微型金融具有较强的政策导向，强调金融的政策效应，多与农村地区的反贫困联系在一起；

（2）微型金融机构多活动在人口密集的农村地区，人口稀少和偏远地区仍是真空；

（3）除了少数微型金融组织之外，大多数机构只从事于穷人和低收入者的生产性信贷，也称"微型企业主"信贷，而很少涉及其他金融服务和活动；

（4）在亚洲最大的两个国家中国和印度，几乎没有可持续性的微型金融机构，这多与历史上两国政府对金融部门的过度干预息息相关；

（5）孟加拉国和印度尼西亚的微型金融，既是世界上微型金融成功的先例，也是亚洲的"旗舰"，但是二者却用完全不同的模式：孟加拉国的微型金融多是以非政府组织面目出现的，注重金融的社会使命，如今该国微型金融所服务的客户已达到 2460 万；印度尼西亚的微型金融则是以商业化运营为基础的，"人民银行乡村信贷部"（BRI-UD）既是该国最大的专业性组织也是世界的"旗舰"，是由该国发展银行商业化改造而成的；

（6）印度为微型金融的发展添上了有力的一笔，通过把以社区为基础的"自助小组"（self-help groups）和商业金融机构联合起来，大金融系统中的金融机构开始进入农村底端市场，更多的穷人有望获得更好的服务。

表 8-2 亚洲农村金融市场的概况

	信用合作机构	非政府组织	银行和非银行机构	所有机构
借款人数（千人）	11.2	96	248.3	119.3
总贷款（百万美元）	2.3	12.7	59	29.9
人均贷款额占人均GNI百分比（%）	28.9	17.1	91.6	48.5
人均储蓄额占人均GNI百分比（%）	6.1	25	34	25.6
资产收益率（%）	8.9	-4.5	1	-0.7

备注：①表中数据均为平均数；GNI 表示国民总收入。
　　　②数据主要来源于 2003 年"微型银行公报"。
　　　③由于数据只涵盖那些固定向有关机构申报材料的金融组织的情况，因此本表并不一定能反映该地区的总体发展情况。

2. 拉丁美洲普惠金融的发展状况

在微型金融这一领域里，拉丁美洲的出现使得这一行业绚丽起来，批评者指出，具有强烈商业化的"拉美现象"使得许多金融组织背离为穷人服务的使命。尽管如此，拉丁美洲的微型金融却是追求制度可持续性的先驱，并使理论界开始探讨如何整合大金融系统为农村市场服务，从而为普惠金融体系的发展奠定了坚实的基础，表8-3反映了这一地区普惠金融发展的基础情况。总体看来，这一地区的微型金融具有如下一些特点：

（1）追求商业可持续性是拉丁美洲微型金融的普遍特点，在一些国家微型金融机构的利润率甚至超过商业银行；

（2）尽管许多微型金融组织都起源于非政府组织，但经过一段时间的发展大多数机构都已经发展成专业性的金融机构，处在政府或货币当局的监管之下；

（3）在一些国家，尤其是城市地区，微型金融的竞争日益激烈，几个机构经常为争夺相同的客户展开竞争；

（4）高利率是拉丁美洲微型金融的普遍特征，在竞争的驱动下，利率明显下降，例如在玻利维亚，利率已从20世纪90年代的50%—60%下降到20%—30%；

（5）与其他地区微型金融不同的是，这一地区的金融机构除了提供"小额信贷"，还提供更为广泛的金融服务，包括储蓄和投资管理以及资金的国内外转移；

（6）极端分布是拉丁美洲微型金融的另一个显著的特点，表现为众多的金融机构多集中在少数几个国家的城市或城郊地区，而农村地区则很少有微型金融组织涉足。

表 8-3　拉丁美洲和加勒比海地区普惠金融的概况

	信用合作机构	非政府组织	银行和非银行机构	所有机构
借款人数（千人）	12.6	17	36	21
总贷款（百万美元）	35.2	10.1	36.9	22.1
人均贷款额占人均 GNI 百分比（%）	72.2	47.3	71.7	58.4
人均储蓄额占人均 GNI 百分比（%）	30.9	55.3	213.4	129.3
资产收益率（%）	-0.3	7	1.4	-0.1

备注：①表中数据均为平均数；GNI 表示国民总收入。
　　　②数据主要来源于 2003 年"微型银行公报"。
　　　③由于数据只涵盖那些固定向有关机构申报材料的机构的情况，因此本表并不一定能反映该地区的总体发展情况。

3. 撒哈拉以南非洲地区普惠金融的发展

尽管非洲撒哈拉以南地区（Sub-Saharan Africa）是世界上最贫穷的地区，但是这一地区的微型金融，无论在数量上、规模上和制度上，都落后于其他地区，表 8-4 反映了这一地区的一些基本情况。总体看来，这一地区的微型金融具有如下一些特点：

（1）整体看来，非洲的微型金融尚处于欠发展状态，实施成本较高；在非洲的国家里，只有少数人口在金融机构拥有账户，即使在经济最发展的南非地区，大多数人口都是"尚未银行化的"，例如在较为发达的尼日利亚和肯尼亚，只有 10%—11%的人口拥有银行账户；

（2）在非洲的法语地区，金融合作仍是主导模式，穷人和低收入者通常只能从合作组织获得信贷；

（3）在非洲的其他地区，例如英语地区和葡萄牙语地区，也存在着大量的信用合作组织，但是专业性的微型金融非政府组织则在这些地区占主导地位；

（4）受世界其他地区微型金融发展的影响，近些年来这一地区微型金融的发展有了一定的起色，在一些国家，商业银行开始进入微型金融市场，肯尼亚的 Equity Bank 和南非的 Teba Bank 便是典型的例子。

表 8-4　撒哈拉以南非洲地区普惠金融的概况

	信用合作机构	非政府组织	银行和非银行机构	所有机构
借款人数（千人）	11.6	17.9	24.3	17.4
总贷款（百万美元）	4.3	2.3	4.5	3.7
人均贷款额占人均GNI百分比（%）	144.6	59.9	140.1	115.9
人均储蓄额占人均GNI百分比（%）	32.7	25	85.6	49.8
资产收益率（%）	-1.6	-16.8	-3.9	-7.3

备注：①表中数据均为平均数；GNI 表示国民总收入。
　　　②数据主要来源于 2003 年"微型银行公报"。
　　　③由于数据只涵盖那些固定向有关机构申报材料的机构的情况，因此本表并不一定能反映该地区的总体发展情况。

4. 东欧和中亚地区普惠金融的发展

相对于其他地区，东欧和中亚地区是最晚发展微型金融产业的，但是这一地区微型金融的发展速度则相对较快，表 8-5 反映了主要金融机构发展的基本概况。大体看来，这一地区的微型金融具有如下特点：

（1）因为起步较晚，东欧和中亚地区的微型金融扶植和移植了许多成功的技术，发展速度较快；

（2）大多数微型金融机构多是以非政府组织的面目出现的，主要从事贷款业务，但在一些国家，微型金融已经出现银行化趋势，提供广泛的金融业务；

（3）因为借鉴了许多有益的经验，这一地区的一些微型金融组织迅速地实现了金融和制度上的持续性；

（4）贷款数额较大是这一地区的另一显著特征，这与该地区低收入者较高的教育程度和收入能力有关；

（5）由于过多地关注发展速度，许多国家的微型金融都忽视了向较穷的群体和偏远地区穷人的渗透。

表8-5　东欧和中亚地区普惠金融的概况

	信用合作机构	非政府组织	银行和非银行机构	所有机构
借款人数（千人）	0.7	5.2	5.1	4.8
总贷款（百万美元）	1.3	4.2	12.4	7
人均贷款额占人均GNI百分比（%）	52.8	77.6	264.6	144.3
人均储蓄额占人均GNI百分比（%）	87.2	无法获得	92.9	89.6
资产收益率（%）	-0.2	-0.1	1.9	0.6

备注：①表中数据均为平均数；GNI表示国民总收入。
②数据主要来源于2003年"微型银行公报"。
③由于数据只涵盖那些固定向有关机构申报材料的机构的情况，因此本表并不一定能反映该地区的总体发展情况。

5. 中东和北非地区普惠金融的发展

中东和北非这两个在地理位置上毗邻的地区，在微型金融的发展上也具有极大的相似性，表8-6反映了主要普惠金融机构发展的基本情况。具体说来，这一地区的微型金融具有如下特点：

（1）中东和北非地区大约70%的微型金融组织都是非政府组织，目前仍依赖于捐赠者源源不断地注入；

（2）穷人大多把微型金融组织看作慈善机构，改变他们的观念和习俗，提高他们的金融素养仍需一个较长的过程；

（3）受其他地区的影响，少数的商业银行，例如在埃及，开始关注微型金融市场，并着手开发穷人需要的金融服务；

（4）不均衡发展也是这一地区的显著特点，例如在摩洛哥微型金融行业每年以大约50%的速度在激增，而其他国家微型金融的发展则过于缓慢。

表8-6　中东和北非地区普惠金融的概况

	信用合作机构	非政府组织	银行和非银行机构	所有机构
借款人数（千人）	1.6	29.6	4.7	22.7
总贷款（百万美元）	无法获得	6.9	2.1	6.1
人均贷款额占人均GNI百分比（%）	无法获得	17.4	35.7	20.6
人均储蓄额占人均GNI百分比（%）	无法获得	2.4	0.8	2.1
资产收益率（%）	无法获得	85.9	258.4	116.4

备注：①表中数据均为平均数；GNI表示国民总收入。
　　　②数据主要来源于2003年"微型银行公报"。
　　　③由于数据只涵盖那些固定向有关机构申报材料的机构的情况，因此本表并不一定能反映该地区的总体发展情况。

尽管世界不同地区的微型金融发展各不相同，但从整体来看，主要有两种发展和增长模式。其一便是以孟加拉国、玻利维亚等最早发展微型金融的国家为代表的增长模式。在这些国家，微型金融发展得已相当成熟，在某些地区，某些金融服务已达到饱和的状态，但这并不意味着问题已经得到了根本的解决，相反，微型金融在这些国家都留下了大量空白的地区，例如在玻利维亚和乌干达较为偏远的农村地区，穷人们依然难以获得贷款，更不用说其他的金融服务。对于这些国家和地区，只有进行新的创新、寻求新的增长途径——就像它们曾经的开拓精神那样，才能为偏远农村地区更穷的群体提供服务。

另一种便是以印度、巴西、南非等新兴市场国家为代表的发展和增长模式。正像它们的经济发展一样，这些国家也为微型金融的发展提供了肥沃的土壤，它们都拥有广泛的金融和非金融基础设施，这为它们不断尝试新技术、新方法以便为更多的穷人服务提供了试验平台。在这些国家，技术创新和灵活的金融政策为私人投资者进入微型金融市场寻利提供了机会。在印度，ICICI Bank 通过 2000 多个网点（internet kiosks），已经能够向印度几乎所有的农村地区提供特定的金融服务；在巴西，Caixa Bank 通过向 14000 多个彩票点、超市和地方杂货商特许金融代理权，已经能将金融服务渗透到农村的各个地区。与传统的发展和增长方式相比，这一创新显然是飞跃性的。支持者认为，技术创新和商业化途径使微型金融跨越了市场和地域障碍，直接为数以百万计的穷人和低收入者带来了福音。

除此之外，更多起步和发展较晚的国家仍处在学习和增长曲线的初期。与先行者相比，通过复制和借鉴，它们无疑能避免许多弯路和错误。尽管这些国家拥有后发优势，但是它们仍然需要克服的是，政府的软弱无力或错误干预，脆弱的金融体系，不完善的监管体制，以及薄弱的金融和非金融设施。

总结　穷人、贫困陷阱与微型金融：
从"排除在外"到"包含在内"

"贫困，意味着多元的剥夺。总体看来，是人们无力满足经济、社会和其他福利标准的需求。如今，痛苦的多元性，包括无法战胜的相互交错的贫困陷阱，已是广泛的共识"（OECD，2001）①。当社会不平等时，贫穷就会出现，这是经济、社会政策失败的具体体现。受限于社会条件和资产能力，穷人总是挣扎在营养、教育、医疗、衣物和住房的边缘，这又进一步阻碍了穷人参与劳动和信贷市场资源的配置，无法参与和分享市场经济的好处，出现被边缘化的结局。缓解穷人的"金融排除"（financial exclusion）和"社会排除"（social exclusion），使他们重新回到经济和社会体系正是"微型金融"的意义所在。

长久以来，由于错误的理念、制度设计和社会体系，全球发展的阳光总是无法照进贫穷的世界，穷人卑微地忍受着这个自私而又无情的世界，无力地挣扎在贫困的陷阱中。"我们要么忘掉他们正在承受痛苦，要么就敞开友爱的心灵，盼望他们逃出贫穷、封闭的魔窟。"②

理解为什么会出现贫穷和底端群体所处的特定的经济和社会环境，需要多角度、跨学科的透视。正如森（Amarteya Sen，1999）所言，近几十年来不同国家所面临的困难和取得的成绩表明，采用广泛、多角度的方法来解决发展问题变得日益清晰。③ 因此，解决贫困和发展问题，既不可能一蹴而就，也没有一劳永逸的万灵药。从"自上而下"的政府干预到"自下而上"的市场驱动，从"合作运动"到第三方发展援助，从捐赠人的"小额信贷项目"到多渠道协作的"商业化微型金融""金融扶贫"和"微型金融"走过了许多艰苦而又卓越的历程。每一次的发展和变化，无不体现发展政策对小农和穷人及其所处的底端市场的再认识和新探索。

① OECD, "The DAC Guidelines on Poverty Reduction", 2001.

② Roberto Moro Visconti, "A Survey on Microfinance for Developing Countries: a Social Responsible Investment Opportunity", Working Paper, 2012.

③ Amarteya Sen, *Development as Freedom*, Oxford: Oxford University Press, 1999.

自古以来，穷人和低收入者如何获得金融服务始终是个难题。这一方面源于小额分散交易的高成本，另一方面源于他们太穷而无力提供抵押。因此，正规金融机构或商业银行总是不愿向他们提供服务。在偏远的农村地区，严重的信息约束进一步地恶化了这一局面。

正因为如此，低收入者和穷人尤其是农村地区的贫困者，总是处于正规金融服务的边缘，或完全被排除在正规金融系统之外，这便是"金融排除"（financial exclusion）。① 在"金融排除"的情形中，穷人被排除的不仅是获得金融服务的机会，一起被排除还有他们获得其他社会资源实现自我发展的机会和权利，这便是所谓的"社会排除"（social exclusion）。例如，卡尔沃等人（Carbó，et al.，2004）就认为，无法获得金融服务的社会群体也常常无法获得其他关键性的社会资源（social provision），而且，"金融排除"通常还会恶化"社会排除"的程度。

微型金融的迅速发展有力地提高了低收入者和穷人获得金融服务的能力，在一些国家，有证据表明，微型金融甚至成了为底端市场提供服务的主力军。然而同样也有证据表明，微型金融的努力与30亿穷人这一潜在的巨大市场之间，仍有一个"荒唐的缺口"，"大部分生活在发展中国家极其有限的金融体系和机构中的人口，尤其是农村地区的，仍然无法获得正规的金融服务"。② 理论界认为，建立负责任的、"普惠性的金融体系"（inclusive financial system）势在必行，因为无论是正规的、半正规的还是非正规的金融组织，无论是独立的还是合作的发展银行、商业银行和其他金融机构，包括通过资本市场融资，都是促进穷人获得金融服务的有效工具。最终，要将包

---

① "金融排除"，是指某些社会群体无法以合适的方式获得必要的金融服务，参见 Santiago Carbó, et al., *Financial Exclusion*, Eastbourne: Antony Rowe Ltd, 2004, p. 5。

② Santiago Carbó, et al., *Financial Exclusion*, Eastbourne: Antony Rowe Ltd, 2004, p. 168.

括微型金融在内的为穷人服务的金融组织和机构融合到大金融系统中，只有这样，穷人和低收入者被金融排除的问题才能得到根本的解决。

负责任的、"普惠性的金融体系"为底端市场金融的发展指明了战略方向，然而建立这一体系并非一蹴而就。正如卡博和加登纳等人所言，"为了提高发展中国家的'金融包含性'或'普惠性'（financial inclusion），我们仍需要做大量的工作"[1]。为此，世界银行扶贫协商小组（CGAP，2006）提出一套包括微观、中观和宏观在内的完整框架。在这一框架中，需要强调的便是政府的作用，例如拉丁美洲和印度的微型金融，在政府灵活的监管政策下，通过吸引私人和商业机构进入微型金融产业，极大地拓展了金融的服务边界，提高了金融的普惠性。

经过40多年的发展，尽管微型金融已经取得了超乎想象的成绩，但是仍然面对着许多困难和挑战：

· 金融的供给仍是有限的，而潜在的穷人却是无限的；

· 尽可能地覆盖穷人与实现机构的持续发展能否协调一致，仍须不断地探索新的方式和途径；

· 受限于文化、风俗和技术的适应性，孟加拉国的成功并不代表非洲南撒哈拉地区就能复制，"抵达村落的最后一公里总是最困难的"；

· 发展的微型金融，也需要一个发展的监管和社会环境。

令人欣慰的是，世界各国都在朝一个共同的目标努力和前进，理论界一直在求证，实践界也一直在力行。事实上，微型金融自诞生以来，不在理论创新的路上，就在实践探索的田间。

---

① Santiago Carbó, et al., *Financial Exclusion*, Eastbourne: Antony Rowe Ltd, 2004, p. 168.

第九章 "格莱明银行" 的新发展

"格莱明银行"（Grameen Bank，GB）也叫 "乡村银行"（Village Bank），因为在孟加拉语里，"Grameen" 就是 "乡村" 或 "农村" 的意思。在孟加拉国，"格莱明银行" 只向那些无法提供抵押而被正规金融机构排除在外的穷人提供信贷和帮助，"通过把穷人组织起来形成小组，'格莱明' 创造了利于穷人获贷的金融和社会条件"。① 不仅如此，更为重要的是 "格莱明银行" 把穷人的获贷能力融入穷人的自我发展和落后地区的社会进步当中，这样，穷人在获得收入的同时也能提高偿还能力，进而促进 "格莱明银行" 的自我可持续性。

第一节 "格莱明银行" 简史

一、史前的努力

许多人对 "格莱明银行" 的了解都是从 1976 年开始的，在那一年孟加

---

① World Bank, "Grameen Bank: Performance and Sustainability", 1995, p.ix.

拉国吉大港大学经济系的主任穆罕默德·尤努斯创立了向穷人提供贷款的"小额信贷项目"。然而，在此之前的历史和努力却对"格莱明银行"的诞生起着决定性的作用。

利用当地的社会、经济条件来发放贷款被认为是"格莱明银行"的创新，然而"格莱明银行"并非第一个这样做的组织。在过去的几十年中，孟加拉国尝试过许多项目来帮助穷人减轻贫困、促进农村地区的发展，然而这些努力和试验都是在政府的主导下进行的，其中较为著名的项目有：农村整体发展计划（Integrated Rural Development Programme，IRDP），农村就业计划（Rural Works Programme，RWP），合作信贷项目（Cooperative Credit Programme，CCP），以及被称作 Swanirbhar 的孟加拉国运动（Swanirbhar Bangladesh Movement）。

在巴基斯坦分裂之前，政府的"社会福利部门"（Social Welfare Department，SWD 位于现在的东巴基斯坦）于 1971 年创立一个与现在"格莱明银行"一样实行"小组贷款"的信贷项目。在"社会福利部门"的项目中，合作组织的登记会员常常可以通过"小组联保"获得贷款。然而，由于缺乏大量的"尽职"的工作人员，该项目并没有在全国大面积的推行；同时，合作组织中管理人员的普遍性"腐败"也使得该项目很快破产。

"社会福利部门"信贷项目失败之后，孟加拉国的"农村整体发展计划"在"克米拉合作理论"（Comilla Co-operative Approach，CCA）的指导下主要从事农业生产性信贷。"克米拉合作理论"是哈米德·汗（Hameed Khan）率领一组来自密执安州立大学的专家共同创立的。今天，尽管"克米拉合作理论"和哈米德·汗的名字并不像"格莱明银行"和尤努斯一样为人所熟知，然而哈米德·汗对农村金融的贡献却是不容忽视的。当时，为了更好地研究农村金融理论和信贷实践，哈米德·汗创立"克米拉研究院"

（Comilla Academy，前巴基斯坦农村发展研究院），他本人也成了该研究院的第一任院长，开始领导一组专家从事长达十余年的信贷实践和农村发展研究。事实上哈米德·汗和他的同事们已经取得了巨大的成功，在整个20世纪60年代里，"克米拉合作理论"就像今天的"格莱明"模式一样被广为复制和传播。如今，尽管"克米拉"已经退出了历史的舞台，但是它帮助穷人的故事和所取得成绩仍被今天的一些孟加拉国人民所熟知，因为哈米德·汗和"克米拉"直接加速了灌溉和施肥技术在农村地区的应用，并指导村民们选种高产作物。

二、尤努斯与"格莱明银行"的早期奋斗

穆罕默德·尤努斯是位土生土长的孟加拉国吉大港（Chittagong）人，1969年受"福布莱特奖学金"（Fulbright scholarship）支持的尤努斯顺利地从美国范德比尔特大学获得博士学位，随后回到吉大港大学任教，并于1972年担任经济系主任的职务。尤努斯是位热心的慈善家，他广泛地参与联合国组织的各种关注妇女健康和金融援助活动，因此还受到美国前总统比尔·克林顿和世界银行总裁保罗·沃尔芬森的接见。

1974年，一场饥荒席卷孟加拉国，并使150万人丧失了性命。这对作为经济学教授的尤努斯触动很大，那时他在反复思考同一个问题——每周工作7天、每天工作12小时的人们为什么还是没有足够的食物呢？他发现，问题的答案就在于人们缺少资本并因此而受高利贷的盘剥。2005年6月，在接受彭博社（Bloomberg）记者采访时，尤努斯对当时的情景和想法仍然记忆犹新，"我发现人们饱受缺钱之苦，'高利贷者'抢劫了他们并榨干了他们的最后一滴血"。

于是，他开始积极寻求解决的方法，并启动了一套向穷人贷款的体系。

在该体系中，无论穷人何时还款，收取的利息都不应该超过本金。尤努斯的"小额信贷"最初是从向一位制作竹器的手工业者和 41 个其他村民提供 27 美元贷款开始的。开始，他把节约下来的工资作为贷款本金，随后随着贷款量的增大，他从国家商业银行贷款然后再转贷给农村无地的穷人，并把收上来的还款存进国家商业银行。不久，在国家商业银行的帮助下，尤努斯的"小额信贷"开始有了比较正规的结构并成为一个信贷中介；随后，随着"小额信贷"规模的增大，在尤努斯的游说下，他的"小额信贷项目"又顺利成为中央银行的一个专项项目组，并获得了"国际农业发展基金"（International Fund for Agricultural Development，IFAD）的资金支持。

然而，事情并非总像早期那样顺利。随着贷款规模的增大和所需资金的增多，尤努斯发现，他面临的第一个重大问题便是说服那些对农民和穷人仍持着怀疑态度的商业银行家，向他们证明穷人不仅是有偿还能力的也是"值得信赖的"，即穷人也是"可银行化的"（bankable）。但是，银行家们先后否定了尤努斯的种种努力，为此，他不得不放弃教学工作，开始在孟加拉国首都达卡北部的坦盖尔（Tangail）成立"格莱明银行"。然而，银行家们的态度并没有因此而得到根本的改观，他们认为尤努斯早期在吉大港的成功是因为他是当地一个富有超凡魅力式的人物，贷款业务也在他的教学区附近。因此，当支持尤努斯事业的财政部部长建议新开一家格莱明式的银行来扩大小额信贷实验时，商业银行家们极尽所能地阻挠该项提议的实施。① 同样，说服中央银行和财政部的其他官员们也是极其困难的。当"格莱明银行"准备向村民和穷人提供"住房贷款"时，中央银行就极力反对，官员们认为穷人信贷只能用于生产性需求，而住房信贷属于消费需求，并不能产

---

① M. Yunus, *Banker to the Poor: Micro-Lending and the Battle Against World Poverty*, New York: Public Affairs, 1999, p. 118.

生任何收入。在回应央行的质疑时，尤努斯认为穷人的住房并不仅仅是消费性需求，如果说穷人的活动基本上都是以住房场所展开的话那么建设住房就是建设工厂。其间，央行的官员甚至对"格莱明银行"主要向足不出户的农村妇女提供贷款也提出质疑，尤努斯反驳道，要搞清这一问题央行首先要弄清为什么商业银行只向男性提供贷款。

宗教和习俗是阻碍"格莱明银行"开展活动的另一大顾虑。在孟加拉国，妇女的活动受到较大的限制，宗教领袖们认为不应该向妇女提供贷款，尤其是银行的男性职员同妇女进行接触更是不妥。例如，许多牧师就曾威胁"格莱明银行"的女客户，如果她们参加"格莱明银行"的活动，死后就不让她们享受"伊斯兰葬礼"（Islamic burial）。直到今天，尽管"格莱明银行"的规模已经很大，影响甚远，"格莱明银行"和其他的非政府组织仍然会受到牧师的威胁。① 因此，早期的"格莱明银行"职员几乎把大部分时间都用在取信于各种不同团体的游说中，极力说明"格莱明银行"要做的就是帮助穷人，尤其是帮助无地的妇女们通过参与经济活动来获得一定的收入。

然而，尤努斯和"格莱明银行"遇到的最大挑战却是如何取得他们想要帮助群体的信任。历史上，政府便尝试过各种努力和项目来帮助农村的穷人，但是那些优惠的贷款都被当地有权势的富人所占有，穷人尤其是妇女几乎都没有获得过任何的支持。当"格莱明银行"开始登上历史的舞台并试图帮助他们时，穷人们再也不相信一个受政府支持的银行会关心他们的生计问题，更不相信不提供抵押也能获得贷款，尤其是妇女也能得到贷款。在接受美国著名的新闻电台彭博社 Bloomberg 采访时，尤努斯仍清晰地记得当初说服"合格的"妇女参加信贷活动的艰辛。例如，为了不违反宗教习俗和

---

① "NGOs in Bangladesh: Helping or Interfering", *The Economist*, September 13, 2001.

妇女的 "身闺习俗" (purdah norm)，在同妇女谈话时他们只好隔个帘子或屏风，并注意与她们保持一定的距离。起初，妇女并不乐意借款，因为在她们的观念中，钱是男人们掌握的东西，也不知道借钱来干什么。伯恩斯坦（Bornstein，1996）记载了孟加拉国博杜阿卡利（Patuakhali）地区一个 "格莱明银行" 女会员阿莱亚（Aleya）最初获贷的详细故事，当分支机构的经理到达她的村庄时，种种谣言开始困扰着她的家庭。有人说 "格莱明银行" 是基督教传教士的银行，有人说这是社会主义活动分子的阴谋，还有人警告说如果借钱后还不上银行经理会没收他们的财产并把他们送进监狱……阿莱亚还记得她丈夫当时的反应，他笑着说，"噢，你认为你能借来钱么？没有土地证就是男人也拿不到贷款，何况你们这些家庭主妇？"①

显然，获得穷人的信任是一个艰苦而又漫长的历程。在 "格莱明银行" 的早期奋斗史中，无论是银行的管理层还是分支机构的工作人员，他们都为穷人作出过巨大的努力，至今 "格莱明银行" 的档案宗卷中还封存着大量的案例，其中不乏感人的故事。对于 "格莱明银行" 人来说，对穷人的信任深烙在内心，决不是嘴上的说教和历史的炫耀，按照尤努斯自己的说法——穷人总是能自己还款。直到今天，取信穷人和信任穷人仍是 "格莱明银行" 的首要理念。在招聘新员工时，"格莱明银行" 只挑选那些值得信任的人，并要通过严格的面试和测试，在此之后还要对新员工进行培训。培训过程是如此之严，以至于在前 3 个月就有 26% 的人退出，到结束时仅剩一半。世界银行的经济学家伍尔科克（Woolcock，1989）曾对 "格莱明银行" 的员工培训计划有过精彩的评价，"在 6 个月的培训中，格莱明的每一项努力都是为了清除那些不适宜的员工，但是如果通过了 6 个月的培训，他们就

① D.Bornstein, *The Price of a Dream: the Story of the Grameen Bank and the Idea that is Helping the Poor to Change Their Lives*, New York: Simon & Schuster, 1996.

成了格莱明大家庭中的一员，也很少会被解聘，格莱明甚至会采取尽可能的方法挽留他们。"[1]

三、"格莱明模式"

在信贷实践中，尤努斯打破了传统商业银行要求抵押的方法，创造了一种被称为"格莱明模式"（Grameen Bank model）的信贷模式。因为，他认为，传统的信贷模式将会使富人更富、穷人更穷。尽管"格莱明银行"并不是世界上第一个运用这种模式来帮助穷人发展的项目，有趣的是它却是至今唯一仍保持着活力并取得巨大成绩的项目。

1."格莱明银行"的定位

尽管"格莱明银行"是因"反贫困"而生，然而它却摒弃了政府"补贴信贷"的做法，基本上是一个市场性的金融组织，并具有如下几个显著特征：首先，采用"小组信贷"的方法，只向一组大体相近的农村穷人提供小额贷款。一般而言，穷人觉得把小额的贷款投资于诸如小规模的家禽养殖、制作竹器、编织草垫、谷物剥壳等小生意比较适宜。其次，"格莱明银行"总会以一种适合穷人的方式提供信贷项目和产品。例如，借款人无需到银行去申请贷款，工作人员就会准备好书面文件来到他们的门前，事实上"格莱明银行"一直把"不用到银行贷款送到家"（take the bank to the borrowers, not the borrowers to the bank）作为座右铭；显然，这种以顾客需求为中心的信贷项目对农村居民有着较大的吸引力。最后，"格莱明银行"以较为"适中"的利率向穷人提供贷款，通常年利率为20%，比商业银行的

---

① M. Woolcock, "Social Theory, Development Policy, and Poverty Alleviation: a Comparative-historical Analysis of Group-based Banking in Developing Economies", Ph. D. Dissertation, Brown University, 1989, p. 146.

利率稍高，但较之"高利贷"穷人则能承受。此外，银行还向贷款者提供投资咨询、财务管理技能培训等服务，因此，许多村民觉得"格莱明银行"的利率是可以接受的。

2. 小额信贷的实施

与传统的抵押贷款不同，"小额信贷"的决策是基于小组成员的"可信度"，或贷款人的表现而决定的。在这种模式下，五个成员可以根据自己的偏好结合在一起形成"小组"。在形成小组之前，会员都需要经历一周的培训来学习银行的信贷规则和管理制度，除此之外培训人员还教他们如何书写他们的名字。小组形成之后，每个小组都要选出一名组长和秘书来管理小组内部事务，并监督每位成员如期参加分支机构召开的"中心会议"。在发放信贷时，通常是小组内两名最需要资金的会员首先得到贷款，当他们按期归还后另外两名会员才能获得贷款，而组长是最后得到贷款的人。由于这种贷款的金额常常在100美元以下，或者最多只有100—300美元，因此也被称为"小额信贷"。

"格莱明银行"这种与借款人直接保持持久的联系，以及由此而形成的逐步贷款规则有许多好处，并成为"信贷偿还"的有力保证。其一，这一程序能提高银行工作人员的决策能力，帮助他们判断谁是需要贷款的人，谁又是值得信赖的人；因为通过与会员保持紧密的联系，随着程序的运行，银行职员能及时地发现和解决可能出现的问题，从而避免较大的风险。其二，由于信贷行为是在"中心会议"上公开进行的，这种操作上的透明度有力地避免了贪污、挪用以及其他增加信贷成本和风险行为的发生，而这些情况恰恰是传统农业信贷中致命而又难以克服的缺陷。其三，为了能够获得未来的贷款，所有的会员都想保持一个较好的信贷纪录，因此小组成员总会相互监督并支持彼此所进行的经济活动，而那些怀疑自己不能还款的人通常也不愿加入小组。除此之外，"格莱明银行"还会根据会员早期的信贷纪录提供金额更大、期限更长的住房贷款、技术更新贷款等。显然，这项政策也能有力地激励借款人及时地归还他们的早期贷款。储蓄是"格莱明银行"保证还款和减少信贷风险的另一个有力的工具。例如，银行要求每位会员每周要在"小组储蓄基金"中存入一塔卡，这种强制性的储蓄基金将被用于弥补小组成员的违约。

近年来，"格莱明银行"又开发了一些新的制度和机制。例如，为了防止因裙带关系而引发的腐败和信贷风险，银行规定银行职员不得在本土工作，银行助理（bank assistant）① 在一年中要轮换到 10 个不同的村庄服务。此外，"格莱明银行"还开发了一套信息管理系统，用于分析财务数据以及一些重要的指标，例如退出者的比例、某一分支机构或地区的信贷偿还率等，一旦发现数据或比例异常，银行就会及时采取措施。

第二节　第二代"格莱明银行"

一、第二代"格莱明银行"诞生的背景②

自从"格莱明银行"于 1976 年在 Jobra 村开始实施"小额信贷"以来，已经经历了一个漫长的发展过程。在过去的二三十年中，"格莱明银行"遇到过许多实施上和制度上的问题，并在失败和成功中积累了许多经验。为了解决发展中遇到过的许多危机和问题，"格莱明银行"既抛弃和调整了某些

---

① 一种职务较高的管理人员，通常负责一个村庄的信贷工作。
② 节选自尤努斯的报告，Muhammad Yunus, "Grameen Bank II: Designed to Open New Possibilities", October 2002。

不必要和无效率的方法，也开发了一些新方法和新技术。

在"格莱明银行"发展的历程中，孟加拉国遭遇了一些重大的自然灾害，最严重的一次便是1998年的大洪水，大半个国家在洪水中浸泡了10个星期，洪水从屋顶咆哮而过，并且持续了很长的一段时间。"格莱明银行"成员和许多其他孟加拉国人民的大部分财产都被这场洪水吞噬，包括他们的住房。洪水过后，"格莱明银行"启动了"重建家园计划"（rehabilitation program），发行新贷款帮助会员重新开展经济活动和修建房屋。但是，会员们很快觉得分期还款的金额超出了他们的承受能力，感到了贷款累计的压力。于是，他们逐渐逃避每周的"中心会议"，银行的偿还率也开始迅速下降。"格莱明银行"试图改善这种状况，但收效甚微。尤其是这种洪水后的偿还危机又与1995年的偿还危机交织在一起，形势非常危急。当时，许多女会员的丈夫在当地政客的刺激和支持下组织了这次计划，要求"格莱明银行"改变规则以便他们在退出时能拿到"小组基金"中个人缴纳的"小组税"。这种情况持续了几个月，尽管"格莱明银行"最后通过增加规则的开放性解决了这一问题，但是银行的偿还率还在下降，有些会员甚至在问题解决后仍在逃避还款。

在这次危机中，外部因素使"格莱明银行"体系内部的一些弊端开始彰显。"格莱明银行"体系是由一套经过周密设计的标准和规则组成的，任何人都不允许违背。一旦借款人因某些原因偏离了"格莱明银行"的规则和信贷轨道，就很难重回到这个体系中，因为他们很难达到规则的要求。如果一个会员停止还款，就会刺激其他人模仿，随后就会有越来越多的会员开始偏离轨道，最后乘数效应就会发生。

偿还危机为"格莱明银行"的新发展提供了契机，管理层于是着手设计新规则和新技术，在这个名为"第二代格莱明银行"的计划里，他们试图吸收和改进以往30年的经验和教训。经过充分规划和讨论以后，"格莱明银行"决定采用这套方案，并在一些分支机构中进行试验，然后进行进一步的调整。方案设计从2000年4月14日正式开始，随后是"田间试验"（field testing），到了2001年初一套"广义格莱明系统"（the Grameen Generalised System，GGS）已经建立。随后，"格莱明银行"便对12000名职员进行了集中培训，其间，许多职员开始抱怨甚至讽刺，但是培训计划始终一轮轮地往下进行着。最后，职员们对新体系的不安和顾虑彻底消除了，转而盛赞这一体系，并积极要求在他们的分支中首先推广。体系转轨在"格莱明银行"的各个分支中小心谨慎地进行着，到了2002年7月，随着最后一个分支的完成，一个运行良好的"第二代格莱明银行"已经诞生了。

二、广义格莱明系统

1. 基本原理

新一代"格莱明银行"或"广义格莱明系统"（GGS），是紧密围绕着一个被称为"基本贷款"（basic loan）的信贷产品而建立起来的。除此之外，其他两种重要的信贷产品"住房贷款"和"高等教育贷款"与"基本贷款"平行运行。所有会员的贷款都是从"基本贷款"开始的，一轮轮地运转下去。然而，人生并非风平浪静，穷人尤其如此，某位会员很有可能在借款之后因遇到"麻烦"而无法按基本贷款的偿还条件还款。在"广义格莱明系统"中，格莱明银行为无力还款的会员提供了退出机制，不让会员被逼违约或有负罪感。这项退出机制便是"灵活贷款"，也叫"重议贷款"（renegotiated loan），因为当会员无法偿还"基本贷款"时，银行、小组和借款人便会通过协商来重新安排偿还计划，于是贷款人便进入"灵活贷款"计划。

"灵活贷款"实际上就是经过重议的"基本贷款",但是拥有另外一套规则。尤努斯把"基本贷款"比作"格莱明小额信贷高速公路"(Grameen micro-credit highway),只要会员遵守规则,就能沿高速公共路快速运行下去。因为"基本贷款"规则事先既定,遵守规则的会员就能预知下一轮更大贷款的额度,并相应地安排自己的商业计划。一旦会员无力履行"基本贷款"的偿还计划,便能经过"重议"走下"高速公路",进入"灵活贷款"这条"岔道"(detour)。通常,经过重议的贷款期限较长、额度较小,以便发生"困难"的成员能够承受;经过一段时间的调整之后,一旦会员完成了"重议贷款",可再行进入"信贷高速公路"。

2. 面向顾客的信贷服务

"古典格莱明系统"是一种针对所有会员只提供一种产品的信贷技术,"广义格莱明系统"改变了这种方法,创造了为顾客提供个性化服务的信贷技术。在广义系统中,会员可以获得3个月、6个月或者任何他期望期限的贷款。在这种信贷技术中,银行职员具有较大的创造力,他可以根据会员的需要来安排信贷的期限、时间以及偿还计划等。"银行职员越是一位具有创造力的艺术家,他就越能演奏出更美妙的音乐"[尤努斯(Yonus,2002)],"格莱明银行"也将为具有创造力的职员的成长提供空间。

当一个新会员第一次使用"广义格莱明系统"时,"格莱明银行"像古典系统一样把他的信贷限定在一年,随着信贷经验的增长,他将在银行职员的帮助下能够自由地选择。除了贷款期限可以自由选择之外,每周的偿还额度也可以自行确定,例如会员可以在商业高峰期偿还多一些,也可以在低谷时少还一些,甚至每个分期偿还额度都可以不同。在贷款发放之前,经过协商之后,借款人和银行职员需要签订偿还计划,偿还计划一旦确定之后,借款人在贷款期限中必须按计划还款;如果借款人不能按议定的计划还款,就只能按要求进行"重议"，进入"灵活贷款"。

即使是经过重议进入"灵活贷款"，借款人也有一定的选择空间。例如，一位会员最初从银行获得了为期一年的"基本贷款"，由于某种原因无法按计划还款，毫无疑问，他将不得不进入"灵活贷款"；假定重议后偿还期从一年变为三年，这样分期付款的额度变小，他可以承受了。但是这并不意味着他需要等到三年后，或者完全还完"灵活贷款"才能获得新的贷款。按照"广义格莱明系统"的规则，无论是在"基本贷款"还是在"灵活贷款"中，只要借款人按照还款计划完成了为期6个月的分期付款，就可以获得新的贷款。在"灵活贷款"中，如果借款人已经还满了6个月的额度，在随后的6个月中他可以获得金额等于他已经偿还的一笔新贷款，在特别严峻的情况下，甚至可以获得2倍的新贷款。

3. 主要产品与服务

在"广义格莱明系统"中，如表9-1所示，银行除了提供"基本信贷""灵活贷款"和更为人性化的服务外，还提供其他一些重要的信贷产品和服务。

表9-1 "第二代格莱明银行"的主要产品及服务

主要产品	主要特征
主要信贷产品	
1. 基本贷款	贷款的额度随借款人的表现不断地增加，相应地也会考虑借款人所在小组和中心的表现
2. 灵活贷款	根据借款人的情况，贷款的期限及偿还计划比较灵活
3. 教育贷款	"格莱明"针对会员家庭学生的特别信贷服务项目，比较独立
4. 搭桥贷款	针对"微型企业主"的特别投资贷款，贷款额度相对较大，不受基本贷款的约束

主要产品	主要特征
主要储蓄产品	
1. 个人储蓄	"强制性储蓄"，会员可以自由支配
2. 特别储蓄	"强制性储蓄"，会员不可以自由支配，仅在一定的条件下才可以使用
3. 养老储蓄	"强制性储蓄"，利率较高、期限较长的一种金融产品
其他服务	
1. 奖学金	提供给会员家庭中表现优异的学生的奖励，目前范围较小
2. 穷人信贷的特别安排	针对特殊穷人群体的信贷计划，规则较为灵活和宽松

住房贷款

"格莱明银行"会员可以向银行申请为期1年到10年的住房贷款，金额从5000塔卡到25000塔卡不等，年利率为8%。如果申请的住房贷款超过25000塔卡，银行将把此项贷款看作是特别投资，把利率调高到银行正常的贷款水平20%。申请住房贷款的会员必须要在"中心会议"上公开讨论建房和还款的可行性。获得贷款后，会员需要按周分期偿还，当然银行也接受会员提前完成偿还计划。由于住房贷款属于"补贴性贷款"，利率较低，银行通常会按地区进行配额，并给老会员或急需建房的会员一定的优先权。

特别投资贷款

"特别投资贷款"（special investment loan）是金额超过"基本贷款"额度的一种基本贷款。如果会员能够证明他所从事的经济活动需要更多的投资，便可以向银行申请此项贷款。"特别投资贷款"的期限、利率、偿还计划以及其他的一些操作程序都与"基本贷款"的大体相同，但是借款人需要每周在个人储蓄账户中储存更多现金。通常，分支机构的经理可以根据自己的判断，在会员获得"基本贷款"的同时批准他获得"特别投资贷款"。
"特别投资贷款"的额度并没有固定的限制，但是会员能否获得贷款批准还
要取决于其过去的信贷表现以及储蓄能力。

教育贷款与奖学金

从 1997 年开始，"格莱明银行"对会员家庭中有希望接受高等教育的
学生提供"教育贷款"。该项贷款直接支付给学生，当他们毕业后即进入偿
还期。除了教育贷款之外，"格莱明银行"还提供奖学金制度，用以奖励会
员家庭中成绩优异的高中生。目前，每个分支机构至少提供四个指标，其中
的两个奖给表现优秀的女孩，另外两个由表现优异的男孩、女孩公平竞争。

个人储蓄与特别储蓄

按照规定，"格莱明银行"的会员每周都应在"中心会议"上向"个人
储蓄账户"中存钱。会员在获得贷款时（灵活贷款除外），银行将自动扣除
2.5%存入会员的"个人储蓄账户"，此为"强制存款"（obligatory deposit）。
因此，持有贷款的会员，其每周最低储蓄额会随贷款额度的增加而增加，例
如，15000 塔卡的贷款每周最低需要存入 5 塔卡，超过 100000 塔卡的贷款每
周最低需要存入 50 塔卡，当然会员也可以根据自己的需要存入更多。对于
个人储蓄账户上的存款，不论是自愿的还是强制性的，不管会员是否持有贷
款，会员都可以自由提取，仅对一些"特别的"会员例外（例如进入重议
的会员）。对于"个人储蓄"，银行根据当日账面余额，以每年 8.5%的利率
支付利息。

除了"个人储蓄"之外，不论任何贷款，银行还会另外自动扣除 2.5%
存入会员的"特别储蓄账户"（special savings account），但"灵活贷款"要
被扣除 5%。对于"特别储蓄"，会员在前三年中不能动用，随后，每隔三
年可以取出账面余额的一半，但是账面余额始终要保持在 2000 塔卡以上，

进入贷款重议的会员则不在此列。"特别储蓄"另一重要的用途便是用来购买"格莱明银行"的股份，按照要求，每位会员最低要持有一股。当银行红利高于"特别储蓄"的利息时，会员也可以根据自己的意愿将"特别储蓄"全部转为股份。

"格莱明养老储蓄"

对于贷款超过 8000 塔卡的会员，"格莱明银行"强制性地要求会员进行"养老储蓄"（Grameen pension savings）。当然，其他会员也可以根据自己的需要，选择性地进行养老储蓄。在养老储蓄计划中，银行要求会员每月最低存入 50 塔卡的固定储蓄，为期 5 年或 10 年，"格莱明银行"为"养老储蓄"制定了非常具有吸引力的利率政策，5 年期的养老储蓄利率为 10%，10 期的为 12%，一项 10 期的养老储蓄在到期日可以翻倍。如今，越来越多的会员开始在银行进行养老储蓄，一些会员每月的存款甚至达到 500 塔卡。随着"养老储蓄"的普及，银行每月都有巨大的现金流入，如今月流入额已经超过 1 亿塔卡（合 175 万美元）。这会带来两方面的好处：一方面，会员们在"退休"之后每月将能从养老储蓄中获得固定的收入，实现老有所养；另一方面，也解决了"格莱明银行"扩大信贷业务的资金需求，据尤努斯本人估计，在不久的将来，"格莱明银行"不再需要外来资金，完全可以实现金融上的自我依赖。

贫困会员

对于那些"贫困会员"（destitute members）和非会员，"广义格莱明系统"启动了特别的计划为他们提供特别的服务。为了鼓励他们加入银行，并觉得与"格莱明银行"合作是件愉快的事，"广义格莱明系统"对他们放松了许多规则。例如，穷人不必加入小组，因为在相互选择的过程中，穷人总是处于不利地位；他们不需存款，也不必每周都还款，贷款的期限也可以

在放贷官或其他人的指导下自行确定。除此之外，"格莱明银行"还鼓励
"中心"和"小组"成员帮助穷人，教他们基本的商业技巧以及如何选择和
开展收入性活动。如果哪个会员、"小组"或"中心"能够帮助穷人脱贫，
或成为"格莱明银行"的会员，银行将给予特别奖励或荣誉。乞丐是一个
特殊的穷人群体，"格莱明银行"把他们称作"挣扎的会员"（struggling
members），并为他们设计了一套特别方案。除了向穷人提供贷款之外，"格
莱明银行"还向帮助这些穷人的会员提供期限灵活的小额"风险资本"，以
激励会员带动这些穷人一起创业。

第三节 "格莱明银行"发生了什么变化?

在"第二代格莱明银行"中，普通贷款、季节贷款、家庭贷款以及其
他几十种贷款都被取消了；小组基金被取消了；基于分支机构和地区的贷款
上限被取消了；每周的固定分期还款也被取消了；随时可以获得一年期的贷
款政策被取消了，即使借款人只需要用 3 个月……以及在"古典格莱明体
系"中，其他的一些大家熟悉的特征都消失了。

一、"小组基金"的消失

在"广义格莱明系统"中，一项显著的变化便是取消了"小组基金"
（group fund）。从创立以来，"格莱明银行"一直保持着"小组基金"制度，
并作为预防会员违约的重要手段，但是现在"格莱明银行"取消了这一
重要的制度。在"广义格莱明系统"中，不再存在类似"小组基金"这
种具有"连带责任"（joint liability）的共同账户，但是每个会员必须拥有
三种强制性的储蓄：个人储蓄、特别储蓄和养老储蓄（借款超过 8000 塔

卡的会员）。

　　"广义格莱明系统"沿用了"古典格莱明系统"5%的"强制储蓄"制度，在发放贷款的同时自动扣除。在"广义格莱明系统"中，它们不再是"小组税"或"小组基金"，而被称为"强制储蓄"。正如前面所述，"强制储蓄"的一半将被存入"个人储蓄账户"，会员可以自由使用；另一半将被存入"特别储蓄账户"，会员在特定的条件下才可以使用。

二、小组责任的变化

　　在"古典格莱明系统"中，一个显著的特征便是隐含的"小组担保"或"连带责任"。即在5个人的小组中，如果其中的一位会员违约，其余的会员都要为贷款的偿还承担责任，"小组税"等"共同账户"便是这一精神的体现。大量的学者也从"社会资本""同伴压力""社会担保""声誉机制"等各个方面对这一制度进行了较为翔实的研究，认为这种制度不仅是"格莱明银行"成功的关键，也是"格莱明模式"的显著特征。然而奇怪的是，"格莱明银行"对此并不十分认同。早在1982年，尤努斯在"孟加拉国格莱明银行的计划"① 中介绍"格莱明银行"的概念时，并没有把与"共同责任"有关的机制作为重要的特色。按照尤努斯自己的说法，他从来没有打算让"小组"或"中心"的会员为其他违约的成员作"担保"或承担"共同责任"，他的这种说法和态度在2002年他与默多克（Morduch）的谈话中也再一次得到了印证。在他看来，"小组"和"中心"的作用是使会员通过相互帮助以克服和解决那些可能的偿还困难；他认为，一旦经济学家根据自己的想象从"小组信贷"来分析"格莱明银行"，那么"连带责任"

---

① M.Yunus, "The Grameen Bank Project in Bangladesh", 1982.

就出现了。

然而，一些实地考察则表明"格莱明银行"确实在使用某些形式的"共同责任"，例如要求小组的其他成员偿还逃债会员的未履行贷款，或者在"中心会议"上用"小组税"来弥补会员的违约款。尤努斯本人也承认，在"广义格莱明系统"建立以前，确实有许多职员在使用这种机制和某些做法，但是他本人却是在设计一些规则来限制这些做法的，例如，他曾明确规定，不得连续四周都要求其他成员为处于困难中的会员补偿应缴款。

在"广义格莱明系统"中，尤努斯设计了一些新规则，试图改变这一局面，强调"无压力的小额信贷"（tension-free microcredit）。例如，当某一会员无法偿还"基本贷款"的分期付款时，通过退出机制的设计，出现问题的会员可以通过"重议"暂时退出"信贷高速公路"，进入"岔道"进行调整。这样，银行就不必通过小组动员向问题会员施压，也就避免了小组内部的矛盾，以及银行和会员之间的紧张关系。在第二代"格莱明银行"中，任何会员都不用为他人承担责任，就连乞丐这类特殊的穷人，也不需要用类似于"连带责任"的机制来监督他们的行为，相反，"格莱明银行"为他们量身订制了一套特别的信贷方案。在"格莱明银行"的网站上，他们明确地宣称①：

不需要抵押，也不需要法律工具；

不需要小组担保或"连带责任"。

"格莱明银行"不需要为小额信贷作任何的抵押；也不需要借款人签署任何法律文件，因为银行不希望在借款人不能偿还贷款时把他们带到法庭上。尽管每位会员必须要加入一个 5 人的小组，但是并不要求小组为它的成

① www.grameen-info.org/bank/.

员作任何的担保。会员仅仅为自己个人承担还款责任，而"小组"和"中心"是用来监督会员的行为是否合理，以防出现偿还问题。因此，"格莱明银行"不存在任何形式的"连带责任"，也就是说，小组成员不用为其他违约者承担责任。

总结 "格莱明银行" 的发展和演化历程

在所有研究"格莱明银行"（Grameen Bank）成功的理论和实证研究中，几乎所有的分析都是从"小组信贷"（group-lending）开始的。在这种并非"格莱明银行"首创模式的模式中，"社会资本"（social capital）的出现激发了大量经济学家和社会学家的兴趣。社会学家认为，正像许多传统的"储蓄基金会"一样，通过利用和培育内嵌于当地社会经济体系中的社会关系网络、信任和规则，"微型金融组织"（MFIs）使穷人通过"集体行动"走出困境成为可能。经济学家则更多地关注在市场失灵的情况下，如何利用非市场手段来进行信贷资源的配置。正如许多理论学家所期望的那样，"格莱明银行"和许多其他的"微型金融组织"，在成功地解决了小农和穷人的信贷约束的同时，也为农村经济社会的发展作出了不可磨灭的贡献。

因此，"小组信贷""连带责任"（joint-liability）、"同伴压力"（peer pressure）、"社会处罚"（social sanction）等制度和机制既被认为是"微型金融"成功的关键因素，也被认为是与"格莱明模式"有关的东西。然而，这些制度显然不是"格莱明银行"的发明和创造，因为在民间传统的诸如"抬会""循环储蓄信贷协会"等"基金协会"中都闪耀着这些被众多经济学家和社会学家盛赞的思想。就连"格莱明银行"的创始人尤努斯（Yunus，2002）自己都这样说，"我们从来没有打算让'小组'或'Kendra'来为成员的贷款作担保"，事实上他已经放弃了"传统的格莱明银行"，开始建立一个"无抵押、无法律工具、无小组保证或连带责任"的"第二代格莱明银行"（Grameen Bank 2）。

倘若"小组信贷""连带责任""社会处罚"等制度不是"格莱明模式"，那么什么是"格莱明模式"？或者，"格莱明银行"有没有模式？如果"格莱明银行"没有模式，那么世界各地的复制者在学习"格莱明银行"时又学到了什么？例如，在 20 世纪 90 年代，当菲律宾和马来西亚第一次从"格莱明银行"复制"微型金融"时便失败了，最后通过所谓的"复原战略"（rehabitization strategy）才开始好转。放弃了"社会资本"（social capital）中的一些分配信贷资源的非市场机制，"格莱明银行"依靠什么来预防违约从而保证"金融上"和"制度上"的可持续性？"格莱明银行"为什么要放弃这些传统的制度和机制？

在浩瀚的对"微型金融"的研究中，无论是来自于经济学家还是社会学家，过多的目光都投向了"信息""监督""处罚"，以及"社会资本"等用以维持和保证"交易""合作"得以运行的制度和机制上。而很少有人关注农村金融的微观运行基础、穷人和小农的行为，以及由此而引发的制度演化问题。在研究"社区治理"时，著名的社会学家和经济学家奥斯特罗姆（Ostrom）认为，当代的集体行动理论都没有关注制度资本的积累过程。这暗含着一个启示，利用"社会资本"的非市场手段来解决"合作"和"交易"并不是目的，更重要的是如何通过这一过程来实现从"非正规制度"到"正规制度"的演化和发展。

事实上，演化和发展的视角几乎能为我们提供解决以上所有问题的钥匙。例如，"微型金融"为什么在不同的地区呈现出不同的模式；"格莱明银行"为什么要放弃传统方法；在放弃传统非市场机制以后如何预防小农和穷人的机会主义行为；以及在什么情况下，用什么样的机制才能促进金融制度的演化等。这一认识与国际主流思想也是不谋而合的，自"蒙特雷共识"（the Monterrey Consensus）的达成到建立"包含性"的"普惠金融体系"（inclusive financial system）（United Nations，2006），主流经济学家已经肯定了非正规、半正规以及正规金融在农村金融中的作用，并且意识到这一金融制度序列演化和发展的趋势。

然而在中国，对"微型金融"的认识尚处于起步阶段，对一些重大问题的把握甚至是肤浅的，一些主要的顾虑是："微型金融"在中国农村金融体系中将扮演什么角色，是反贫困的政策工具还是另一种制度安排？政府的作用是什么，如何对扮演的不同角色进行监管？如何通过"微型金融"的制度设计或者金融教育制度，来促使小农和穷人行为的转变，进而在促进穷人发展的同时达到制度演进的目的。显然，准确理解和把握这些重要问题将对中国农村金融的发展和深化有着重要的意义，为我们如何借鉴和利用这一模式提供指南。

第十章　微型金融在中国的发展 [*]

第一节　中国微型金融发展的基本脉络

中国是发展中的社会主义国家。中华人民共和国成立初期，一如其他发展中国家，通过工业化实现经济现代化是中国经济发展的基本诉求，但不同于其他发展中国家，中国采取了高度集中的计划经济体制，利用国家的行政力量，实行经济总动员，走上国家工业化的道路。

中国采取高度集中的计划经济体制是有其深刻的历史背景的。囿于当时的历史条件，在西方世界对中国封锁的情况下，引入外部资本来实现工业资本积累是不可能的。因此尽力获得甚至压榨农业剩余来加速内部积累，成为唯一的途径。这一历史逻辑决定了"三级所有，队为基础"的人民公社体制的出现。而人民公社体制既剥夺了农民获取农产品剩余的索取权，又限制了农民向其他行业转移的自由，极大地压低了粮食生产成本。与此同时，通过农产品的"统购统销"制度，拉大工业品与农产品的"剪刀差"。两项综合，结果使农业剩余源源不断地流向工业，成就了工业化的加速推进。

---

[*] 本章资料和数据来源于中国银行及中银国际研究的内部报告，优秀微型金融案例则来自于中国银行业协会历年的评选。

与高度集中的计划经济体制相适应，中国经济呈现出财政主导型的特征，金融活动从属于财政安排。对微型金融主要服务的农村领域而言，由于不存在独立自主的农户和工商户，微型金融的服务对象也就消失了。而唯一的金融服务需求者是人民公社及其下属的生产大队和生产队，因其政社合一的准行政体制，使中华人民共和国成立初期形成的农村信用合作社也丧失为社员服务的义务，作为财政部核算和出纳功能的中国人民银行既是金融的主管机构也是唯一的经营者。中国人民银行下设农业部，从中央到县城，甚至公社所在地都设有分支机构，而村社一级的农村信用合作社也在20世纪50年代后期由人民银行接管，成为人民银行农村地区信贷与储蓄计划的基层执行机构。1977年，这一体制又被再次明确。当年国务院颁发的《关于整顿和加强银行工作的几项规定》中，强调"农村信用社是集体组织，又是国家银行在农村的基层机构"。在高度集中的计划经济体制下，尽管中国的工业化有了较快的进展，但其难以为继性也开始暴露。到1978年，中国的工业产值虽占国民经济的70%左右，但是农业人口仍占总人口的70%以上。二元经济并未出现向工业化一元方向转化，反而呈现出断裂之状，不仅国家工业化不能持续，而且贫困问题日趋严重，三亿人口处于饥饿半饥饿状态，国民经济走到了崩溃的边缘。由此，市场取向性的改革开放也成为历史的必然，也为微型金融在中国的发展奠定了新的历史起点。

中国1978年开始的改革开放是从农村起步的。随着联产承包责任制在农村的普遍实行，中国农村的经济结构和农业生产组织方式发生了深刻的变化。一方面，家庭经济地位的恢复和确立，使真正意义上的农村金融及微型金融发展有了客观基础；另一方面，农业产出的快速增长，使农民有了货币收入。在工业规律的作用下，货币收入投入工商业，在此基础上形成的先以社队副业后来以乡镇企业为代表的经济联合体具有了强烈的融资需要，两者共同产生了农村金融体制改革与调整的需求。

1979 年 2 月，国务院下发了《关于恢复中国农业银行的通知》，决定恢复中国农业银行，并对农业银行的性质、任务、业务范围、资金来源、机构设置、企业化经营和领导关系等问题，作出了规定。中国农业银行作为国务院直属机构，由中国人民银行代管，其主要任务是：统一管理支农资金，集中办理农村信贷，领导农村信用社，发展农村金融事业。恢复后的中国农业银行业务范围有所扩展，不仅办理农村各项存款和农业各项贷款，而且办理农村的工业贷款、农副产品收购贷款和供销合作社系统的商品贷款。

1981 年 3 月，在新的形势下，中国农业银行总行下达了《关于改革农村信用合作社体制　搞活信用合作社工作的意见》。在保持基本体制不变的前提下，试行了营业所与信用社合署办公，所、社联营的方案。同时，根据农村经济发展需要，扩大信用社贷款范围，增设信用社网点，增强信用社利率的灵活性，以解决利率倒挂和亏损问题。此外，推行了以试办信用社县联社、强化民主管理等为内容的信用社改革。

进入 20 世纪 80 年代中期，商品货币关系在农村得到全面的恢复。农村个体经济和乡镇企业也得到了快速发展，商品化程度大幅度提高，农村部门对金融的需求也大大增强。客观上要求农村金融不断提升经营规模和服务质量，更好地服务和支持农村地区经济和社会的发展。这些新变化推动着农村金融体系新一轮的调整和改革。

一、完善农村地区专业银行体系

从 1984 年开始，中国工商银行、中国建设银行和中国银行等专业银行开始进入农村金融市场。中国人民银行根据形势发展的需要，出台了专业银行业务可以适当交叉和"银行可以选择企业，企业可以选择银行"的政策措施，鼓励四家国有专业银行之间开展适度竞争，从而打破了银行资金"统收统支"的"供给制"，并将农副产品收购业务确定为中国农业银行的自营业务。根据这一政策措施，中国工商银行、中国银行、中国建设银行等国有专业银行开始将其分支机构延伸至农村，为当时蓬勃发展的乡镇企业提供服务。多家国家专业银行在农村开展金融业务，进一步完善了农村金融服务体系，促进了农村金融的适度竞争。

二、创建邮政储蓄机构

为了充分利用全国城乡邮政机构的现有设施、弥补银行机构储蓄网点的不足，1981 年有关部门开始邮政储蓄的准备工作。1986 年 1 月，在国务院主持下邮电部与中国人民银行达成协议，联合发出《关于开办邮政储蓄业务联合通知》。同年 3 月成立了邮政储汇局，具体负责全国邮政储汇业务，并依据全国邮政网络建立邮政储蓄体系，发展以个人为主要对象的储蓄存款业务。规定储蓄存款是人民银行的信贷资金来源，全部缴存人民银行统一使用。1986 年 12 月第六届全国人民代表大会常务委员会通过了《中华人民共和国邮政法》，将邮政储蓄业务定为邮政企业的业务之一，从而使邮政储蓄遍布全国，成为在农村开展储蓄业务的一支重要力量，极大地促进了农村储蓄业务的发展。

三、恢复和扩大农村信用社的经营自主权

1984 年 8 月，国务院批转中国农业银行《关于改革信用合作社管理体制的报告》，要求在符合宏观经济政策的条件下谨慎改革农村信用社，农村银行加强对信用社的领导，农村信用社要在国家方针、政策的指导下，实行

独立经营、独立核算、自负盈亏。1986 年前后，又逐渐组建了县级联社，行使对县城内各信用社管理、指导和调剂职能。农村信用社的自主权扩大，使其在机构和业务上都有了较快发展。

四、鼓励农民自办合作金融

随着 20 世纪 80 年代家庭联产承包责任制的广泛实行以及人民公社的解体，各地对集体资产进行了清理，其原则是"清财收欠，以欠转贷"。由此建立了农民之间新的信用关系，并在此基础上形成农村合作基金会。其资金来源以集体为主，并吸收农户入股，贷款对象主要是村内或乡内农户。这种农民之间新的信用关系立足于当地乡里乡亲，使信息搜寻成本低于正规金融机构，同时也降低了违约率。因此，农村合作基金会一出世就发展很快，截至 1992 年年末，乡镇一级的农村合作基金会已达 1.74 万个，而村一级别则高达 11.25 万个，分别占乡镇总数的 36% 和村总数的 15.4%，筹集资金164.9 万亿元，相当于当年全国农村农户储蓄额的 5.75%。

五、允许农民进行借贷活动

长期以来，因种种原因导致农村成为"信息孤岛"。正规金融难以深入，农民之间的自发借贷行为随之产生。起初是亲朋好友之间，是无息的，具有互助的性质，后逐渐发展到面向个体工商户和乡镇企业，贷款也由无息转向有息，具有了商业性质，借贷用途也从解决农户生活困难的生活借贷转变为生产性借贷，借贷形势也逐渐由隐蔽转向公开半公开，并出现了私人钱庄、典当行、合会等多种组织形式。为了引导民间借贷行为，1981 年 5 月，国务院批转中国农业银行《关于农村借贷问题的报告》，明确肯定了民间借贷的作用，把它作为农业银行和信用社的有益补充。同时指出，通过银行、信用社的改革和发展来引导和规范民间借贷活动，从而正式确定了民间借贷的合法地位。

20 世纪 80 年代中国农村金融的上述发展，逐渐形成了"双轨"格局。一"轨"是国家出资举办的金融机构，其代表是中国农业银行。一如其他发展中国家的大型金融机构，因其业务流程、组织形式以及目标定位无法面对成千上万的小农户，从而难以向下渗透，更多地集中于县城和中心镇，业务对象也多是具有一定规模的工商企业，垒大户的结果使非农倾向明显。尤其需要指出的是，当时的国有金融机构是专业银行，其治理结构雷同于政府而迥然不同于典型的商业银行，使其从事农村金融业务，尤其农户小额贷款业务激励不够，动力不足。另一"轨"是民间出资的金融机构或活动，尽管规模小，但却十分活跃。这类金融机构的活动在繁荣农村经济的同时，也积累了金融风险。以农村合作基金会为例。1992 年以后，农村合作基金会中的个人股金迅速增长，且个人股金分红比集体股金高。自 1994 年开始，农村合作基金会以代管金的名义吸收短期存款，并向乡镇企业提供大额贷款，其存款及贷款的利率均比农村信用社高，从而吸引其他社会机构，如农村供销社，民政、社会团体加入其中，不仅参与高利率信贷市场的恶性竞争，甚至将大批资金挪作他用，流入城市，尤其是北海、海口等南方城市，成为那一轮房地产泡沫的重要推手。这不仅改变了农村合作基金会支持农村经济发展的互助合作的性质，也增加了潜在的风险，导致金融秩序混乱，甚至在局部地区出现了小规模的挤兑风波。面对这种情况，处在夹缝中的农村信用社岌岌可危，一方面，作为农业银行的基层机构，具有浓厚的行政色彩，经营体制僵化；另一方面，在农村一线面对民间金融的灵活竞争，经营业绩持续不佳，呆坏账高企不下，致使自身存续堪忧。

中国之所以在 20 世纪 80 年代末出现农村金融的上述问题，其根本原因在于中国的工业化由非典型的国家工业化模式转向典型的亚洲工业化模式。在中央计划经济体制下，中国的工业化是在国家动员下强制进行的，表现为国家直接占有和控制资源配置，通过国有国营实现工业化，农村仅是为工业化提供积累的，是资金和原料的来源。随着中央计划经济的放松，联产承包责任制的实行，尤其是农产品"统购统销"制度的取消，市场力量开始顽强地表现自己，在农民出售农产品的货币收入持续提高情况下，受工农业比较利益差距的吸引，农民自发地将货币收入投入工业，成为工业资本，形成了极具中国特色的乡镇企业，并因此使中国的工业化呈现出亚洲国家普遍存在的、自发的、市场主导的工业化特点。反映在农村金融上，就是农村仍是工业资本的储蓄源泉，资金仍由农业流入工业，由农村流向城市，只不过不再为计划控制，由市场力量自发主导，并因此使中国农村开始面临其他发展中国家工业化早期阶段同样的困境，农业基础薄弱，农村经济落后，三农问题开始显现并突出化。

进入 20 世纪 90 年代，面对中国经济发展的新局面，中国共产党十四届三中全会确立了社会主义市场经济的改革目标。在这一总目标下，根据中国农村经济发展的新需要，农村金融改革目标明确为建立一个能够为农业和农村经济发展提供有效服务的、市场组织多元化的金融体系。农村金融改革再次加速。当时，农村金融的主渠道是农业银行。它是"一身兼三任"，既是商业银行，同时又承担着政策性金融功能，并且兼营合作金融，管理着农村信用社。这三者之间的目标取向不一致，导致中国农业银行本身经营方式和业务流程的冲突。中国农业银行在承担政策性金融功能，同时其商业化的倾向也日益显现。导致商业性贷款经常挤压政策性贷款，在逐利动机下出现了向城市工商业发展的"非农"化趋向。与此同时，由于中国农业银行的治理结构，其商业化趋向也诱导并带动着其管理下的农村信用社不仅"脱农向城"，而且日益"官办化"，合作金融的性质不断淡化。针对这种情况，1993 年，国务院颁布《关于金融体制改革的决定》，提出将商业性金融与政策性金融彻底分离，把国家专业银行办成真正的商业银行。1994 年，国务院决定成立农业发展银行，将政策性金融业务从中国农业银行和农村信用合作社业务中剥离出来。新组建的农业发展银行实行风险自担、保本经营、不与商业金融机构竞争的原则，其贷款业务主要保证国家农副产品收购、支持农业开发和农业技术进步，以及国家其他惠农政策。

1996 年 8 月，国务院又颁布了《国务院关于农村金融体制改革的决定》，确定了农村信用社与农业银行脱离行政关系，实行资产划转。农村信用社的业务改由县联社负责，中国人民银行对其实行金融监管。农村信用社的这一改革的核心是由"官方"改为"民办"，重新恢复农村合作金融组织的"三性"，即组织上的群众性、管理上的民主性、经营上的灵活性。目的是，一方面，理顺农村信用社与国有银行之间的关系，逐步取消农业银行对信用社的补贴；另一方面，农村信用社实行独立经营，自负盈亏，所得与利润挂钩，以激励农村信用社更好地为农村经济服务。

通过上述改革，中国农村"政策金融、商业金融和合作金融"，分工明确，各司其职的格局开始奠定。

在政策金融方面，中国农业发展银行通过专营和增设机构强化政策性支持功能。截至 1996 年年底，中国农业发展银行共增设分支机构 1806 个，机构总数达到 1836 个，职工人数由 1995 年年底的 2299 人增加到 38564 人。1998 年 4 月，国务院决定深化粮食流通体制改革，为与粮食流通体制改革相适应，调整了农业发展银行业务范围，将原由农业发展银行承担的扶贫贴息、农业综合开发等非粮棉油企业贷款划回农业银行，由农业银行自上而下建立代理关系，以便于农业发展银行集中精力搞好收购资金贷款的封闭运行。1998 年 11 月，根据粮食流通体制主管与附营业分开的要求，又将农业发展银行的贷款业务调整为单一的粮棉油储备、收购、调销等纯政策性贷款。

进入 21 世纪，随着农村产业结构的调整，经国务院批准农业发展银行的业务陆续又有一些微调，将种用大豆、国家储备肉活体储备、粮食合同收购以及新疆生产建设兵团的出口棉花纳入贷款范围。经过上述一系列的调整，中国农业发展银行资产负债结构逐步改善，业务经营状况总体良好。

在商业的金融方面，通过减少机构来收缩战线，从而强化主业，促使其向商业银行方向转化，并为中小金融机构的发展留出空间。

1997 年，第一次中央金融工作会议明确了"国有商业银行收缩县（及以下）机构，发展中小金融机构，支持地方经济发展"的基本策略，包括中国农业银行在内的四大国有商业银行开始逐步收缩县及县以下机构，四大国有商业银行共撤并 3.1 万个县及县以下机构。四大国有商业银行逐步撤出县以下区域后，一方面，有利于国有商业银行集中精力办好"城市金融"，从而为日后股份制改造，成为真正的商业银行奠定基础；另一方面，农村金融资源日益向农村信用社和邮政储蓄集中。

在合作金融方面，鼓励合作金融的发展，1997 年中国人民银行发布《农村信用合作社管理规定》。其核心是恢复农村信用社合作性质。把农村信用社逐步调整为由农民入股，由社员民主管理，主要为入股社员服务的合作性金融组织。随着农村信用社与农业银行的脱钩。定位于农村合作金融机构。一是在原有农村信用社框架内的重组模式，即以县为单位统一法人、组建省联社为标志的江苏模式。这项改革旨在保持农村信用社合作金融性质，将各个具有法人资格的农村信用社、县（市）联社机构合并为单一法人机构，并组建省农村信用社联合社。二是在农村信用社基础上改组成立的常熟、张家港、江阴三市农村商业银行的股份制模式。三是在农村信用社基础上改组的浙江勤州农村合作银行模式。

在农村信用社改革的基础上，1999 年国务院决定全国统一取消农村合作基金会，对其进行清产核资，对资不抵债又不能支付到期债务的予以清盘，对符合条件的，将其业务并入农村信用社。这样，进一步扩大农村信用社的覆盖范围，壮大了农村信用社的资本实力和客户基础。改革焕发了活力，农村信用社的业务规模持续扩大，存款余额由 1995 年年底的 7172.9 亿元增加到 2002 年年底的 19875.5 亿元，农业贷款余额从 1995 年年底的 1094.9 亿元增加到 2002 年年底的 5579.3 亿元。

需要强调指出的是，随着中国农村金融体制改革的推进，初步奠定了"政策金融、商业金融、合作金融"的格局和体系，从而为真正意义上的微型金融发展打开了前景。民间自发性的准微型金融活动开始活跃，创造了适合当地情况的融资形式，开始形成了极具特色的非银行民间金融组织。而多样化的金融活动实践也推动了中国对微型金融认识的深化。2006 年前，所有的官方文件在涉及以农村为代表的金融活动时，都使用"小额信贷"这一提法。而 2006 年涉及农村经济的中央一号文件，第一次提出了"微型金融"的概念，标志着中国对微型金融认识的超越，从仅靠融资数量多寡层面识别的"小额信贷"进入到以服务对象为区别标志的真正意义的微型金融。正是由于这一认识的深化，2007 年年初的全国金融工作会议明确提出，农村金融改革的总体要求是加快建立和健全适应"三农"特色的多层次，广覆盖，可持续的农村金融体系。反映在已有的金融机构上，是进一步深化具有微型金融意义的改革。2005 年 12 月，《中共中央　国务院关于推进社会主义新农村建设的若干意见》提出，扩大邮政储蓄的自主运营范围，引导邮政储蓄资金返还农村。2006 年 12 月，邮政储蓄银行正式挂牌成立，成为覆盖中国农村、连接城乡经济社会最大的有组织的系统金融网络。2006 年 7 月，农业发展银行在开办粮棉油产业化龙头企业贷款业务的基础上，进一步将该对象扩展到农、林、牧、副、渔范围内从事生产，流通和加工转化的产业化龙企业，并开办农业科技贷款业务。2007 年中国农业银行提出了旨在以县域为经营重点"蓝海战略"，制定了《中国农业银行服务"三农"总体实施方案》，并从 10 月开始在福建、安徽、湖南、吉林、四川、广西、甘肃和重庆等 11 个省市自治区开展三农金融服务试点，从组织体系设置，金融产品和服务创新，下沉经营管理重心，缩短信贷审批流程和创新风险控制，绩效考评，资源配置及业务发展模式等方面进行了改革，为服务"三农"迈出了实质性步伐。

更为重要的改革发生在农村信用社。2004 年 11 月，新一轮农村信用社改革在八省市试点的基础上全面铺开。此次改革是因地制宜，分类指导，除改革和巩固农村信用社县联社为基本形式的合作金融体制外，还按照股权结构多样化和投资主体多元化的原则，将农村信用社改建为股份制或合作制的商业银行。2004 年 5 月，中国第一家农村合作银行——贵州花溪农村合作银行成立；2005 年 6 月，中国第一家省级合作银行——天津农村合作银行成立；同年 8 月，上海农村信用社改制为中国第一家农村商业银行——上海农村商业银行股份公司。

从中国微型金融历史进程的角度观察，革命性的变化是新型微型金融准入制度的改革。2006 年，中国人民银行开始了"只存不贷"的小额贷款公司试点。同年 12 月，中国银行业监督管理委员会颁布《关于调整放宽农村地区银行业金融机构准入政策　更好支持社会主义新农村建设的若干意见》，同意设立新三类农村金融机构，即村镇银行、贷款公司和农村资金互

助会。2008 年 5 月，中国银行业监督管理委员会和中国人民银行共同出台
《关于小额贷款公司试点的指导意见》，明确提出自然人、企业法人和社会
组织均可投资设立。这些金融准入标准的松动，使原来在暗处涌动的民间金
融需求合法化、阳光化并规范化。这是一个革命性的转折。它表明，中国微
型金融的发展自此超越了单纯依赖现有金融机构改革的传统逻辑，不再停留
于改善现有金融机构和产品的传统思路，而是转向更全面考虑金融需求的有
效微型金融供给形式。鼓励能满足微型金融需求的机构和产品的发展，鼓励
它们的体制和机制创新，而不拘泥其所有制性质和出身。中国微型金融的发
展由此进入一个新阶段：特色鲜明、风格迥异的微型金融机构和产品不断涌
现；百花齐放、百舸争流的微型金融大发展的局面开始形成。适应我国经济
社会尤其农村经济社会发展需要的、有弹性可持续的金融体系的前景，在现
实地展现着。

第二节　微型金融机构在中国的成长

　　1978 年开启的中国改革开放，尤其是 20 世纪 90 年代以来中国农村金融
体制的改革和调整，为微型金融机构在中国的成长奠定了经济基础和制度环
境。微型金融活动从贫瘠的环境中萌生，在乍暖还寒的气候中扎根，日益生
长出具有中国特色的微型金融机构，并绽放出蓬勃的活力。既有土生土长的
草根金融，也有从国外经验移植而来的"舶来品"；既有纯民间金融活动的
制度化和机构化，也有纯国有金融的"衍生"金融；既有纯商业的金融安
排，也有不以赢利为目标的社会企业；既有独资的单体小微经营，也有成规
模的连锁的合作金融；既有纯粹民族的，也有中外合资合作的。其组织形式
的多样性，经营方式的灵活性，品种与服务的丰富性，覆盖地域和人群的广

泛性，堪为世界微型金融发展之最。

改革开放之初，一大批青年知识分子投身于改革洪流之中，随着改革的大潮他们的研究与工作领域由农村转向城市，由城市转向国际，但是也有一批人却因种种原因定格于农村，矢志不移地研究"三农"问题，不仅寻找解决之道，而且身体力行、实践解决之策，试验创办了一系列为三农服务的组织，其中不乏微型金融组织。多年后，这些创造性的试验大部分都失败了，有的胎死腹中，有的中途夭折，有的还在挣扎存活，有的虽然立足，但却成了长不大的"小老树"。然而可喜的是，也的确有一些脱颖而出，成长为典型意义的微型金融机构。不仅为微型金融的发展贡献出具有中国特色的发展经验，而且还催生并繁衍出一大批新型的微型金融机构，使中国大地成为微型金融的沃土，并为世界瞩目。

在此，我们选取了几类具有典型意义的中国微型金融机构成长的案例，在横断面上展示微型金融组织形式及经营方式的多样性和灵活性，目的是揭示微型金融顽强的生命力。我们发现，微型金融是草根金融，只有贴近乡土，因地制宜，才能旺盛成长。

一、山西临县湍水头镇龙水头扶贫基金会与"上行战略"

山西临县位于黄河中游晋西黄土高原吕梁山西侧，隶属于山西省吕梁市，人口60多万，是吕梁地区人口最多的县，也是山西省仅次于洪洞县的人口大县。农业人口占比高达87%，但又是自然条件十分恶劣的县。当地常年干旱，却水土流失严重，称之为"五山四沟一分平"。其中湍水头镇有20个行政村，30个自然村，人口近2万，90%以上为农业人口，但人均耕地只有1.73亩。多年粮食平均亩产只有71公斤，人均占有量是141公斤。其所辖的龙水头村是一个土地贫瘠的小村庄，有农户71家240多口人，但

20世纪90年代初的人均年收入不到400元，生活十分困难。许多儿童失学，许多病人因无钱医治而死亡。

1992年共青团中央开始倡导旨在改善农村贫困地区教育，帮助失学儿童重返校园的希望工程。1993年5月经济学家茅于轼及其夫人赵燕玲向希望工程捐款200元。3个月后，他们收到山西临县湍水头镇龙水头村一名叫韩海勤男孩的来信，不仅感谢他们的资助，而且还谈到了他们的村庄，他们的学校以及学校唯一的老师雒玉鳌。几次通信后，茅于轼开始直接与雒老师建立了联系，并了解到该山村交通不便，严重缺水，十分贫困。村里文盲很多，只有一个复式教学班，有些女童连小学都上不完。与此同时，该村尽管有劳力，但生产资金匮乏，急需用钱却求贷无门。由此，高利贷盛行，月息有时甚至高达一毛钱。于是设立一个民间互助基金会的想法产生，让农民自己自主管理，有借有还，不仅能解决农民短期小额资金紧缺问题，还可以培养他们的投资技能和风险意识，增强自生长能力。经过多方努力，1993年9月"龙水头扶贫基金会"成立，初始基金500元人民币。

基金会由龙水头小学教员雒玉鳌、村民韩育峰、韩育青组成三人小组，义务承担基金会管理职责。基金会一改过去由扶贫机构直接向村民发放现金救助的方式，以小额贷款形式，有借有还循环使用。贷款资金的最初来源于各界人士的捐助，以两种方式借给当地农民：对于用以治病治伤和上学的农户，以无息贷款的方式出借并回收，其中治病治伤免息期为半年，求学为一年。对于用以发展生产的农户可借款六个月，以月息1%的利率收取利息。

自1993年开始到2013年正式并入当地农村金融机构止，龙水头扶贫基金20年的发展历程大致经过三个阶段，呈现出从农村自发的不以赢利为目的的民间准金融机构到正规的微型金融机构的全过程，颇具有典型意义。

第一阶段：1993—2003年，向非典型金融机构的蜕变。经过几年的运行，龙水头扶贫基金会小额贷款模式经受了实践的考验，贷款管理成本低廉，坏账率也极低。与此同时，口碑甚佳致使其贷款户数与金额日益扩大。为满足农户借款需求的增加，1998 年 5 月开始，基金开始分为两部分，一部分为扶贫基金会"出资人"不收利息，另一部分为"付息基金"。所谓"付息基金"是基金会通过茅于轼个人信用开始以年息 6% 的利率，吸引城市熟人的资金以扩大贷款资金来源，同时本村农户也开始以同样的利率陆续将闲置资金投入基金会。付息基金出资人出资最短为一年。由于付息基金的出现，以小额贷款形式为手段的公益性扶贫组织开始向商业性的金融机构转变。

需要指出的是，尽管有偿筹措的资金仍用于本村农户的扶贫贷款，并因这种有偿性使其服务广度和深度增加，持续性转好。但是，以存为贷毕竟是典型的商业银行业务，而且极易产生公益性与商业性的内在冲突，一旦处理不好，会导致向"高息揽储""高利贷"方向倾斜。这也是自发的草根金融所面临的最大挑战和归宿，龙水头扶贫基金也不例外。特别是 2001 年 9 月后，随着所筹资金规模的扩大，茅于轼又在淄水头村和小寨上村分别设立了两个基金会，并以相同的服务模式，独立开展农村小额贷款业务，使这一内在的冲突终于外在化。一方面，为维系扶贫的初衷，并避免其过分商业化，2008 年 8 月开始，基金会开始对存款利息代扣代缴相应税金，以抑制投机资金；另一方面，在当地政府和监管机构的要求和协助下，自 2002 年起，每年 9 月 15 日定为诚信节，除由基金会进行诚信宣传教育外，还公布基金会账务，公示诚信客户名单，以接受社会监督。

第二阶段：2003—2009 年，向典型的商业性微型金融机构蜕变。进入 21 世纪，随着运作规模的扩大以及其商业性的显现，龙水头扶贫基金会开始与当地的正规金融机构产生了竞争，特别是与现行的监管规定产生了冲突。理论上，作为负债类，尤其与存款相关的金融活动，因具有极大的外部性，从而存在着风险，构成金融监管的直接理由。基金会应当持牌经营，接受监管。但实践上，草根金融的自发性不仅体现在其萌发阶段难以纳入监管视野，即使后来被纳入监管，也会出现大树底下不长草，窒息其创新活力的结果，难以满足用金融手段扶贫的现实需要。

龙水头扶贫基金会正是在这样的形势下折冲抵撞。2001 年年底，山西省临县人民银行两次下发红头文件，以吸收存款尤其是当地存款有地下钱庄之嫌为由，要求基金会停止运作，而茅于轼等人则以事实说话，证明基金会为打击高利贷作出了实质性贡献。经过反复与监管机构沟通，双方折中的结果是除公示账目外，还需要有专业性的外部审计机构进行审计，以体现金融所要求的审慎原则。为此，2003 年起基金会开始接受外部审计，并成定规。这开启了向典型的微型金融机构蜕变的进程。2004 年 1 月，湍水头扶贫基金会启用了典型微型金融贷款方式——以家庭为单位的农户贷款。随后，2004 年 3 月，三个村的基金会采用了金融机构惯用的内审制度，三个村基金会每季度互审互查，内控措施日臻完善。2005 年，三个村的基金会正式被纳入成立于北京的富平学校微型金融事业部的管理系统。北京富平学校开始对三村基金会的管理人员进行系统培训，对业务开展稽核与内部审计。垂直化的管理有效地提高了三个基金会的运营水平，终于在 2009 年 1 月，三村的基金会合并为"湍水头富平小额贷款基金"统一运作，成为典型意义上的正规的农村微型金融机构。

第三阶段：2009—2013 年，实行"上行战略"，成功地融入正规的金融体系。龙水头扶贫基金会由草根自发，逐步蜕变，成功地转型为农村微型金融机构。其成长的历程既是在中国经济现代化进程中农村微型金融的缩影，也具有一般的典型意义，引起了国内外同业的瞩目。2005 年 11 月，在中国银行业协会和花旗银行共同举办的中国小额贷款行业评选中龙水头扶贫基金会荣获"全球微型创业一等奖"。

　　一如世界各地的微型金融活动，一旦成为典型的农村微型金融机构，随着规模和声誉的扩张，新的转型要求随之提出。一方面，规模的扩大使其自身可持续的前景日趋明朗，通过不断扩张使维持可持续的冲动加大，利润最大化由此成为内在的目标；另一方面，由于规模的扩张，必然会穿透"孤岛效应"，并因此与相邻或相同领域的金融机构产生竞争，而竞争反过来又强化了利润最大化的内在冲动，两相合力，通常呈现为草根微型金融机构的"上行"努力，即努力融入正规金融体系，成为正式的商业性金融机构。龙水头扶贫基金会也不例外，2013 年已改名为"淄水头富平小额贷款基金"的年度报告显示，"基金业务为农户小额贷款，贷款利息收入为基金主营业务收入。贷款合同主要为一年期，年利率 21%，合同到期时一次还本付息或整贷零还"。"截至 2013 年 12 月 31 日，基金共实现营业收入 404138.45元，其他业务收入 666 元，营业收入全部为利息收入。"成本也在上升之中。"截至 2013 年 12 月 31 日，基金发生支出 228375.81 元。其中，营业成本15757.19 元，管理费用 190603.19 元，财务费用 19500.43 元，资产减值损失 8985 元。收入和支出相抵，营业利润为 176422.64 元。"基金不仅开始盈利，而且连续两年实现了财务上可持续。换言之，不再需要外部资助也可以自维持、自生长，成为典型的商业银行机构，不仅其经营商业银行化了，而且其行为也商业银行化了。终于，2014 年，基金与其他商业性金融机构合并重组，成为小贷公司，融入正规的金融体系。

二、中和农信与"影响力投资"的价值共创战略

　　中和农信项目管理有限公司（以下简称"中和农信"）是中国扶贫基金

会兴办的专门服务于难以从正规金融机构获得贷款的贫困农户的社会企业。社会企业是指非营利组织以商业的方式经营，其赢利最终只能用于符合其机构宗旨的公益目的。社会企业又被称为社会影响力投资（impact investment），发端于20世纪90年代。在以英国为首的欧洲，是指非营利组织用商业投资及其商业经营来解决社会公益问题；在美国，除上述定义外，尚包括最终用于符合机构宗旨公益目的的商业投资项目。

2016年，中和农信向中国农村212个贫困县中36.6万农户发放贷款67亿元，其中91%是妇女客户，76%的贷款农户从未在包括农信社在内的正规金融机构得到过贷款。同时，这些贷款均是无抵押信用贷款。户均贷款1887元。长期以来，这些贷款的回收率稳定在99%以上，超过30天的逾期率仅为0.74%，机构赢利能力为1%，从而初步具备了可持续发展的态势。也因为此，从2017年开始，中和农信的放款规模超过100亿元，接受贷款的贫困农户将超过100万。无论用任何国际指标衡量，中和农信都是一个以金融扶贫为宗旨并在日益壮大的社会企业。

自1995年开始至今，中和农信发展历程大致可分为三个阶段，呈现出政府主导、非营利的公益机构向下拓展，逐步演变为以微型金融为主业的准商业金融机构。但它又不同于以营利为目的实施"下行战略"的商业金融机构，而是以最终服务于公益目的——扶贫的社会企业。它的发展历程颇具有中国特色，展现了中国微型金融机构发展的另一条路径。

第一阶段：1995—2001年，中国西部中小额信贷扶贫项目实验阶段。

1995年，中国政府与世界银行签订协议，利用世界银行贷款对中国西南及秦巴山区进行扶贫，其中一个分项目是该地区贫困农户劳务输出，即通过西部五省61县61万名贫困劳动力对外劳务输出来推动其能力提升而脱离贫困。其中的一个子项目是承贷承还，将6万名贫困劳动力安全输出到沿海地区。当时在中国西部研究中心从事研究的青年学者何道峰误打误撞承担了这一子项目，并负责对整个分项目的咨询、协调和监测。为此在国务院扶贫办的领导下，这一子项目开始形成一种机制，成为中和农信小额信贷的前身。

何道峰等人在认真学习总结世界各国小额信贷扶贫经验教训的基础上，对陕西省安康市和四川省阆中市进行了实地的农户调研和需求评估。认为在中国存在着数量巨大的无法从信用社等正规金融机构取得信贷服务的贫困农户，同时也广泛存在着非粮食作物的种植业、养殖业、手工业及小商业、服务业的创业机会。从而，通过小额信贷服务促使农户提升能力而脱贫的潜在市场需求是真实存在的。这些潜在的客户虽然已经经常或间断使用民间借贷来响应其创业需求，但包括直接利率和担保等影子利率在内的利率通常高达50%—100%，抑制了贫困农户使用信贷的能力，使潜在市场需求难以转化为现实经济表现，从而丧失了脱离贫困的机会。因此，通过一种机制性的安排，在降低贫困农户信贷机会成本和实际成本的同时，通过小额信贷，辅之以创业培训，帮助有致富冲动的贫困农户通过"干中学"的办法，在提升自身能力、脱贫致富的同时，可以保证小额信贷的偿还，小额信贷因而具有商业的可持续性。

在认真调研的基础上，通过借鉴孟加拉国"格莱明银行"的经验和使用世界银行扶贫贷款，中国政府建立了中国西部人力资源开发中心管理的秦巴山区世界银行小额信贷扶贫项目，并形成具有自身特色的信贷模式。

整贷零还。一年期贷款除两个月宽限期外，分20次还清，至少每半月还款一次，单笔贷款的数额以农户还款能力为上限；

采用"格莱明银行"五户联保方式，将传统借款还款的信用关系转化为相互熟悉农户的道德契约（SSCOP）。在此基础上，将5—6个联保小组约

30 个农户形成一个贷款中心，一方面，利用选举产生的中心主任志愿劳动来扩大 SSCOP 信贷员服务半径及服务户数，提升信贷效率；另一方面，中心会议使培训和农户亲身经验相互借鉴与激励，使脱贫能力提升，从而稳定还款来源。

在民间高利贷与小额分散农户服务所产生的较高成本的可覆盖之间寻求一种长期可持续的平衡。经过经验摸索，在当时条件下，若 100% 按时还款，年利率为 14%。

相比同时期世界银行在河北易县、河南虞城、南诏的实验项目，联合国开发计划署在内蒙古赤峰等近 40 个县的试验项目，以及 1999 年后，国家及地方财政投入 50 亿元推广的"商洛模式"小额信贷项目，中国西部人力资源开发中心管理的小额信贷扶贫项目模式的核心在于垂直一体化管理，具有以下几个特点：

其一，注重单县的项目规模，从而维持了小额贷款机构的可持续性。在每县从世界银行贷款 800 万元人民币的同时，要求地方配套同等数额的资金。而当时其他模式通常是单县 100 万元人民币。

其二，注重队伍建设的全职化和专业化，通过人力资源的积累为机构的可持续性奠定基础。

其三，注重垂直管理，即将项目的人、财、经营模式及执行标准的决策与考核集于中心，防止地方政府和下属机构以"情况特殊"而侵蚀或改变项目的方向与标准。

其四，注重对贫困农户的标准服务流程，并建立计算机信息追踪与档案系统，以独立定期监测及时发现问题并纠偏，坚持对执行团队的培训与绩效考核的一致性，以保证执行力。

实践证明，这一微型金融贷款模式是行之有效的。由于垂直管理，不仅地域覆盖面大，具有广度，更为重要的是，因垂直而形成统一规范的管理模式，使微型金融聚焦于贫困农户能力的提升，因为这是还款来源的保障。在陕西安康市和四川阆中市试验中，4000多户贫困妇女连续得到信贷帮助，并在这些贷款构建的微型企业运营中涵养了对市场需求的评估，对收入和成本的计算，对家庭收支的统筹，对农村新技术的把握，对经验教训的总结，以及与他人沟通解决问题的能力。最贫困人群妇女能力的提升，反映在信贷质量上就是违约率的显著下降。贷款回收率持续维持在91%左右。贫困农户能力的提升反过来又激励了小额贷款分类管理能力的提升，推动着微型金融的深化发展。两者相辅相成，共同成长，使公益性项目具有了可持续性，也种下了后来中和农信不断发展的基因。

第二阶段：2001—2008年，向中国扶贫基金会小额信贷扶贫项目移植的转型阶段。

中国西部秦巴山区小额信贷扶贫是世界银行贷款中的一个项目。理论上，当任务完成，贷款到期，项目也就终止了。这意味着，秦巴山区小额信贷扶贫最终会曲终人散，而这似乎又是不少发展中国家，也包括中国小额贷款扶贫，反复中断、不断重启的宿命。

从根本上讲，此宿命的原因在于贫困的恶性循环，因贫困而没有还款能力，因没有还款能力又难以获得新的贷款。小额信贷扶贫因此变成财政救助和社会救济的性质，因情而变，因事而变，时断时续。与此同时，这种情形同时也印证了另一种可能，如果贫困农户动力提升，形成还款来源，则小额信贷扶贫是可持续的，而这又恰恰是秦巴山区小额信贷扶贫的优势所在。于是在2001年世界银行项目结束时，政府和政策实践者们认为有必要保留火种，寻求移植受体，将秦巴项目的机制与经验进行嫁接。

需要指出的是，这一移植和嫁接过程的挑战是巨大的。首先，挑战来自内部。秦巴山区小额信贷扶贫项目的特点是垂直一体化，不仅规范而且执行力强。但它同时也因此而具有自身的脆弱性。一方面，贫困的原因除共性外，又各自不同，从而是点状不连续分布的，即"不幸的家庭各有各的不幸"，构成了所谓信息经济学上的"孤岛效应"。若要穿破"孤岛效应"，获得大面积的扶贫效果，需要外部支持。因此，地方政府的协助是必不可少的。另一方面，"孤岛效应"也使各地面临的问题不同，其操作方式就会出现差异，并因地方政府的介入而放大这一差异，最初形成的规范也会因执行而走样。在项目的实验阶段，因有世界银行的外源性资金支持，中心拥有控制资金使用而获得的权威，可以进行纠偏。而一旦外源性资金供应中断，这一纠偏能力便会丧失，从而垂直一体化也会被侵蚀并走向瓦解。其次，调整也来自外部。如前所述，若要维持垂直一体化，需要获得外源性资金。这一获得不仅是现金流意义上的支持，而且也是权威意义上的支持。在当时的历史条件下，符合这两个条件的机构只有两类：一是商业性的大金融机构，二是财政性的政府机构。如果与商业性的大金融机构结合，商业金融"嫌贫爱富"的内在属性会因利润动机伤害，甚至放弃盈利微薄、管理成本高昂的小额贷款，使其无疾而终。如果与财政性的政府机构相结合，则会因迥异于商业机构的治理机制而泯灭微型金融的特质，从而沦为政府财政的附庸，重蹈财政扶贫的覆辙，而不具有自维持自发展的可持续性。

在上述双重挑战面前，秦巴山区小额贷款扶贫项目十分巧妙地选择了一种看似艰难，但成就丰硕的体制创新之路，与中国扶贫基金会进行了嫁接。

中国扶贫基金会是国务院扶贫办管理的公益性慈善机构，其使命是用慈善救助的办法来济贫，这虽与用小额贷款商业办法扶贫有契合之处，但功能有别。经过认真的研究策划，中国扶贫基金会三届四次理事会确认了传承改革的总方针，将小额信贷远景定义为：通过奋斗使其成为无法从正规金融机构获得贷款的贫困农户服务的乡村银行（后改为山水间百姓银行）。将其使命定位为：给穷人一个机会，涵养她们的脱贫能力（因为绝大多数是妇女）。将其目标定为：贷款给村里真正的贫困户，通过培训与"干中学"，提升她们的能力，实现机构专业可持续发展的目标。

在中国扶贫基金会对秦巴山区扶贫项目传承和改革的基础上，原中国西部中心功能寿终正寝，西部中心的项目管理人员和系统以及两个项目县的项目通过合约转移到中国扶贫基金会，成为该会的小额贷款部。其管理模式依然沿用西部中已经积累形成的方式：单县资金规模通过自筹等方式，不低于500万元本金，在此基础上，基金会再通过公益募资或信用贷款方式来增加基金会规模。换言之，以规模效益支撑可供长期就业的专业人员的事业平台，从而使机构可持续发展。对分支机构的管理原则是坚持总部决策加分支机构执行，以维持标准的统一性，实现规范经营，并因这一规范，使其可复制、可推广，从而增大了地域覆盖的可能性空间。2001年，这一模式得到国务院扶贫办小额信贷扶贫试点的正式批复，临时性的实验项目开始正式进入国家认可的正式轨道。项目县也快速扩张到10个。

然而，国家认可并不必然意味着一帆风顺，用慈善基金会的方式来从事小额信贷是前所未有的。按照当时出台的《基金会管理办法》，基金会是公益机构，不得在地方设置直属的分支机构，目的是控制公益基金自身的成本，使更多资金用于公益本身。然而，这一规定与商业性金融机构的监管规范却存在冲突。按照相关的从事金融业务的法规，信贷关系发生主体只能是当地辖区内金融机构，只有它才具有辖区内发放贷款的权力。面对这一冲突，为了使项目所在贫困县与农户借贷关系合法化，扶贫基金会只能在当地注册一家非营利的法人主体，这家非营利法人主体通常称之为农户自理服务社（SSCOP），并挂靠在当地政府的扶贫办之下。这种制度安排，虽然在合同上约定农户自理服务社的管理权归中国扶贫基金会小额信贷部，但农户自主服务社因挂靠关系，很难拒绝当地政府部门对其人、财、物的行政干预。这就使农户自主服务社很容易出现管理责任虚置和管理行为人为扭曲的现象，使管理方向和标准出现偏离，并日益严重。事实上，在山西左权、贵州晴隆、陕西安康都出现过当地政府干预人事安排而发生的纠纷。在四川阆中、重庆开县、贵州六枝、福建福安也都发生过当地政府干预资金使用方向和贷款规则的冲突。基金会和地方政府对农户自主服务社双重管理体制所引发的矛盾，伤害了小额贷款业务的正常进行，不仅导致了与两个最初项目移植县，陕西安康和四川阆中的停止合作，而且也导致了新扩张项目县，如重庆开县，贵州清隆、广西东兰和四川东江的合作撤出。项目县由原先的 10 个急剧缩减为 4 个。

2004 年 3 月，国务院第 39 次常务会议审议通过了新的《基金会管理条例》，并颁布实施。《基金会管理条例》第十三至十七条，以及第四十至四十二条明确规定了基金会直属分支机构的设立条件，登记程序、法律责任和注销前提与程序。依据《基金会管理条例》，不仅可以解决双重管理体制所带来的矛盾，而且为构建"一个决策监管中心"和"一个项目县执行中心"新型连锁经营模式打开了空间。为此，中国扶贫基金会就小额贷款项目设计了新的制度安排：

1. 县农户自主服务社按新颁布的《基金会管理条例》进行重新登记并注册，成为中国扶贫基金会的直属分支机构，其人、财、物的决策管理权完全收归中国扶贫基金会；

2. 省级扶贫办或县级扶贫办诸如服务社的配套资金，属于委托中国扶贫基金会管理但约定只能用于当地小额信贷扶贫目的的长期托管资金，中国扶贫基金会为此托管资金的使用目的和安全负责；

3. 中国扶贫基金会承诺将农户服务社做强做大，吸引更多资金进入服务社用于扩大当地小额信贷扶贫的公益目的；

4. 省级扶贫办和县级扶贫办承诺不干预服务社的日常管理，而对项目的公益目的负调查监管之责，服务社按照其配套资金的到位数量按年支付额定的监管费至对方账户，用于覆盖其监管所发生的费用；

5. 县服务社的管理人员和业务人员，完全由中国扶贫基金会管理总部在当地农村公开招聘、培训、考核、升降并解聘，当地政府完全不插手、不干预。服务社主任是经个人自愿申请从县党政干部中选聘，县政府给予保留身份和基本工资的待遇，但管理权和考核权移交中国扶贫基金会；

6. 县服务社独立公布其财务报表，中国扶贫基金会小额信贷部出一张虚拟的合并报表（因为小额信贷部不具备独立法人资格），以衡量资产运营、费用控制和机构可持续发展状况；

7. 中国扶贫基金会从国际上引入当时最先进的小额信贷计算机管理软件，管理每个贷款农户的情况及信贷人员的工作资讯信息，并可按月查询、统计和追踪；

这一制度安排，是中国扶贫基金会在与地方政府讨论、沟通的基础上形成的。2005 年，在北京召开了项目省、县小额信贷扶贫项目合作模式转型会议，签署了新合作模式的协议。2006 年年初，中国扶贫基金会在昆明召开会议，正式提出了模拟公司化连锁经营，打造专业高效的总部决策监管中心和快速标准的县级执行中心的管理模式。经验证明，这种新的制度安排有力地响应了贫困农户的内生需求，克服了小额信贷发展的瓶颈，并与当时扶贫到户的中央政策号召相一致，使筹资相对简单，项目得到快速发展。到2008 年年底，项目已扩展到 11 个省 26 个县，员工由 81 人增加到 200 人，贷款本金由 2000 万元增长到 1.1 亿元人民币。2008 年为 4 万贫困农户发放贷款 1.8 亿元人民币。这些运作模式和制度安排，在实践意义为社会企业的形成准备了必要条件。

第三阶段，2008 年以后，引进"影响力投资"向社会企业的转型。

2008 年，中国银行业监督管理委员会和中国人民银行联合出台了《关于小额贷款公司试点的指导意见》，允许成立商业性小额贷款公司并不受人民银行基准利率限制发放贷款。最高人民法院则通过了不超过人民银行基准利率四倍受保护的司法解释，为小额信贷提供了新的发展环境。中国扶贫基金会小额信贷抓住这一机遇，开始公司化改造，成立了中和农信公司，将下属各分支机构委托中和农信管理，使决策监管总部的虚拟报表变成真实的财务报表，总部实体化。

国际经验表明，一旦小额信贷规模做大，并采用公司化管理模式，受利润最大化的支配，便极有可能出现"使命漂移"。小额信贷易偏向于给有商业信用的用户发放贷款，即"垒大户"，而与扶贫的初衷相悖。中和农信公司，甫一成立就面临这一挑战。2008 年，中和农信资本净额为 1.1 亿元，单笔贷款平均为 4000 元，按《关于小额贷款公司试点的指导意见》规定，单笔贷款规模上限为资本净额的 5%。从商业角度观察，单笔贷款达到或接近这一上限，管理成本较低，利润率较高，是最佳选择，但这有悖于小额信贷扶贫的本意。从小额信贷扶贫的角度考察，坚持单笔贷款规模不高于 4000 元，则 1.1 亿元资本净额需要至少覆盖 27500 个贫困农户，覆盖面必然就是全国性的，但这却有悖于《关于小额贷款公司试点的指导意见》，其规定，小额贷款公司只能是地区性的，部分原因也是为了避免小额贷款公司"垒大户"。坚持利用小额信贷进行扶贫的社会性，还是顺势转化为商业性金融机构，何去何从，需要抉择。

可喜的是，中和农信并未在两个极端中选择，而是坚持创新，通过一系列制度安排，在坚持社会性的同时，结合企业化优势，把自身转变为一个不以营利为目的的社会企业。集中体现在以下几点：

坚持低于最高人民法院司法解释贷款利率4倍之下的底线。贷款利率用于覆盖贷款成本（通常7%—9%）和单笔贷款额度带来的高人工成本后，略有结余。结余通常为1%左右。

坚持档案可查证，数据可追踪的实时管理。单笔贷款余额不超过当地人均GDP的1.5—2.5倍这一国际标准。到2017年年底，农户户均贷款余额不超过1.2万元，贷款覆盖农户约40万户。

坚持苦练内功，加强风险控制。到2017年年底贷款回收率始终超过99%，30天预期还款率低于0.75%，而风险备付保持在2%。

需要肯定的是，中和农信之所以在小额信贷方面业绩突出，很重要的一点是始终将不能从正规金融获得贷款的贫困妇女作为客户。发现她们特殊的信用，针对这种信用设计相应贷款还款流程与方式，着力于提升她们的能力来培养还款来源，从而保证了信贷的可持续发展。这是中和农信小额贷款的核心竞争力。

随着中和农信核心竞争力的提升，小额信贷业务的快速发展，资本净额不足成为新的制约。中和农信在坚持不以营利为目的社会性的基础上开始了引进外部股东，尤其是引进具有"影响力投资"的股东，以实现"价值共创"。首先引进了世界银行国际金融公司和红杉资本。资本金分两步扩张到2.5亿元和5亿元。2016年引入蚂蚁金服，作为第三大股东，资金进一步扩大为14亿元，至此，中和农信的融资问题基本解决，不再需要各地资金配套，而可以独立承办小额信贷业务。按中和农信长期以来杠杆率为6倍的标准，14亿元的资本金可支持84亿元的贷款余额，按中和农信长期以来，资金周转率为1.6倍计算，84亿元的贷款余额可实现超过百亿的年放款量。

中和农信因而成为中国农村小额信贷的主力之一，但又是别具特色的社会企业，不仅在国内外获奖，而且也成为普惠金融领域研究和关注的旗帜。

三、中银富登村镇银行与"下行战略"

村镇银行（community bank），不同于发达国家的社区银行，在中国专指在农村地区设立的主要为当地农民、农业、农村经济提供金融服务的银行业金融机构。是经中国银行保险监督管理委员会依据有关法律、法规批准，由境内外金融机构、境内非金融机构企业法人、境内自然人出资设立，通常以县域为限，一县一行的法人正规金融机构。村镇银行在中国兴起于2008年国际金融危机后，同时也成为国内大型金融机构推行"下行战略"的有利契机。

中银富登村镇银行是由中国银行和新加坡淡马锡集团于2011年成立的中外合资金融机构，期望利用淡马锡集团控股的富登银行的信贷工厂技术，专注于小额贷款等微型金融领域，为中国县域经济服务。中银富登村镇银行自建立以来，通过批量化、规模化、集约化的方式，在全国19个省份（市）金融服务空白区或薄弱县城发起设立了近100家法人性质的村镇银行和110多家支行。其中82%在中西部地区，33%在国家级贫困县，其客户数已超过100万户。2016年户均贷款金额为11.4万元。涉农及小微贷款占比达92.3%，其中农户贷款余额占比为45.1%。2016年总贷款余额为185.1亿元，不良资产率仅为1.7%，存款余额为202.2亿元，成为从事小额信贷但又区别于其他小额贷款公司的存差性金融机构，并由此决定了其融资成本的相对低廉，开辟了在小额信贷领域快速发展的前景，成立八年来，中银富登村镇银行已成长为中国内地最大的村镇银行集团。

中银富登村镇银行是国有大型商业银行"下行战略"的产物。国际经

验表明，在微型金融领域，或因政治社会压力，或因商业利益驱动，正规的
商业性金融机构，尤其大型机构反复尝试过"下行战略"，但或因收益难以
覆盖成本而不可持续，或因过度商业化而背离微型金融的本质要求。这在中
国村镇银行领域也有类似情况发生。自 2007 年村镇银行模式出现以来，村
镇银行由 2007 年的 17 家发展到 2017 年的 1601 家，共有 5 大类型 294 家银
行机构作为主发起人参与发起。不少商业性金融机构作为"下行战略"主
发起人参与发起，但是"下行战略"因种种未曾预计的困难，并未在村镇
银行中取得预期的效果，甚至有的不得不转让其投资的村镇银行，撤出了这
一领域。例如国家开发银行，将其手中的 15 家村镇银行一次性转让给中银
富登村镇银行。

在同样的市场条件下，同样的政策环境下，为什么商业性金融机构的
"下行战略"会有如此不同的命运？这需要从中银富登村镇银行发展变化中
寻找端倪。回顾中银富登村镇银行八年成长历程，大致可以划分为三个
阶段：

第一阶段，2010—2012 年的初创阶段。典型特点是复制新加坡淡马锡
小贷模式，并"高举高打"尽快实现规模效益。2010 年 11 月，中银富登第
一家具有法人资格的村镇银行——湖北蕲春村镇银行开业。2011 年增加到
12 家，2012 年又扩展到 18 家，在短短两年间，一次性覆盖了中西部不同省
份的 18 个县。

新加坡淡马锡公司创造的所谓淡马锡小贷模式，是一种立足于新兴市场
并且经受了时间考验的小额信贷模式。这种模式立足于东南亚地区发展中国
家的国情，针对小微企业、自雇人群以及个体工商户配套进行金融服务，其
特点在于，不仅在前端的销售环节制定标准的流程和作业模式，更重要的是
将风险机制融入每一个不同的环节，做到全流程的风险把控。主要表现在以

下几个方面：

1. 信贷政策以及产品设计。淡马锡小贷模式根据客户不同的经营属性、地理位置、行业情况、发展潜力、实际经营状况以及抵押物状况等，将客户分门别类，并且筛选淘汰出一批与其信贷政策不符合的客户。在此基础上，客户经理和审批人员通过实地勘察及数据分析等细微的作业流程来甄别第一轮初筛后的客户风险状况，从而将不同的产品类型与客户进行匹配。

2. 信贷审批。在传统商业银行中，信贷审批是一事一议，并于贷款业务紧密结合。而淡马锡小贷模式的信贷审批则是一个相对独立的环节，依据标准流程所获得的数据来辨认风险，进行批量审批。既避免了主观偏好，又减少了中间环节，加快了放贷速度，降低了运营成本。这对急需流动资金小客户至关重要。

3. 贷后管理。淡马锡小贷模式认为，客户发生逾期等不良违约行为不是突发性的，而是由于长期的经营管理或资金管理出现问题导致的，因此设置了贷后管理专员。从发放贷款的第一天起，就定期回访客户，密切关注客户的生产运营和财务状况，及时判断客户可能发生的逾期风险。

4. 催收以及信用恢复。淡马锡小贷模式在客户发生预期或者坏账时，不仅仅只是采取传统的法律手段来进行强制催收。对于那些还款意愿仍在，只是因为经营能力出问题而不能按时归还贷款的客户，通过贷款展期，债务重组，资产保全等方式，帮助客户渡过目前的资金困境，直到恢复正常状态。或者等客户情况恶化，才被迫走法律程序。这种信用恢复的理念在传统银行业务中是很罕见的。

5. 内部持续性的信息更新和不断学习。淡马锡小贷模式强调"可持续发展"的理念，要求"先坐稳，再做大"，有专业的市场数据分析团队配合外部专业的咨询公司，每年会定期或不定期地就目前的市场环境、企业经营以及个人消费者行为习惯的转变做分析报告，并且将报告内容及时传达到公司每一个职能部门，使员工能够在第一时间掌握最新的情况，提升风险识别能力。

2004年，中国银行由国有独资的商业银行改造成为国有控股的股份制的银行集团。中国银行的发展目标由此不再拘泥传统的商业银行业务，开始多业并举，向非银行金融业务以及非标准商业银行业务方向拓展。其中，以小额信贷为内容的面向农村的"下行战略"开始浮出水面。而新加坡淡马锡公司又恰是中国银行引进的战略投资者和股东之一。2009年6月，淡马锡正式向中国银行提出村镇银行合作意向，期望以其旗下淡马锡小贷模式的专业机构——富登金融与中国银行合资，联合成立全国性村镇银行集团。借助中国银行的品牌和资源优势，结合富登微型金融的成功经验，规模化地推进村镇银行建设。2010年1月，"中银富登村镇银行"正式成立。

按照规模化的既定方针，成立后的中银富登村镇银行集团在湖北和山东两省率先进行密集布点，系统地推进淡马锡小贷模式。这种标准化、高起点、规模化的"绿地投资"复制战略，有别于逐步添油、修修补补、边干边学的方式，有效地克服了小贷金融中机会成本较高的缺陷，从而很快实现赢利。据统计，从2011年3月第一家中银富登湖北蕲春村镇银行开业到2012年年底，两年间共开业18家法人行，只有山东青州、湖北老河口两家亏损，其余16家全部实现赢利。

第二阶段，2013—2016年大规模"绿地投资"复制阶段。以业绩为导向的中银富登村镇银行创立成功，不仅仅因为淡马锡小贷模式的有效性，更重要的是基于中国实际进行了管理模式的创新。如同中和农信案例中所显示的，成规模的微型金融发展，需要总部决策和监管的垂直一体化，以保证流程的标准化，从而有效控制风险。但是，另一方面为避免商业性金融受利润动机支配而"嫌贫爱富""垒大户"，造成信贷资源由农村倒流城镇的局面，在《村镇银行管理暂行规定》中，特别要求机构设置在县、乡镇，并以县城为限，一县一法人，以保障不得异地发放贷款。再加上微型金融本身需要因地制宜，得到地方政府的资源配合十分重要。这些因素使得规模化微型金融的内在要求与政策和条件限制之间产生矛盾，极易形成双重管理体制，成为制约规模化微型金融发展的最大障碍。

为了克服这一障碍，中银富登村镇银行进行了一系列的制度创新。首先，公司治理创新。在治理结构上，各村镇银行是独立的法人机构，有自己的股东会、董事会、监事会以及管理层，是经营的主体，承担前台营销和中后台运营控制等责任。但将中后台服务以及审计监察委托给管理总部。管理总部通过建立一系列专业团体，负责产品开发、风险管理、合规控制、规划指导等服务工作，对从事前台经营的村镇银行提供产品和渠道管理与支持、风险管理与支持以及运营管理与支持。由此，既保证标准的一致性，又发挥了村镇银行自主决策的主动性。其次，发挥股东的作用。各村镇银行的主要股东是中国银行。中国银行通过一系列的委托安排在人才培训、信息科技、结算体系、运营服务及流动性保障等方面提供支持，以弥补短板，提升竞争力。

这些立足中国国情的制度创新，使淡马锡小贷模式没有水土不服，反而成为中银富登村镇银行快速发展的支撑，奠定了中银富登村镇银行模式大规模复制的基础。2013 年，其法人银行扩展到了 50 家，2014 年达 57 家，2015 年达 69 家，2016 年则达到 82 家。

第三阶段，2017 年至今，巩固提高阶段。经过十年的发展，中国村镇银行从无到有，从少到多，2017 年达 1601 家。覆盖了全国 31 个省份 1247 个县，其中最为落后的中西部地区占比高达 65%。从地域覆盖面上看，各类金融机构已经覆盖全中国，金融的可达性基本完成，金融服务的便利性大大提高。但与此同时，也意味着村镇银行竞争已呈饱和状态，村镇银行的竞争优势更多依仗于其质量的提升，而不能仅仅依赖机构数量的扩张。面对这一形势，中银富登也相应地调整了自身的发展战略，体现在以下三个方面：

1. 在机构的扩展上，除自建外，更多地转向收购兼并，并利用自身的模式标准化改造收购兼并的机构。

中银富登村镇银行标准化组织管理模式采用标准编制 36 人，前后台各设管理副行长，其中，业务副行长在兼任部门负责人的同时，也主管行内公司金融、三农金融、零售金融三线业务，中后台副行长在兼任部门负责人的同时，也统筹管理中后台运营、风险、财务及人力资源日常工作。如果村镇银行还下设支行，标准编制仅为 13 人，仅设业务、运营和风险三个部门，其中业务部负责人由支行行长兼任。为解决农村地区金融服务网点少，支付服务不足的现实问题，村镇银行可选择合作商户作为代理人，建立助农服务站，仅提供统一配套的设备，而不配备人员。2017 年，中银富登村镇银行整体收购了国家开发银行旗下的 15 家村镇银行，并用这种模式对其进行了统一改造。

2. 重视研发能力建设，优化产品结构，不断推出新产品。

在零售领域，不断优化已有的"轻松贷""乐享贷"等拳头产品，同时使用金融定制化工具对产品生命周期进行设计，推出"欢享贷""乐业贷"等新产品。并根据中国三农实际情况，不断对行业进行细分，研发了以"欣农贷"命名的 11 大类涉农产品及 58 个子产品。农产品的不同行业，如家禽养殖、家畜养殖、水产养殖、水稻种植、棚菜种植等，都有量身定做的金融产品。需要指出的是，这一产品研发是动态发展的，最近，中银富登村镇银行又根据农村土地承包经营权和农民住房财产权可以抵押的新情况，推出了创新贷款新品种。

3. 利用中国银行的网络优势，使用先进的科技手段，丰富并完善支付结算手段。

中银富登村镇银行不仅联通了大小额支付、银联、支付宝、同城清算网络和结算手段，并且适应互联网金融发展趋势，在电子渠道建设上下功夫，已实现 ATM 银行、手机银行、移动 POS 的渠道覆盖，其中支付宝、网银、手机银行日均交易都处于同业前列。下一步还将加快建设快捷支付、移动发卡、二维码等新兴电子渠道。与此同时，中银富登村镇银行已开始归集客户特点和交易信息，形成数据库，以大数据分析处理的方式，支持业务的进一步发展。

综上，中银富登村镇银行的标准规模化布点，标准清晰的营销流程，科学高效的授信管理，简单明了的绩效文化，由中国银行配合支持的多样化支付结算手段，基本成型，进而形成了独具特色的村镇银行经营模式，在1601 家村镇银行的市场上呈现出竞争优势。反映在业绩指标上，是服务客户的上升和户均贷款额的下降。截至 2018 年 6 月，有效存款客户数为 159 万户，贷款客户数为 13.44 万户，户均贷款 22.78 万元，比 2016 年下降近 2 万元。其中涉农及微贷占比 90.03%，农户贷款占比 41.9%。开业满三年的56 家自设村镇银行，51 家实现赢利，其中 37 家 ROE 超过 10%。自设银行不良贷款率为 1.72%，加上并购行，全辖不良率也仅为 2.7%。自成立以来，累计服务客户 167 万户，累计发放贷款 108 亿元，贷存比均为 100%。因此，中银富登村镇银行实现了资金来自农村、用于农村、支农支小的初衷。相形之下，同期农村商业银行的贷存比约为 48%，邮政储蓄银行则仅为 26%。中银富登村镇银行因此被监管机构称之为"一枝独秀"。

四、海南省农村信用社的"小鹅模式"

海南曾是隶属广东省的特别行政区。1988 年，在改革开放的大潮中，为拥抱经济全球化，海南建省办特区，成为中国最年轻的省，也是中国最大的经济特区。

30 多年来，尽管海南经济有了长足的发展，但是二元经济特点依然十分明显，农区尤其五指山区仍然贫困落后。脱离贫困仍是海南经济社会发展的重要任务之一。2007 年，经过房地产泡沫破灭，金额机构关闭风潮之后，海南省重组了农村信用合作社，提出了发展小额贷款支农增收的要求，实现"普""惠""续"。所谓"普"，是小额贷款覆盖面大，让想贷款、有条件贷款的农户都能获得金融服务。为此，海南省委省政府把"为农增收"作为硬性考核指标，提出"不在乎农信社赚了多少钱，只在乎为农民增收做了多少实事"。所谓"惠"，是降低小额贷款成本，利率水平应与农民承受能力相匹配。所谓"续"是可持续发展。虽然不要求小额贷款的利润，但其综合收入应能弥补成本，实现收支基本平衡。

从商业银行的角度看，小额贷款既要普及，又要低价，还要可持续，是个难以实现的"三角平衡"。面对政府的要求，海南省农村信用社（以下简称"海南省农信社"）开始贷款机制创新，在三大约束中寻找出路。经过探索，逐步创立了符合海南省情的"九专""五交"的新技术和新机制，形成了独具特色的"小鹅模式"。

所谓"九专"，是指九项机制化的设计：

——成立专设机构。海南省农信社在琼中联社设立小额信贷总部，实行事业部制管理；在全省所有乡镇设立小额信贷服务站，配备 2—3 名小额信贷技术员，形成了完整的小额信贷机构体系。

　　——组建专业队伍。海南省农信社招聘以农学专业为主的大学毕业生，建立一支扎根农村，专业为农放贷的小额信贷技术员队伍。

　　——创立专门文化。海南省农信社以"农民讲诚信"为基本出发点，构建了有别于商业金融的一整套小额信贷企业文化。

　　——制定专项流程。海南省农信社制定标准化的小额信贷操作流程，明确了贷前、贷中及贷后各环节的操作标准和风控责任。

　　——开发专利产品。海南省农信社以"一小通"小额贷款为基础，开发了 16 种小额信贷产品，使每一个有贷款需求的农民都能找到适合自己的小额贷款产品。

　　——实行专项贴息。海南省政府实施了专项贴息政策，为农民提供不低于 5% 的贷后贴息，有的市县在此基础上给予农民全额贴息。以省农信社为主体，海南在全国较早地形成了规范化、制度化的农民小额贷款贴息管理流程和制度体系。

　　——开发专门系统。开发了专门的报表平台系统、预警系统和农户信用信息系统，POS、EPOS 等自助终端覆盖所有行政村，为农民提供 24 小时金融服务，让农民"贷款不出镇，还款不出村"。

　　——聘请专家团队。公开聘请 300 位"三农"技术专家，组建专家团队，提供农业技术指导、搭建农产品销售平台，帮助农民用好小额贷款，并对贷款使用进行风险提示。

　　——设立专项基金。还设立了伤残互助基金，农户按贷款金额 3‰ 自愿缴纳互助金。借款期间（含预期），如果借款人及配偶因死亡、伤残或罹患重大疾病而导致还款困难，由伤残互助基金列支一定比例资金归还贷款，并给予借款人一定额度的抚恤金。

　　所谓"五交"，是指五项逆向思维的技术安排：

——把贷款"审批权"交给农民。海南省农信社规定：农民首次贷款，只要符合"四有四无"的条件，即有固定住所、有明确用途、有还款意愿、有还款能力，无不良信用记录、无赌博、无吸毒、无违法犯罪，就有获贷资格。同时组成 3—5 户联保，经过 5 天培训，小额信贷技术员就必须为其发放额度适宜的小额贷款。符合条件的农民如果没有得到小额贷款，举报属实后，经办的小额信贷技术员将受到严厉处罚。

——把贷款利率"定价权"交给农民。海南省农信社创造性地实施了"诚信奖励金"制度，使小额贷款实际利率与农民还款行为和信用挂钩。讲诚信如期偿还，实际支付的利率就低，甚至可以达到零利率；不讲诚信，就要支付高额利息甚至很难再获贷。

——把工资"发放权"交给信贷员。海南省农信社设计了"存贷分离、大小分开、收入清晰、责任明确"的机制，重点考核小额信贷技术员发放小额贷款的户数、金额、不良率等指标；小额信贷技术员的收入取决于自己的业绩与风控情况，形成了激励的内部化。

——把贷款风险"防控权"交给信贷员。海南省农信社创立了一整套风险防范机制，核心是小额信贷技术员"鱼咬尾"体系。某分支如有 A、B、C、D 四名小额信贷技术员，A 发放的贷款由 B 监督，B 发放的贷款由 C 监督，C 发放的贷款由 D 监督，D 发放的贷款由 A 监督，分支经理对所辖信贷员进行再监督。这种类似"连坐式"的风险防控机制，使"人人成为风险防控员"。

——把贷款"管理权"交给电脑。海南省农信社率先开发了覆盖所有农户基本信息、贷款审批、贷后管理、贷款风险预警、信贷员管理等全流程、全环节的信息化管理系统，有效管理农户小额贷款，既降低了人工管理成本，又提高了贷款风险的防控能力。

经过十年的实践探索，海南省农信社小额贷款业务实现了三大目标，在很大程度上打破了"三角平衡"的约束：

小额贷款覆盖面持续扩大，"普"字不断深化。改制前，海南省农信社涉农贷款占比持续下降，从 2005 年的 62.5% 下降到 2008 年的 41.1%，4 年间下降了 21.4 个百分点。改制后，涉农贷款占比显著提高。截至 2015 年 6 月，海南省农信社小额贷款余额为 71.2 亿元，年均增长 13.22%，占全省小额贷款总量的 83.8%，惠及 22.8 万农户，占全省小额贷款农户的 89.9%，户均 2.48 万元，2 万元以下的小额贷款农户占比达到 82.3%。

小额贷款利率不断下降，"惠"字不断落实。改制前，海南省小额贷款利率高居不下，考虑到寻租成本，实际利率超过 20%，甚至达到 30%。改制后，寻租成本全部消失，贷款利率持续下降。从 2010 年到 2015 年上半年，海南省农信社小额实际贷款利率从 10.22% 下降到 8.68%，下降 1.54 个百分点，好于全省平均降幅 0.62 个百分点。

小额贷款不良率逐步下降，"续"性不断增强。2007 年 8 月改革前，海南省农信社累计发放 50 万元以下小额贷款 8 万笔共 36.07 亿元。在改革之时，小额贷款余额还有余额 6.14 亿元，但不良贷款余额却高达 6.11 亿元，不良率达到 99.49%。除三亚、儋州和东方外，其他市县的小额贷款不良率均为 100%。改革后，不良率大幅下降，截止到 2015 年 9 月末，海南省农信社改革后新增小额贷款不良余额为 3064.6 万元，不良率为 1.72%，小额贷款业务基本实现收支平衡。按不完全成本测算，2009—2014 年，海南省农信社小额贷款账面盈利分别为 93 万元、200 万元、1737 万元、396 万元、410 万元和 450 万元，即便考虑完全成本，小额贷款也初步实现了收支平衡。

五、青海省农村信用社的"双基联动"合作贷款模式

青海省地处青藏高原，是少数民族聚集的省份，也是幅员辽阔的高寒地区，藏区面积占 96.5%，地广人稀，广大牧区平均每平方公里不到 3 人。牧民群众以游牧为业，居住分散，具有冬季定居、夏季流动，和农牧产品交易时间地点不固定等生产生活特点，因而也是贫困的主要发生源。2017 年，贫困人口仍有 42 万人，占全省总人口的 7.08%。少数民族脱离贫困不仅是经济发展问题，更是民族团结、社会稳定、国家统一的政治问题。鉴此，青海省委，省政府高度重视金融如何服务于精准扶贫问题。由于游牧的特点所致，布设物理网点成本高、难持续，屡试屡败。因此实现广大牧区金融服务全覆盖，必须要从全新的角度重新设计和安排。正是从这一点出发，立足于青海的省情，在政府的推动下，2015 年以青海省农村信用社为试点，将打通基层党组织服务群众"最后一公里"与打通金融机构服务农牧区群众"最后一公里"统筹考虑，从末端发力，设计出了依托基层党组织发展农牧区基层金融服务的"双基联动"合作贷款模式。

双基联动合作贷款模式的基本思路是："搭建一个平台、发挥双重优势、实现多方共赢"。搭建一个平台，就是依托基层组织与基层银行合作，在行政村联合建立信贷工作室，搭建为农牧户提供基础金融服务的新平台。发挥双重优势，就是基层党组织发挥信息、组织、政治资源优势，基层银行业机构利用资金、技术和风险管理等优势，实现优势对接和有效整合，共同完成对农牧户的信用评级、贷款发放及贷款管理等过程的联动。实现多方共赢，就是通过"双基联动"实现加强基层党组织建设，发展普惠金融，振兴农牧区经济，增加农牧民收入的一举多赢。

在上述基本思路的指导下，青海省农村信用社开展了"五双"试验，

并形成机制，推广到其他金融机构。所谓"五双"：

一是"双挂"。基层银行选派信贷员到基层党组织兼职，发挥信贷宣传员、推销员和服务员的作用；基层党组织选派干部到基层银行兼职，全程参与贷前调查及贷后管理，监管信贷员是否"吃拿卡要"，监督借款人是否按规定用途使用贷款、是否及时还本付息，并随时通报重大信息。

二是"双签"。双方签订协议书，明确各自责任义务，共同为农牧民办实事。

三是"双办"。双方在当地村委共同设立"双基联动"合作贷款办公室，定时、定点、定人服务，与农牧民进行零距离接触，无缝对接。

四是"双评"。双方共同开展建档、授信和评级工作，推进信用体系建设。

五是"双控"。双方按照协议，通过组织或参与信贷管理活动，共同控制信贷风险。

"五双"机制形成了基本服务模式，即通过"银行物理网点+双基联动信贷工作室+流动服务车"来构建"银行+支部+农牧户"的金融服务体系。面对青海地广人稀，布设物理网点成本高，难持续，同时贫困农牧户文化程度低，电子渠道不发达以及应用程度低的现实，该模式从实际出发，对游牧的牧民群众实施追随式的面对面服务，在更大范围上进行农牧区基础金融服务全覆盖。从本质上讲，"双基联动"模式是立足青海省情，利用基层党组织的联系与带动群众的政治功能，在商业信用缺失的情况下发现贫困农牧户的特别信用并增信，相应地以其日常的政治活动承担贷后和风险管理等责任。有了上述责任担当，基层党组织及党员有义务帮助贫困农牧户提升能力，从而保证了还款来源。而基层党员和基层金融从业人员的"双挂"则有效地克服了信息的不对称性，共同参与的贷后管理可以随时掌握农牧民生产生活及家庭状况，及时予以应对，降低了违约率。与此同时，基层党员到基层金融机构的挂（兼）职不仅培育了市场经济的思维，提升了推动本地经济社会发展的能力，而且由于信贷工作室设在村委，"过去有困难找活佛，现在有困难找农牧区村委支部"，村干部与农牧区交流的机会多了，基层党组织为民办事的能力强了，巩固了民族团结，促进了社会发育。而落后边远的少数民族地区，社会稳定和社会发育是形成信贷文化的基本条件。

在此需要指出的是，"双基联动"合作贷款模式在带动微型金融发展的同时，也为政府财政扶贫提供了新载体。传统财政扶贫由于信息不对称，只能"撒胡椒面"，难以做到扶真贫，不仅扶贫效益差，而且往往流于形式。在"双基联动"的条件下，各级地方政府把财政扶贫资金整合为财政担保基金，金融机构以此担保为基础，放大五倍发放贷款，将过去生活性、救济性的财政帮助转变为生产性、资本性的扶持，提升了财政扶贫资金的使用效率。基层金融机构在对接扶贫业务工程中，伴随着做好微型贷款，在信息更加对称化的基础上，也能有的放矢地加大对新型农牧场、专业合作社和龙头企业的信贷支持力度。围绕着牦牛、藏羊、枸杞、虫草、沙棘、马铃薯等特色农牧产业和藏毯、堆绣、唐卡、玛尼石等特色旅游文化产业，开发了"循环贷、联保贷、枸杞贷、虫草贷、羚动无忧、美丽乡村贷"等50多种"专业化加特色化"的信贷产品和服务模式，在促进高原特色产业发展的同时，提高了农牧民的收入。

"双基联动"试点方案在青海省农村信用社取得了良好的效果。2016年年初，在总结试点经验的基础上，青海省委组织部召开了专项推广会议，制定了推广规划，建立了考核制度，强化了风险防控责任，以党的纪律确保了"双基联动"的全面推开。2017年9月，青海省委省政府召开了全省普惠金融与"双基联动"工作推动会，进一步夯实了推进基础。截至2017年8月，

青海开展"双基联动"的金融机构基层网点发展到 469 家，互派挂职人员
4751 人，建立信贷工作室 3212 个，流动服务车 14 台，贷款余额 78.99 亿
元。近三年来，共累计发放 98 万笔贷款，共 113.89 亿元，不良贷款率仅为
0.12%。这一业绩生动地说明，党和政府的特殊信用，是在文化习俗不同、
风险偏好相异的少数民族地区开展微型金融的有力支撑。

第三节　中国微型金融创新的含义揭示

金融的本质是信用。金融活动，尤其负债类金融活动，基本上是依靠信
用展开的。当经济活动越来越社会化，信用就变成了"陌生人的信用"。在
无法确信陌生人信用但又要展开金融活动时，最好的办法就是财产质押。以
双方共同认可的财产，如生活生产资料为抵押物进行放款，即商业信用贷款
是常见的商业银行的基本操作模式。如果经济活动延伸到国外，尤其在当代
经济全球化的条件下，抵押物的可信度和价值高低，又需要辅助性的确认过
程，进而需要律师会计师的介入，评估机构的估值以及评级机构的评价。凡
此种种，构成现实世界人们所看到的眼花缭乱并日趋复杂的金融安排。

但万变不离其宗。既然金融活动是依靠信用展开的，当不具备或不完全
具备商业信用的经济活动是否可进行金融安排，特别是贷款安排。答案既是
确定的，又是模糊的。所谓确定：信用的起源是赊销，它或出于熟人之间的
相互信任，或基于某一中间人的担保，并不必然与抵押物产生联系，至少是
直接联系。所谓模糊：非抵押物的信用，如人情世故毕竟难以量化且不可
靠，从而维持这一赊销过程的最终指向仍是抵押物。这种既确定又模糊的状
态构成了商业银行业务的障碍，但也构成非正规金融滋生的土壤。于是，我
们看到以非抵押物，即非商业信用的其他信用为基础的民间非正规金融活动

自古以来始终存在，它反映了确定性，但这种非正规金融活动却从来都是零散的、偶发的、星星点点的，很难规模化，它反映了模糊性。

这种确定性和模糊性的并存奠定了微型金融的发展空间，微型金融就是在这两者之间寻找一种新的安排。换言之，如果能将非商业信用发掘出来并能加以系统化、机制化的处理，零散偶发的民间非正规金融活动就有可能转变为规模化、标准化的正规金融活动而进入金融体系，进而克服"经济社会二元"性，纳入现代化进程。

一、中国微型金融创新的理论含义

在上节讨论的中国微型金融机构的五个案例中，我们可以看到它们用不同的方式发现和扩展了没有或不完全具备商业信用的其他特殊信用，并将其固定化、机制化，从而成为可持续的信用放款基础。

在龙水头扶贫基金会的案例中，其信用基础是乡村教师雒玉鳌与村民之间的信任关系。由于这一传统乡土社会的信任，雒玉鳌可以发现谁是最需要贷款的农户，并可以督促甚至帮助建立贷款农户的还款能力。更为重要的是，乡村教师的威望及公信力，使之有可能超越传统乡土社会一般乡亲信用，如果加之可行的规章制度使其脱离传统民间金融活动的褊狭性，并以此穿透信息"孤岛效应"，而具有普遍性，奠定了机制化发育的基础，获得了可商业化的持续性。

在中和农信的案例中，其信用基础是妇女的信用。逻辑是妇女，尤其是有子女的已婚妇女，因其对孩子的天然感情和眷顾，对家庭承担着特别义务，不仅精打细算，而且具有强烈的还款意愿，违约率低。区别于龙水头扶贫基金会案例中基于某一乡村教师的特殊作用以及由其建立的乡亲邻里之间的水平信用，妇女的信用更具有普遍性、纯粹性，从而可以将其标准化、垂直化，更有利于穿透信息"孤岛效应"，而形成规模化经营的基础。

中银富登村镇银行的案例，则是金融机构"下行战略"的典型。它是通过改造传统银行的信贷技术，在大幅度降低搜寻成本的基础上，以规范性的程序使整个业务下沉，从而在新的层次上显露传统银行视野所难以发现的规模化信用特征，并加以系统性梳理，进行标准化操作。其中，信贷工厂、计分卡客户分类、审贷合一的平行风险管理，以标准合同和规范标识，将银行主动寻找变为客户主动上门等一系列信贷技术再造，极具鲜明特色。区别于龙水头扶贫基金会和中和农信的案例，它不拘泥于农户自身的信用发现和创造，而是从外部入手，从对客户的海量筛选中找出风险特征一致的客户并分类处理。在统一化后的信用基础上进行规模化经营。

海南省农信社的案例的特点在于将对农户信用的发现与培养和银行信贷技术再造结合起来。一方面，通过组建以现代农学专业背景出身的专门团队，深度把握种植养殖业的产业和品种特征，最大限度地消除信息的不对称性的同时，通过传、帮、带使现代农业技术入户，以形成可靠的还款来源来最大限度地消除未来的不确定性。另一方面，则是通过"五交"等贷款技术再造来降低信息搜寻成本，进而形成附着于诸如种植业、养殖业等产业特性的专门信贷产品，使其具有了可持续性。

青海省农村信用社的案例，则是极具中国特色的信用发现与增信过程。本来政党是政治组织，一般不参与经济事务，而执政为民的中国共产党则将扶贫致富，发展经济视为巩固其执政基础的重要环节。由此，通过对贫困农牧户脱贫的政治承诺，从外部发现并强化了微型金融发展的信用基础。它不仅使因分散游牧而不具备定居农业那种亲邻里的传统乡土信用开始信用化了，而且更重要的是，由于对贫困农户的增信及担保，使扶贫可以进行金融安排，在减少了财政负担的基础上，使在人烟稀少的游牧地区的微型金融活动可持续，进而扩大了减贫效果。

将传统金融难以或不愿发现的非商业信用信用化是上述五个案例成功的基本逻辑。从理论意义上讲，就是努力消除传统自给自足自然经济中独立小农户因经济往来稀疏且松散而带来的信息"孤岛效应"。换言之，就是通过种种手段，将散存于传统自然经济中的碎片化的信用信息对称化，转化为现代商业金融可以理解并把握的信用，并加以开发和运用，进而形成机制化、规模化的经营。

由此，一个更为深刻的问题也开始浮现：是什么动力促使已有的金融机构或尚未出现的微型金融机构去发现这些非传统的商业信用？用什么手段来保障这些虽早存于传统自然经济中但却零碎的非传统商业信用可被系统化，进而可操作化？又靠什么机制激励微型金融机构持续创新而不出现"使命漂移"，使微型金融不再成为"常议常新"的命题？

通过对中国微型金融发展的五个案例分析，我们注意到以下几点是解决上述问题不可或缺的因素：

首先，是整个社会向工业化迈进和整个经济的市场化取向的氛围。工业化使传统一元的自然经济呈现出二元经济结构，工业因其大规模有组织的社会化生产，不仅预示了现代化的方向，而且提供了必要组织资源的能力和技术手段。而市场导向的工业化意味着，虽然身出二元经济结构中不同部门，但人们的行为最终会一致化。因为效率和利益，可以穿透"鸡犬相闻，但老死不相往来"的自然经济，打破传统社会人们"一袋土豆"式的相互隔绝状态，使信用理念和关系得以建立，从而奠定包括微型金融在内的社会化金融的基础。

就中国而言，改革开放以来，特别是21世纪以来，随着市场导向性的工业化的加速，一大批农民劳动力离开传统乡村到城市，尤其是到沿海地区就业。城市化的推进，不仅将市场经济的观念传递到乡村，使信用理念和关系日益深化，而且由于城市巨大的市场对各种农产品，尤其特色农产品的边际需求量"井喷"式上升，使农户的经营收益得以巩固和提高。信用理念深入人心和因经营收益提升而稳定的还款来源，构成了微型金融发展的土壤。与此同时，需要强调指出的是，改革开放前，中国尽管也出现了快速工业化，但它是国家主导的工业化。在计划经济体制中，由于产供销，人、财、物全部由国家控制，在价值形态上呈现出财政主导型特征，从而没有金融活动的基础。当时的中国只有一家准金融的机构——中国人民银行，但它隶属于财政部，仅是料理国库的核算机构。改革开放后，中国金融逐步从计划经济体制中分离出来，以 2003 年中国银行业监督管理委员会成立为标志，中国才基本建立了有别于财政的金融体系。而这一体系，无论在监管政策上，还是金融基础设施的支撑上都为微型金融的发展提供了环境。工业化、市场化和金融的发展，多者相辅相成，使萌发于 20 世纪 90 年代初的中国微型金融终于在 21 世纪蔚然成势。

其次，金融机构的竞争性及金融市场的发育程度。所谓发展中国家，在某种意义上，是市场发育程度低，在金融上尤甚。特别是在当代，就 GDP 而言，发展中国家总体上与发达国家差距甚小，在金融上却差距甚大，从而，发达与不发达更多表现为一国金融现代化的程度。在发达国家，金融已覆盖所有的经济活动，而在发展中国家，金融仅是工业化、城市化的伴生物。在工业化、城市化进程中，由于工业具有更高的效率且在快速成长，高额回报的融资机会和稀缺的金融资源使金融机构趋之若鹜而无暇顾及他物，加之发展中国家为推进工业化而惯用的金融抑制措施，使民间投资很难进入金融领域，因而正规微型金融不具备发育生长的机会。中国同样也是如此。直至 20 世纪 90 年代末，金融还是国家垄断的行业，到 21 世纪，尤其是中国加入世界贸易组织（WTO）后，金融体制的改革在新的开放形势下得以加速。一方面，以工、农、中、建四大行为代表的国有金融机构全面进行了股份化改造，建立了符合市场规范的公司法人治理结构，商业化成为其经营方向。另一方面，大幅放宽金融，尤其小额贷款公司的准入限制，使更多的具有商业导向的民间投资进入金融领域，金融机构数量与日俱增，金融市场竞争日益加强，金融产品供应日趋充分，使金融市场化程度大幅提升，推动着利率市场化步伐的加快。2015 年以存款保险制度出台为标志，存贷利率全部放开。因此，构成了现有和新型金融机构的市场压力，迫使它们寻找新的商业机会，微型金融由此进入视野。在上节五个案例中，既有新型微型金融机构自我发展（龙水头扶贫基金会、中和农信），也有传统金融机构的转型和发展（海南省农信社、青海省农村信用社），还有大型商业金融机构的模式创新（中银富登村镇银行）。这种立体式全方位的竞争格局，构成了金融机构创新的压力和动力，其中业务不断下沉，拓展新的发展空间成为竞争战略的重要组成部分，微型金融应运而生，应势发展。

再次，基于非传统商业信用的贷款技术再造以及相应的制度化安排。与抵押物为基础的传统商业银行贷款技术不同，微型金融是在无抵押物或者抵押物不足的情况下，以非传统商业信用为基础的，并由此决定需要有别于以抵押为标的传统商业信用的新型贷款技术。在上述五个案例中，它们部分使用在国际上已证明行之有效的微型金融贷款技术，包括小组信贷互保、无担保而利率不同的两合同分离、高频还款安排、随还随贷、好借好还式的连续贷款激励，包括妇女信用在内的特别人群信用放款、信用积分卡以及善意展期等技术，并根据当地经济社会发展状况，动态调整，滚动进行。在这一滚动推进的过程中，它们将已经实践考验的成熟技术固定化、流程化，其中最为鲜明的一点就是完善内部管理机制。在建立微型金融标准流程的同时，一般用垂直化管理的方式以保证流程顺畅和不走样。在那些存在其他业务的金融机构，如信用社、村镇银行等，微型金融业务多是单独业务单元并自成体系，有统一的标识及文化。在中后台业务向总部集中的同时，有特别的面向前台的薪酬制度和绩效考核体系。这种机制化的形成既减少了包括搜寻成本在内的各种成本，又稳定了业务，培养了客户，奠定了防止"使命漂移"的制度基础。

最后，或许更为重要的是强调能力建设。微型金融面对的客户基本上是缺乏金融能力的农户，他们面对微型金融服务的机会，通常会有两种极端行为，一是由于恐惧而避之不及，二是非理性的过度负债。其结果或表现为金融需求不足，或表现为金融风险加大，因此，对他们金融能力的培养至关重要。由于中国幅员辽阔，多民族聚集，各地文化习俗差异甚大，在那些老少边穷地区，许多人尚处于自然生存状态，不仅没有商品意识，甚至没有发展意愿。在这些地区从事微型金融业务，首先就要进行持续不断的金融能力培养工作，这包括对经济社会发展的认知，对金融服务和产品的了解，以及自身包括家庭生活在内的生活、生产财务安排的常识等，这是一个艰难的长期工作，但又是令人敬佩的工作。这也是我们在案例中特别关注海南省农信社黎族山区和青海省农村信用社藏族牧区所创经验的原因。它们把少数民族金融能力培养放在了首位，从生产、生活实际出发，从形成还款能力入手，真扶贫、扶真贫，通过创新金融工具，授人以渔。在实现微型金融自我可持续的同时，贫困农户造血功能得到了强化，两者相得益彰，推动着边远少数民族地区经济社会的和谐发展。

二、中国微型金融创新的实践含义

需要指出的是，这五个案例并不是孤零零的，它们仅是在新的历史时期，中国微型金融发展大潮的折射。事实上，中国微型金融已遍地开花，其形式的多样性也远超我们的想象。这可以从中国银行业协会多年来连续开展的服务小微和三农优秀金融产品的评选中窥见一斑。2017年是第九次评选。全国34个省（区、市）银行业协会共收到辖内金融机构申报及金融产品632个，涵盖407家金融机构，其中服务小微产品342个，服务三农产品290个。申报产品具有广泛的地方特色和高度的实用性，可复制易推广。经过近一年严格的初评、二审、实地抽查和终审，2018年，中国银行业协会决定授予汉口银行"九通易贷"等50个产品为服务小微五十佳金融产品。授予安徽祁门农村商业银行"筑巢工程"等50个产品为服务三农五十佳金融产品。2017年服务三农五十佳金融产品名单如表10-1所示。

表10-1　2017年服务三农五十佳金融产品名单

申报单位	产品名称
安徽祁门农村商业银行	普惠金融——筑巢工程
北京怀柔融兴村镇银行	民俗贷
包商银行	丰收贷
湖北黄梅农村商业银行	"阳光普照"农村经营大户信用贷款
台州银行	村聚易贷——兴农卡
江西金属农村商业银行	农村承包土地的经营权抵押贷款
浙江泰隆商业银行	易农贷
内蒙古呼和浩特金谷农村商业银行	城乡贷
山东省农村信用社联合社	公正抵押贷款
湖北崇阳农村商业银行	"农门跃"异地农民工创业贷款
赤峰松山农村商业银行	农易贷
厦门翔安民生村镇银行	胡萝卜种植及收购贷
中国邮政储蓄银行江苏省分行	富农贷
道真仡佬族苗族自治州农村信用合作联社	"美丽乡村，幸福安居"贷款

续表

申报单位	产品名称
中国农业银行浙江省分行	美丽乡村贷
苏州吴中珠江村镇银行	网银贷
中国邮政储蓄银行甘肃省分行	冷库抵押家庭农场（专业大户）贷款
江苏泗洪农村商业银行	"金土地"土地承包经营权
河南台前农村商业银行	"合家好"贷款
四川北川富民村镇银行	富民农链通
富滇银行	金果贷
火洼恒丰村镇银行	"苇淘宝"信贷产品
湖州银行	移动快捷贷
中国银行苏州分行	村村通
宁夏黄河农村商业银行	"金扶贷"小额扶贫贷款
中国农业银行西藏自治区分行	益农贷
中国农业银行内蒙古自治区分行	金糖"富农贷"

从 2017 年服务三农五十佳金融产品的提供机构来看，微型金融服务主体涉及面非常之广，既有全国性的商业银行，也有地区性的商业银行，既有农村商业银行，也有农村信用社。尤为突出的是，它们的产品极具特色，契合了当地经济发展的实际，具有高度的实用性。这里，我们选择了历年来极其地方特色的几个金融产品予以介绍，目的是揭示微型金融的精髓——实用性的草根金融。因为，只有从细微深处支持实体经济发展的金融才是正宗意义上的微型金融。与此同时，还需要说明的是，这里介绍的微型金融产品，不仅仅限于金融机构申报的优秀微型金融产品，也包括未申报的但具有特色的微型金融产品；不仅仅限于正规的金融机构，也包括那些尚不算正规，甚至正在萌生的准金融机构。因为只有不同水域的浪花才能反映出中国微型金融发展大潮的风貌。

1. 云南富滇银行"金果贷"

云南地处中国的西南，是青藏高原的南延部分，海拔落差异常悬殊，高山峡谷相间，断陷盆地错落，江河纵横，是中国少数民族主要聚集地。全国56个民族，云南就有52个，同时也是中国贫困人口较集中的省份，是扶贫攻坚的主战场。

富滇银行是在昆明商业银行基础上，继承和恢复1912年设立的富滇银行牌号，于2007年12月重组成立的，是目前云南省唯一的省属城市商业银行。成立十余年来，富滇银行立足云南实际，探索创新，形成了有特色的经营风格，其中之一就是"金果贷"。

云南号称"植物的王国"，适宜水果业的发展。但水果因成果周期长，抗灾能力弱，易腐易烂等特点，使其难以规模化经营，而小农户又受抵押物和规模的限制，难以获得资金扩大生产。针对这种情况，2013年8月富滇银行与宾川县政府合作，共同推出了全国首个水果类金融信贷产品——金果贷。该产品依托宾川县农业局根据水果种植户种植面积，种植作物和经济价值确定其附着于流转土地上水果收益权作为担保，由富滇银行提供信贷。放贷的基础在于银政合力创新开发的"水果权证"。它是一种特殊的林权证，即由政府对水果种植面积、品种、年限等基本要素进行认证和准入，使种植户具备贷款的基本条件，从而有效地解决了果农"缺担保、难贷款"的困难。截至2017年年末，在宾川县累计投放"金果贷"7098笔，累计金额9.32亿元，户均13万元，最小贷款金额仅数千元。由于"政策支持"和"金融创新"相结合，"金果贷"较好地发挥了"金融扶贫"的作用。

2. 山东威海银行"海域使用权抵押贷款"

区别于陆地土地、房产等不动产，海域因其边界的不固定性，以及水底渔业资源的流动性，使其很难使用传统金融的用益物权的方式进行融资安排。再加上渔业产品不确定性高，产品和产量波动性大，运输和保鲜难度大，收入十分不稳定，也使其他形式的金融活动难以展开。历史上，以船为家的渔民是很难享受金融服务的弱势人群，通常成为高利贷盘剥的对象。

近年来，随着经济社会的发展，渔业也在发生变化：一方面，诸如海带、海参及其他水产品养殖业的兴起，使海域的边界开始相对固定，金融活动有了标的物。另一方面，包括渔业在内的水产品的组织化程度大幅提高，建立了诸如海带、海参及其他水产品的专门协会，使微型金融的小组信贷有了执行基础。

山东威海银行根据新的情况，开发了"海域使用权抵押贷款"。其基本做法是基于渔业和水产养殖业的产业链，从市场需求分析入手，以大中小渔业公司和各种水产品养殖协会为依托，共同进行客户开发。根据生产产品的产业特征，经过客户初选，批量营销，贷款的基本方式是以海域使用权抵押，辅之以客户联保，企业与担保公会担保进行贷款。并在休渔期间，为渔民和养殖户提供现金管理等附加金融服务。根据渔业和水产品养殖业的不同特点，海域使用权抵押的价值是以综合价值确定的，通常是按取得价值20%与评价价值80%之和为抵押价值，抵押率一般不超过50%。贷款利率则根据不同水产品行业的特征与风险、客户过往的信用状况，特别是客户的从业经验相机厘定。

需要说明的是，"海域使用权抵押贷款"已不仅仅是山东威海银行的专利，在山东沿海地区已广泛推广。山东省早在 2011 年就出台了《山东海域或设备使用权抵押贷款实施意见》，微型金融成为"海上山东"建设的强大助推器。

3. 中国银行河南省兰考支行"兰考乐器通宝"

兰考地处黄河盐碱古道，黄河多次在这里决口泛滥，形成风沙、盐碱、内涝"三害"，曾是全国著名的贫困县。20世纪60年代"县委书记的好榜样"焦裕禄带领人民广种泡桐，治理三害。泡桐适宜做乐器的音版，而兰考独特的地理环境，使泡桐具有优秀的声乐品质。早在1985年，在上海乐器师傅的帮助下，兰考堌阳创办了该镇第一家民族乐器厂。到2017年该镇从事乐器行业的企业106家，从业人员过万人，但乐器行业涉及材业、原材料储存、加工以及乐器制造等诸多产业环节，而每一个阶段又分别涉及农户、工商户和专业人士，致使大多数企业是家庭作坊式的模式，普遍存在着无抵押物、无担保的状况，融资难不仅影响行业的发展，甚至威胁着乐器小微企业的生存。

中国银行河南兰考县支行授信团队在反复调研的基础上，专门为堌阳乐器小微企业量身定做了"兰考乐器通宝"贷款产品。其基本运作模式特点为"以兰考成源乐器音板公司为龙头，其他乐器协会会员为成员的十户联保贷款"。自2014年首次发放到2017年，三年来，带动堌阳97家家庭式手工作坊转型为初具规模的生产加工企业，安置就业岗位1500余个，带动周边300多户贫困家庭脱贫。

4. 京东金融河南濮阳肉羊养殖"京农贷"

河南濮阳地处中原腹地，历史上是黄泛区，是河南省贫困地区。据统计共有贫困村538个，贫困家庭27.4万户。

2016年4月，由京东金融与中华联合财产保险股份有限公司，汇源集团共同打造的"产业扶贫+金融贷款"扶贫模式进入濮阳。扶贫内容之一是肉羊养殖扶贫项目。不仅为当地建档立卡的贫困户提供贷款，还整合当地企业资源，全方位为贫困农户提供养殖服务。其运作模式特点为"采用托管模式集中管理贫困户肉羊"，即在对贫困农户进行养殖技术培训并建立标准化集中羊舍的基础上，从贫困农户中筛选出若干带头人统一管理贫困户肉羊。通过带头人的示范作用，带动贫困户的积极性，扶持其进行自主养殖。

通过这一项目，2016 年京农贷帮助濮阳近 400 户贫困户成了名副其实的"羊老板"。其中贫困户苏本录原先常年在外打工，但年年"年关"难过。他表示："通过这个项目我得了 200 头羊，这些羊一年至少能给我们家带来 2 万多元的收益。平时没事，我就爱去羊圈看看。看着圈里小羊撒着欢地跑，我心里就高兴，感觉我的日子也总算有盼头了。"

5. 内蒙古乌审旗小额贷款信贷中心 SPPA 贷款

乌审旗位于内蒙古自治区最南端，毛乌素沙漠腹地。常年风多雨少，各类沙化面积达 94.8%，其中中强度沙化面积达 54.5%，是内蒙古贫困县之一。

1996 年，乌审旗政府向联合国儿童基金会申请并争取到贫困地区社会发展项目，简称"SPPA 项目"。2001 年，在 SPPA 项目办基础上，设置了乌审旗贫困地区社会发展小额信贷管理中心，注册资本 31 万元。基于 SPPA 项目"通过小额信贷创收活动，提高贫困妇女的家庭收入，使其能更好地照顾子女，改善她们的整体素质，以提高其社会地位"的宗旨，SPPA 项目办和小额信贷管理中心聚焦于贫困妇女的培训和小额信贷。

由于地域广阔，农牧民居住分散，乌审旗 SPPA 项目的一大特点就是"大组+小组"，作为发放小额信贷及展开培训活动的基本组织形式。在一定地域范围内，由居住较近的 5—6 名妇女组成小组，再由同一个村的 4—8 个小组组成一个大组。通过民主选举，选出大小组长，每个大组再选举出会计、出纳及书记员各一名，任期一年，没有报酬。经过初步技能培训后的 SPPA 项目小组的贫困妇女，若申请贷款，需要首先制定个人创收计划，由小组成员进行讨论，小组通过后再由大组进一步讨论评估。评估通过后，由组长签署建议书并提交苏木（镇）项目办，最终评审通过后发放贷款。

在乌审旗 SPPA 项目之初，小额贷款发放额度仅为每个组员 1000—2000 元。随着经济社会发展，贷款额度提高到每个组员 2000—5000 元。利率为 9.6%的固定利率，并在贷款发放时一次性扣除，这一利率水平和扣除办法，自 1996 年沿用至今。贷款期限为 12 个月，到期一次还清。截至 2016 年，乌审旗小额信贷基金已由联合国儿童基金会最初投入的 189.6 万元通过利息滚动达到 508 万元。20 年来，先后为 5 个项目区累计发放贷款 22383 笔，发放贷款总额 5214.8 万元，受益贫困妇女 22382 人次，还款率 100%。

乌审旗 SPPA 项目贷款在取得较好的扶贫效果的同时，也改善了生态环境。据统计，植树造林项目占贷款项目的 80%。牧民娜仁其其格，家住偏远的沙漠地带，2007 年，在获得小额贷款后，将自家的牧场封闭起来，在转行从事农业生产的同时，种草种树，并组织其他项目的妇女一同参与。几年来，累计绿化荒地近 10000 亩。由于生态改善，其牧业收入也有较大增长，牲畜出栏及羊毛收入成为还款主要来源，并支持了绿化荒地的循环贷款，初步实现了生态改善与经济收入增长的良性互动。

6. 贵州丹寨县"朵往颂"农民资金互助贷款

贵州丹寨县位于黔东南自治州，全县 80%的人口是苗族。由于处于喀斯特石灰岩地区，地块分散，水土流失严重，人均年收入不足 4000 元，是少数民族聚集的国家级贫困县，不少人常年在外打工。2011 年，在广东东莞做城市园林维护工的李光智告别了十几年的打工生涯，回到家乡丹寨县交圭村，动员 4 位合伙人，以 18 万元资金创办"朵往颂"创新农业合作社。

"朵往颂"是苗族几代相传的神话故事。传说中的"朵往颂"是一位美丽的仙女，是苗家人勤劳智慧的化身。自 2010 年 3 月"朵往颂"创新农业合作社成立以来，利用该地的农业和自然资源，以社员家庭承包经营的土地入股或流转的方式，组织开展规模经营，形成"公司+合作社+基地+农户"

的模式。除生态农业和高效农业外，还发掘"朵往颂"的文化价值，发展苗绣、蜡染、银饰、服饰等民族手工艺。2015 年合作社社员 832 户，经营总收入 312 万元，其中社员直接收入 153 万元，在合作社入股、流转的土地亩均收入 1800 元，远远超过原先农民自主经营的收入。实现社员户均增收 3250 元，带动贫困户 68 户，实现 203 人脱贫。

在"朵往颂"的经营模式中，一个突出的特点是农民资金互助的微型金融安排。它是基于农村特有的乡亲信用的民间借贷。合作社将相邻的 5 户组成一个生产互助小组，在此基础上建立五户信用联保制度。合作社设有互助资金池，存入当地农村信用社，但资金使用由理事会统一管理。互助小组必须在当地农村信用社开立统一账户，并向资金池注入至少 1000 元互助资金。一旦社员有贷款需求，贷款利率为月息 0.8%，相当于当地正规金融机构贷款利率的 1/2。在贷款时，需要本人在还款计划表签字确认。如果申请超过信用借款额度，则需要小组全体成员书面认可，并落实相应的担保措施。在还款流程上，主任需要提前五日提醒，小组组长需要提前 3 日提醒。在本息还款日，还款或扣划或由负责信贷的主人代收，并出具收据。依托这一套基于乡亲信用并流程化的严密管理，互助资金至今未发生过坏账，还款率 100%。截至 2016 年，资金互助成员以发展到 200 余户，互助资金总额已达 77 万元。由于互助资金存入当地正规金融机构并有良好业绩记录，也使其可以和正规金融机构发生往来，扩大互助资金池来源。在 2016 年 4 月开始于宜信公司的宜农贷合作，开展小额信贷，"草根"非正规金融开始向正规金融接轨。

总结以上正规和非正规金融机构的微型金融产品，可以看到，尽管它们是极具地方特色的"草根"金融产品，但却全部或部分蕴含了微型金融产品中的一般原则：

还款不与贷款用途挂钩。把农户视为综合性的金融单位，以其全部家庭的收入来源，而不仅是其用贷款进行投资后产生的收益作为还款来源。在这种情况下，给农户传达了明确的信息，不论其贷款的特定用途是否成功，他都有还款义务，以此使农户提升财务统筹规划能力，适度负债并降低道德风险，减少违约率。

深度了解客户。建立以农户所从事行业特点的放款技术并以此来选择客户，使贷款条件与还款执行标准相一致，从而降低信贷风险。这不仅需要对作物种植、养殖等生产技术和农产品市场的理解，而且需要建立机制，如小组担保以及对拖延还款的密切跟踪。

提供储蓄机制。开立账户的意义不仅在于放款而且在于了解农户本身的现金流及相关财务状况，即形成储蓄机制。因为农户的生活资料和生产资料是难以截然区分的，例如种子、种畜。账户里的存款可以帮助贫困农户在收获季节到来前维持生活。从经验事实可以观测到，贫困农户储蓄账户的增长一般快于贷款账户的增长，出现现金流盈余。这从一个侧面反映出贫困户可通过微型金融使其金融能力得到提升。

高度分散贷款风险。这包括空间上分散和时间上的匹配。在空间上，客户应具有多样性，例如种植业与养殖业的分散，在时间上，应注意农产品各业现金流周期，使贷款条件与现金流周期相适应并匹配。

通过产供销的合约安排来降低价格风险，通过提高生产质量来保证还款来源。农产品稳定的供应数量和质量是农产品贸易商和加工商最为关心的问题之一，尤其在当代条件下，食品安全成为全球的热点。准确地把握这一点，把提供技术支持和投入品赊购结合起来的合约安排，将会稳定并提升农户收入。因此，企业加农户的农业产业化安排是回避市场风险的有效措施，应成为微型金融机构努力的方向。

利用现有的金融基础设施。加快新技术的使用和普及，例如用手机终端来扩展金融服务。附加于贷款的金融服务，例如支付、保险现金管理等，将有效地缩小信贷的不对称性，并降低包括机会成本在内的交易成本，不仅使现有的微型金融可维持，而且可以扩展到边远落后地区，从而使微型金融可持续。

尽可能地利用已有现成的社会组织资源，如政府、宗教、同乡等来稳定并发现非商业信用。如果这些资源匮乏，建立诸如农户小组等会员制组织，培育和创造新的社会资本十分重要。这是解决没有抵押物或抵押物不足而不具备商业信用的重要途径。

或许更为重要的是，高还款率以及由此决定的财务上的可持续性是检验微型金融产品是否成功的最终标准。也是因为这个原因，推动着微型金融机构创新不断，产品层出不穷。

综上所述，从中国微型金融创新实践的过程看，那些较为成功的金融产品均程度不同地体现了上述八项原则。从这个意义上讲，这些极具地方特色的金融产品不仅具有其独特性，而且其中所体现的原则也具有普遍性。中国的微型金融发展也因此为世界增添新鲜经验，拓展着微型金融新的发展空间。

第十一章　走向能力建设的普惠金融[*]

第一节　普惠金融的发展进程

第二次世界大战后，随着殖民体系的瓦解，一大批发展中国家政治上获得了独立。政治上的独立为工业化的自主发展创造了前提，而自主的工业化发展反过来又成为巩固政治独立的条件。在这种情形下，支持工业化的金融体制和政策安排就成为发展中国家的核心议题之一。

如前所述，金融活动本质上是建立在信用基础上的商业活动。受制于这一本质的约束，金融活动呈现出"嫌贫爱富"的特征，出现了"金融排斥"（financial exclusion）。这种情况最早出现于金融率先发展的发达国家，通常以20世纪30年代美国历史上发生的"画红线"拒贷为典型案例。当时美国房主贷款公司（Home Owner's Loan Corporation）在联邦住房贷款银行委员会的指示下，对美国较大城市及周边地区进行了信用等级评定。那些被视为风险大的社区在地图上被红线圈示出来，商业银行根据这一地图决定是否贷款。当时，白人社区一般不允许其他种族或具有非主流宗教信仰的家庭居

---

　　* 本章有关材料来源于中国人民大学中国普惠金融研究院：《普惠金融能力建设：中国普惠金融发展报告（2017）》，2017 年。

住，因此"红线区"就意味着少数族裔以及穷人的聚集区。对于这些居住在"红线区"的家庭而言，能否获得住房抵押贷款并不完全取决于家庭收入情况，起决定作用的是居住地，并因此出现了"金融排斥"现象。

"金融排斥"凸显了商业金融活动的局限性。但从另外的意义上讲，尽管金融机构可以选择一定的地区作为服务对象，但这种具有歧视性质的金融安排是不符合公共利益的。尤其为甚的是，将住房抵押贷款特殊性上升为一般性的歧视，使"红线区"一步步沦为"贫民窟"，形成了"贫困的恶性循环"。为此，美国出台《社区再投资法》，对此进行调整。

在后起的发展中国家，经济社会的二元结构使新兴但又早熟的金融体系更容易出现系统性"金融排斥"现象。一方面，过度竞争的金融市场使金融资源集中于少数城市，出现了诸如开罗、墨西哥城、马尼拉、里约热内卢等巨型城市，高楼大厦林立；另一方面，在广大农村则是农业衰败，产业凋零的景象。即便在这些繁荣的巨型城市的周边，也是令人触目惊心的"贫民窟"。经济社会二元结构的断裂之势，构成了 20 世纪 70—80 年代南亚地区、拉丁美洲以小额贷款为标志的金融创新的背景，其中以尤努斯创造的孟加拉国"格莱明银行"最为典型。它引致了全世界的竞相效仿，出现了全球运动的高潮。但是，如前所述，20 世纪 90 年代，尤其进入 21 世纪以来，随着小额贷款活动世界性普及，新的问题开始显现——"使命漂移"，又在更深的层次上暴露出商业性金融活动的局限性——"金融排斥"。

1993 年，"金融排斥"首次作为理论研究的专门术语出现在金融文献中。当时，两位地理学家研究发现，在某些特定地区，因银行关闭分支机构影响了当地居民对金融服务的可获得性，并提出了"金融排斥"的概念。随后，越来越多学者专家开始关注某些特定社会阶层无法获得包括支付服务在内的各种金融服务的情况，使"金融排斥"的概念进一步深化。斯蒂芬

（Stephen, 2001）① 认为，"金融排斥"是指无法以合适的形式获得必要的金融服务，这些金融服务包括汇款、信贷、债务救助，长期储蓄及金融扫盲教育等。一些相关机构，如 Chant Link and Associate（2004）② 认为，"金融排斥"是指低收入消费者无法从正规金融机构获得低成本、公平、安全的金融产品和服务。这些金融产品或服务包括存款账户，直接投资、购房贷款、信用卡、个人贷款以及房屋保险等。康罗伊（Conoroy, 2005）③ 认为，"金融排斥"是指阻止穷人和弱势社会阶层进入国家正规金融系统。乌沙（Usha, 2007）④ 则将消费者自我排斥也纳入"金融排斥"的范畴，认为"金融排斥"是指由于资格、条件、价格、市场或自我排斥等而不能以合适形式获得必要的金融服务。麦基洛普、威尔逊（Mckillop、Wilson, 2007）⑤ 认为，"金融排斥"是指特定群体不能或难以获取主流金融服务。欧盟委员会（2008）将"金融排斥"定义为人们难以获取或使用主流金融市场的金融服务和产品，这些产品和服务是满足其需要并确保他们能够过上正常生活所必需的。

　　随着对"金融排斥"现象的深入研究，理论界通常对"金融排斥"现象界定为三个方面：一是被排斥的主体，主要指特定的社会阶层和人群；二是排斥的内容，主要是人们日常生活生产所必需的金融产品和服务，包括但不限于信贷、储蓄、支付、保险等；三是排斥的原因，既包括外部排斥，如

---

① Stephen Sinclair, "Financial Exclusion: An Introductory Survey", Working Paper, 2001.

② Chant Link and Associate, "Summary Presentation: Research on Financial Exclusion in Australia", Conference Paper, 2004.

③ John Conroy, "APEC and Financial Exclusion: Missed Opportunities for Collective Action?", *Asia-Pacific Developmeng Journal*, Vol.12, No.1(June 2005).

④ Usha Thorat, "Financial Inclusion: the Indian Experience", the HMT-DFID Financial Inclusion Conference 2007, London, June 19, 2007.

⑤ Donal G. McKillop, John Wilson, "Financial Exclusion", *Public Money and Management*, Vol.27, 2007.

资格、价格等，也包括自我排斥，如自身金融能力不足所引起的拒绝服务或过度负债等。拉维尼娅（Lavinia，2008）① 曾总结了金融排斥的危害性：第一，因无法获得可负担的贷款导致人们转而寻求高利贷，并产生一系列连锁反应；第二，缺乏保险和储蓄导致家庭的脆弱，无法应对意外事件的侵扰，如因病因残因灾致贫；第三，缺乏银行账户限制了人们的支付方式，极易造成"穷人在无现金经济中支付更多"的现象；第四，金融排斥还会带来社会排斥，进而出现系统性歧视现象。

正因为"金融排斥"的危害性，使人们重新反思现行商业金融活动的局限性，并寻找打破这一局限性的出路，从"金融排斥"相对应的方向提出了"金融包容"或"普惠金融"（financial inclusion）的概念。

早在 2000 年，在小额信贷快速发展的亚洲，针对"使命漂移"的现象，亚洲开发银行就提出要面向穷人低收入家庭和微型企业提供不限于贷款的各类金融服务。2004 年，英国国会下议院财政委员会也提出要为个人获得合适的金融产品和服务，主要是各类人群可负担的信贷和储蓄。2005 年被联合国定为"国际小额贷款年"。在推广活动中，联合国首次提出了"普惠金融部门"（inclusive financial sector）的概念，强调通过完善金融基础设施，以可负担的成本将金融服务扩展到欠发达地区和社会低收入人群，向他们提供价格合理、方便快捷的金融服务，不断提高金融服务的可获得性。同时，联合国也第一次明确了普惠金融体系的四大目标：第一，家庭和企业以合理的成本获取较广泛的金融服务；第二，稳健的金融机构。需要内控严密，接受市场监督以及健全的审慎监管；第三，可持续发展。确保长期提供金融服务；第四，增强金融服务的竞争性。为消费者提供多样化选择。2011

① Lavinia Mitton, "Financial Inclusion in the UK, Review of Policy and Practice", Joseph Rowntree Foundation, 2008.

年，世界银行扶贫协商小组（CGAP）更将这四个目标统一为："普惠金融是所有符合劳动年龄的成人，包括目前被金融所排斥的那些人，都能够从正规金融机构有效地获得以下基本金融服务：信贷、储蓄、支付和保险。"

2008 年以美国次贷危机为导火索的国际金融危机爆发，迅速肆虐全球。各国在应对金融危机的同时，普惠金融的理念开始深入人心。相应地，作为应对危机并防范金融危机重演的一个重要举措，在民间和政府间同时产生了两个平行但又具有共同目标的全球性普惠金融协调机制。一是民间的"普惠金融联盟"AFI（alliance for financial inclusion），二是在二十国集团（G20）框架下全球普惠金融合作伙伴组织 GPFI（global partnership of financial inclusion）。

惠普金融联盟成立于 2009 年 9 月，总部现设在马来西亚吉隆坡。是一个旨在推动发展中国家、新兴市场国家发展普惠金融，分享和交流经验，解决金融可获得性的非商业国际协会。截至 2016 年，普惠金融联盟已有来自近 100 个国家的 120 多个机构成员，主要是各国中央银行、财政部和监管机构，已覆盖全球 75%的无银行服务的地区。机构的成员有三种类型，包括主要成员、联系成员和特别成员，其中，主要成员占比 80%以上，并享有投票权。中国于 2011 年 9 月加入该联盟，中国人民银行和银行业监督管理委员会均为主要成员。在中国加入该联盟的同时，2010 年 9 月，普惠金融联盟在墨西哥举办了"全球政策论坛"（Global Policy Forum），全体成员通过了《玛雅宣言》（*Maya Declaration*）。这是第一个可量化的旨在解决全球 25 亿无银行服务人口普惠金融问题的全球性宣言。《玛雅宣言》开宗明义地指出："我们承诺：一、实施促进普惠金融发展的政策，改善市场环境，提高金融服务的性价比和可得性，充分而合理地利用新技术手段来有效低金融服务的成本；二、制定有效的、合理的监管框架，实现普惠金融的发展、金融系统的稳定和金融体系的完整；三、认识到消费者保护和赋予消费者权利对于发展普惠金融的重要性，确保所有的人群都被金融体系覆盖；四、做到有根据地制定普惠金融发展政策，收集和分析各类数据，跟踪普惠金融发展进程，建立可比的各种指标；五、支持中小企业获得金融服务，认可它们在发展普惠金融中所起到的作用，促进可持续和包容性的政治和推动创新。"依据《玛雅宣言》，普惠金融联盟要求各成员，针对普惠金融的实质性进程、目标作出明确的承诺。

全球普惠金融的合作伙伴组织是二十国集团框架下的国际组织。主要由二十国集团成员组成，同时也对非二十国集团成员开放。二十国集团是应对2008 年全球金融危机的产物，其中普惠金融发展是防范危机重演的重要议题。2009 年 2 月 3 日，二十国集团普惠金融专家组（financial inclusion expert group，FIEG）在美国华盛顿创立。创立会议决定通过收集数据，调查中小企业融资状况两个途径来完成四个研究任务，即获得金融服务，金融支持服务；基础设施和信贷方面的科技创新；立法和监管；政府介入和支持机制的研究。2010 年 5 月 10 日，专家组在加拿大多伦多召开第二次会议，讨论了向多伦多二十国首脑峰会提交的《中小企业融资报告》（阶段性报告）。2010 年 9 月 10 日，专家在韩国首尔举行了第三次会议，讨论了四个议题：一是建立全球性普惠金融指标体系；二是成立全球普惠金融合作伙伴关系的相关工作机制；三是中小企业融资问题最佳范例资助框架；四是推行二十国集团创新普惠原则的行动计划。

在上述基础上，2010 年 12 月 9—10 日，二十国集团全球普惠金融合作伙伴关系机制在韩国正式启动。该机制下设三个工作组，即"二十国集团普惠金融原则和标准设立机构参与工作组""中小企业融资和妇女企业家工作组""普惠金融数据和目标设定工作组"。主席国分别由二十国集团成员担任，非二十国集团成员如肯尼亚、菲律宾、秘鲁、马来西亚、挪威、荷兰、智利、泰国等国受邀参加。会议通过了《二十国集团普惠金融行动计划》。其中包括数据收集，鼓励私人部门参与，督促各国建立普惠金融指标体系，开展中小企业融资成功范例评选，成立中小企业融资论坛，设立中小企业信托基金等事宜。在 2013 年前，全球普惠金融合作伙伴关系（GPFI）与普惠金融联盟（AFI）同期召开会议。2013 年后则单独组织会议。

中国是二十国集团成员，也是普惠金融联盟成员。早在 2012 年 6 月，时任国家主席胡锦涛在二十国集团领导人墨西哥峰会上指出，普惠金融问题本质上是发展问题，希望各国加强沟通和合作，提高各国消费者水平，共同建立一个惠及所有国家和民众的金融体系，确保各国特别是发展国家民众享有现代、安全、边界的金融服务。这是中国国家领导人第一次在公开国际场合正式使用普惠金融的概念。在 2013 年 11 月 12 日召开的中国共产党第十八届三中全会上，通过了《中共中央关于全面深化改革若干重大问题的决定》，正式提出："发展普惠金融，鼓励金融创新，丰富金融市场层次和产品。"普惠金融因此成为中国金融努力的方向。

事实上，中国一直是全球普惠金融发展的倡导者和实践者。一方面，在二十国集团框架下，自普惠金融专家组成立之日，中国人民银行始终参与了该组织的相关活动。在 2010 年 11 月 11—12 日二十国集团首尔峰会上签署的《发展中世界中小企业金融服务可获得性正在提高》的报告中，大量介绍了中国人民银行应收账款质押登记系统的相关情况，并介绍了中国担保物权改革后，动产担保信贷大幅上升的情况。在列举全球 164 个中小企业融资成功范例中，中国担保物权改革项目名列首位。当普惠金融专家组转变为二十国集团普惠金融合作伙伴（GPFI）后，中国人民银行积极参与有关事务，2010 年 10 月，中国人民银行与世界银行国际金融公司共同担任第四工作组主席。2013 年 6 月中国人民银行与美国消费者金融保护局和俄罗斯财政部共同担任金融消费权益保护和金融扫盲工作组主席。2016 年中国是二十国集团轮值主席国，根据二十国集团"三驾马车"机制，自 2014 年 11 月起，中国人民银行和澳大利亚财政部、土耳其财政部共同担任全球普惠金融合作伙伴关系共同主席。GDFI 的相应的工作安排和主要内容均由中国人民银行为主负责。与此同时，按照普惠金融联盟的要求，2014 年 9 月，中国人民银行对国际承诺：第一，积极开展公共部门与私人部门的合作，加强媒体宣传，呼吁公众广泛关注普惠金融；第二，先形成金融教育国家战略，并在此基础上形成普惠金融国家战略；第三，每年 9 月进行"金融知识普及月"活动，组织金融知识"进社区、进农村、进学校"；第四，选择七个省级样本地区定期开展金融消费者素养调查问卷活动；第五，在全国范围内开通"12363"金融消费权益保护咨询投诉电话，不断完善投诉机制；第六，针对互联网金融、个人金融信息保护、银行卡等领域的金融消费者保护热点问题开展专题研究和监督检查。

　　2015 年 12 月 31 日，中国政府在普惠金融快速发展的基础上，适时颁布了《推进普惠金融发展规划（2016—2020 年)》（以下简称《规划》）。"让所有市场主体都能分享金融服务的雨露甘霖。为推进普惠金融发展，提高金融服务的覆盖率、可得性和满意度，增强所有市场主体和广大群众对金融服务的获得感，特别制订本规划。"《规划》认为"大力发展普惠金融，是我国全面建成小康社会的必然要求，有利于促进金融业可持续均衡发展，推进大众创业，万众创新，助推经济发展方式转型升级，增进社会公平和社会和谐"。《规划》指出"普惠金融是指立足机会平等要求和商业可持续原则，以可负担的成本为有金融服务要求的社会各阶层和群体提供适当、有效的金融服务。小微企业、农民、城镇低收入人群，贫困人群和残疾人、老年人等特殊群体是当前我国普惠金融重点服务对象"。《规划》提出了五项基本原则，即，健全机制，持续发展；机会平等，惠及民生；市场主导，政府引导；防范风险，推动创新；统筹规划，因地制宜。在上述原则的基础上，《规划》的总体目标是："到2020年，建立与全面建成小康社会相适应的普惠金融服务和保障体系，有效地提高金融服务可得性，明显增强人民群众对金融服务的获得感，显著提升金融服务满意度。满足人民群众日益增长的金融服务需求：特别是让小微企业、农民、城镇低收入人群、贫困人群和残疾人、老年人等及时获取价格合理、便捷安全的金融服务，使我国普惠金融发展居于国际中上游水平。"这一总体目标具体体现为：

提高金融服务覆盖率。要基本实现乡乡有机构、村村有服务，乡镇一级基本实现银行物理网点和保险服务全覆盖，巩固助民取款服务村级覆盖网络，提高利用效率，推动行政村一级实现更多基础金融服务全覆盖。拓展城市社区金融服务广度和深度，显著改善城镇企业和居民金融服务的便利性。

提高金融服务可得性。大幅改善对城镇低收入人群，困难人群以及农村贫困人口，创业农民，创业大中专学生，残病劳动者等初始创业者的金融支持。提高小微企业和农户贷款覆盖率，提高小微企业信用保险和贷款保证保险覆盖率，力争使农业保险参保农户覆盖率提升到95%以上。

提高金融服务满意度。有效提高各类金融工具的使用效率。进一步提高小微企业和农户申贷获得率和贷款满意度。提高小微企业、农户信用档案建档率，明显降低金融服务投诉率。

2017年10月，中国共产党第十九次代表大会召开。会议确定了"两个一百年"的奋斗目标，并规划了实现目标的路线图和时间表，其中2018—2020年是全面建成小康转向全面实现现代化的历史交汇期。在这一历史交汇期，有三项重大的攻坚任务。而精准扶贫，使2020年中国全面脱离贫困是三大任务之一。在新的历史条件下，作为精准扶贫的重要手段和组成部分——普惠金融备受关注，获得了新的发展机遇。普惠金融在中国正在深化中。

第二节　金融能力建设是普惠金融发展的关键

一般而论，所谓普惠金融就是将金融服务普及到小微企业和社会的弱势群众，尤其是贫困人群，从而使金融服务惠及所有人。亦即扩大金融服务的覆盖面。但国际经验表明，这仅是浅层次的。一味地扩大现有金融的覆盖面，结果往往事倍功半，出现使命漂移。其原因在于，普惠金融目标的实现并不仅仅依赖现有的产品及其空间扩展，更基本也最为重要的是，要提高小微企业和社会弱势群体的金融能力。只有通过普惠金融消费者、普惠金融的提供者以及政府三者紧密配合，共同努力建设金融能力，才能使整个社会真正享用普惠金融、运用普惠金融，从而做到广覆盖、可持续和高效率。

根据联合国开发计划署（UNDP）的定义，能力是指个人、组织或组织单元能高效地、可持续地实现其作用。它是动态的、经济的，并强调考虑所处环境的重要性。而能力建设，是个人、团体、组织和社会在人力资本、组织资本、机构资本和社会资本等方面提高其能力，协同发挥作用的过程。金融能力的建设是能力建设过程中的一个侧面。就普惠金融消费者而言，其金融能力建设，按照世界银行的定义（2013），是指："在一定社会经济条件下，消费者作出符合自身最佳金融利益的金融决策的内在能力，包括用于管理自然资源，理解、选择、使用满足需求的金融服务知识、技能、态度和行为。"就普惠金融提供者而言，其金融能力建设，是指各类机构提供"服务社会各类人群（包括被传统金融体系排斥在外的群体）的正规而负责的金融服务"。就政府而言，其金融能力建设是"创造良好的普惠金融的生态环境。这包括提供基于市场导向，培育企业家境神，提升居民金融能力的公平竞争条件，也包括在改善监管能力的基础上的监管强化"。

一、普惠金融消费者金融能力的培育与建设

在普惠金融消费者金融能力建设方面，普惠金融面对的消费者大多是缺乏基本金融能力的社会弱势群众，尤其是贫困人群。当他们面对小额贷款这类的金融服务机会时，往往会出现两个极端行为：一个极端是充满恐惧而避之不及，拒绝金融服务。另一个极端是来者不拒，形成超出自身收入能力的过度负债。前一种极端使金融服务提供者误以为市场没有足够的金融服务需求，后一种极端则是金融服务提供商因风险过大而受挫。因此，普及金融知识，提高金融素养，强化其金融能力就成为普惠金融中的重要问题。

在国际上，消费者金融素养和金融能力是被广泛讨论的两个术语，其差别微小但又显著。所谓金融素养，主要是指消费者对财富管理、财务安排、经济发展及其金融事务的理解和掌握。所谓金融能力，不仅包含对这些金融相关知识的理解和掌握，更强调处理金融事务的技能、对待金融问题的态度以及最终实践的行为。其中是否强调金融行为是构成金融素养和金融能力的显著差别。在金融能力看来，金融行为体现为消费者与金融机构、监管部门等主体的互动，这一互动关系的优劣直接影响着消费者能否实现"最佳金融利益"。

影响消费者金融能力的因素，可分为内部因素和外部条件。从内部因素来看，主要有以下两个层面：

一是消费者所具备的金融知识和金融技能。消费者需要对生活中所涉及的金融概念有所了解，懂得计算并能有效地进行预算和资金管理，清楚如何

管理信用和债务，能够评估保险保障的需要，估算不同储蓄和投资选择的风险和回报，并对更宽泛的道德、社会、政治及环境维度有所了解，以鉴别出合适的金融产品和服务。以贷款为例，消费者不仅需要了解从哪些机构获得贷款、不同机构的贷款条件是什么，还可能需要懂得计算和比较到期一次还本付息和每期等额还本付息的实际成本分别是多少、哪一种还款方式与自身的现金流特征更加契合，以及为了获得贷款，应该如何累计信用等。由此，金融知识与金融技能常常是同时运用的（"知道什么是利率"与"计算实际利率"）。

二是消费者心理特征。从传统观念来看，信息不对称问题是金融事务中的关键矛盾之一。相应地，在消费者金融技能中，获取适用信息的金融能力就至关重要。然而，梅萨等人（Meza，et al.，2008）[1] 研究发现，相较信息差异，金融能力的不同与心理学差异的关联更为紧密。例如，心理账户、信息过载、维持现状偏见、后悔以及风险厌恶等偏差都可能阻碍足够的信息被转化为目标导向的行为，并且这些认知偏差可能不易克服。以行为金融学常用的心理账户为例，同样是收入，不同的人对待工资和奖金的态度以及相应的使用分配方式可能大相径庭。从本质上讲，工资、奖金都是可供个人支配的资产，工资的1元钱和奖金的1元钱是一样的价值。然而，在实践中，有人把到手的奖金像工资一样进行安排，消费和储蓄倾向并没因奖金而发生变化，有人则将工资和奖金区别对待——用工资购物时会仔细比较并讨价还价，用奖金购物时则大手大脚甚至冲动消费。因此，除了金融知识和技能，消费者心理特征也是不容忽视的内部影响因素。在其他条件相同的前提下，心理差异也可能导致不同的金融态度和金融行为。

---

[1]　David de Meza, et al., "Financial Capability: A Behavioural Economics Perspective", Consumer Research 69, 2008.

从外部约束条件来看，主要有以下三个层面：

一是消费者所拥有的资源，主要是指个人或家庭的各类物质资产。这一点尤其值得关注，因为比起拥有中等或较多资产的消费者，为实现相同金融目标（例如收支平衡、储备足够的养老资金等），拥有极少资产的消费者所需的技能是大不相同的，甚至意味着比其他群体更需要施展出非比寻常的金融才干。这就是"白手起家""第一桶金"的问题。然而，这对金融能力普通甚至不足的低收入群体来讲，十分困难。因此，奥马克等人（Allmark，et al.，2015）特别指出，贫困群体与非贫困群体的金融能力具有不同特征，不仅在讨论的时候应该避免含糊不清，而且在操作中需要特别留意。

二是消费者所处的经济金融环境。从经济环境来看，相较经济繁荣向好阶段，在经济下行波动时期要实现一定的金融目标将更加困难。此外，随着社会信用不断扩张、个人养老金压力不断增大以及高等教育的资金压力越来越多地由学生承担，个人金融能力的缺乏将会带来更加严重的后果。从金融环境来看，形成约束的外部条件主要有三：一是金融基础设施，二是金融产品的可得性，三是金融消费者保护机制。以 P2P 的网贷为例，十年前 P2P 网贷进入中国时，我国征信体系尚不健全，消费者可选择的投资理财产品较少，金融消费者保护机制也不完善，P2P 网贷由此野蛮生长。许多平台并不能很好地对借款人进行信用评估，不少金融消费者受到高收益吸引盲目参与投资，最终在风险爆发时维权无门。而在美国，除 P2P 网贷外可选择的投资理财产品较多，没有经验的消费者可能不会受到吸引参与 P2P 网贷的投资。即便参与了投资，由于美国的 P2P 网贷平台较多地采用相对成熟的 FICO 信用评分对借款人进行信用评估，且金融消费者保护机制相对完善，该投资者很可能不会遭遇借款人严重违约且维权无门的境况。因此，在讨论金融能力时也需要厘清消费者所处经济金融环境的约束条件。在不同的经济金融环境下，消费者为实现相同目标所需金融能力也不尽相同。

三是消费者所需遵循和履行的社会规范和责任。一个典型的例子是子女婚嫁。在不同国家甚至是一个国家内的不同地域，由于传统习俗的不同，有子女婚嫁的父母通常所需负担的费用也大不相同。这一类约束条件直接关乎消费者从事金融事务的目标以及世界银行报告里提到的消费者"最佳金融利益"。

上述内部因素和外部条件相互缠绕，形成了普惠金融消费者金融能力的关键特征。从内部因素来看，由于对金融市场参与度相对更低，普惠金融消费者对金融知识、金融技能的掌握通常相对更少，同时存在相应的个体心理差异；从外部条件来看，普惠金融消费者通常处于自有资源相对更稀缺的状态，同时受到金融机构、金融基础设施等不同程度的金融排斥。要实现相同的诸如收支平衡、储备足够的养老资金等目标，自有资源基本足够的消费者可能不费吹灰之力，而自有资源稀缺的消费者可能需要具备非比寻常的金融能力。不仅如此，他们还需要能够借助金融能力改善自身发展状况，来改变自有资源过度稀缺的状态。各国因病致贫、因残致贫的例子比比皆是，它充分反映了上述内部因素和外部相互缠绕，致使金融能力更趋低下的事实。对于一个生活节俭而拮据的家庭而言，当面对一笔意外的医疗支出时，他们想到的很可能是向亲友借钱。一开始借钱可能并不成问题，但如果疾病严重，需要大量资金，亲友很可能逐渐无力再提供帮助，这时他们可能陷入绝望的境地。由于金融知识和技能的缺乏，一方面，他们没有通过保险等形式对意外医疗进行提前预防；另一方面，在意外发生时，他们可能不会想到转向金融市场进行借贷。特别是由于受到传统自给自足观念的影响，他们也可能在心理上不接受向非熟人提出借款需求。除了上述内部因素，即使他们转向了金融市场进行借贷，如果不能找到提供普惠金融服务的机构或组织，由于缺乏征信记录，很可能无法借到钱的。进一步推论，同样是上述家庭，当在生活中面临偶尔入不敷出的情形时，首先想到的可能同样向亲友借钱渡过短期的难关。从长远来看，要改变家庭入不敷出的状况，不仅需要更懂得储蓄和管理不多的资金，还需要从根本上提高收入。为此，他们可能需要借一笔钱来投资培训驾驶技能和获得驾驶证（人力资源），以驾驶出租车提高劳务收入。或者需要借一笔钱来购置一辆农用车用于租赁（物质资本），以获取租金收入。从本质来看，这就不仅需要懂得金融层面的投融资，还需要懂得发展层面的投融资，并因此涉及以农户为基础的小微企业的特殊金融能力问题。

与单纯消费不同，一旦农户转向经营，其商业项目或小微企业的不同生命周期还需要面对更加复杂的问题。

商业项目的价值评估能力。农户或微型经营者都需要选择甚至主动挖掘和创造商业项目。虽然商业项目可小可大，但经营者都需要对其价值进行评估。例如，手工编织是中国农户常从事的家庭副业。当一位善于编织竹器的农村女性在面临未来收入选择时，需要决定是继续务农，还是转向编织竹器来谋生？为作出这个决定，她需要了解竹片的进货价格，计算编制不同竹器产品的成本和效率，考虑是在集市上售卖、卖给收货商还是在网络上售卖，比较预期利润率和借贷利息率，以及放弃务农的机会成本。虽然在实践中也有因为个人志趣而选择收入更低、安贫乐道的情形，但无论是以更高的收入为目标，还是以更高的个人效用、社会福祉为目标，决策者都需要对成本、利润、现金流以及机会成本等问题进行评估，至少需要确定这个项目商业上是否可持续以及面对的风险和应对办法。

运营现金流的管理能力。在农户进行微型商业项目运营过程中，还需要对运营现金流进行持续的日常管理，其中主要包括对库存、应收款项和应付款项等短期资产和短期负债的管理。在上述编织竹器例子中，一旦这位农村女性选择了编织竹器谋生，她需要进一步考虑，在采购原材料的环节，她应该借款来采购原材料，还是向竹片供货商赊购？付现款额的原材料价格和赊购的原材料价格是否存在差异？在竹器制作环节，她是否应该尽可能地多编竹器作为存货？与竹器收货商交易时，是否应该预收款项，或者接受定期结账？在选择定期结账的情况下，收货商拖欠货款时，如何应对？从手工编织的商业项目到微型、小型甚至中型企业，则需要更好的运营现金流管理能力。雇员工资应该发多少？应该每月何日发放？如何准备税务支出？应收票据是否可以用于质押融资？在当前的汇率走势下，是否应该改变应收款项容忍期限？同大企业一样，运营现金流的管理可能比应计利润更为重要。

适应商业项目和企业生命周期的融资能力和企业资本结构管理能力。随着商业项目和企业的成长，经营者需要选择适应商业项目和企业生命周期的融资方式，以及有利于企业发展的资本结构。对于规模极其微小的经营者而言，商业项目的初始资金可能利用自有资金或向亲友借款即可。当商业项目得到发展，例如，当上述农村女性编织的竹器得到了大买家的赏识，收到了较为长期的大订单，她可能就需要进行融资，以便采购更多的竹片，并邀请亲友邻里加入到编织竹器的买卖中。这时，她就需要考虑融资及其融资形式和成本比较等问题。因此，在商业和企业的不同生命周期，融资能力和资本结构管理能力能够适应企业生命周期的发展变化就被提上议事日程。

运用多样化金融工具的能力。随着金融市场的发展深化和数字信息技术的渗透普及，除了传统的融资工具，有越来越多的金融产品服务于企业的发展，而经营者能否适时地恰当地运用这些金融工具可能在某些情形下决定着企业发展的优劣甚至存亡。例如，潜在创业者可以利用新型的项目众筹平台展示创意、筹集资金并获得初步的市场反馈，从而大幅度提高资金效率和信息效率；此外，货运险、团体意外险、财产险、责任险、船舶险、车辆险等险种则可以保障小微企业免受各类意外冲击；中小外资企业的经营者还可以运用外汇衍生品进行套期保值，避免汇率波动对企业收入的冲击。这些金融工具恰到好处的运用可以助力发展。

二、普惠金融服务机构的能力建设

普惠金融的服务对象是社会各个类别的人群，不论他们之前是否接受了足够的金融服务。其中，社会弱势群众，尤其贫困人群常常由于各方面原因而被金融服务"排斥在外"，成为普惠金融发展过程中重点关注的人群。对这类人群提供金融服务，要求提供者具有区别于传统金融的特殊金融能力。一般来看，这一特殊金融能力包括为普惠金融服务对象提供合适的负责任的金融服务，有能力维持普惠金融业务的可持续性，并由此要求建立与此相适应的公司治理结构和业务管理体系。

第一，普惠金融服务的提供者要有能力为服务对象提供合适的负责任的金融服务。所谓"合适"，是指供应者提供的普惠金融服务应当和服务对象相匹配。这里的匹配包括两个方面的含义：一方面普惠金融要契合消费者的需求，由于各类社会人群（包含被传统金融体系排斥在外的群体）的金融需求各不相同，因此普惠金融服务并不是价格越低越好，也不是金额越大越好，只有符合需求的普惠金融才是好的普惠金融。另一方面，普惠金融要遵循消费者适当性原则，金融产品和服务应当同消费者的风险承受能力和财务能力相一致，超出消费者能力的普惠金融对于金融服务的提供者和消费者双方都是有害的。特别需要指出的是，对于贫困人群和被传统金融体系排斥在外的人群，他们接受金融服务的机会本来就非常有限，合适的普惠金融往往能改变他们的生活轨迹和经济状况，而不适当的金融服务却有可能将他们带入"过度借贷""越贷越贫"的境地。

所谓"负责任",是指提供者采取负责任的方式来开展普惠金融业务,同时有效地保护服务对象的权益。"负责任"的最低层次要求是所提供的普惠金融服务至少不会对金融消费者有消极的作用;而更高层次的要求包括:(1)提高普惠金融服务对象,特别是贫困人群应对各类意外的能力,帮助他们构建资产、管理现金流和提升收入。(2)对普惠金融服务对象,特别是那些受教育水平低、金融经验匮乏、知识水平不足、经济实力弱、抗风险能力差的人群提供全程保护,亦即是将消费者保护贯穿到金融机构整个经营活动的全流程。(3)公平地对待各类普惠金融服务对象,满足其合理的融资需求,订立清晰和公平的合约,并采用公平的方式解决争议。(4)在开展普惠金融业务中考虑到服务社会、环境保护和政府治理,并将其纳入投资决策体系中去。(5)提升普惠金融业务在各个方面的透明度,既包括产品和服务对消费者的透明度,也包括对社会公众和监管机构的透明度。(6)普及金融知识,倡导良好的理财习惯和金融观念,使得社会各类群体了解普惠金融理念。(7)处理好普惠金融服务商业可持续性和公益性之间的关系。

第二,普惠金融服务的提供者要有能力维持其业务的可持续性,这既包括成本收入的可持续性,也包括业务管理的可持续性和资金来源的可持续性。

所谓成本收入的可持续性,简单来说就是普惠金融业务的收入能否覆盖成本和费用。普惠金融的重要特点就是单笔业务金额小,平均业务成本高,运营支出比较大,因此普惠金融服务的价格往往要足够高才能实现对成本的覆盖。基于普惠金融的这些特点,普惠金融服务的价格(例如小额信贷的利率)和传统的金融服务价格并不具有完全的可比性,如果在某一个价格水平上,普惠金融服务的需求者愿意并且接受这个价格,并能够利用所获得的金融服务来创造高于这个价格的收益；普惠金融服务的提供者能够覆盖其成本并能持续经营下去，这个价格就是合适的，因为这对需求者和供给者都有利。在这个意义上，相对价格是普惠金融定价基础，而不是绝对价格的高低。

所谓业务管理的可持续性，是指能够采用行之有效的业务模式和经营策略，同时管理好普惠金融业务中的各种内外部风险，并能确保金融资产质量在静态上处于良好状态，在动态上保持稳定趋势。这就需要建立起商业化的经营模式和严格的经营管理制度，在管理上构建起公司治理结构、内部控制机制、风险评估和处置机制，在业务上采用有效的履约激励和惩罚机制，并建立恰当的金融服务模式。普惠金融业务管理不能照搬传统金融，而是应当考虑到普惠金融在经营目的、服务对象、经营模式等方面的独特之处。特别需要指出的是，金融本质上就是经营风险。普惠金融的特点决定了其风险特征异于传统的金融业，风险控制就显得更加重要。风险管理的可持续性是普惠金融业务的基石。

所谓资金来源的可持续性，是指能够获得充足的资金来持续性地支持业务的开展。按照性质的不同，可以将普惠金融业务的资金来源分为外源性融资和内源性融资。外源性融资包括股权融资、债务融资和捐赠补助；内源性融资主要是由经营利润留存转化而来。不同的普惠金融服务提供者应根据经营目标、机构属性、法律法规、监管要求和所处环境等因素，建立不同的融资结构。但无论选择哪种融资结构，都必须能够正常支持经营活动，能够满足扩大业务规模的需求，以及能够应对风险事件和临时的流动性需求。与此同时，随着普惠金融业务的发展，融资结构也应当作出动态调整。

成本收入、业务管理和资金来源这三个方面的可持续性是紧密联系的。实现成本收入的可持续性是普惠金融服务供应商能够运作的前提；业务管理的可持续是持续运作的基础；资金来源的可持续性是持续运作的保障。三者缺一，都无法真正做到普惠金融业务的可持续性。在这三者之中，能否实现持续经营和稳定获取合理利润是第一位的。有合理的利润才能吸引更多的资本和人才进入到普惠金融事业中来，才能实现经营活动的平稳运行，才能提供更多数量和种类的金融服务，才能不断完善和发展普惠金融体系，才能发挥普惠金融的经济与社会作用，最后才能更好地体现普惠金融的社会价值。

第三，普惠金融的提供者有能力构建相适应的治理结构和业务管理体系。为了提供合适的、负责任的普惠金融服务，以及保持普惠金融业务的可持续性，各类普惠金融服务供应商都需要构建起一套旨在提升普惠金融能力的治理结构和业务管理体系，确保在业务不断发展时不偏离既定的方向。

从具体业务上来说，确保每一笔普惠金融业务都是合适的、负责任的，并具备可持续性，这是形成并维持稳定的普惠金融的微观能力。但从更高层次上看，即使普惠金融提供者具有微观能力，并不必然具有整体能力。普惠金融服务提供者潜在会有两种倾向：一个是"使命漂移"，即偏离"普惠性"的目标，只追求利润最大化；另一个是"福利主义"，把"普惠金融"等同于财政扶贫，搞"大水漫灌"，既不重视普惠金融应有的商业原则，也不重视运营的效率和效果，更没有从长远发展的角度来考虑普惠金融对其服务对象和社会的积极作用，简单地把资金（特别是捐助或补助的资金）"花完了事"。前者会导致金融服务普惠性的削弱，后者可能会导致金融服务缺乏经济效率和宝贵金融资源的浪费，也不利于普惠金融业务持续稳定地发展。都违背了普惠金融的应有之义。为防止上述两种倾向的出现，普惠金融服务提供者需要在治理结构和业务管理上作出有别于传统金融机构的特殊安排。

在治理结构上，首先，要有合理的投资者结构。由于普惠金融具有普惠性而有可能会与纯粹商业投资要求产生矛盾。为避免这一矛盾，通常采用一整套透明化的"双向选择"机制，其投资者包括政府的公共部门，非政府组织（包括各种区域性或国际性组织），社会责任投资者，商业投资者以及普惠金融机构的管理者和员工。经验表明，投资者的多样性有助于普惠金融服务提供者的稳定经营，尤其可以遏制"使命漂移"。其次，要形成良好的普惠金融文化。这不仅反映在股东、管理层以及员工对普惠金融价值观的认同上，也要落实在实践中，既执行有力，又合规经营。

在业务管理上，普惠金融服务的提供者应当根据内外部的实际情况，在竞争策略、产品研发、业务创新、内控与合规，风险管理，监制与融资安排，消费者保护，人力资源管理，新手段和新技术运用方面形成切实可行的管理体系。其中，处理好适当性、平衡性与前瞻性之间的关系至为重要。换言之，在没有构建起适当的业务管理体系的情况下仓促上马，不能平衡风险和收益、合规和创新之间的关系，单兵突进，以及因缺乏前瞻而使其管理体系过于僵硬等，将使普惠金融的经营效果往往不尽人意。

三、政府的作用与普惠金融能力建设

政府引导是构建普惠金融体系的能力的关键。从各国经验看，它一般包括"引导能力"和"体系构建能力"两个层面。所谓引导能力，是指政府在推动普惠金融发展的过程中，发挥好引导作用。研究表明，市场机制有可能"失灵"。为纠正"市场失灵"，需要发挥政府的作用。相比起其他经济领域，普惠金融的特点决定了市场机制在其发展过程中更有可能"失灵"。首先，由于全社会都会从发展普惠金融中受益，即普惠金融具有非常强的正外部性。由于这一正外部性，使普惠金融怎么发展都达不到整个社会要求的合意水平，出现供给不足的局面。其次，在普惠金融领域通常会存在更严重

的信息不对称情况。由于金融知识、信用记录、基础信息的缺乏，财务报告、经营资料的不齐全，部分群体特别是贫困人群可能不能获得适当的金融服务，并会出现服务不足或者过度借贷（over-indebtedness）的状况。再次，由于普惠金融服务对象的特点，促进消费者保护，尤其是对贫困人群的全流程保护至关重要。最后，在培育和引导普惠金融经营机构、正确处理民间非正规金融、规范新型普惠金融业务、防范金融风险、促进普惠金融在各地区均衡发展等方面，市场能起到的作用是有限的。此外，从更宏观的视角上来看，政府有必要在普惠金融中融入自己的意图，并使普惠金融战略和政府的其他各类社会经济政策相协调，成为经济发展和社会进步的助推器。在此，需要强调的是，尽管政府在普惠金融领域有较大的作用，但政府的引导作用不能代替市场的主导型作用。从普惠金融的发展历程看，早期由政府和慈善组织补助的"扶贫"性金融实践基本都失败了，而商业化的微型金融实践却有许多成功的案例。这表明只有尊重市场经济规律，使市场发挥基础性的作用时，才有发挥政府作用的余地，普惠金融具有影响面广、利益相关者众多的特点，只有市场才有力量来动员各类经济主体参与到普惠金融中来，也才能使普惠金融沿着正确的轨道前进。

所谓体系构建能力，是指政府应当统筹普惠金融发展的全局，从体系化的高度来制定发展普惠金融的战略和措施。因为普惠金融是有机的体系，从参与者的角度看，普惠金融体系包含提供普惠金融服务的金融机构及其投资者、员工，接受普惠金融服务的客户和他们的家庭，各级政府和普惠金融监管机构等；从业务范畴的角度看，普惠金融包含着所有的服务于包括社会各类人群（包括被传统金融体系排斥在外的群体）的正规而负责任的金融服务；从组成部分的角度来看，普惠金融体系涵盖与普惠金融相关的金融指标体系、征信体系、支付结算体系等。机构体系、产品服务体系、法律法规体系、监管体系、金融教育体系、协调沟通体系等。在这样一个完整而有机统一的普惠金融体系中，各个构成要素或组成部分相辅相成、流畅运转十分重要，构建这一体系，推动这一体系运转，因此也成为考验政府普惠金融能力的试金石。共同推动普惠金融的发展壮大，发挥在经济发展和社会改进方面的应有作用。

在普惠金融上述三种金融能力建设中，消费者金融能力建设是基础也是关键，它对提供者和政府金融能力建设树立了导向和衡量标准。因为"授人以鱼不如授之以渔"，建立"造血机制"才是普惠金融的根本，"输血"仅仅是手段。从这个意义讲，普惠金融是在一定资源条件、经济金融环境及社会责任规范的背景下，为实现包容性增长，以小微企业、农户和自然人参与金融市场来改善个人或家庭生活水平的微观目标为导向，使消费者具备必要的金融知识、金融技能、金融态度及金融行为，从而能明智地做出选择适当金融产品和服务决策的金融服务体系。

第三节 数字化引领普惠金融实现新超越

追根溯源，普惠金融缘起于第二次世界大战后发展中国家工业化进程中的农村，先后经历过国家主导的国有金融，国家扶植的财政性金融扶贫，并于 20 世纪 80 年代，转向市场导向的以商业化小额贷款为特征的微型金融，进而演进成惠及社会所有成员的普惠金融。这本身就是一个历史和逻辑的超越。放眼未来，尽管目前普惠金融的关注点还是微型企业和社会弱势群体，尤其是贫困人群，但从未来愿景看，普惠应该是无差别的，不应因职业、收入、族群、习俗、地域及社会身份而分三六九等。提供无差异的金融服务机会以破除社会成员事实上的不平等是普惠金融的本质诉求。无论从经济发展的角度还是从社会公平正义的视角来看，机会平等都应是普惠金融的制度理念、行动纲领和操作指南。

一、普惠金融的发展困局

目前，全球普惠金融都处于从过去走向未来的历史交汇期，其中，提升消费者、提供者和政府的普惠金融能力是关键。它主导着转折与过渡。然而，转折与过渡的难度颇大。其中一个重要的原因是传统普惠金融陷入了新的困境。它体现在两个方面：

首先是信贷模式，尤其是风险控制手段高度依赖当地非商业信用的信用资源，使其具有地方性、族群性的非标准化特点。换言之，因地制宜的循环借贷和联保贷款，尽管使金融深化到弱势群体，尤其是贫困人群，但个性化的微型金融深化使其在模式上很难通约，形成规范并标准化。一味放任这一发展趋势，将会在新层次上出现"孤岛效应"。以小额信贷样本的孟加拉国"格莱明银行"为例，经过40年的发展，"格莱明银行"累计放贷165亿美元，服务了865万农村妇女，取得了巨大的成功。但是受制于特定区域和族群的非传统商业信用的风险控制模式，"格莱明银行"模式很难规模化，而且也难以复制和推广。

其次，是传统小额信贷的高利率。世界银行扶贫协商小组（CGAP）等机构对全球几百家小额信贷机构的调查显示，小额信贷机构要想实现财务可持续，其年化贷款利率平均需在26%左右，高的利率主要原因在于小额信贷机构本身较高的资金和运营成本。其最终的结果是，尽管在金融服务的覆盖面上尽力做到了"包容"（inclusion），但物美价廉的金融服务依然没有真正惠及贫困的群体（inclusion）。

最后，从普惠金融的能力建设的角度考虑，纵观世界各国的实践，传统普惠金融日益逼近其自身的极限。这表现在如下几个方面：（1）可获得性，因为建设物理网点成本高、效率低，普惠金融的可获得性已受到明显限制；（2）可负担性，因为资金成本高，运营成本高，实际利率高，尽管一些客户可以负担传统小额信贷的高利率，但是小额信贷难免受到社会道德的质疑；（3）全面性，传统微型金融所侧重的是存贷汇基本层面，难以延伸到保险、理财、租赁乃至资本市场；（4）可持续性，少数微型金融机构很难形成行业影响和社会影响。尽管在亚洲、拉丁美洲都有不少国家展现出普惠金融的成功范例，单就全球而言，其渗透率似乎已经触及"天花板"。据哈佛大学估算，全球还有近 20 亿人口仍然处在"金融排斥"的境地。在这种格局下，一个传统的老问题再次浮现："谁是穷人？如何为穷人提供金融服务？"中国也同样面临着这样的追问。2018 年是三年扶贫攻坚关键年份，当面对更加贫困人群时，中国政府提出要产业扶贫和保障性扶贫相结合。保障性扶贫需财政介入，它在某种意义上折射出普惠金融能力建设的困境。

二、数字普惠金融的发展与超越

如果大规模的能力建设和能力提升步履维艰，普惠金融将会成为一种美好的奢望，会挫伤人们的信心，也不被重视。普惠金融何去何从亟待解决。然而，历史总是这样的，危机中往往孕育着机遇，问题的提出与解决问题的手段同时出现。人类已进入数字化时代，计算机、人工智能、移动互联、大数据、云计算、区块链等一系列崭新技术的层出不穷并得以广泛应用，正在深刻地改变着人类的生产和生活方式，也为普惠金融能力的提升展现了新的前景并提供了解决方案。事实上，近几年来，数字技术在金融领域有了广泛的应用，为解决"金融排斥"问题提供了便利和可能，"数字普惠金融"（digital financial inclusion）的概念由此应运而生。这就意味着，普惠金融能力建设可以突破传统路径的桎梏，实现超越。

数字普惠金融的发展有一个循序渐进的过程。早期主要表现为传统金融业务互联网化，即传统金融机构借助互联网传递信息，在线办理业务，简化、替代物理网点及人工服务。第一代互联网技术和智能手机的普及，带来移动支付的快速发展，将线下金融服务转移到线上，通过互联网平台提供交易撮合服务，通过线上渠道实现金融服务的触达，其典型模式包括网络银行、移动支付、网络借贷等。普惠金融突破主要体现在支付领域。过去普惠金融主要关注储蓄存款和贷款，但对弱势人群而言，最为常见的一种金融需求是用简单、廉价和便利的方式来完成基本的金融交易，这就需要银行支付系统的支撑，而贫困家庭在这方面拥有简便易行的机制并不多，因为很多人没有银行账户，甚至不知银行为何物。而金融和数字技术相结合的创新，显著地改善了这一局面。例如在全球最贫困的非洲撒哈拉以南地区，手机银行的推广带来了普惠金融的新前景，其中，肯尼亚的"M-Pesa"是该领域的佼佼者。

基于传统技术的金融活动，因其物理特征所致，形成了固定的成本结构，并因此产生了传统的金融产品和经营风格。即使诸如"格莱明银行"等微型金融先驱，也仅是在上述基础上，利用地域、社区和族群的特殊信用，创新风险控制技术，使传统金融服务得以深化，但并未改变金融业态。然而，数字技术，特别是互联网在银行、证券、保险行业的逐步应用，不但丰富了传统金融机构传递信息、办理业务的渠道和手段，降低了运营成本，有效扩大了金融服务的覆盖面。更为重要的是，数字技术与金融有机融合使二者的界限日趋模糊，逐渐形成了新的业态。金融创新不再是简单地在传统金融业务之上加上数字化或互联网化的元素，而更多的是以非金融机构主导的、以科技创新为驱动的新的金融产品设计，或是对金融服务商业模式的重塑。对于后者，我们更熟悉的名称是"金融科技"（fin-tech）或"互联网金融"。数字普惠金融以现代科技为依托，银行、非银行金融机构、移动网络运营商等作为金融服务的提供商，通过数字化交易平台、代理网络和消费者接收设备等要素的组合，高效率、低成本地获取客户信息，削减运营开支，优化风险管理，使得更大规模的社会弱势群体和贫困人群能够以可承担的价格享受到征信、支付、信贷、储蓄、理财、保险甚至是证券等正规金融服务。

显然，数字化正在改变普惠金融的面貌，更新人们对普惠金融的认知，使数字普惠金融从概念走向实践。数字普惠金融不仅使金融普惠化程度突飞猛进，而且昭示了普惠金融的发展方向。与传统普惠金融相比，数字普惠金融具有显著的优势：

1. 节约交易成本。数字技术的应用大大降低了金融机构的运营成本，从而能够以更低的价格提供金融服务。例如，中国以云计算技术为基础的"支付宝"单笔支付成本仅为2分钱，比传统支付方式低一个数量级，支付成本的降低可以回馈给小微企业和消费者。

2. 提高服务效率。数字化金融服务极大地方便了消费者，让他们足不出户就可办理金额很小的业务，并且个性化地安排自己的收入和支出。

3. 提升安全性。数字普惠金融可以减少盗窃，和其他以现金为基础的交易造成的金融犯罪，并且减少现金交易成本。

4. 推广性强。与传统普惠金融方式地域性强、社区性强、非标准化、人格化的特征不同，数字普惠金融强调的是统一性、标准化、技术主导、去人格化，因此具有推广性和可复制性。

更为重要的是，数字普惠金融具有全新的意义：传统的普惠金融因受到物理、成本、产品等方面的制约，其发展逻辑是沿既定的轨迹不断优化升级已有的产品。表面上看，能让这些产品功能更多、更安全，但真正实现的用户价值是边际递减的，而金融提供者的边际成本却是上升的。从某种意义上讲，这是效能低下甚至无效的产品服务更新，是造成金融业务下沉命题常议常新，微型金融始终存在"玻璃天花板""使命漂移"的重要原因。而以数字化为代表的破坏性创新（disruptive innovation）往往是从一个新的价值点并用更低成本的方式来满足那些被遗忘或忽略的用户，虽然这些新产品从某些层面来看可能不尽如人意（如体系完备、牌照齐全），但随着时间推移，会不断完善，并随着新客户群的增长而不断蚕食甚至取代旧市场。

三、数字鸿沟与数字普惠金融能力的建设

历史总是惊人的相似。在数字普惠金融蓬勃发展的今天，人们也遇到了新的挑战——"数字鸿沟"，表现为数字技术的富有者和贫困者之间的巨大差异。长期被现代金融服务排斥的、金融能力薄弱人群，一般而言对数字技术的掌握也是有限的，数字普惠金融可能会给他们带来新的金融风险，包括操作风险、客户关系风险以及与金融犯罪相关的风险。面对数字鸿沟所带来的挑战，在2016年二十国集团领导人杭州峰会上，二十国集团发出《数字经济发展与合作倡议》。在倡议的第十条，特别要求"提高数字的包容性"。倡议指出，一方面"采取多种措施、技术和手段来缩小数字鸿沟，包括各国之间和各国之内的数字鸿沟。特别是发达国家与发展中国家之间，各地区各群体之间，包括男性与女性之间的数字鸿沟。推动普遍接入，包括为所有人提供约等的开放性接入互联网的机会。提高最贫困地区居民，特别是20%的最贫困居民，以及人口密度低的地区居民的宽带接入，努力为最不发达国家提供普遍可负担的互联网接入"。另一方面，"认识到数字经济可能

带来的技能短缺，技能不匹配方面的风险和挑战，以及逐步上升的对待因技能缺乏所导致的落后群体不平等，通过学术机构和技术学校、图书馆、企业和社区组织之间开展合作，推广数字技术和培育更具竞争力的劳动力就非常重要。提高公众的数字技能，包括青年和老年人、女性和男性、残疾人、文盲和弱势群体，以及低收入国家、发展中国家的民众，帮助他们参与数字经济，释放数字经济在创造高质量的就业，提供体面工作促进收入增长和福利提升方面的潜力。加强劳动者权利保护方面的合作。"根据《二十国集团数字经济发展与合作倡议》，在数字普惠金融领域，二十国集团形成八项高级原则：

倡导利用数字技术推动普惠金融的发展。把促进数字金融服务作为推动包容性金融体系发展的重点。它包括采用协调一致，可监测和可评估的国家战略和行动计划。

平衡好数字普惠金融发展中的创新与风险。在实现数字普惠金融的过程中，平衡好鼓励创新与甄别、评估、监测和管理新风险之间的关系。

构建恰当的数字普惠金融发展和监管框架。针对数字普惠金融，充分参考二十国集团国家制定机构的相关标准和指南，构建恰当的数字普惠金融法律和监管框架。

扩展数字金融服务基础设施生态系统。包括加快金融和信息通信基础设施建设，用安全、可信和低成本的方法为所有相关地域提供数字金融服务，尤其是农村和缺乏金融服务的地区。

采取负责任的数字金融措施保护消费者。创立一种综合的消费者和数据保护方法，重点关注与数字金融服务相关的具体问题。

重视消费者数字技术基础知识和金融知识的普及。根据数字金融服务和渠道的特性、优势和风险，鼓励开展提升消费者数字技术基础知识和金融素养的项目，并对项目开展评估。

促进数字金融服务的客户身份识别。通过开发客户身份识别系统，提高数字金融服务的可得性。该系统应可访问、可负担、可验证，并能适应以基于风险的方法开展客户尽职调查的各种需求和各种风险等级。

监测数字普惠金融进展。通过全面、可靠的数据测量评估系统来监测数字普惠金融的进展。该系统应利用新的数字数据来源，使利益相关者能够分析和检测数字金融服务的供给和需求，并能够评估核心项目和改革的影响。

在 2016 年二十国集团领导人杭州峰会通过的数字普惠高级原则中，特别强调："二十国集团正处于一个前所未有的时期——在此时期内，我们得以利用的数字技术所带来的机遇，通过提升数字金融服务推动包容性经济增长。全球有 20 亿成年人无法获得正规金融服务，也无法获得改善生活的机会。尽管我们在普惠金融领域已取得显著成果，但数字金融服务与有效监管（可通过数字化实现）对缩小普惠金融差距仍至关重要。"

面对这一新的历史任务，数字普惠金融一方面需要消费者增强风险识别能力和自我保护意识，掌握更多的金融知识和数字技术知识；另一方面，或许更为重要的是，政府应加强相关法律制度建设和对金融机构的监管，注重金融教育，弥合数字鸿沟，加强消费者保护。这一新的历史性任务，既是金融科技（fintech）产生和发展的背景，也是监管技术（reg tech）产生的动因。监管技术既是金融机构（特别是新兴的数字普惠金融机构）的应用，也是监管机构的运用。它不仅能快捷感知与发现金融风险、提升监管的实时性，还能迅速而准确地识别与捕捉违规操作，实现及时警示与制止，在大大降低监管成本的同时提高风险防范的精准性与有效性。

金融是应对不确定性的。不确定既是风险，也是机会。金融之所以需要创新是因为挑战在前，金融之所以能够创新就是因为它总能战胜挑战。金融发展史，尤其普惠金融的发展史证明了这一点，正因为如此，我们有理由相信，在人类进入数字化时代的今天，数字化将引领普惠金融实现新超越，使金融真正如同布帛菽棉一般惠及所有人。

参考文献

曹远征：《中国农村金融改革路径及能力分析》，工作论文，2004年。

曹远征：《关于对〈深化农村信用社改革实施方案〉的若干思考》，工作论文，2003年。

〔美〕德布拉吉·瑞著：《发展经济学》，陶然等译，北京大学出版社2002年版。

〔美〕德尔·W.亚当斯等著：《农村金融研究》，张尔核等译，中国农业科学技术出版社1988年版。

〔美〕迈克尔·托达罗著：《发展的含义》，载郭熙保主编：《发展经济学经典论著选》，中国经济出版社1998年版。

〔美〕弗朗西斯·福山著：《大分裂：人类本性与社会秩序的重建》，刘榜离等译，中国科社会学出版社2002年版。

〔美〕冯·皮斯克著：《发展中经济的农村金融》，汤世生等译，中国金融出版社1990年版。

〔美〕普兰纳布·巴德汉、克里斯托弗·尤迪著：《发展微观经济学》，陶然等译，北京大学出版社2002年版。

〔美〕萨缪尔·伯勒斯、赫尔伯特·基提斯著：《社会资本与社区治理》，载曹荣湘选编：《走出囚徒困境：社会资本与制度分析》，上海三联书店 2003 年版。

谢平：《中国农村信用合作社体制改革的争论》，《金融研究》2001 年第 1 期。

汪三贵：《金融服务需求评价：贷款需求和可用的小额信贷工具》，国际农发基金北京研讨会工作论文，2000 年。

ADB(Asian Development Bank) , "Finance for the Poor: Microfinance, Development, Strategy ", 见 http://www. adb. org/Documents/Slideshows/Finance _ Poor/default.asp.

Adams D.Graham, et al., *Undermining Rural Development with Cheap Credit*, Westview Press, 1984.

Andrew Powell, et al., "Improving Credit Information, Bank Regulation and Supervision: On the Role and Design of Public Credit Registries", World Bank Research Committee, 2004.

Anita R.Brown-Graham , "The Missing Link: Using Social Capital to Alleviate Poverty", Working Paper, 2003.

T.Van Bastelaer, "Does Social Capital Facilitate the Poor's Access to Credit? A Review of the Microeconomic Literature", Social Capital Initiative Working Paper, No. 8(1999) .

Beatriz Armendáriz de Aghion, Jonathan Morduch, *The Economics of Microfinance*, Cambridge: MIT Press, 2005.

Besley, Ravi Kanbur, "The Principles of Targeting", Working Paper, 1991.

T.Besley, et al., "The Economics of Rotating Savings and Credit Associations", *American Economic Review*, Vol.83, No.4(September 1993) .

Binswanger Hans, Mark Rosenzweig, "Behavioral and Material Determinants of Production Relations in Agriculture", *Journal of Developmenf Studies*, Vol.22, No.3 (January 1986).

D.Bornstein, *The Price of a Dream: The Story of the Grameen Bank and the Idea that is Helping the Poor to Change their Lives*, New York: Simon & Schuster, 1996.

Bruce Wydick, "Group Lending under Dynamic Incentives as a Borrower Discipline Device", *Review of Development Economics*, Vol.5, No.3(October 2001).

Sandra Burman, Nozipho Lembete, "Building New Realities: African Women and ROSCAs in Urban Africa", in *Money Go Rounds—the Importance of Rotating Savings and Credit Associations for Women*, Shirley Ardener and Sandra Burman, Oxford Press, 1995.

CGAP, "Commercialization and Mission Drift: the Transformation of Microfinance in Latin America", Working Paper, 2001.

CGAP, "Inventory of Microfinance Institutions in Latin America", 1999.

CGAP, "Building Inclusive Financial System", 2006.

CGAP, "Building Inclusive Financial Sectors", the Blue Book, 2006.

R.P.Christen, et al., "Maximizing the Outreach of Microenterprise Finance: ananalysis of Successful Microfinance Programs ", *Program and Operations Assessment Report*, No.10(January 1995).

Christiaan Grootaert, Thierry van Bastelaer, "Understanding and Measuring Social Capital: A Multidisci Plinary Tool for Practitioners", World Bank, 2002.

Claudio Gonzalez-Vega, Douglas H.Graham, "State-Owned Agricultural Development Banks: Lessons and Opportunities for Microfinance", *Economics and Sociol-*

ogy Occasional Paper, No.2245(January 1995) .

Claudio Gonzalez-Vega, " Deepening Rural Financial Markets: Macroeconomic, Policy and Political Dimensions", Working Paper, 2003.

Claudio Gonzalez-Vega, " Discussing on the Interest Reform ", Working Paper, 1988.

Claudio Gonzales-Vega, "The New Development Finance", Occasional Paper, The Ohio State University, 1997.

Claudio Gonzalez-Vega, "Do Financial Institutions Have a Role in Assisting the Poor?", in *Strategic Issues in Microfinance*, Kimenyi Mwangi S., Wieland Robert C., and Von Pischke J.D.(eds.) , Aldershot: Ashgate, 1998.

Claudio Gonzalez-Vega, "From Policies, to Technologies, to Organizations: The Evolution of the Ohio State University Vision of Rural Financial Markets ", *Economics and Sociology Occasional Paper*, 1993.

Dale.Adams, von Pischke, "Microenterprises Credit Programmes", *World Development,* Vol.20, No.10(October 1992) .

Dale W.Adams, "Rural Financial Markets in Low-income Countries: Recent Controversies and Lessons", *World Development*, Vol.14, No.4(February, 1986) .

D.W.Adams, et al. , *Undermining Rural Development with Cheap Credit*, Boulder: Westview Press, 1984.

Dale W.Adams, Douglas H.Graham, "A Critique of Traditional Agricultural Credit Projects and Policies", *Journal of Development Economics*, Vol.8, No.3(June 1981) .

David Hulme Paul Mosley, *Finance Against Poverty*(Volume 1) , London and New York: Routledge, 1996.

David Hulme, Paul Mosley, *Finance Against Poverty* (Volume 2) , London and New York: Routledge, 1996.

M. Kabir Hassan, David R.Tufte, "The X-Efficiency of a Group Based Lending Institution: the Case of Grameen Bank", *World Development*, Vol. 29, No. 6 (June 2001) .

David S.Gibbons, Meehan, Jennifer W., "The Microcredit Summit's Challenge: Working towards Institutional Financial Self-sufficiency while Maintaining a Commitment to Serving the Poorest Families", CASHPOR Financial and Technical Services, 2000.

P.Dasgupta, "Poverty Reduction and Non-market Institutions", World Bank Conference on Evaluation and Poverty Reduction, Working Paper, 1999.

Deepa Narayan, "Voices of the Poor: Poverty and Social Capital in Tanzania", The World Bank, 1997.

Devendra Pratap Shah, "Reforming an Agricultural Development Bank: insights from an ex Bank CEO in Nepal", Working Paper, 2003.

DevFinance, "The Challege of Development of Development Finance Institutions", A Publication of the Development Finance Forum, 2004.

DevFinance, "Devfinance Discussion List on Development Finance of the Ohio State University: Quarterly Review January to March", 2004.

T.Dichter, "Appeasing the Gods of Sustainability: the Future of International NGOs in Microfinance", Working Paper, 1997.

Edward C.Banfield, *The Moral Basis of a Backward Society*, New York: Free Press, 1958.

Elisabeth Rhyne, "Microfinance in Latin America-lessons for the Middle

East", ACCION, Working Paper, 2004.

Elinor Ostrom, "Social Capital: A Fad or a Fundamental Concept?", *Social Capital: Multifaceted Perspectives*, World Bank, 2000.

FAO, GTZ."Agricultural Finance Revisited: Why?", Working Paper, 1998.

John Foster, et al. , *Frontiers of Evolutionary Economics: Competition, Self-organization, and Innovation Policy*, Northampton: Edward Elgar Publishing, Inc. , 2001.

Gregory Mankiw, "The Allocation of Credit and Financial Collapse", NBER Working Paper, No.1786, 1986.

Ghatak Maitreesh."Screening by the Company You Keep: Joint Liability Lending and the Peer Selection Effect", *The Economic Journal*, Vol.110, No.465(July 2000) .

Ghatak Maitreesh, Timothy W. Guinnane, "The Economics of Lending with Joint Liability: Theory and Practice", *Journal of Development Economics*, Vol.60, No.1(October 1999) .

Ghosh, P., Ray, D., " Information and Enforcement in Informal Credit Markets", *Economic*, Vol.83, No.329(January 2016) .

Parikshit Ghosh, Ray Debraj, "Cooperation in Community Interaction without Information Flows", *The Review of Economic Studies*, Vol.63, No.3(July 1996) .

Graham H.Douglas, Carlos E.Cuevas, "Lending Costs and Rural Development in an LDC Setting: Is Cheap Credit Really Cheap?", *Savings and Development*, 1984.

Gerald M.Meier, Joseph E.Stiglitz, "Frontiers of Development Economics—the Future in Perspective", A copublication of the World Bank and Oxford University.

Martin Geoffrey, *The Evolution of Institutional Economics: Agency, Structure, and Darwinism in American Institutionalism*, London, New York: Taylor & Francis, 2004.

Herderson Dennis, Farida Khambata, "Financing Small-scale Industry and Agriculture in Developing Countries: the Merits and Limitations of ' Commercial' Policy", *Economic Development and Cultural Change*, Vol.33, No.2(1985) .

K.Hoff, J.Stiglitz, "Imperfect Information and Rural Credit Markets: Puzzles and Policy Perspective", in *The Economics of Rural Organization: Theory, Practice, and Policy*, Hoff K., et al.(eds.) , New York: Oxford University Press, 1993.

Jacob Yaron, "Making the Transition from State Agricultural Credit Institution to Rural Financial Intermediary: Role of the State and Reform Options", Working Paper, 1999.

James G. Copestake, " Government Sponsored Credit Schemes in India: Proposals for Reform", *Agricutural Administration & Extension*, Vol. 28, No. 4 (1988) .

James S. Coleman, *Foundations of Social Theory*, Cambridge: Harvard University Press, 1990.

Jean-Jacques Laffont, "Collusion and Group Lending with Adverse Selection", Working Paper, 2000.

Jeffrey M.Riedinger, "Innovation in Rural Finance: Indonesia's Badan Kredit Kecamatan Program", *World Development*, Vol.22, No.3(March 1994) .

Jennefer Stebstad, Monique Cohen, "Financial Education for the Poor", Financial Literacy Project Working Paper, No.1(2003) .

Joseph E.Stiglitz, "Formal and Informal Institutions", in"Social Capital: a Multifaceted Perspective ", Partha Gregory Mankiw. The allocation of credit and financial collapse.NBER Working Paper, No.1786, 1986.

Ghatak Maitreesh, "Group Lending, Local Information and Peer Selection", Working Paper, 1999.

P.Ghosh, D.Ray, "Cooperation in Community Interaction without Information Flows", Boston University Institute for Economic Development Paper, 1999.

Handa Sudhanshu, Kirton Claremont, "Testing the Economic Theory of Rotating Savings and Credit Associations: Evidence from the Jamaican' Partner' ", Working Paper, 1997.

Ndjeunga Jupiter, Winter-Nelson, "Payment Arrears in Rotating Savings and Credit Associations: Empirical Analysis of Cameroonian ROSCAs", *Afirican Review of Money, Finance and Banking*, Vol.1, No.2(1997) .

Jacob Yaron, "Making the Transition from State Agricultural Credit Institution to Rural Financial Intermediary: Role of the State and Reform Options", Working Paper, 1999.

Jean-Jacques Laffont, "Collusion and Group Lending with Adverse Selection", 2000.

Joseph E.Stiglitz, "Formal and Informal Institutions", in *Social Capital: a Multifaceted Perspective*, Partha Dasgupta, Ismail Serageldin(eds.) , Washington D.C.: World Bank, 2000.

Jonathan Morduch, "The Microfinance Promise", *Journal of Economic Literature*, Vol.37, No.4(December 1999) .

J.D.von Pischke, "The Evolution of Institutional Issues in Rural Finance Outreach, Risk Management and Sust ainability", Paving the Way forward for Rural Finance: an International Conference on Best Practices, Lead Theme Paper, WOCCU, 1996.

Jan P.Krahnen Reinhard H.Schmidt, "On the Theory of Credit Cooperatives: Equity and Onlending in a Multi-tier System—A Concept Paper", Poverty-oriented Banking, Working Paper, No. 11, 1996.

Julie Anderson, "Does Regulation Improve Small Farmers' Access to Brazilian Rural Credit?", *Journal of Development Economics*, Vol.33, No.1(July 1990).

S.Johnson, B.Rogaly, "Microfinance and Poverty Reduction", in *Microfinance Perils and Prospects*, Jude Fenando(ed.), London: Routledge, 2006.

Kaushik Basu, *Analytical Development Economics: the Less Developed Economy Revisited*, The MIT Press, 1984.

Kellee S.Tsai, "Imperfect Substitutes: the Local Political Economy of Informal Finance and Microfinance in Rural China and India", *World Development*, Vol.32, No.9(September 2004).

Kenneth J.Arrow, "Observations on Social Capital", *Social Capital: a Multifaceted Perspectives*, Partha Dasgnpta, Ismail Seragedin(eds.), Washington D.C.: World Bank, 2000.

S.Khandker, *Fighting Poverty with Microcredit*, New York: Oxford University Press, 1998.

Maurer Klaus Seibel Hans Dieter, "Agricultural Development Bank Reform: the Case of Unit Banking System of Bank Rakyat Indonesia (BRI)", Working Paper, 2001.

Donald Kurtz, Margaret Showman, "The Tanda: a Rotating Credit Association in Mexico", *Ethnology*, Vol.17, No.1(1978).

L.Larance, "Building Social Capital from the Center: a Village-level Investigation of the Grameen Bank.PRPA", Grameen Trust, Working Paper, 1998.

J.Ledgerwood, *Microfinance Handbook: an Institutional and Financial Perspective*, Washington D.C.: World Bank, 1999.

Nan Lin, *Social Capital: a Theory of Social Structure and Action*, Cambridge: Cambridge University Press, 2001.

Guiso Luigi, et al. , "The Role of Social Capital in Financial Development", *The American Economic Review*, Vol.94, No.3(June 2004) .

Manfred Zeller, Richard L. Meyer (eds.), *The Triangle of Microfinance: Financial Sustainability, Outreach, and Impact*, Baltimore: The Johns Hopkins University Press, 2003.

Manfred Zeller, "Models of Rural Financial Institutions, "USAID Working Paper, 1996.

Pawar Manohar, " 'Social' ' capital' ?", *The Social Science Journal*, Vol.43, No.2 (2006) .

Marguerite Robinson, "The Paradigm Shift in Microfinance: a Perspective from HIID", Working Paper, 1995.

Marguerite Robinson, "The Microfinance Revolution: Sustainable Finance for the Poor", World Bank, 2001.

Magereete S.Robinson, *The Microfinance Revolution: Volume 2 Lessons from Indonesia*, Washingtor D.C.: World Bank, 2002.

Mark W.Rosegrant, Ammar Siamwalla, "Government Credit Programs: Justification, Benefits, and Costs", Working Paper, 1990.

Mark Schreiner, "Aspects of Outreach: a Framework for the Discussion of the

Social Benefits of Microfinance", *Journal of International Development*, Vol.14, No.5 (July 2002).

Mark W.Rosegrant, Peter B.R.Hazell, *Transforming the Rural Asian Economy: the Unfinished Revolution*, Oxford University Press, 2000.

Michael Prinz, "German Rural Cooperatives, Friedrich-Wilhelm Raiffeisen and the Organization of Trust 1850 – 1914", XIII IEHA Congress, Buenos Aires, July 2002.

R.Montgomery, "Disciplining or Protecting the Poor? Avoiding the Social Costs of Ppeer Pressure in Micro-credit Schemes", *Journal of International Development*, Vol.8, No.2(March 1996).

N.S.Chiteji, "Promises Kept: Enforcement and the Role of Rotating Savings and Credit Associations in an Economy", *Journal of International Development Devinterscience*, Vol.14, No.4(May 2002).

OECD, "Thematic Study on Rural Financial Services in China", Microfinance Summit Report, 2001.

"From Interest Rates to Business Models and Efficiency", Discussion List on Development Finance of the Ohio State University, *Quarterly Review*, January to March 2004.

Lanuza Patricio, "Making Sense of the Commercialization of Microfinance in Latin America: Lessons for Nicaragua", 2004.

Paul B.McGuire, et al., "Getting the Framework Right: Policy and Regulation for Microfinance in Asia", Foundation for Development Corporation, 1998.

Paul Holden, Vassili Prokopenko, "Financial Development and Poverty Alleviation: Issues and Policy Implications for Developing and Transition Countries",

IMF, Working Paper, 2001.

E.Rhyne, *Mainstreaming Microfinance: How Lending to the Poor Began, Grew, and Came of Age in Bolivia*, West Hartford: Kumarian Press, 2001.

Elizabeth Rhyne, Maria Otero, "Financial Services for Micro-Enterprises: Principles and Institution", in *The New World of Microenterprise Finance: Building Healthy Institutions for the Poor*, Maria Otero, Elizabeth Rhyne(eds.) , London: Intermediate Technology Publications, 1994.

Richard L.Meyer, "Track Record of Financial Institutions in Assisting the Poor in Asia", ADB Working Paper, No.49(December 2002) .

Robert M.Townsend, "Microcredit and Mechanism Design", *Journal of the European Economic Association*, Vol.1, No.2−3(April−May 2003) .

Robert C.Vogel, Dale W.Adams, "Old and New Paradigms in Development Finance: Should Directed Creditbe Resurrected?", CAER 2 Discussion Paper, No.2 (1997) .

Robert D.Putnam, *Making Democracy Work: Civic Traditions in Modern Italy*, Prirceton: Princeton University Press, 1993.

Robert M.Solow, "Notes on Social Capital and Economic Performance", *Social Capital: Multifaceted Perspectives*, World Bank, 2000.

E.Román, "Acceso al Crédito Bancario de las Microempresas Chilenas: Lecciones de la Década de los Noventa ", CEPAL Serie Financiamiento del Desarrollo, 2003.

S.Rutherford, "The Microfinance Market: Huge, Diverse—and Waiting for You", Working Paper, 2001.

S.Rutherford, "BURO-Tangail Product Development Review", For Department for International Development(DFID) , Working Paper, 2001.

Stuart Rutherford, *The Poor and their Money*, Oxford University Press, 2000.

Larry Samuelson, *Evolutionary Games and Equilibrium Selection*, Cambridge Massachusetts: The MIT Press, 1998.

Santiago Carbó, et al. , *Financial Exclusion*, Eastbourne: Antony Rowe Ltd, 2004.

Ito Sanae, "Microfinance and Social Capital: Does Social Capital Help Create Good Practice?", *Development in Practice*, Vol.13, No.4(August 2003) .

Basu Santonu, "Why Institutional Credit Agencies are Reluctant to Lend to the Rural Poor: a Theoretical Analyss of the Indian Rural Credit Market", *World Development*, Vol.25, No.2(1997) .

Schrieder, Heidhues, " Transformation and Rural Finance ", Working Paper, 1998.

I. Serageldin, C. Grootaert, "Defining Social Capital: an Integrating View", *Social Capital: A Multifaceted Perspective*, Washington D.C.: World Bank, 2000.

H. Seibel, "How Values Create Value: Social Capital in Microfinance—the Case of Philippines", Working Paper, 2000.

Shri Jagdish Capoor, "RBI at the Workshop on Structural Reforms in Cooperative Agricultural and Rural Development Banks at Kathmandu ", Working Paper, 1999.

M.Sharma, G. Buchenrieder, "Impact of Microfinance on Food Security and Poverty", Working Paper, 2002.

Sinha Saurabh, Matin Imran, "Informal Credit Transactions of Micro-Credit Borrowers in Rural Bangladesh", *IDS Bulletin*, Vol.29, No.4(October 1998) .

Charitonenko Stephnie, Afwan Ismah, "Commercialization of Microfinance: Indonesia", Asian Development Bank, 2003.

Stephanie Charitonenko, et al. , "Commercialization of Microfinance: Perspectives from South and Southeast Asia", Asian Development Bank, 2004.

J.Stiglitz, A.Weiss, "Credit Rationing in Markets with Imperfect Information", *American Economics Review*, Vol.71, No.3(June 1981) .

Joseph E.Stiglitz, "Peer Monitoring and Credit Markets", *The World Bank Economic Review*, Vol.4, No.3(Septermber 1990) .

J.Stiglitz, "Peer Monitoring and Credit Markets", in *The Economics of Rural Organization: Theory Practice and Policy*, Oxford University Press, 1993.

Joseph Stiglitz, "Redefining the Role of the State: What Should It Do? How Should It Do It? And How Should These Decisions be Made?", World Bank, 1998.

J.E.Stiglitz, "The Role of the State in Financial Markets", World Bank Annual Conference on Development Economics, The World Bank, 1993.

Stuart Rutherford, "The Poor and Their Money", Manuscript Draft, 1995.

Tassel Eric Van, "Group Lending under Asymmetric Information", *Journal of Development Economics*, Vol. 60, No.1(October 1999) .

"NGOs in Bangladesh: Helping or Interfering", *The Economist*, September 13, 2001.

Thomas Hellmann, et al., "Financial Restraint and the Market Enhancing View", Working Paper, 1997.

Besley Timothy, Coate Stephen, "Group Lending, Repayment Incentives and Social Collateral", *Journal of Development Economics*, Vol. 46, No. 1 (February 1995) .

H.Todd, *Women at the Center: Grameen Bank Borrowers after One Decade,* Dhaka: The University Press Limited, 1996.

J.Toy, *Dilemmas of Development: Reflections on the Counter-revolution in Development Theory and Policy*, Oxford and Blackwell, 1993.

Unite Nations, "Building Inclusive Financial Sectors for Development-executive Summary", 2006.

T.van Bastelaer, "Imperfect Information, Social Capital and the Poor's Access to Credit", IRIS Center Working Paper, No.234(1999) .

L.Valenzuela, "Getting the Recipe Right: The Experience and Challenges of Commercial Bank Downscales", in *The Commercialization of Microfinance*, D. Drake, E.Rhyne(eds.) , Connecticut: Kumarian Press, 2002.

Grais Wafik, Kantur Zeynep, "The Changing Financial Landscape: Opportunities and Challenges for the Middle East and North Africa", World Bank Policy Research Working Paper 3050, 2003.

William F.Steel, Stephanie Charitonenko, "Rural Financial Services: Implementing the Bank's Strategy To Reach the Rural Poor", Working Paper, 2003.

Michael Woolcock, "Social Capital and Economic Development: toward a Theoretical Synthesis and Policy Framework", *Theory and Society*, Vol.27, No.2(April 1998) .

M.Woolcock, "Social Theory, Development Policy, and Poverty Alleviation: a Comparative-historical Analyss of Group-based Banking in Developing Economies", Ph. D. Dissertation, Brown University, 1989.

World Bank, "World Development Report", 1989.

World Bank, *World Development Report 1998/99: Knowledge for Development,*

Oxford University Press, 2000.

World Bank, *Expanding the Measure of Wealth: Indicators of Environmentally Sustainable Development*, Working Report, 1997.

World Bank, Grameen Bank, Performance and Sustainability, Working Report, 1995.

Xiaolei Zuo, "Is the RCC Microfinance Model Sustainable and Replicable?", PBC-DID Microfinance Project Case Study in Luanping, China, 2001.

J. Yaron, et al., "Rural finance: Issues, Design, and Best Practices", *Environmentally and Socially Sustainable Development Studies & Monographs*, Series 14, 1997.

M. Yunus, *The Grameen Bank Project in Bangladesh*, 1982.

M. Yunus, *Banker to the Poor: Micro-Lending and the Battle Against World Poverty*, New York: Public Affairs, 1999.

M. Yunus, "Grameen Bank II: Designed to Open New Possibilities", Working Paper, October 2002.

www.grameen-info.org/bank/.

后　记

　　"微型金融"的理念诞生于第二次世界大战。战后，随着殖民体系的崩溃，一大批发展中国家实现了政治上的独立，开始致力于经济社会的建设和发展。随着工业化的推进，这些国家的经济开始取得长足的进步，但与此同时，经济增长的不平衡性使不平等问题也开始凸显。贫困现象随处可见，不仅成为经济成长的烦恼，而且还会引发社会动荡，甚至可能中断发展的进程。

　　于是，反贫困成为这些国家必须面对的基本事实。作为约束经济发展的重要因素，金融和信贷资源的配置，便成了重中之重。面对正规金融安排的失败和缺位，民间自发的力量运用正规或非正规的契约关系，即主要依靠市场机制，自然而然地形成了多种金融安排。其中，"微型金融"就是这些金融安排的一种合意形式。为了稳定和促进经济的发展，政府开始重视和推崇微型金融，并把它作为一个较为理想的金融安排形式纳入经济社会发展的政策工具箱中。

　　中华人民共和国成立以来，尤其是改革开放以后，经济发展取得举世瞩目的成就，不仅 GDP 总量已成为世界第二，而且 2018 年人均 GDP 也接近 9700 美元，进入中上等收入国家行列。但是，经济社会发展的不平衡、不协调、不和谐问题仍然十分明显。2016 年，中国基尼系数已达 0.42，高于全球平均水平，同时，尚有 7000 万人口仍处于贫困线以下。因此，建立包容性的、协调的、可持续发展的经济社会体制便成为民族复兴不可回避的历史使命。

有鉴于此，党的十八届三中全会作出全面深化体制改革的决定。其中，发展包括微型金融在内的普惠金融成为重要的组成部分，《中华人民共和国国民经济和社会发展第十三个五年规划纲要》提出了消除贫困，全面建成小康社会的宏伟目标，并为此制定了《推进普惠金融发展规划（2016—2020 年)》。特别是党的十九大将精准扶贫列为迈进全面建设现代化经济体系历史交汇期的三大攻坚战之一。微型金融的发展由此受到前所未有的关注，也构成了本书出版的推动力。

本书是我和我的学生陈军博士合作完成的，初稿形成于 2005 年。20 世纪 90 年代以来，随着中国工业化进程的加速，大规模农村剩余劳动力开始急剧向城市，尤其是向沿海地区转移，农业、农村、农民等所谓"三农"问题日益凸显。农业的萎缩，农村的凋零以及农民身份的认知都困扰着中国经济。扫除农民走上现代化道路的障碍也被急迫地提上了日程。其中，通过金融创新支持农村经济发展就成为题中应有之义。当时，我还在国家经济体制改革委员会工作，根据当时改革形势的发展，奉命开始对农村金融体制改革的研究，随后又被聘为亚洲开发银行的专家，参与对中国农村信用社改革的调研及方案设计的咨询工作。我指导的博士研究生陈军也因此参与其中，并以此为方向开始其博士学位论文的写作。随着工作的深入，研究的展开，在为政府提供咨询意见的同时，我们在陈军博士论文的基础上将研究成果理论化、文本化，遂以《农村金融发展评析》为名，由时任中国银行业监督管理委员会主席刘明康作序，于 2007 年在中国人民大学出版社正式出版。

《农村金融发展评析》出版后的十年来，世界经济和中国经济都发生了深刻的变化。一方面，全球金融危机的爆发及绵延，使人们对金融的意义和作用开始进行深刻的反思，金融如何能更好地为实体经济服务，而不仅仅是自我循环、自我膨胀的虚拟过程，就成为一个重要的新命题摆在理论学家和政策实践者面前。另一方面，全球金融危机后经济的持续低迷，以2016年10月二十国集团领导人杭州峰会为标志，人们不得不将发展问题置于全球经济发展的中心议题，惠及所有人的普惠金融进入金融发展的视野，微型金融由此登堂入室，成为热点。在新的形势面前，重新思考微型金融的前世今生，梳理其发展的脉络，剖析其含义，把握其内在特点和发展趋势，以求更好地驾驭与运用，将有助于经济社会平衡可持续的发展。这对当前的中国来讲，具有格外重要的意义。

为此，我们不揣冒昧，在原书的基础上，通过总结多年来，尤其是近十年来微型金融全球发展的经验事实，反思了微型金融在商业化影响下的使命漂移（mission drift）问题，分析了尼加拉瓜、印度微型金融爆发危机的教训，着重探讨了如何才能迈向"负责任的"第三代微型金融的路径选择，尤其是面对《2030年联合国可持续发展目标》所要求的人人可享受的普惠金融服务，从能力建设的角度重新写作。本书大量增补了新的章节，而且修正了原书的一些倾向。通过写作，我们更加深刻地认识了微型金融的逻辑含义及其时代特征。我们认为，微型金融本质是制度创新，而不仅仅是金融技术工具的改善。其核心在于，如何发现那些有别于以财产抵押为基础的传统商业信用的其他信用，诸如血缘、民族、邻里、社区、亲朋好友乃至于基于个人人力资本的非传统信用。换言之，使传统认为没有信用的人信用化，进而机制化、规模化和制度化，使其可以进行商业性的金融安排，并因此弥补传统商业金融和传统财政扶持的低效、失败和缺位。过去几十年全球发展的事实和经验表明，微型金融既是发现信用的产物，也是不断发现信用、持续进行金融深化的过程，从而永远走在"探索、创新和成长"的路上。这一过程既是金融服务由"排斥"到"包容"的过程，也是走向普惠金融的进程。近些年来，随着人们认识的深化以及诸如互联网、大数据和云计算等新技术手段的加入，微型金融还在为我们带来更多的惊喜，新技术为发现更多、更穷的穷人并为他们进行普惠金融服务提供了便利和可能。我们有理由相信，只要这个世界上还存在着贫困，只要微型金融这一发现和探索进程不止，最终就能实现"普惠性"的"承诺"。

中华民族正走在伟大复兴的长征路上。如果还有贫困存在，复兴就难言成功。消除贫困，共同发展，不仅是人类崇高的理想，也是我们这一代的历史责任。正因为如此，2017 年召开的中国共产党第十九次全国代表大会，在规划中国实现现代化"两个一百年"的路线图与时间表的同时，提出了当下历史交汇期的三大攻坚任务；其中之一就是到 2020 年全面消除绝对贫困。而微型金融以及以此为基础发展起来的普惠金融，无疑成为当下中国减贫的有力助手。本书的初衷是拨开旁枝杂叶，从纯粹微型金融的理念出发，希望正本清源，廓清疑惑。我们理解的微型金融是个谱系，随着实践的深化，谱系在不断拓展和演化，衍生出多种有千丝万缕关系的金融产品及服务机构，最终形成以金融数字化为代表的普惠金融的蔚蔚壮观之势。但万变不离其宗，微型金融的核心是"穷人的银行"。我们以此就教于读者，敬请指正批评。

由于走向普惠的微型金融更多是个实践探索发现的过程，案例与经验研究十分重要。在写作的过程中，我们得到中国银行保险监督管理委员会普惠金融部（原中国银行监督管理委员会合作金融管部），海南省、青海省金融工作办公室，中国银行业协会，亚洲金融协会，中国人民大学普惠金融研究院的支持，并得益于对山西临县湍水头镇龙水头扶贫基金会、中和农信、中银富登、蚂蚁金服、京东金融等微型金融机构的调研与访谈。对他们发展中国微型金融事业的努力表示由衷敬佩，对他们对本书写作的帮助表示诚挚的感谢！

是为后记。

责任编辑：曹　春　关　宏

图书在版编目（CIP）数据

微型金融：从"排斥"到"包容"/曹远征，陈　军　著. —北京：
人民出版社，2019.10（2024.6重印）
ISBN 978 - 7 - 01 - 020034 - 7

Ⅰ.①微…　Ⅱ.①曹…②陈…　Ⅲ.①农村金融-研究-中国
Ⅳ.①F832.35

中国版本图书馆 CIP 数据核字（2018）第 262114 号

微型金融：从"排斥"到"包容"
WEIXING JINRONG CONG PAICHI DAO BAORONG

曹远征　陈　军　著

人民出版社 出版发行
（100706　北京市东城区隆福寺街 99 号）

北京九州迅驰传媒文化有限公司印刷　新华书店经销

2019 年 10 月第 1 版　2024 年 6 月北京第 2 次印刷
开本：710 毫米×1000 毫米 1/16　印张：28.75
字数：364 千字

ISBN 978 - 7 - 01 - 020034 - 7　定价：98.00 元

邮购地址 100706　北京市东城区隆福寺街 99 号
人民东方图书销售中心　电话（010）65250042　65289539